Christly Gestures
キリスト的ジェスチャー
Learning to Be Members of the Body of Christ
キリストの体を生きる民

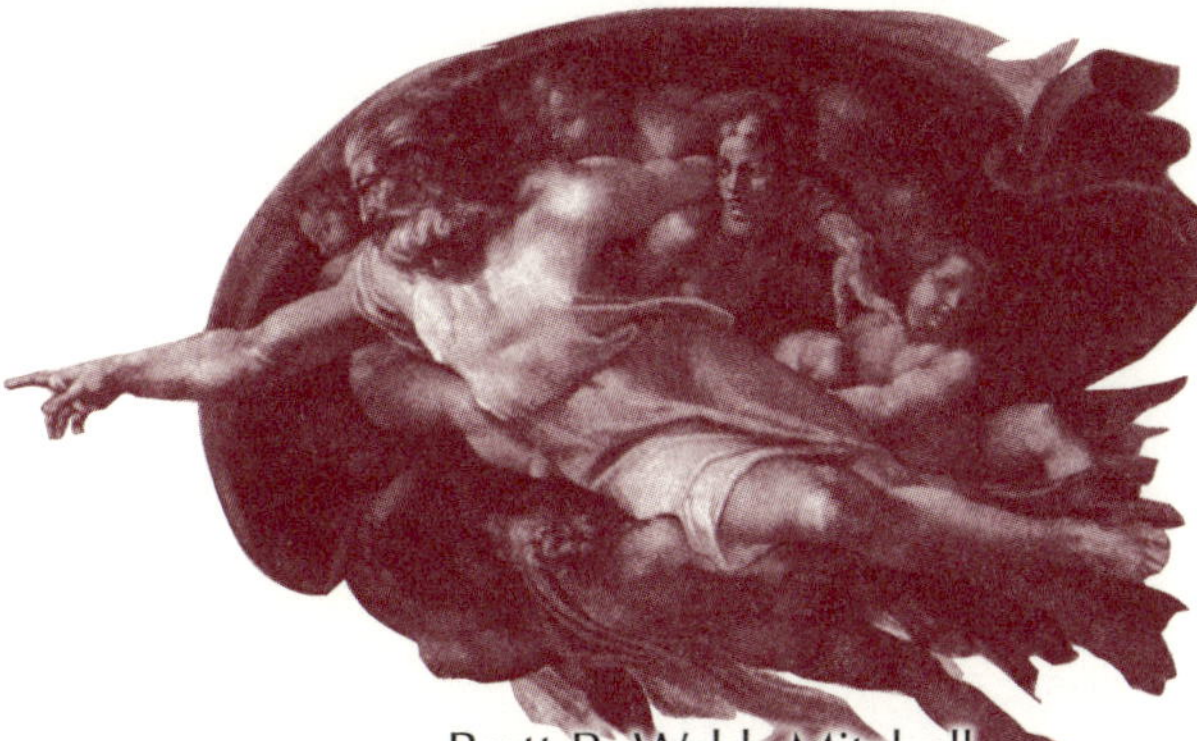

Brett P. Webb-Mitchell
ブレット・ウェブミッシェル◆著
伊藤 悟◆訳

一麦出版社

本書を

私に愛と赦しのジェスチャーを教えてくれた

私の両親リッツとドン・ミッシェルに、

私に愛と赦しのキリスト的ジェスチャーを毎日教えてくれた

私の子どもたちエイドリアン・ダウンとパーカー・アイザックに、

そして日々他者のためのキリストのジェスチャーを通して私をとらえてくれた

キリストの体の多くの同胞たちに捧げます。

CHRISTLY GESTURES

Learning to Be Members of the Body of Christ

by

Brett P. Webb-Mitchell

tr. by

Satoru Itoh

Wm. B. Eerdmans Publishing Co

Ichibaku Shuppansha Publishing Co., Ltd.

Sapporo, Japan

Soli Deo Gloria

目次

第Ⅲ部　キリスト的ジェスチャーの実際

装釘　須田照生

キリスト的ジェスチャー

――キリストの体を生きる民――

日本語版への序文

『キリスト的ジェスチャー』のこの「日本語版への序文」の執筆を依頼されてから、私は十年以上前に執筆したこの本を改めて取り出して、本書に記した私の考えを振り返ってみる機会が与えられました。

私が本書を執筆した背景は次のようなことでした。その頃私はデューク大学の神学校で神学生たちを教え、またノースカロライナ州のダーラム、チャペルヒル、ローリーといった街のいくつかの長老教会で代務牧師をしていました。さらに私は音楽教育、音楽療法、障がい者教育のバックグラウンドがあったので、知的障がい者たちとの関わりももっていました。また聴覚障がい者と耳の聞こえる人たちの共同コミュニティーでも友人と共に働いていました。そして二人の幼い子どもたちの父親でした。そうしたことが背景になって、私は、教会の日曜学校や中高生会で行われていた学校型のキリスト教宗教教育プログラムに物足りなさを感じ、その欠点に批判的になり、キリストの弟子を養育するためのなにか別の方法を探し求めていました。つまり、単にキリスト教教育のプログラムとしてのコンテクストではなく、教会の次世代の人たちとも触れ合い繋がりをもち、学問的にも高くしっかりとした、さらに地域の信仰共同体の欠点を克服し祝福にあふれ、幼い子どもたちから中年層、高齢者に至るまで、そして「健常者」も「障がい者」とラベルを張られている人たちも、聴覚障がい者と健聴者のコミュニティーの人たちも一緒に集まり、教会全体が、教会生活のあらゆる面をとおして「キリストの弟子を養育する学校」となっていくような方策でした。『キリスト的ジェスチャー』はそうした人々を思い描きながら執筆したものです。私は、そうした人々が、キリストの体における心と体と霊のなかで、それぞれの心と体と霊性のジェスチャーを用いていけるような、より包括的な信徒訓練教育としての理論と神学を描き出し、それによって教会が、教会生活のすべての側面が教育として機能して信仰の巡礼の旅を前進させていくことを強く望んでいました。

『キリスト的ジェスチャー』が出版されたのち、かなり状況も変わりました。私は現在、オレゴン州のポートランドを拠点にしてアメリカ合衆国長老教会（PC（USA））と長老連絡会が合同で設置した「長老派巡礼フェローシップ共同体」の運営牧師をしています。この序文を執筆しながら、私たちは直近に、この意図的なキリスト者コミュニティーの設立一周年を祝おうとしています。この共同体は、キリストに追従するものとして、すべての人々を含めた奉仕と交わり、祈りと礼拝、教育と信徒訓練の実践を行っています。そして最近の聖務日課で取り上げられたエフェソの信徒への手紙4章11–12節、15–16節の御言葉について深く考えさせられています。「そして、ある人を使徒、ある人を預言者、ある人を福音宣教者、ある人を牧者、教師とされたのです。こうして、聖なる者たちは奉仕の業に適した者とされ、キリストの体を造り上げてゆき、……むしろ、愛に根ざして真理を語り、あらゆる面で、頭であるキリストに向かって成長していきます。キリストにより、体全体は、あらゆる節々が補い合うことによってしっかり組み合わされ、結び合わされて、おのおのの部分は分に応じて働いて体を成長させ、自ら愛によって造り上げられてゆくのです」。ここに神の聖なる奇跡が惹き起こされるのです。

巡礼共同体をつくりながら（今のところ、聴覚障がい者共同体の人とそこで働くアメリカ手話協会の職員の3名だけですが）、私は、私たちが成長していくためにキリスト的ジェスチャーの理論と神学を実践する証し人になりたいと思っています。私たちは、第一に、意図的なキリスト者コミュニティーを創設するにあたって、このフェローシップを心の通い合う、もてなしのできる、礼拝・祈り・教育・信徒訓練・奉仕・交わりを大切にする一つの共同体になっていくことから始めています。換言するなら、私たちは単純な礼拝共同体でも、奉仕共同体でも、あるいは教育共同体でもないのです。第二に、エフェソの信徒への手紙の著者やコリントの信徒への手紙一12章においてパウロが、ある人は使徒として、ある人は預言者として、ある人は教師や伝道者として立てられたと記しているように、私たちは皆、自分の賜物やタラントン、存在や居場所、そしてジェスチャーを見きわめて過ごそうとしています。そして最後に、私たちは私たち一人ひとり、また共同体それ自身が巡礼の神、主イエスに従いつつ、「この道に従う者」（使徒言行録2章）として巡礼の旅を展開することを共有のビジョンとしています。このことは、週毎の主の晩餐の聖礼典の祝祭と、毎週日曜日そのあとに行われる持ち寄り昼食会によって強化されていきます。まず、キリストが救いのために私たちを食卓に招いて彼の肉と血を分かちあってくれたのですから、私たちも人々を食卓へと招きます。

これは別の言い方をすると、ある本を著して、読者とそのなかのアイディアを共有し、それが読者の琴線に触れるアイディアであったことを知る喜びに与ることと似ています。それにしても、かつて単に紙に書かれただけのアイディアがもう一度息を吹き返し、自らを「キリスト者」と称する人々の共同体のなかで生き抜かれていくのを経験することは、まことに神からの賜物によるほかありません。その賜物ゆえに、私は謙虚にされ、名誉を感じ、こころから感謝する者とされています。どうか日本語版『キリスト的ジェスチャー』を楽しんでください。そしていつかぜひ「長老派巡礼フェローシップ共同体」にもお立ち寄りくださいますように！

二〇一八年八月

著者　ブレット・ウェブミッシェル

謝辞

私はまず、この主題を見出すために、また本書の執筆のために何年も支えつづけてくれた人々への喜びと感謝のしるし（ジェスチャー）をここに記したいと思います。私にくり返し親としてのふるまい（ジェスチャー）を教えてくれた二人の子どもたち、エイドリアンとパーカーに感謝します。彼らの母親パム・ウェブも、私が本書を仕上げるあいだ、じつに子どもたちの面倒をよくみてくれました。愛する私の両親リッツとドン・ミッシェルには、たくさんの時間をかけて私を養育してくれたことを改めて感謝したいと思います。キリストの愛のうちにとどまり、キリストのような友情を示してくれた神学校長への感謝も忘れられません。

私はまた、本書の出版を忍耐強く待ち焦がれてくれたデューク神学校の多くの学生たちにも感謝します。さらに、研究集会や研修会に参加して高度な質問を投げかけてくれた多くの方々に感謝します。本書に提示することになった資料やアイディアはこれらの人々に負うところが大きいのです。ビル・マイヤーとマイケル・ウァーレンのことも忘れません。ジョージ・ノブリットは、教育的観点からの民俗学を手ほどきしてくれました。ウァリー・ハナンとジム・ポールは、私からアイディアを引き出そうとして多くの問いを投げかけてくれ、私の考えによく耳を傾けてくれました。私が本書の骨格を組み立てていくにあたっては、何年にもわたるリチャード・ロドリゲスとの多くの対話が基盤となっています。

ミネソタ州セントジョセフにある聖ベネディクト修道院のシスター・ステファニー・ワイズグラムとシスター・アギー・ツウィリングは私の魂の同胞です。シスター・ステファニーは、出版社に提出するまで幾度となく本書の原稿に目をとおして修正してくれました。シスター・アギーは、他者をもてなすというジェスチャーの実例をいつも示してくれました。

校正と編集を引き受けて、本書をこのようなすばらしいものに仕上げてくれたエードマン出版社のラインダー・

ヴァンティル氏に感謝します。

すべてのベネディクト修道会とラルシュ共同体に感謝します。また、私が愛を経験したり、味わったり、触れたり、嗅いだり、感じたりすることへと導いてくれた教会、すなわち私が会員や牧師として関わったすべての教会に心から謝意を表します。

そして最後に、キリストの示してくださった愛のうちにあって、神の賜物としての友情を生涯のジェスチャーにしてくれたすべての友人たちに感謝を述べたいと思います。

序章

そこでわたしたちは、神に仕えるための学校を建てなければなりません。これを設立するにあたって、厳しすぎ、あるいは難しすぎることを課すつもりはありません。(1)

教会という学び舎

私は、本書をこのシンプルで見事な「聖ベネディクトの戒律」の一節を引用することから始めていきたいと思います。それは教会における「教育の場と目的」に対する私の理解を見事に言い当てている言葉だからです。キリストの体としての教会は、マイケル・ケイシーの言うところの「キリストの主権」を受けとめ、神に仕える者が集められている一つの学校です。

われわれは主に仕える学校の生徒である。あるいは中世のシトー修道会の人々が好んで口にしたように、われわれはキリストの学校に属しているのである。それはつまり、われわれは個人として、また集団の一員としてキリストに学んでいくということであって、われわれが熱心なキリスト者であるならば、どうしてこれ以上の要求が私たちの使命の中心たり得るだろうか。(2)

換言するなら、教会は、それ自体がすべてキリスト者を訓育するための学び舎なのであって、神に創造され、神に招かれ、聖霊に満たされてキリストを学び、キリストに追従し、日々の生活の中でキリストにより近づこうとする人々と場であるのです。あるいはジョアン・チッティスターの表現を借りるなら、教会とは、私たちが「イエスの生」について学び、それを実践する場と人々のことである、と言えるでしょう。(3)

私は本書の中で、教会における教育の目的を次のように提起したいと考えています。すなわち、キリスト者とはパウロ書簡に記されているように神の恵みによって与えられる真理のビジョンを生き抜く者のことであり、たとえ教会の中や教区におけるあらゆるダイナミクスや議論や課題の渦中にあったとしても、教会はこの地上においてキリストの体を形づくっているのであって、だからこそ教会はすべてのキリスト者を教育する環境であり得るのです。したがって教会は、教会そのものが教育であり、日曜学校の意図的あるいは体系的な教育活動プログラム、青年会、信仰問答教育、そして「ケリュグマ聖書研究」〔アメリカで考案された聖書研究プログラム〕にいたるまで、すべてが教会の業であるのです(4)。そして、教会は、その礼拝と祈りと癒しの業や、年間を通じて行われる教会暦の諸儀式の典礼式文、さらには教会でもたれる数々の会合や研究会においても、外に出ての修養会やセミナーにおいても、またミュージカルや演劇の上演、視覚芸術の展覧会、コーヒーやジュースを囲んだり、持ち寄りパーティーなどの交わりも含めて、あらゆる場面でキリスト教教育を展開しているのであって、こうしたすべての教会文化の「諸要素」が、教会を教育の場として捉えさせてくれるのです。

私たちは、キリストの体のメンバーとして福音に生きること、字義どおり善き知らせに生かされていくこと、すなわち一人ひとりが私の論じようとしている「キリスト的ジェスチャー」へと招かれているのです。キリストの名のもとに演じられる信仰のジェスチャーとは、「イエスの生」に追従し、それに倣い、それに参与することであり、聖霊に満たされて、私たちのあらゆる言動が、互いに愛し合うことのため、また私たちがキリストにあって神を愛し、神に仕えるようになっていくために、私たちの身体や思いや心の活動として滲み出てくるようなものです。キリストの体なる教会において、私たちの生が神の計画やキリストの道に沿って整えられていくとき、私たちのジェスチャー(ふるまい、人生)は、信仰をとおしての神の恵みの賜物の道具とされていきます。そうして、じつに私たちの生きかたの中で、キリストが具現化されていくのです(5)。

どこから来たかを想起する

私は、子どものときも、青年のときも、そしてそれ以降も、私が神学校で教えられたようには教会教育を理解してきませんでした。私はずっと教育というものを教会の多様なプログラムのなかの「教育」という枠でくくられた時間と場所と実践、いわばジョン・ウェスターホフが指摘した学校教授型パラダイムとして理解するよう教えられてきました。キリスト教教育は、ある特定の部屋で、特定のカリキュラムによって、制作活動や視聴覚教材による活動が展開されるというのが典型的であって、礼拝や典礼、聖歌隊の練習、カウンセリング、教会運営、聖書や歴史や神学や哲学などの学びといった教会の他の諸活動から区別された時間帯に行われるものでした。要するに教会で教育されるとは、日曜学校や青年会活動、聖書セミナー、あるいは成人の聖書研究会に週一度出席して、一時間ないし二時間座っていることだったのです。

　ドリス・バッツは、次の単純な物語でこの状況を見事に説明しています。ソロモン王の治世のある日、一人の家来が、不満を募らせた群衆と一人の子どもを王のもとに連れてきました。ある人たちは、その子どもは自分たちのものだと主張し、別の人たちは、子どもはだれのものでもないと主張しました。「不満を募らせた群衆」のなかには日曜学校の教師集団も含まれていて、彼らは一斉に次のように言うのです。

> 王様、あの子は私たちの子どもです。少なくとも七分の一は、私たちのものです。週に一度私たちはこの子に霊的な食物を与えています。しかし、（王様、あなたもご存じのとおり）それが毎日のことになれば、子どもたちは私たちが礼拝しているところを泥靴のまま駆けずり回るようになります。[6]

　近代世界において、教会とは週に一日だけ行われる週間スケジュールの一つでしかなくなってしまいました。多くのキリスト者たちにとって、通常、日曜日の朝の「一コマ五〇分」というセッションと、おそらく毎週行われる夜の集会に参加するのは、せいぜい与えられている一つの「権利」程度にしか考えられていないのです。そして彼らが教会の中で学んでいる内容といったら、しばしば彼らの通常の学校、たとえばアメリカの公立学校とのつまらない比較をすることだったりするのです。デビッド・ジェームズ・ダンカンの『ブラザーズK』のセリフを借りるなら、「本物の学校での厳しい一週間ののちも、家では信心深いパパやママが『日曜学校』で学んだことについてしつこく問いかけます。もっとも不要なことが、日曜日の第一に必要なこととされてきた」のです。[7]

　その上、プロテスタント教会における日曜学校や聖書研究会の教育方法——とくにカテキズムのような方法——は、しばしばパウル・フレイレの言うところの教育の「銀行型コンセプト」と同様に映ります。すなわち、生徒が座って教師の講義を受けたり、ドリル問題を反復したり、機械的な暗記や宿題をこなすといった教育方法によって、ある事柄についての適切な情報を享受させるというやりかたです。状況にもよりますが、多くの場合、そうしたテストやワークシートの山には吐き気すら覚えます。フレイレは、こうしたタイプの教育を、人の人生と蓄積された知識との間には何の相関関係もないとして「非人間化」の教育とよんでいます。読むこと、講義を聞くこと、学習すること、そして暗記することが全体として教育の重要な位置を占めていくとき、そうしたアプローチは究極的には失敗に終わっていきます。なぜならそれらは、その人のそれ以外の生活と何の関わりも築くことができないからです(8)。つまり、生徒たちは誰も、「学校」という文化のなかで学ぶ事柄と、「人生」という文化のなかで学ぶ事柄との接点を見出すことができないのです。

型どおり行おうとする日曜学校教育（プロテスタント教会）やカテキズム教育（カトリック教会）のような学習プロセスは、三つの側面での問題を抱えているといえます。第一に、理論的コンテンツ（たとえば聖書知識、教会史、神学など）は、今日の複雑化する世界における私たちの生活との接点をなかなか見出し難く、私たちキリスト者自身が、批判的断片や消費的「擬似事象」の一部となるべき大きな物語を減退させてしまっている、ということです。教師の人生にとっても、生徒の人生にとっても、学習プロセスのなかでその適正なニーズについて十分に語ることができずにいます。パウル・フレイレは、「解放」社会理論のなかで、教育というものは、私たちのおかれているコンテクストと無関係の言葉を羅列することによってではなく、私たちが、人生の中での抑圧または喜びを惹き起こす事柄を、私たちが理論的に名づけていくことから始まる、と言っています(9)。

第二に、個人の生活から切り離されて教育教材が用いられるとき、私たちは、ある意味でこれまで生きてきた一人ひとりの生を度外視して、むしろ人生はすべて白紙のものと決めてかかることをしてしまっています。パーカー・パルマーによれば、これこそが生徒たちとの豊かな対話を阻害し、「感情を死なせてしまう」ことになるのです。なぜなら、一様の成長を遂げるように飼い慣らされることによって、彼らは受け身的な学習者になってしまうからです。[10]

第三に、現在、教会の中で展開されている学習は、いずれも個人に向けられたものであって、必ずしも共同体全体に向けられたものではありません。この「序章」の後段で述べようとしていることですが、とくにキリスト教教育と礼拝において顕著なのは、ある人々にとっては、彼らが自らを差し出すための共同体を求めるのではなく、共同体がいったい彼らに何を提供してくれるのかを探し求めるという見方に縛られてしまっている、ということです——教会は、個々の人生が互いに恥らうことなく開示されていくべき場所のはずなのに……。[11]

現代の学校における国語や歴史や数学の授業に対しても、あらゆる意味でこれと同様の批評をすることができます。コンテクストの違いによって教育内容が異なっているだけで、そうした方法の実践によって身につけられる知識は、私たちが教室の外で信じているものを表現することから、すなわち私たちの生のコンテクストから、大きく引き離されていってしまいます。

教会における教育計画と実践についての理論的批評は、ここ数十年の間に大きく進歩したといえます。日曜学校形式の教育のしらけた現状に対して、いくつもの短期的改善策が提示されてきました。そして日曜学校閉鎖のニュースが方々で聞かれるようになり、多くの教派の会議の席上で宗教教育家たちの不満が爆発して始めています。ドレイン・フィスターは次のように言います。

「日曜学校は死にかけている」「すでに死んだ」「さっさと葬って新しいことを始めようではないか」。葬儀の式辞は、すでに何年も前から語られてきた。かつて、ある国内の雑誌が「週の中のもっとも無駄な時間」という見出しを掲げたこともあった。しかし、日曜学校は死ぬのを拒んでいる。この国で日曜学校のない教会などほとんどない。新しい教会であっても、いまだ新来者を集めるための先駆的な方法と考えて日曜学校を設置していく。何千人もの子どもを集めるような巨大な日曜学校があり、維持するだけでも厳しい小さな日曜学校もある。それでも日曜学校は存在している。そして破綻するつもりもなければ死ぬつもりもない。[12]

トーマス・グルームは、福音を教えるための将来性のある解決方法を探し出そうとしてきたが、何年もの間、時代の流れに流されながら、ひたすら幻滅することだけがくり返されてきた、と懐述しています。グルームは、ディートリッヒ・ボンヘッファーを引用しながら、宗教教育を上手にこなすことにおいても「安価な恵み」など存在しないと言っています[13]。それでもなお新しいタイプの教育と称して教会のなかで日曜学校タイプの教育が次々と起こっては消えるというのは、キリスト教信仰における教育理解が次世代のキリスト者の生死にかかわることだという認識が驚くほどに低く、ほとんどその重要性が認められていないということです[14]。ジョン・ウェスターホフは、『子どもの信仰と教会――教会教育の新しい可能性』のなかで、次のような見解を述べています。

これまでわれわれの指標であり、実践の支えであった教育理論や神学的原理は、もはや将来に向けてはまったく十分なものではなくなった[15]。

マイケル・ウァーレンも同様に、今日のカトリック教会のなかで用いられているカテケージスが、共同体の中で福音に基づいて生きることを教えることに、いかに失敗してきたかを指摘しています。彼は、キリスト教はもはや私たちの生活に特定の決まりきったかたちで影響を与えるものではなくなった、と批判しています。ウァーレンは、カテケージスは教室内での一つの方法かもしれないが、家庭やその他のキリスト教信仰共同体における交わりのなかでは通用しない、と言っています。つまりカテケージスは、教室の外の生ではなく、教室の中だけの限定された知的活動であって、人の人生の一時期に関わるものであったとしても、生涯持続して関わり続けるものではないのです[16]。

何年にもわたって教会教育家たちが議論し続けているのは、――ルターのテーブルスピーチのように――キリスト教教育の将来性についての問いです。最近では、パルマー、ウェスターホフ、ウァーレンのほかに、チャールズ・フォスターやトーマス・グルームといったキリスト教教育研究者らも、教会教育の段階的崩壊について分析したり提言したりしています。フォスターは、『会衆教育』のなかで、教会は自分たちの教育において失われているものの大きさにまるで気づいていないことを指摘します。

そうした教会は、優れたしかたで信仰共同体を築き上げたり、現代社会のなかで神を賛美したり、隣人に仕えたりしながらこの世に解放的変革をもたらそうとチャレンジするには、到底及ばない教会である[17]。

その上でフォスターは、プロテスタントとカトリック両者のコンテクストを踏まえて、今日の教会教育が克服すべき五つの弱みについて指摘します。その第一は、どの世代のキリスト者も、聖書や教会史や神学の基本的知識に関しての共通理解がないということ、すなわち教会自身のアイデンティティーの問題です。多くの人々は、自分が育った信仰共同体に対しては、それほど義理を感じたりはしません。フォスターによれば、これは会衆にとってマイナスであるばかりか、過去から今日まで代々のキリスト者に受けとめられてきたイエスの弟子であるという自己認識に大きな欠陥を与えることになっていると言います[18]。

第二の弱みとしてフォスターは、私たちの聖書教育の不適切なありかたを指摘しています。そしてそれが聖書そのものを不適切なものにしていると主張します。彼がとくに指摘しているのは、聖職者や神学者たちが、聖書の読みかたや神学的に考えるためのさまざまな知識を、信徒から分離したままで保持している、ということです[19]。聖書の読みかたや解釈の方法を知り、神学的に深く掘り下げて考察することに長け、人々の生活により適切な問いを投げかけることのできる才覚をもった聖書学者や神学者たちは、そうした知識や「ツール」を教会や教区の信徒たちがたやすく用いられるかたちにつくり変えていく必要があります。信徒が日曜学校のクラスや聖書研究を担当したりするときにも、牧師からまったく、あるいはほとんどその方向性を示されないままに、教案の教師ガイドのなかから自分が語る言葉を探し読みしているような教会が少なからずあるのです。そのような指導を何も受けてこなかった信徒は、聖書を閉じてしまい、クラスに行って「さあ、今日は何をしようか？」などと尋ねるはめになるのです。そしてその信徒は、せいぜいその日に因んだ話題でおしゃべりをし、それらをサポートするような聖書箇所を取り上げて、その場の雰囲気に流れを任せるのです。

フォスターが指摘する三つめは、教会におけるキリスト教教育の目的の喪失です。確かに今日のキリスト教教育のアプローチは、救済や義認よりも学習者の心理的、感情的、セラピー的なニーズに、より関心が向けられています。そこには教案販売の市場原理も関係しています。私たちは、教育というものをトランスフォーメーション（変容）として捉えているのか、それともエンターテインメント的な催し物として捉えているのか、そこが問われなければなりません。

教育を催し物として捉えている一つの例として、ミネアポリス・セントポール地域で行われる十代のクリスチャン青少年の最大の集会「JC's プレイス」があります。そこでめざしているもの、それはイエス・キリストとの心情的な、個人的な、一対一の結びつきです。「JC's プレイス」の青少年たちから「パスター・ネイト」とよばれているカリスマ的指導者ネイト・ラッチは、インタビューに対して次のように答えています。「私たちはテレビゲームをしたりしません。私たちはモーセのあごひげを引っ張って遊んだりもしません。私たちが作り出しているのはイエスとの関係です。私たちは、このような不安定な十代の子どもたちに、ただ精神的支柱と表現のはけ口を準備してあげようとしているのです」[20]。集まって来た十代の青少年たちは歌い始めます。ある者は体を揺すりながら、ある者は両手を挙げて。また、ある者は抱き合いながら、ある者はひざまずきながら賛美します。「あなたなしでは生きられない」という思いを、彼らの身近な仲間たちに向けてではなく、「彼らの心と魂を神への賛美に傾ける」ことによって神に向けていこうとします[21]。

フォスターは、最近は、こうしたエンターテイメント型教育か、あるいは学習者をもっとも喜ばせる感動的なメッセージとは何かについての企ての、いずれかが流行りであると理解しています。たとえば、人は行動目的にしたがって学ぶのであって、つねに生徒一人ひとりの個人的なニーズや要望に応じて対応していくことが重視されてきた、とフォスターは言います。

ジェームズ・ローダーの言うところのトランスフォーメーション論は、ピアジェやフロイトといった現代の心理学理論とキルケゴールにみられるような神学的確信とを結合させたものです。ローダーは、人生のなかでさまざまな危機に直面することよって惹き起こされていく自己変容をめざす教育のありかたについて論じています。人生の危機は、自己の「魂の暗闇」を見つめさせるとともに、一人ひとりの生活における神の恵みを発見させ、その暗闇から抜け出していく可能性を与えていきます。そのような解放の瞬間は、次の新しい危機の受け皿となって解決を導くものになると言います[22]。

他方、私たちは、充実した教育活動やプログラムを有しています。フォスターは次のように述べます。

プログラムというのは、催される企画のリストであり、到達すべき活動の計画のことである。そこでは、学ぶことよりも実施すること、変容することよりもやりこなすことに力点がおかれる。それにはショッピング・モールの価値や構造が持ち込まれているかのようであり、人々の前にあらゆる選択肢が提示されていく。[23]

これを教育の「カフェテリア方式」とよぶこともできるでしょう。プログラムの中から、自分に合ったものを一つ選びなさいというわけです。そうしたプログラム・アプローチは充実した教育展開であり、もっとも望ましいかたちでキリスト者のコミュニティーの価値や精神が反映された環境――大雑把な言いかたをするなら――を私たちが作り上げようとしているのであって、そこではキリスト者コミュニティーの考えかたとライフスタイルが学習者たちに継承されていくことが期待されています。[24] そうしたプログラムや充実した教育アプローチにおいては、題材やテーマは交換可能なのです。フォスターは、罪と救い、あるいは信仰心と懐疑心についてといった教会の伝統的な教えかたはまったくつまらないものであって、それは、老若問わず、学ぶ者のこの世における人生のより適切な課題を求める感覚を鈍らせるだけだ、と批判します。そうした環境下では、教師と生徒の親密な関係を築いたり、同じ共同体の学習者たちに一定期間以上同じ教案シリーズで教え続けるのは不可能だからです。

四つめの弱点としてフォスターは、北米教会のなかにある近代文化の典型的事項への文化的捕囚、すなわち教会の反省すべき課題として人種差別、性差別、老人差別、階級差別の問題があることを指摘しています。北米では、プロテスタント教会においてもローマ・カトリック教会においても、白人やアングロサクソン、異性愛者、中産階級といった人たち以外に対しても開かれたものになってきたものの、それでもいまだ一九五〇―六〇年代のアメリカ的世界観による教会カリキュラムが使われている例を多く目にします。

最後の弱点は、「家族」のありかたの変化がキリスト教教育に及ぼしている影響についてです。たとえば、家族生活が教会生活によって左右されるなどとは、いまでは誰もそれを当然のこととは考えなくなっています。むしろ、なにごとにつけ、家族生活のありかたが教会生活を左右することのほうがしばしばであって、たとえば礼拝のタイムスケジュールを決めることですら、家族生活が優先されてきます[25]。

今日直面しているもう一つの課題は、どうしたら私たちが教会教育を第一の課題として位置づけて考えていけるのか、ということでしょう。私たちは、ケルト人の霊性教育を知っているでしょうか。教育というのは、コミュニティー・サービス事業の一つなのでしょうか。教育とは、ディサイプル聖書研究やケリュグマ・グループで行われているような、人々が何カ月間か集まって、互いに打ち解け合い助け合っていく可能性を開きつつも、聖書の基礎的な学びを規則的に行っていくことによって強固で恣意的な学習者共同体をつくることなのでしょうか。ある教会の環境の中にいることや、修養会でキャンプファイアーの炎を囲みながら他のキリスト者とともに社会化やエンカルチュレーション（文化化）をはかったりする可能性は、キリスト教教育にはないのでしょうか。

グルームは彼の優れた著作『キリスト教宗教教育』のなかで、教会には、教育的活動の原理についての共通理解などほとんどなく、そうした状況はますます肥大化していく一方であることを述べています。

そこで少しばかり気になるのは、この事業計画の定義について普遍的な合意がまったくなされていないということである。実際、このような複雑な活動について、唯一の決定的で完全な説明をすることなどありえないと考えられている。むしろ無数の定義づけが可能になっていて、ある定義はよく知られているし、ある定義はそうではなかったりする[26]。

この書物の序章でグルームは、キリスト教「教育」の多様な理解に入り込んでいくときに彼自身が最初に受けることになった「洗礼」について語っています。彼が初めて「宗教」のクラスを受け持ったのは一九六六年のことでした。彼は三つの授業の準備を周到にして、アイルランドのカトリック男子高校二年生の三五名のクラスに赴きました。しかし授業は悲惨でした。この若い生徒たちのクラスでは、講義中心の学びかた、すなわち机上モデルは、惨めにも崩壊することになったのです。グルームは、すぐに生徒たちが求めているのは何よりも対話であることを学びました。つまり、一人ひとりに耳を傾け、教師も交えてよく語り合うことです。徐々に、「対話」による授業展開のあるパターンが形成されていき、宗教的な題材とそのグループが関心をもっている日常生活の課題の両者を取り上げていくカリキュラムが出来上がっていきました。ある生徒がグルームに、「先生はこの授業でいったい何をしようとしているのですか」と質問してきたことがありました。グルームは、自分が行っていた活動をどのようにネーミングしたらよいのか、そのときはわからなかったといいます。グルームはこの問いにこだわり続け、何年か経ってから、パウル・フレイレが「銀行型教育」と呼んだ教育とは対称的な、生徒と教師間の対話による教育展開として「プラクシス教育論」(educational praxis)を考案するにいたったのです[27]。

教会の外での生活にまったくふれることなしに日曜学校での聖書の学びを続けること、あるいはまったく逆に、聖書なしに人生のいくつかの問題の解決策を導き出していくことは、しばらくの間は可能かもしれません。ジョー・マーレイが、日曜学校について次のように物語っています。

今日の日曜学校で、私たちは素晴らしいディスカッションをしました。私たちは聖書を読んで、その物語のおさらいをしました。ある生徒が、宝くじに当たった人がその一部を使って彼の大学に野球スタジアムを建て、また奨学基金を創設したという話をしてくれました。またある生徒は、お金というのは人々がもっとも信頼を寄せている最悪のものだという牧師の説教を思い起こしたようです。(中略)聖霊に満たされたよい学びのときでした。私は行ってよかったと思います。そのあと何人かと一緒に昼食を食べにザ・カントリークラブに行きました[28]。

この単純な出来事は、ただ単に教会教育の方法論ということだけではなく、私たちがキリスト教教育をどのように理解するのかという、じつに大きくて複雑、かつ難解な本質的問題を突き付けています。私は、キリスト教教育が直面している基本的問題をまとめたウェスターホフの指摘に大いに賛同しています。すなわち、教育的なアプローチと、私たちの努力を裏付けようとする神学的主張との関係は、きわめて不十分なものであり最悪の状態に転落している、ということです。私はパーカー・パルマーと同様に、いまだに多くの教会で因習化した学校型パラダイムが支配的であって、それが人々の基本的なキリスト教教育理解となっていることを知って落胆しています。豊富で複雑な聖書物語の知識は、しばしば伝えなければならないものを割愛して展開されています。また、多くの教育は、学習者の生活をほとんど無視して展開されています。インターネットや数多くのウェブサイト（含eラーニング）を利用して、教会史を学んだり、都合のよい聖書解釈に出合ったりすることができるようになったいま、知識を提供してあげることは、おそらく人々の生活にとって何の意味も保障も与えるものでなくなってきています。[29] 私は、フォスターのいう現代の教育アプローチの「五つの弱み」は的を射ていると思います。キリスト教教育を定義したり展開したりしていく上で、「すべての人にフィットするサイズ」などありえないのです。キリスト教教育についての普遍的な合意を主張しようとすることほど掴みどころがなく厄介なものはない、とのグルームの指摘もまた正しいと言えます。

私は、本書の目的は、次に提起する三つの問いを掲げながら、キリスト教教育の何がおかしいのかを自由に議論するテーブルを用意することであると考えています。すなわち、その第一は今日キリスト者を教育する目的とはいったい何か、第二は教会や教区における歩みのどこに教育が基礎づけられるべきなのか、そして第三に私たちは今日どうやって教育すべきなのか、です。

考えられる三つの問い

キリスト教宗教教育やカテケージスの将来に関して決まって尋ねられるのは、「日曜学校は潰れるのか、成長するのか」という問いです。もっとも、その答えは、かかる教育実践によってどのようなキリスト者を生み出そうとしているのかによって異なります。[30] たとえば、もし教育が学校型パラダイムで考えられていくのなら、教会がこれまでにしてきた偉大な事柄やキリスト者のさまざまな活躍についてのより多くの知識を学習者たちが獲得することこそが、その教育の成功を表すものとなるでしょう。しかしもし教育を、学ぶ者の生きかたをプリズムのように変容させ変化させていくものとして見るなら、学習者が歴史や聖書や神学知識の断片を蓄積していくことは、それらの知識が私たちキリスト者がどのように生きるべきかを示すものでないかぎりは、適切な教育をおこなう上でそれほど考慮しなくてもよいことになります。

まず、この問いの起源について説明しておきましょう。

私は、教育方策や新しいアプローチについて議論したり、あるいはキリスト教教育のめざすところを提起したりする宗教教育家たちに[32]、「その教育の直接的なコンテクストとはいったい何か」と問いかけてみたいのです。読み書きや記憶することに重点のおかれた学校型パラダイムに対していくらかの批判がなされると、ある人々は教会自体がそもそもアカデミックな環境なのだ、と反論するかもしれません。あるいは他のアプローチをする人たちは、教会は砂漠のようなこの世の中で霊的なオアシスの役割を果たしているのだと言うかもしれません。これが、「今日、教会でキリスト者を教育する目的とはいったい何か」という三つのうちの第一の問いが導き出されたきっかけです。私は本書をとおして、私たちの目的は真理について語り、互いに仕え合い、キリストの体としての誠実なメンバーであり続けることを伝えることだと主張したいと思います。一つのコンテクストの主義主張を押し広めるのなら他のコンテクストの教育には理解不可能でほとんど意味をなさないので、私は罪悪感を覚えることになるのかもしれませんが、これはむしろ広く一般化されたコンテクストにおける問いと言ってよいでしょう。

私はキリスト教教育とは何かに対する理解や答えは多様であるというグルームの考えに賛同し、この問いの答えを導き出すためには、私たちはコンテクスト、ポリス、社会組織の原理、すなわちこの問いが投げかけられた共同体の政治形態に着目するのがよいと考えています。ティップ・オニールの言葉で換言するなら、「すべての教育はローカルだ」ということです。したがって教育がめざすものも、人々が住んで生活をしたり礼拝したりしているコンテクストに、その大部分が決定づけられていくのです。それは、教育というものが、置かれている政治形態のコンテクストをどのように定義づけ、どのようにそれを理解するのかにまったく依存しているからなのです。

教育はコンテクストに依存するということこの理解は、もちろん国家についても言えることです。たとえばローレンス・クレミンスやその他のアメリカの教育史家たちは、アメリカ合衆国における教育の目的とは、じつに善良なる市民、つまりアメリカ民主主義を守り、資本主義の企ての中の機械の歯車となってアメリカの近代社会、あるいはポストモダンを支えてくれる人物を作り出すことにあると言います[31]。

それにしても「共同体」という概念（たとえば、「共同体」を形成する教育など）を持ち出すたびに、私たちは地下に浸水している暗示的仮説によって、まったくもって大多数の一般化された意味合いでそれを受けとめてしまうという、言葉のマジックにかかってしまいます。「キリスト者の共同体」と言うときにも、その言葉に何らかの制限を与えなければならないのかもしれません。つまり、あまりに幅のある言葉であって、私たちは日頃から共同体とは何か、どこにあるのか、いつから存在するのかといった論議だけはくり返すものの、私たち自身が「共同体」になっていく機会を失ってしまっていないでしょうか。

共同体は、ある一つの意味で、コンテクストに依存する言葉と言えます。つまり、共同体のメンバーであることの意味合いは、その人が生きている共同体によって理解が異なってくるということです。たとえば、私はしばらく仕事を離れてミネソタ州中部にある聖ヨハネ修道院と聖ベネディクト修道院での生活を体験したことがありますが、それ以来、誰かが「ベネディクト会」と言ったときには、共同体についてのある特別なイメージを抱くようになりました。私はまた、ロンドンにあるキリストを中心とする共同体で発達障がいの人々と一緒に生活して以来、もし誰かから「ラルシュ」という言葉を耳にしたときには、彼らとの生活を前提とした共同体理解をしようとします。このように、キリスト者として私たちが形成され、キリスト者とよばれ、養われている共同体の名称というのは、じつはとても重要なのです。私たちは、そのようなしかたで共同体とは何かについての理解を明確にしていくだけではなく、より重要なのは、誰の共同体を築こうとしているのかということです。すなわち、キリストの共同体、この地上における生けるキリストの体を形成する、ということです。

また、このキリストの体としての共同体の興味深いことは、強いニヒリズムの中で湧き出てきた私たちの想像力の断片を何とか掻き集めることによって共同体を作り出そうというのではない点です。私たちは、「一つの霊によって、わたしたちは、ユダヤ人であろうとギリシア人であろうと、奴隷であろうと自由な身分のものであろうと、皆一つの体となるために洗礼を受け、皆一つの霊をのませてもらったのです」（Ｉコリント12・13）というパウロの約束ゆえに、この共同体は、自ら作り上げたり、共同作業で作り出したりするような共同体ではないのです。もし私たちが作り上げていくのだとしたら、この共同体はキリストの体ではなく、私たちの体ということになるでしょう。私たちは洗礼によって、私たちがこの世に来る以前からすでに存在したこの神秘的かつ有機的な体に加わるように導かれています。私たちは、神の優雅で計りしれない大きな恵みの賜物をとおして、キリストの体が、私たちの周りに、私たちの間に、私たちの中に与えられていることを発見し、それを明らかにし、率先して愛によって作り上げられ、体を成長させていくことをめざしているのです（エフェソ4・16）。

ジョン・ハワード・ヨーダーは、教会は構造的社会体系をもっている点で、きわめてポリス的な性格をもっていることを指摘します。なぜなら、教会は、固有の意思決定方法、固有のメンバーの定義のしかた、そして共通課題に取り組む固有の方法を有しているからだと言います。[33] 私たちキリスト者の教育に対する理解も、ポリスとしてのキリストの体に依存します。教育に対する短絡的ないくつかの理論的アプローチは、キリストの体のメンバーとしてどのような人間になるべきかという個人に注目してきました。別の言いかたをすると、私たちの教育理論の焦点は、ずっと「私が」「私の」ばかりに着目して、教会生活における「私たちが」「私たちの」に目を向けてこなかったのです。[34] したがって今日の教会教育において批判されるべき一つのことは、「急進的《ラディカル》な個人主義」あるいは自己中心性という幻覚が顕れ出ていることでしょう。

急進的な個人主義への移行に知的基礎づけを与えたのは、イマヌエル・カントです。スタンリー・グレンツによれば、カントは「人間は観察、実証、そして慎重な省察をとおしてのみ、この世の真理を見いだすことができる」ことを確信していました。カントは、真理発見への道は、自己と世界について自立的に知ることであり、「活動的精神の創造的力」をとおしておこなう究極的に個人的なことである（共同のものではない）と信じて疑わなかったのです。そのような個の発見こそが普遍的なものを知る手がかりであると考えたのです。こうした知性の探求方法は、教会のような共同体においても、他者を必要とすることがほとんど意味をなさなくなるのです。[35]

啓蒙主義革命以前から、ルネサンスの人間中心主義運動は「個人」をつくり出していくことをしてきました。人々はもはや、望むなら村にも家族にさえも関わらなくてよくなったのです。あるいは人々のなかから、過去の物語や伝統の一部を形づくっていこうという感覚もいらなくなったのです。人々は、自分自身よりも大きな共同体から自分を切り離していき、自分がどこから来たかなどという「考えかた」は、彼らが継承している社会的アイデンティティーの中だけに限定されるものにしてしまったのです。このような視点に立てば、私たちはすべて「固有の一人」なのであって、私たちは自分自身のことだけを考えていればよく、過去に縛られることもなく、何に対して身を捧げようともその人の勝手だということになります。私たちの人生はもはや他の誰かの「言いなり」になることもなくなり、自分自身よりも大きな物語によって語られる必要もなくなったのです。人間は、男も女も、自分が望めば望むだけ自分を大胆に解き放ってあげることができるのです。[36]

このような個人というものへの高い執着は、近代の教育家たちに共通しています。スタンリー・アロノヴィッツとヘンリー・ジルーは、ジョン・デューイをはじめとする教育家たちはいずれも個人主義を啓蒙主義的理想のよき萌芽として捉えていたと分析しています。すなわちそれは、(1)批判的な思考をしようとする個人の能力、(2)自己の社会責任を果たそうとする個人の能力、(3)啓蒙主義の描く合理性と自由への夢に向けて近代世界を構築しなおそうとする能力、です。その理想の中心の一つとして、「公的市民としての生活をより広い視野の中で自分を動機づけてくれて、自らを確立させてくれる永続的な宗教」が思考されるようになっていったのです。[37]

問題は必ずしも単に個人主義にあるわけではありません。ジョアン・チッティスターは、私たちは互いに大切にし合うべきであって、人間というものを「最小の共通分母」に減じて理解するとか、あるいは個人を均質化させたグループに置き換えたりすべきではないことを私たちに気づかせてくれます。私たちはむしろ、すべて固有の存在であり、すべての者がそれぞれ神の似姿に創造されたことを賞賛すべきなのです。問題は個人主義ではなく、自己中心性にあるのではないかという点で、私はチッティスターを支持します。[38] 教会は、教会生活や家庭生活やその他の社会生活のなかで、人々に「私たち」という感覚を教えることに失敗してきました。[39] 極端な自己中心主義が共同体にいる人々に、「私はこの共同体のためにいったい何ができるのか」ではなく、むしろ「あなたは私のためにいったい何をしてくれるのか」という問いを抱かせてしまっています。先に述べたラルシュ共同体のジャン・バニエによれば、それは「私のための共同体」に目が向いた姿勢であり、次のような変容や理解とは異なるものです。

「共同体のための私」、それは一人ひとりの心が何の例外もなくすべての他者に対して開かれていくときに可能となる。それは、エゴイズムから愛へ、死から復活へと移り行くことであり、じつにイースターであり、主の過ぎ越しであり、そして奴隷の家から約束の地に向かう道程である。[40]

自己称賛については、ジークムンド・フロイトをはじめとするそのほかの発達心理学や心理分析学の研究者らの働きによって一般的に知られるようになりましたが、それは同時にアメリカン・ドリームの本質にもなっていきました。[41] 多くの宗教教育学者のなかで、C・エリス・ネルソンは、こうした個人の優位性の問題をいち早く個人主義の「神聖化」として見抜いていました。ネルソンは、トーマス・ジェファーソン大統領が、政府が「生命、自由と幸福の追求」といった譲ることのできない個人の権利に対して破壊的になるときには国民はその政府を廃止して新しい政府を制定する権利をもっている、との主張に注目していま す。[42] また、ロドニー・クラップは、そうした個人主義の称賛を「過度の個人主義」と言っています。

すでに、結婚、離婚、その他の一般的エンターテインメントについて、西洋世界が共有してきた枠組みは破綻してしまっている。一般的な感覚で言うなら、人々は、もはや共同体のコンセンサス的な権威に踊らされることはなくなったと言えよう。[43]

私が本書のなかでとりわけ主張したいのは、生徒や教師といった個人的な学習に焦点を当てることではなく、教会――あるいはキリストの体――の一致へと目が向けられること、神との関係の中で「私自身」について一人で考えるところから、私たち一人ひとりがキリストの体としての共同体のために何ができ、何をしなければならないかといった理解へと移行させていくことです。それは、「共同体とは何か、家族とは何か」という問いに尽きています。チッティスターは、一人ひとりの私たちは小さき者であっても、しかし「われわれが一つになるときにこそ何かが起こる」と言っています。大事なのは、自己を配慮するのと同じように他者のことも配慮することなのです。[44]

次に私が提起しておきたい問いは、「私たちは、教会や教区という形で現れているキリストの体というコンテクストの中で、いったい何を教育しようとしているのか、あるいは何を形づくろうとしているのか」です。これまでのキリスト教宗教教育理論では、明示的であるか暗示的であるかを問わず、私たちが育てるべきは、賢明なる心でした。グレンツは、理性の時代になって、理性そのものが人間の心のありようよりも優れたものとして捉えられるようになった、と述べています。グレコ・ローマン時代のストア的な立場からすると、「すべての現実のなかに横たわっている基本的な秩序と構造は、人間の心の働きによって裏付けることができる。この世の構造と、この世の外における本来的な構造を識別しようとする人間の心の構造の間には、何らかの連関が存在するという哲学者たちの仮説」[45]をめぐってなされてきたのが啓蒙主義の論議です。ルネ・デカルトは、人間は「考える存在であり、人格とは、自立した合理的主体である」[46]と定義しました。また啓蒙主義が文化を研ぎ澄ませて、「合理的時代」として「理性の時代」が具体的にもてはやされるようになったのは、一八〇〇年代のフランスです。啓蒙主義哲学者たちの剛健なまでの人間理性への信奉心は、生物学・社会学的といった新しい科学によっても裏付けられていくことになりました。

今日も影響力を及ぼしている体と魂の二元論的理解を提起したのはデカルトです。心と体。彼は、心には自我が内在していて、「私は私である」と語り、「ありのままの私」が明らかにされることを知っているが、体とはひたすら希薄な関係を維持しているにすぎないとしました。私たちの体は、そのなかに心があって、大きな船の船長の役割を果たしているのだといいます。この両者は、ある一定のつながりをもっています。そうでなければ、私たちは痛みを経験することもありません。しかし、飢餓、渇き、痛みといった感覚は、いずれも私たちの思考回路を困惑させるもので、そこでは心と体の統合または融合が求められます。私たちは、最終的には二元論に行き着くのだといいます。体・物質・自然が一方にあり、もう一方に魂や心や精神がある、つまり心が意志であるとしたら、体は機械であるのです。[47]

デカルトが「われ思うゆえにわれあり」と言うとき、彼は思いというものを「疑ったり、理解したり、確認したり、否定したり、願ったり、拒絶したり、あるいは想像したり、感じたりするもの」と理解しています。人は、体なしでも寒さや温かさを感じることができるというのです。デカルトは、体内の松果体に心の位置を定めようとさえします。しかしそれがどのように体の他の部分と相互に作用するのかを理解するのは困難です。[48] 彼は次のように述べます。

私という存在は、事柄の本質や性質全体を思考する中でのみ実在するのであるが、実在したとしても場所というものを必要とせず、いかなる物質的なものにも依存しない。したがって「私」と言うとき、私が私であることを心の中で思うのであって、それは体からはまったく切り離されて、体よりもはるかによく知られていることになる。また、心は継続性をもって全体として存在しているが、体はそうではない。体としての私は、すべてある一つのかたちのなかに結論づけられている。そして、それはある定められた場所を構成し、他のあらゆる体を除外してある一定の空間を確保しようとする。それは触覚、視覚、聴覚、味覚、臭覚によって知解される。[49]

啓蒙主義は、神話や遺産に基礎づけられてきた伝統を、何らかのかたちで「公平的中立性」を基礎づけていく理性から明確に分離させていったことから、ジョセフ・ダンは啓蒙主義を「理性の列聖」とよんでいます。確かに啓蒙主義の世界観には差別や偏見といったものが存在しません。なぜなら、心は偶発性と無関係に現実を捉えることができるからです。そうした知識は、批判的に推論するために使うことのできる私たちの心の容量次第で達成することができることになります。物事の合理的操作、単一の解釈、真理に対する普遍的主張、客観的解釈、そして感性を土台にした認識理論などが、それを援助するのです。人間の本質とこの世界は、これ以上修復するとはできないものの、柔軟になったり、折り畳んだり、折り曲げたりはできないものとして考えられていったのです。[50]

一七八〇年代にロバート・レイクスが日曜学校を創始してからというもの、多くのキリスト教教育者や神学者らは、心と魂の問題を、変容や形成の中心として捉えてきました。そしてキリスト教の教えや私たちの礼拝においても、しばしば信仰者の体や心（または魂）にほとんど関心をもたないままに、ただ批判的に思考する力だけを磨くやりかたを継承してきました。[51] ほとんどの日曜学校やカテケージス（受洗準備のための信仰問答クラス）のカリキュラムでも、信仰を人間理性の課題として捉えようとし、神・キリスト・聖霊についての知識、また教会史や神学的展開についての知識をより多く蓄えるための心の器を研ぎ澄ますことに焦点を当ててきたのです。

ウェンデル・ベリーは、「〈体〉対〈心〉」という二元的理解こそが間違っているとして、デカルトに反論しています。

私は、「精神的、肉体的、形而上学的、超自然的」といった言葉への私自身の認識と取り扱いを改めたいと思う。これらの言葉はいずれも、神の創造をいとも簡単に人間が引き剥がしたり、批判したりできる次元へと引き下ろしかねないことを暗示している。私は、神の創造とは、われわれにとって「霊」とは何か、そして「事実」とは何かを同時に理解するための連続性をもった一つの大きな覆いであると確信するに至った。肉体的なものと霊的なものに差異を設けること自体が大きな誤りなのだ。(52)

ベリーはさらに、「〈体〉対〈心〉」という二元論は、必然的に肉体的現実から喜んだり傷ついたりする場を奪っていくと批判します。現代的な言いかたをすると、体は、一般的には、一つのマシン（機械）として理解されています。たとえば、心臓はもはや私たちの生における感情の中心ではなく、ただ車に燃料を補給するのと同じように、血液を送り出すポンプとして考えられています。あるいは、もし体が生きたり働いたりするためのマシンであるとしたら、心もそれに付随する思考するためのマシンと言えます。(53) 心すらも、まるでマシンを操るコンピュータのように考えられているのです。ベリーは、もはや私たちの心は、感覚、感情、記憶、伝統、社会生活、あるいは見慣れた風景などを深く熟考することもなくなり、誰かと語ることをとおして間違ったもののなかから正しいものを見つけ出すような能力も失ってしまった、と言います。知識は、言葉や行動をとおして形づくられていくものです。いまや知識はデータとよばれる情報でしかすぎなくなりました。

情報と知識の違いは、ちょうど辞書と誰かの語る言葉のような違いである。(54)

近年、私たちがどのように学習するかに関して、新しい方法を取り入れようとする傾向が出てきています。それは、あらゆる事柄の「霊的」な関心をできるだけ高めて、異なったさまざまなモードでの説明を試みようというものです。たとえば、広範囲に及んで優れた書物を著したハワード・ガードナーは、彼の知の多様性理論を展開しながら、学ぶ方法というのは一つだけではなく、知性というものも一種類ではないことについて議論しています。それどころか、コミュニケーションの様式も少なくとも七種類あって、したがって知性についても同様のことがいえるといいます。ある人の脳内には、それぞれに異なって発達していく特定能力の部分（たとえば、言語を司る領域や空間的な想像性を司る領域など）と、ある環境におかれることによって自然と「知性」が与えられて自己を表現したり育まれたりする部分とがあって、一つひとつの知性というのはこの両者の「産物」である、というのです。数理的な知があり、言語の知があり、空間的芸術的知があり、音楽的知があり、肉体的運動的知があり、人間関係における知があり、そして自己の内的知があります。ガードナーの理論を教会に適用させるなら、私たちが神とこの世を知るにもいくつかの特別な方法があるということになります。そうなると私たちは、人が学習するときの「あらゆる」方法をとりあげて検討してみる必要が出てきます。ある学生たちや教師たちにとっては「チョーク&トーク」による講義、暗記、言語メソッドといった学習方法が効果的であり、ある人にとっては音楽をとおして、ある人は芸術をとおして、ある人は体を動かすことによって、またある人はそれらの多様な組み合わせによって、より効果的に学習することができるということになります。

いまプロテスタント教会の中で注目されているのは——もともとカトリック教会の大事な要であったのですが——、あらゆるものに「霊的」な関心を抱こうというものです。ジョン・ウェスターホフは、キリスト教教育を批判して次のように述べています。

> 次第に私たちの関心は、情報の伝達やスキルの上達に向けられるようになってきた。私たちはコンピュータ化された教育方法と行動様式の虜になっている。キリスト教教育において「基本に返れ」というときにも、それは信仰や行いについての抽象的な知識の獲得、「事実」の暗記、そして（聖書の）権威への服従を強調することでしかなくなってしまった。[55]

ウェスターホフは、私たちは聖書を、私たちに関与してくる主体というよりも、むしろ研究対象にしてしまったとして、私たちの聖書の読みかたの傾向を批判します[56]。あるいは私たちは、聖書は教会の書物であり、教会にとって欠くことのできない遺産であるという誤った理解をして、教会論的な聖書釈義をしたり解釈をしたりする間違いを冒しているといいます[57]。

ウェスターホフやカトリックのマイケル・ウァーレンは、プロテスタントのハワード・ライスやキャサリン・ノリスらとともに、霊性に対する関心を教会のなかにもう一度よび覚まそうとしています。ノリスは、著書『アメイジング・グレイス』のなかで、合理主義のもとに神秘的なものが次々と切り捨てられていき霊的な行き詰まりを経験したあと、彼女のベネディクト修道院での生活体験がいかに彼女の霊性を成長させてくれたのかについて述べています。彼女自身が育ってきたプロテスタンティズムに対しては、彼女は「あらゆる神秘的なものがそこから引き剥がされてしまい、それは強引で少しばかり意地悪な裏づけによるものであった」[58]と批判を加えています。

今日、私たちがキリストの体としてキリスト者の教育を考えていくときに欠如してしまっているのは、人間の身体についての議論です。身体は単体ではありません。また屍でもありません。心や霊、空気、食べ物、飲み物、衣服、住居、人間関係などの上に成り立っています。ベリーは、身体というものが、「つねに生きて動いて実在するものであって、生けるものと死にたるもの、すなわち他の体や他の被造物と相互に関わり合うもので、図式化したり説明したりできないほどに複雑である」[59]ことを私たちに気づかせてくれました。その上、身体もまた神の計画や意思や霊の影響下におかれているのです。本書において私は、キリスト教教育において身体は、心や霊と並列するもの、あるいは同等のパートナーとして、その重要性を取り上げていきたいと思います。そのためには、――心と体と霊が豊かに融合していく――ジェスチャーが必要であるというのが私の関心事であって、それはとりもなおさず、キリストの体において私たちがどのように教育していくのかということになっていくでしょう。

ディスカッションのテーブルに上げておきたい第三の問いは、「私たちは、今日、教会でどのように教えるとよいのか」ということです。グルームは、現代の教会教育を、社会化と教育という二面的なアプローチとして捉えました。彼によれば、ホーレス・ブッシュネル、ジョージ・アルバート・コー、C・エリス・ネルソン、ジョン・ウェスターホフ、ベラール・マルターラーといった神学者や教育学者たち（私は、これにマイケル・ウァーレンとジェローム・ベリーマンも加えたいのですが）は、いずれも社会化や文化化をとおしてキリスト者を教育する、すなわちキリスト者の形成は、後にも先にも「教会」という文化の中に置かれることによってなされ、人はそこでキリスト者へと作り上げられていくと考えました。ブッシュネルは、人生の中でいずれ起こるかもしれない回心を待つのではなく、むしろキリスト者として成長していくのでなければ決して自己自身を知ることはできない、と指摘しています。コーは、その人にとって、実際にもっているあらゆる社会的つながりが第一の教師であると確信していましたし、ネルソンは、キリスト教信仰の交わりの「本来の媒体」は教会であると言っています。ウァーレンとウェスターホフは、マルターラーやメアリー・ボーイズも同様ですが、リタージカルな生活、すなわち共同体の生を形づくっている礼拝に着目して、そこで信仰を育て、整え、またそれを次世代のキリスト者に引き継いでいく責任について考察しています。(60)

この第三の問いは、一方で、意図的に形づくられた教授型アプローチ、あるいはカテケージスに向けられたものです。教授型の教育タイプは、現代の一般の教育の中にも反映されています。教育内容は異なるものの、定められた時間に、定められた教室で、通常は年齢や学年や経験別に分けられた定められた特定のグループの中で、限定された教育を受けていきます。幼少期には体を動かしたり手足を使ったりする方法が用いられます。たとえば、小学校一年生のクラスでは、絵本を読んだり歌を歌ったりすることによってクラスが始められていきます。短い祈りや、それに続いて聖書が読まれたり、その聖書の箇所の説明がなされたりして、そののち、工作やいろいろな活動に入っていきます。どの家庭にもアイスキャンデーの棒を使って作った聖書物語の小さな人形や、手の形に画用紙を切り取ってそれに短い祈りが書かれたものや、子どもたちのクレヨンの絵が描かれてある付箋紙が散在したり、子どもたちが持ち帰ったいろいろの聖句が書き込まれた紙皿を冷蔵庫にぶら下げたりしていることでしょう（工作というのはしばしば工作することが目的になっています）。最後にもう一曲別の歌を歌って、時には丸くなってお菓子を食べて、クラスが終わります。
中高生のクラスになると、活動的なことは少なくなって、教師と生徒の間でのディスカッションにより多くの時間が割かれていきます。教師は、通常、聖句（聖書日課に基づく場合もあれば、そうでない場合もあります）に関連したいくつかの設問を準備して教室にやってきます。聖書物語の大きなコンテクストを踏まえつつ、生徒たちには、与えられた物語を深く理解していくための問いが投げかけられていきます。パウル・フレイレの社会的言語をもとにしてグルームが提唱したのは、「キリスト者の経験の分かち合い」でした。そこでの到達目標は、教会においては、聖書のレンズをとおして、人生の状況への新しい視点と理解とに自らを開いていくことです。こうした次元の学び、すなわち行動と評価による学びは、青年期のみならず、ディサイプル聖書研究やケリュグマ聖書研究のような成人向けの聖書研究にいたるまで継承されています。[61] こうした方法は、コンピュータが一般化された今日では、オンライン・サービスを使って現代の世俗教育のコンテクストでも用いられるようになっています。教会教育と世俗教育との違うところといえば、ただそのメッセージの内容が異なるというだけなのです。
ウェスターホフ、ウァーレン、ネルソン、そしてグルームらと同じように、私も、教会が社会化、文化化、伝統に基づく信徒教育、祭儀、そして信仰生活の物語への認識を高めていく必要性は感じています。グルームによれば、「キリスト者になるには、共同体における社会化のプロセスが必要不可欠であり、キリスト教独特のアイデンティティーのなかで人間を形成していきます。そうして私たちは、『共にキリスト者となっていく』のです」。[62]
キリスト者の教育、すなわち私たちの考えかたや感じかたを形づくっていくにあたって、いくつかの異なる目的をもった教えかたがあることは理解できますが、私たちは、つねに神の業を日々の生活の中でどのように知り、どのように見ていくのかに焦点を当てていかなければなりません。私は、教会生活やこの世界に生きているというコンテクストから離れて教えるのではなく、この世の中でキリスト者であるとはどういうことなのかを見せることによって教えるというスタンスに立ち、社会化と意図的教育という二つの弁証法的な柱を結合させる試みをしてみたいと思っています。教育というコンテクストから逸脱することなく、それを礼拝に結びつけ、教会形成に結びつけ、この世における他者への奉仕に結びつけていきたいのです。聖書に基礎付けられ、神学的に練られてきたジェスチャーが教えられたり学ばれたりするところにおいてこそ、その共同体のコンテクストにおける最高の教育が生起します。

教会は、神の霊によって教育されていくところです。聖霊はじつに、私たちが生まれて、生きて、死んでいく共同体のなかに共に生きています。私たちがキリストの名のもとに語る言葉もジェスチャーも、他の人々がキリストの名のもとにおこなうジェスチャーも、同じようにキリスト的なしかたで私たちを育んでいきます。私たちの教会におけるあらゆる営みは、神に向けて開かれた教育となっていきます。なぜなら、キリスト的教育の「いつ、だれが、どこで、なにを、どうした」を統合していくのは神であるからです。

本書のアウトライン

教会を教育の場として捉えることに関しては、宗教教育家やキリスト教宣教に従事する人々によって注目される神学的・教育学的論文が次々と発表されていきますが、それらの議論はしばしばあまりに抽象的なものになっています。[63] グルーム、ネルソン、フォスター、ウェスターホフ、メアリー・ボーイズ、クレッグ・ダイクストラ、ガブリエル・モラン、マリア・ハリス、ジャック・シーモア、マイケル・ウァーレンといった近年のカトリックとプロテスタントの宗教教育学者たちは、「チョーク&トーク」(教授型教育法)で知られるような「学校型教育パラダイム」に依存するのではなく、むしろ教会で行われるすべてを教育の場として捉えていくことをより強調します。これらの教育学者たちはいずれも、「キリスト教教育」とよばれるプログラムや活動が、キリスト教信仰共同体のなかで独立して展開されたり、キリスト教教育が特殊領域として扱われたりすることに抵抗しようとしています。[64]

私はその重要な議論に、ここで参戦してみようと思います。第一部では、キリスト者の教育についての全体像を把握していきます。ゲハルト・ローフィンクが、キリストの体としての教会は一つの身体性をもっている、と述べています。「教会は可視的で、触ることのできる具体的な有体であり、社会的組織である。なぜなら教会はきわめて身体的なサクラメントとして、この世の救済のサクラメントそのものだからである」[65]。こうした理解のもとで教育のコンテクストを考察していくのは、キリストの体において、グルームがキリスト教宗教教育の究極的かつ最大公約数的な目的として強調するところの、神の国ビジョンを掲げることでもあります。「全体を覆う傘の骨組みと私たちの直接的な教育目的は結合している。そして、もっとも理解されるべきはイエス・キリストにおける神の国である」[66]。

第二部は、キリストの体のジェスチャー（ふるまい）に焦点を当てていきます。私たちは、身体的にも知的にも霊的にもキリストの体の部分であって、私たちには日常の生活の中で福音を形づくる何らかのジェスチャーが求められてます。神の霊は、私たちの中でどのように働くのでしょう。私たちは、どのように聖書に生きていったらよいのでしょう。マイケル・ケイシーは、ガラテヤの信徒への手紙2章20節（「生きているのは、もはやわたしではありません。キリストが私のうちに生きておられるのです」）やニッサのグレゴリウスを引用しながら、私たちは意識的に語ったり行動したりして自らを「別のキリスト」に仕立て上げていくのではなく、「われわれの内に生きておられるキリストの業を指し示すべき」[67]であることを指摘しています。私たちがキリストの体としてふるまうというのは、キリストが私たちの中に働いているからに他なりません。それゆえ私は、これらを「キリスト的ジェスチャー」（Christly gestures）と呼ぶことにします。

第三部の中心は、キリストの体というコンテクストにおけるキリスト的ジェスチャー特有の教育についてです。私は、この教育はカテケージスのもう一つのかたちであると理解しています。カテケージスとは、元来、もう一度鳴らす、共鳴して響き渡る、あるいは二番煎じという意味があり、教会の伝統について、その語るところ・聞くところ・おこなうところをジェスチャーによってもう一度「響き渡らせる」ことを暗示しています[68]。私がカテケージスのパラダイムとして考えようとするのは、学ぶというプロセスを一つの巡礼の旅にたとえることができるからなのです。しばしば同じ聖書箇所や神学書などがくり返し用いられることがあったとしても、それはいずれも異なるときに異なる場所においてのはずです。ケイシーは、さまざまなレベルでの洞察があることを想起させてくれます。聖書のある箇所をくり返し扱うことや、あるジェスチャーをくり返していくというのは、すなわち、「われわれは、人生の時間の中で同じところを何度も通り抜けていきます。その度ごとに、われわれは違った角度から読んだり、違った行動をとったりする自分を発見していく」からなのです。時間や経験によって私たちの理解力が変化するように、私たちの聖書理解や、それに伴うジェスチャーも異なっていきます。「すなわち聖書は、つねに、より豊かに開示されていくことを待ちわびている」のです[69]。

本書のテーマである「われわれの実践する恵み溢れるジェスチャーをとおしてキリストの体たることを発見し学んでいくこと」が、多くの読者にとって有用であることを願っています。キリストの体におけるあらゆる課題を提起することになるので、私は、本書が単に神学校や神学大学でのキリスト教宗教教育の教師や学生たちに用いられるだけでなく、教会や教育プログラムの信徒リーダーや教育主事らに用いられることを大いに期待します。日々実践するジェスチャーをとおして、どのように私たちはキリストの体のメンバーとなっていくのか……それが、私の学んできたこと、学び続けていることです。

したがってキリスト的ジェスチャーを実演する他の人々と同じように、私自身の個人的な人生の物語も、本書の中に織り交ぜていくことになります。そうした物語が、私の言おうとしていることを色づけして、理論の構築を豊かにしてくれることを願っています。しかしまた、慎重に一つの物語を追いかけながらその筋道を丁寧に辿っていくとき、優れて重要な神学的な「課題」に直面する可能性もあり得るでしょう。私の意図するところはともかくとして、すでに先述したことを念頭に置くなら、キリストの体における学ぶことや教える道筋というのは決して一つではなく、幅広い教育スタイルが提供されるべきものなのです。

このことは私にもう一つの注意を促すことになります。私はある人たちからは「活動家神学者」と見られています。読者によっては、私が本書の中で、より神学者的立場から議論を展開していくことを期待しているかもしれません。またとくに教会教育に携わっている人たちは、キリストの体においてどのようにキリスト的ジェスチャーが演じられていくのか、それが自分の教会でどのように作用するのかについて、本書から何かを得たいと考えていることでしょう。私は、聖書をとおして、学術的な糸と実践的な糸を縒り合わせて組み立てることを試みたいと思っています。

結局のところ、私は、キリスト的ジェスチャーを展開するための学習プロセスにおいて、エデュケーション（education）の語源であるラテン語の「エデュケア」に誠実になることに、一つの希望を見出したいのです。エデュケアはすなわち、育てる、立ち上がらせる、訓育する、です（エデュケアはまた、先導する、描き出す、一緒に連れ立つという意味もあります）[70]。したがって教育とは一般に、ある人をより大きな思考や感覚の世界へと引き出すことに集中する「形成と文化化としての教育」、あるいは「知的実践としての教育」、もしくは「ジェスチャーの教育」ということになるでしょう。その人が、そのプロセスを通じ、ある特定のコンテクストにおいて完全な人間でいられるようにと、その人を作り上げることに焦点が当てられていきます。その人のキャラクターが、キリスト的ジェスチャーをとおして、創造され、磨き上げられ、養われるような教育に、私は希望を抱かずにはいられません。

グルームも「教育は引き出そうとする営みである」と言っています[71]。本書における私のねらいは、キリスト者を宗教教育がおこなわれる場所・内容・方法、その限界、行為、将来について、キリストの体のなかで思考するようにと引きずり出すことであって、「社会化・文化化」対「意図的・形式的教育」といった構図で教育を弁証していくつもりはありません。私は、日常生活における現実のせめぎあいと雑踏、あるいはカオスと静寂のただなかにあって、キリストの体として批判的なふるまいや、露が滴り落ちるように（申命32・1、2）語りかける神の堅実で冷静な導きに満たされながら深い努力を払っていこうとする教育に関心を抱いています。川底や湖畔にある岩が水によって磨滅された様子を観ていると、岩が、水によってゆっくりと、しかし確実に、大胆にではなく微妙なしかたで削り取られていくことに気づかされます。私は、教会全体はそれを形成しているそれぞれの部分よりも偉大なものであると認識しながらも、キリストにあってそれぞれが他者に仕えることや、それぞれのメンバーが何を必要としているのかを継続的に創造していくことをとおして展開されていくような教育に注意を払っていきたいと思います。一人ひとりに与えられている計画は柔軟なものです。それはまた、カオス的でもなければ無限に道が続くわけでもありません。しかしもし成長を遂げられるとしたら、そこには全体的な構造の中にあって自立的なセンスが存在していくことになるでしょう[72]。なぜなら、私たちはすべて、キリストの体、すなわち神の愛の国と支配のなかに産み落とされたのであって、私たちはすべてそこにおいて一つに結び合わされているからです。

註

（1）アンソニー・メイセル、M・L・デルマストロ編『聖ベネディクト戒律』古田暁訳、すもりブックス、二〇〇〇年、一三頁（Anthony Meisel and M. L. del Mastro, eds., *Rule of St. Benedict*, New York: Image Press, 1975, p. 45）。

（2）マイケル・ケイシー『聖なる読書』（Michael Casey, *Sacred Readings*, Liguori Press, 1996, p. 36）。

（3）ジョアン・チッティスター『日ごとに醸し出される知恵』（Joan Chittister, *Wisdom Distilled form the Daily*, New York: Harper Collins, 1991, p. 101）。

（4）とりわけ「プロテスタント」と私たちの日曜学校の伝統においては、キリスト教教育と言うとき、そこには他との差別的含意があると考えられます。私は、キリスト教教育を、端的に言うなら「これがキリスト者の教育の在り方です」と示すことだと理解しています。トーマス・グルーム『キリスト教宗教教育』（Thomas H. Groome, *Christian Religious Education*, New York: Harper & Row, 1980, p. 24）を参照。

（5）マイケル・ケイシーもこれと同様のことを述べて、「聖務日課」（Lectio divina）は私たちがキリストに出会う手助けをするものであり、私たちにキリストの道に導くものであると強調しています。ケイシー『聖なる読書』（*Sacred*

Readings, p. 39)を参照。
（6）ドリス・バッツ「たとえ話――この子はだれの子?」(Doris Batts, "A parable: Whose child is this?" *News and Observer*, January 15, 1997, p. 11A)。
（7）デビッド・ジェームズ・ダンカン『ブラザーズK』(David James Duncan, *The Brothers* K, New York: Bantam, 1993, p. 65)。
（8）パーカー・パルマーは、『知られているように知る』(Parker Palmer, *To Know as We are Known*, New York: Harper, 1983, p. 35)で同様の批評をしています。
（9）パウル・フレイレの『被抑圧者の教育学』（新訳）三砂ちづる訳、亜紀書房、二〇一一年 (Paul Freire, *Pedagogy of the Oppressed*, New York: Continuum, 201)を参照。
（10）パーカー・パルマー (Parker Palmer, p. 35)。
（11）ジャン・バニエ『コミュニティ――ゆるしと祝祭の場』佐藤仁彦訳、一麦出版社、二〇〇三年 (Jean Vanier, *Community and Growth*, Mahwah, NJ: Paulist Press, 1979, p.5。
（12）ロバート・リン、エリオット・ライト編『大きくて小さな学校』(Robert Lynn and Elliot Wright, eds., *The Big Little School*, Nashville: Abingdon Press, 1980, p. 1)。
（13）グルーム (Groome, p. xiii)。
（14）ジョン・ウェスターホフ『子どもの信仰と教会――教会教育の新しい可能性』奥田、山内、湯木訳、新教出版社、一九八一年 (John Westerhoff, *Will Our Children Have Faith?*, New York: Seabury Press, 1976)、ならびに、チャールズ・フォスター『会衆教育』(Charles Foster, *Educating Congregations*, Nashville: Abingdon, 1994, p. 20)を参照。
（15）ウェスターホフ『子どもの信仰と教会』(Westerhoff, *Will Our Children Have Faith?*)。
（16）マイケル・ウァーレン『信仰、文化、礼拝共同体』(Michael Warren, *Faith, Culture, and the Worshiping Community*, Mahwah, NJ: Paulist Press, 1989, p. xii)。
（17）フォスター (Foster, p. 21)。
（18）フォスター (Foster, p. 24)。
（19）この状況を改善しようとして、どうしたら信徒が聖書の解釈や神学的課題に取り組むためのよりよい学びができるかを研究するデューク神学校の「信徒教育」プロジェクトに対し、リリー財団が一〇〇〇万ドルの資金提供をしています。
（20）クリスティン・ティロットソン「神への献げもの」(Kristin Tillotson, "Giving it up for God," *Minneapolis Star Tribune*, May 23, 2000, p. E1)。
（21）前掲書。
（22）ジェームズ・ローダー『変容する瞬間』(James Loder, *Transforming Moment*, New York: Harper, 1981)を参照。
（23）フォスター (Foster, p. 29)。
（24）フォスター (Foster, p. 28)。
（25）牧師たちの口からよく漏れ聞くのは、日曜日の朝の礼拝の時間を、子どものサッカーのスケジュールに合わせて変更しなければならなかったということです。アメリカでは、「家族」を取り巻く状況に変化が見られてきています。これは、家族とは何かという定義や枠組みが変化してきたということであり、それが教会教育や私たちの教会生活にも影響を及ぼすようになってきているのです。

(26) グルーム(Groom, p. 20)。

(27) グルーム『キリスト教宗教教育』序章を参照。

(28) ジョー・マーレイ「日曜学校でのお金をめぐって」(Joe Marray, "Tossing around money at Sunday School," *News and observer*, Raleigh, North Carolina, August 7, 1997, p. 21A)。

(29) 私は、これを微妙なニュアンスの違いによる重大な問題であると考えています。たとえば、カレッジビルにある聖ヨハネ神学校では、すでにいくつかの科目は一部を、インターネットを通じて教えており、学生が神学校に集まるのは一カ月に一回程度のことだといいます。そうした学習方法は、学生たちに、遠隔地に住んだままで大学院課程を履修し、神学校にわざわざ引っ越してくる必要のないことを認めています。しかしこの場合、彼らの学びが、その人の生き様に影響を及ぼすことになることについては、ほとんど考えられていません。同様に、もし神学校に入学したある学生がいたとして、彼は一〇〇人以上も履修者のいる概論の授業を受け、週に一回三〇人以上もいる小グループでの補習授業があったとしたら、そのような教育アプローチは、インターネットを通じての遠隔地学習とどれほどの差があるでしょうか。さほど違いがあるようには思えません。

(30) 私がこの問いにこだわるようになったのは、私がプリンストン神学校で最初に受講したジェームズ・ローダー教授の授業のなかで、「キリスト教教育を担当する人はクリスチャンでなければならないか」という、これに類似した質問を受けたことが一つのきっかけとなっています。

(31) イヴァン・イリッチ『脱学校化社会』小澤・東訳、東京創元社、一九七七年(Ivan Illich, *Deschooling Society*, New York: Harper & Row, 1971, pp. 1–36)。

(32) グルームは教会を、「イエス・キリストを、主、そして救い主と告白し、バプテスマによって群れに加えられ、イエスによって宣べ伝えられた神の国を指し示す人々、すなわち言葉を伝えることによってそれを示し、聖礼典を執り行い、それゆえすでに来たり給う神の国と約束された神の国とに生きる人々の共同体である。教会は、聖なる存在であり、キリストにおける神の国の確かなしるしである」と考えています(『キリスト教宗教教育』*Christian Religious Education*, p.46)。パーカー・パルマーが共同体について言及するときには、キリストの体とは捉えてはいません。チャールズ・フォスターは、彼の著書の中で、教会を、共同体としてのキリストの体としては理解していないと述べています。

(33) ジョン・ハワード・ヨーダー『社会を動かす礼拝共同体』東京ミッション研究所、二〇〇二年 (John Howard Yoder, *Body Politics*, Nashville: Discipleship Resources, 1992, p. viii)。

(34) 当然のことながら、これは神学校の教授が展開する議論としては非常に厄介な問題です。じつに現代アメリカにおける「学業成績」の概念は、基本的に、個人の成果に基づいてその個人に対して評価が出される仕組みになっているからです。

(35) スタンリー・グレンツ『ポストモダンへの入り口』(Stanley Grenz, *A Primer on Postmodernism*, Grand Rapids: Wm. B. Eerdmans Pub. Co., 1996, p. 80)。

(36) アラスデア・マッキンタイア『美徳なき時代』篠崎榮訳、みすず書房、一九九三年、二七〇頁 (Alasdair MacIntyre, *After Virtue*, 2nd edition, Notre Dame: University of Notre Dame Press, 1984, p. 220)。

(37) スタンリー・アロノヴィッツ、ヘンリー・ギルー『ポストモダンの教育』(Stanley Aronowitz and Henri Giroux, *Postmodern Education*, Minneapolis: University of Minnesota Press, 1991, p. 60)。

(38) ジョアン・チッティスター『日ごとに醸し出される知恵』(Joan Chittister, *Wisdom Distilled from the Daily*, New York: Harper Collins, 1991, p. 111)。

(39) 前掲書 (pp. 116, 119)。

(40) バニエ『コミュニティー――ゆるしと祝祭の場』(Vanier, *Community and Growth*, pp. 5, 6)。

(41) ジーン・ピアジェ、エリック・エリクソン、ローレンス・コールバーグ、ジェームズ・ファウラー、アンナ・フロイト、メラニー・クライン、ブルーノ・ベッテルハイムらの名前とその働きを挙げることができます。これらの理論家はいずれも活気ある生きた共同体を形づくる部分としての人間よりも、むしろ集団の中の個人というものに焦点を当てています。それは、一九四〇―五〇年代に一人の人間をより大きなシステムの中の部分として捉えるという家族療法の理論が出現して以来の傾向です。

(42) C・エリス・ネルソン『信仰という出来事』(C. Ellis Nelson, *How Faith Matures*, Louisville: Westminster/John Knox Press, 1989, p. 21)。

(43) ロドニー・クラップ『十字架の家族』(Rodney Clapp, *Families at the Crossroads*, Downers Grove, IL: InterVarsity Press, 1993, p. 24)。

(44) チッティスター (Chittister, *Wisdom*, pp. 117–120)。

(45) グレンツ (Grenz, p. 68)。

(46) グレンツ (Grenz, p. 64)。

(47) デール・マーチン「コリント教会」(Dale Martin, "The Corinthian Body," Durham: unpublished manuscript, 1996, p. 6)。

(48) サミュエル・スタンフ『ソクラテスからサルトルまで』(Samuel Stumpf, *Socrates to Sartre*, New York: McGraw Hill, Inc., 1975, p. 255)。

（49）マーチンのデカルトからの引用 (Descartes, quoted in Martin, op cit.)。
（50）ジョセフ・ダン『荒れ地への帰還』(Joseph Dunne, *Back to the Rough Ground*, Notre Dame: University of Notre Dame Press, 1993, pp. 111, 112)。
（51）私は、体が行為を無視し、人格というものにほとんど、あるいはまったく関心を払わずに、「明晰な記述は明晰な思考に反映される」と言っていた神学者がいたことを思い出します。
（52）ウェンデル・ベリー「健全なるメンバーシップ」(Wendell Berry, "Health is Membership" *Utne Reader*, Sept- October, 1995, pp.59–62)。
（53）ウェンデル・ベリー『クランクをもう一度回せ』(Wendell Berry, *Another Turn of the Crank*, Washington, DC: Counterpoint, 1995, pp. 93, 94)。
（54）ベリー『クランクをもう一度回せ』(Berry, *Another* Turn, p. 96)。
（55）ジョン・ウェスターホフ『霊的な日々』(John Westerhoff, *Spiritual Life*, Louisville: Westminster/John Knox Press, 1999, p. 17)。
（56）前掲書 (p. 24)。
（57）マイケル・ケイシー『聖なる読書』(Michael Casey, *Spiritual Readings*, p. 41)。
（58）キャサリン・ノリス『アメイジング・グレイス』(Kathleen Norris, *Amazing Grace*, New York; Riverhead Books, 1998)。
（59）ベリー (Berry, *Another Turn*, p. 95)。
（60）グルーム (Groome, pp. 118–120)、マイケル・ウァーレン『信仰、文化、礼拝共同体』(Michael Warren, *Faith, Culture, and the Worshiping Community*, p. 71)、ならびにメアリー・ボーイズ『信仰の育成』(Mary Boys, *Educating in faith*, Kansas City: Sheed and Ward, 1989, p. 196) を参照。
（61）私が理解するところでは、ディサイプル聖書研究 (Disciple Bible Study) は教会の歩みについて集中して学ぶプログラムであり、とくにアメリカの合同メソジスト教会でよく用いられています。ディサイプル聖書研究の受講者は、通常、週に一回、全34週にわたって顔をあわせることが求められ、毎回聖書に関する宿題が課されていきますが、欠席する人はまずいないといいます。

こうした方法で展開されるタイプの学習に対しては、そのある部分について私は懐疑的です。たとえば、34週間という期間を通して厳しい学びをし、互いに知り合うことにもなるのですが、その後にいったい何が起こるというのでしょう。私は、人々がセッションの終わりに修了証や記念バッチを受け取って打ち上げのパーティーを行う様子を見てきましたが、教会や教区のなかのどこにもそれらの受講者たちが学んできたことを用いていく場がないために、彼らの学んできたことは、ディサイプル聖書研究のⅡ、Ⅲ、Ⅳを受講する以外は、結局は無駄なものとして消え失せていっています。その上、ディサイプル聖書研究は、教会のなかにそのように34週間も継続するハードなプログラムに忠実に参加できる人は決して多くはいないために、このコースの受講生たちが教会のなかで孤立してしまうという危険性を内包しています。いわば教会のなかで「ディサイプル聖研仲間」とそうではない会衆との間に溝ができることになりかねないのです。ディサイプル聖書研究をとおして学んで身につけた事柄も、それを支え、保持し、育てていく共同体なしには何の役にも立たず、結局は単なる良き思い出となるだけなのです。しかもディサイプル聖書研究は、基本的に言語と語学用法、読解力と記述力といった特有の学習法に焦点が当てられています。そうした学習方法の場合、知的能力の低い者はいったいどういうことになっていくでしょう。学習障がいをもつ人々、精神的発達障がいをもつ人々、あるいはアルツハイマー病を患っている人々はどうするとよいのでしょう。あるいは年齢が低すぎるからとか、高齢だからということを理由に排除されることもあるのでしょうか。すべての人々を受け入れて教育する方法はどこにあるのでしょう。

(62) グルーム (Groome, p. 126)。
(63) *Christian Existence Today*, Durham: Labyrinth Press に収められているスタンリー・ハワーワスのジェスチャーに関する論考を参照 (pp. 101−110)。
(64) メアリー・ボーイズ『信仰の育成』(Mary Boys, *Educating in Faith*, p. 131) を参照。
(65) ゲハルト・ローフィンク『神は教会を必要としているか』(Gerhard Lohfink, *Does God Need the Church?*, Collegeville: Michael Glazier Press, 1999, p. 207)。
(66) グルーム (Groome, p. 54)。
(67) ケイシー (Casey, p. 38)。
(68) グルーム (Groome, p. 26)。
(69) ケイシー (Casey, p. 47)。
(70) ウェブスター『ニューワールド辞典』大学第二版 (Webster's *New World Dictionary*, Second College Edition, Englewood Cliffs: Prentice-Hall, Inc., 1978, p. 444)。
(71) グルーム (Groome, p. 5)。
(72) ヨーダー『社会を動かす礼拝共同体』(Yoder, *Body Politics*, p. ix)。

第Ⅰ部　キリストの体

第I部のプロローグ

「あなたにとっての共同体経験とはいったい何ですか」。ジャン・バニエの妹であり、ロンドンのラルシュ・ランベス共同体のメンバーであるテレサ・バニエが私に尋ねました。私は答えに躊躇しました。なぜなら、それは私をしばしば困惑させ、私に重く圧し掛かってきていた問いであったからです。私は、自分自身がそのような経験を持っているかどうかも曖昧だったため、自分自身の「共同体《コミュニティー》」経験が何であるかについて答えることができませんでした。

「共同体《コミュニティー》」という言葉は、私が理解するかぎり、「文脈に依存する」言葉でもあります。「共同体」という言葉は、その起源に依存していて、そこには文脈があり、それによって定義も説明も異なってきます。政治家ならアメリカという国家をひとつの「共同体」として捉えようとするでしょう。彼らにとって、それは民主主義と資本主義に裏付けられた現実的な一つの集合体を意味することになります。心理学者、社会学者、文化人類学者が、「共同体」というときには、それはもう少し普遍的な、また原理的なものをさすことでしょう。たとえば、ある共同体では特定の共通言語、共通目的、共通の空間や土地を共有し、ある種のコミットメントや忠誠、さらに共通の始まりと終わりとを保持することになります。「同性愛者の共同体」「障がい者の共同体」「黒人アメリカ人の共同体」などとメディアで耳にすると、同じ課題を抱え、同じ住所録名簿に名前を載せているような一枚岩で同質の人々の集合体という偏見の目で捉えてしまったりすることもあります。高等教育機関の運営に携わる人であれば、学生と教職員を「共同体」として捉えるでしょうし、それは初等教育機関や中等教育機関でも同様でしょう。彼らは、先に取り上げた他の共同体とは違って、その共同体をどのように運用していくかを考えていきます。教会のロビーや集会室にも、牧師の説教や礼拝で用いられるリタジーのなかにも、また教会の配布物の中にも、ほとんど毎週といってよいほどいたるところで「共同体」という言葉が使われ、この言葉が使われるときには、暗示的であれ明示的であれ、すべての人が共通理解をもっているかのように提示され期待されています。多くの神学者や宗教教育に携わる人たちのなかには、共同体の概念を明確に定義づけしないままに、著述の中で気ままに用いていることもあります[1]。アメリカのコミュニティー・ストーリーの語り手の第一人者ウェンデル・ベリーでさえ、「共同体」という言葉を、人や場所や事柄は社会組織を形成し、それらは共同体を確かなものにする要因であるという言いかたで広く一般化して述べています[2]。

テレサ・バニエがあの単純でありながら重大な問いを投げかけてからというもの、私は、ほとんど共同体の無形の原理に振り回されながら、読むこと、執筆すること、教えることに多くの時間を費やしてきました。またそれ以上に、私は、「自覚的な」キリスト者共同体と称して自らを意識的に一つの共同体として理解しようとする人々とじっさいに多くの時間を過ごしてきました。私は、そこでメンバーたちがキリストの愛の共同体について、見たり、聞いたり、味わったり、触れたり、触れられたりしている様子を知ることができました（ただし私は、教会や教区以外のグループの呼称に「自覚的なキリスト者共同体」という概念を用いることには疑念を持っています。そうした小さな代替共同体があるというのは、教会が自覚的でないことを意味しかねませんから）。にもかかわらず、私はワシントンDCのアーク・コミュニティー（ラルシュ共同体の一つ）、ロンドンのラルシュ・ランベス共同体に滞在した経験がありますし、今でもかかわりを持ち続けています。また、私はワシントン州スポーカネのラルシュ共同体の理事の一人として奉仕し、ノースカロライナ州のラルシュ共同体の設立にも携わってきました。私はまた、自らを共同体として理解しているミネソタ州セントジョセフにあるベネディクト修道院に住み込んで、かかわりを持った経験があります。このベネディクト修道院は一八〇〇年代に設立され、以来シスターたちは、日々、祈りと礼拝と労働と「聖なる余暇」を共に過ごすためにそこで暮らしています。そのシスターたちが病院を建設し、宣教師を派遣し、近くのそして遠くの貧者のために奉仕し、もっとも自分から遠く離れている人々をもてなしている様子を私はこの目で見てきました。

しかしながら、私はまた、会衆派教会、バプテスト教会、合同メソジスト教会、長老教会など私の成長過程において私を育ててくれたいくつかの教会、さらに牧師として奉仕してきたアメリカ合衆国長老教会――長く奉仕したところも短期間のところもありましたが――これらの教会によっても私は人格の形成と養育を受けてきました。そして私が仕えてきた神学校においても、ある共同体の微光を見出してきました。

私は、そうした個人的背景とパウロ書簡とを対話させていくうちに、この地上におけるキリストの生ける体の神秘的実体のメンバーであることのダイナミクスに気づかされ、それを明らかにして、そのなかで変容していくことをめざすキリスト者を教育するということのテロス（目的）を解明してみたいと考えるようになりました。つまり、私たちはある意味で、バプテスマと神の恵みの賜物によって解き放たれ、聖礼典をとおしてキリストの体の一部になることで励まされ育てられていきます[3]。私たちは、何もない中からキリストの体を新たに作り出すために召されたわけではありません。むしろ私は、パウロがローマの信徒への手紙、コロサイの信徒の手紙、エフェソの信徒への手紙、コリントの信徒への手紙一のなかで語り描き出しているような神学的ビジョンをとおして、すべてのキリスト者の教育がめざしているのは、彼らがキリストの体において正しく神が与えてくださる場を確保していくためなのだと理解するようになりました。そして、この体に内在するもの、すなわち私たちの存在自体がキリストの体のコアとなって養育されることこそがイエス・キリストによる神の国ビジョンであるのです[4]。

さらに私は、パウロの書簡と教会の神学的伝統によって、すべてバプテスマを受けた者はキリストにあって一つであることを知っています。パウロは、キリストへのバプテスマを受けることとは、私たち自身がキリストを着ることになるのだとガラテヤの信徒たちに書き送りました。「そこではもはや、ユダヤ人もギリシア人もなく、奴隷も自由な身分の者もなく、男も女もありません。あなたがたは皆、キリスト・イエスにおいて一つだからです」（ガラテヤ3・28）。これによって私は、キリストの体であるというのは、それぞれの人生における異なった物語と「社会構造」を持ち寄って一つとされた雑多な民であることを思わせられています。そうであったとしても、キリストの体である以上、それらは一つであり、結合体であり、連帯しているのです。

キリストの体へと教育される人々の中には、男も女も、富者も貧者も、若き者も老いたる者も、そして異なる民族的伝統も含まれ、また「健常者」と考えられる者も「障がい者」とレッテルを貼られている者も、さらにはゲイ、レズビアン、性同一性障がい者、異性愛者も含まれますし、大都市出身者も地方都市出身者も田舎の出身者も含まれています。多様な人々がいることはすばらしいことです。多様なキリスト者のなかにいることによって、キリストの一つの体の一員であるという慰めと、キリスト者の「共同体」と、キリスト者の「家」や「家庭」、そして教育のコンテクストを見出すことができるからです。

本書において私が述べようとしているキリストの体に関するもう一つの重要なことは、そこにおける潤いのことです。人間の皮膚に水分と空気が必要であるように、キリストの体の「皮膚」にも潤い、つまりバプテスマの水と洗足の水と、そして同様に聖霊が介在していることが必要なのです。イエスは、「どこでもわたしの名のもとに集まるところには、わたしもそこにいるのである」と約束されました。まさにそれこそが教会なのです。ホームレス・シェルターの配給スープの列に並んでいる二、三人の人たち、保育者にまとわりついている五〇人もの未就学児が集まっている部屋、一〇〇人あるいは一〇〇〇人もの人々が集まって礼拝や祈りをささげている教会――それらすべてがキリストの体における教育の場となり得るのです。

ここでの二つの章では、私はパウロのローマの信徒への手紙を引きながら、共通テーマとしてキリストの体の輪郭を描き出してみようと思います。第一章「キリストの体としての教会」では、キリストの一つの体の基本的原理に焦点を当て（ローマ12・4―5）、第二章「賜物と奉仕」では、私たちがキリストの体の一部であること自覚させてくれるさまざまな賜物、役割、奉仕を明らかにしていくことにします（ローマ12・6―8）。

註

（1）たとえば、トーマス・グルームは『キリスト教宗教教育』（Thomas H. Groom, *Christian Religious Education*）のなかで「共同体」という言葉を定義することのないままに共同体について提言しています。ジョン・ウェスターホフ（John Westerhoff）はキリスト者の共同体に関する数多くの著作を著しましたが、それがいったい何をさしているのかについては明らかにしていません。『信仰、文化、礼拝共同体』の著者マイケル・ウァーレン（Michael Warren, *Faith, Culture, and the Worshiping Community*）も共同体について定義をしていません。チャールズ・フォスターは『神の民の教育』（Charles Foster, *Educating Congregations*）を著しましたが、そのなかの「共同体の形成」という章においても、共同体が何であるかについて明らかにしていません。

（2）ウェンデル・ベリーの『ホーム・エコノミクス』（Wendel Berry, *Home Economics*, San Francisco: North Point Press, 1987）、『性、経済、自由、そして共同体』（*Sex, Economy, Freedom, and Community*, New York: Pantheon Books, 1993）、『クランクをもう一度回せ』（*Another Turn of the Crank*, Washington, D.C.: Counterpoint, 1995）の三部作に代表される多くの彼の著作は、すべて共同体や共同体の原理に関するものです。

（3）私は、このことを明らかにしてくれた点でジョン・ウェスターホフに感謝しています。キリスト者である私たちのテーマとして本書で取り上げようとしていることを一言で述べるなら、それはキリストの体の一部としての教会や教区をかたち作っていくことに他ならないのです。

（4）トーマス・グルーム『キリスト教宗教教育』（Thomas H. Groom, *Christian Religious Education*, pp. 43–51）。

第一章　キリストの体としての教会

わたしたちも数は多いが、キリストに結ばれて一つの体を形づくっており、各自は互いに部分なのです。
ローマの信徒への手紙12章5節

そもそも教会はそれ自体が全体として教育の場である、と私が提起するとき、私は、キリストの霊が定めるのであれば、それがどこであろうと「教える瞬間」であり、イエスの生きた弟子となることが教えられる時間と場となると考えています。キリストの体がすべて私たちの「教室」であるのなら、私たちのなかの教育とは何かという根源的なビジョンにはおそらく次のような挑戦や変容が求められるでしょう。すなわち第一に、それはまず、キリストの体の一員としての歩みに焦点を当てるために、日曜学校や受洗準備会がつくり出している「壁」を拡張していくことになります。日曜学校や青年会や礼拝の実践は、時間や空間、そして神が私たちの中で働いておられることを知ることによって、私たちが感じることのできる秩序に一つの方向性を与えていきます。ジョアン・チッティスターは、修道院での修練や礼拝といった共同体の習慣はその信仰の共同体を一つに結びつけるものであり、たとえそれがいかに平凡な行為であったとしても、人生の忘れがたい出来事として人々を結束させるものであると述べています。(1) しかし一方で、キリストの体を構成するメンバーのなかでキリスト者が教育されるということは、神の霊が愛によってキリストの体を築こうと欲するところなら、いつでもどこでも教育が成立するのです。信仰問答について学ぶ人々の間でも、ホームレスのシェルターにあっても、グアテマラへの宣教奉仕プログラムの途中でも、青年会の行事でも、礼拝でも、役員会の席上でも、少人数の信仰告白準備会でも、牧師との面談の場面でも、教育が展開されるのです。ジーン・コルボン神父が言うように、「いかなるドアも、すべての魂をキリストの栄光ある体へと『回心』させようとする復活の主の霊を妨げることはできない」(2) のです。

第二に、おそらく私たち教育者が、青年たちの夕方クラスや大人の聖書研究会、あるいは世代を超えて行われるより大きな行事において教案やスケジュールに従って時間配分を大事にして計画していくように、学ぶ「タイミング」というのがとても大事です。まともなまた規則的な人生を送るためには、私たちは明らかにそうした学ぶ際の枠組みというものを神以上に必要とするのです。しかし、神が定めるのであれば神の霊はいつでもどこでも自由に流れ出ていくのであり、たとえひどく取り乱している友人と真夜中に会話しているときであろうと、娘の合格祝いをするときであろうと、荒れ野の中で静かに祈っているときであろうと、神の教育は遂行されていくのです。すなわち、私たちが巡礼の旅の途中で何気なく次の一歩を進めようとして角を曲がろうとするときに思わぬ発見をするようなしかたで、神の教育は人生のある瞬間に突如として行われていくのです。

第三に、私たちが時間や場所の制約を受けながらも教会における「教育」とは何かを考えようとするとき、私たちは人生のなかの偉大なる教育の瞬間に直面することがあり、それはしばしば想定外の、一般的に考えられている教育の境界線の外で起こっていきます。聖霊はときに境界を超えて働くのであって、私たちはこれを「境界教育」とよぶこともできるかもしれません。それは貧困や障がいなど人生の厳しい状況のなかでも生起します。はるか昔に亡くなった人もキリストの体の一部であって、その人の記憶やその人の物語もキリスト教信仰の「教師」となりえます。目に見える現存する人たちと同じようにこの地上を離れた人たちもキリストの体に含まれるのですから、聖徒の交わりに加えられた人々が残してくれた物語もそこに含まれるのです。ドイツのホロコーストの出来事も、死に直面している家族とともに祝うクリスマスも、私たちがどれほど日常生活に満足すべきなのかを教えてくれるかもしれません。また、今日私たちが遭遇するのと同じような試練に遭ってきた教会の先達たちの豊かな物語はじつに多様であって、それらの物語は現代の私たちの巡礼の旅を導くものになります。

第四に、キリストの体にあっては、一人で学ぶ人や個別家庭教師は誰一人いないということです。何らかの目標と自分自身を比較することはあるにしても、競って学ぶ必要はなく、またドン・キホーテのように一人で闘う必要もありません。キリストの体の部分として生きるということは、私たちの友人とも、敵とも、また面識のある人とも、まったく見知らぬ人とも協力して共に生きることを学ぶことなのです。私たちは、自分たちが理解しているよりも、はるかに意味深いしかたで互いに繋ぎ合わされています。それこそが一つのキリストの体に結ばれていることの秘儀なのです。

五番めに、キリストの体における教師や学習者は、驚くほどに多様な人々の集まりであり、私たちの誰も知りえないほどに広範囲で、混沌たる状態にあるということです。それでも神は、私たちすべてをこの一つの体へと選び出されました。キリストの体についてのパウロの記述からは、だれがこの体で学んだり教えたりできるのか、またはできないのかについて記された箇所はどこにも見出せません。女も男も、富裕者も貧者も、あらゆる民族的伝統をもつ者も、障がい者も健康な者も、若き者も老いた者も、これらすべての枠組み、その特徴、それらに関連するいかなる物語の記述も、キリストの体においてはまったく副次的なものにすぎないのです。重要なのは、神の召しによってキリストに追従することを求めるのなら、私たちは互いに愛し合うことを学び続けなければならないということです。だからこそ、知能の発育に遅れのある人であったとしても、人々に忍耐力を学ばせるような偉大な教師となりえます。それはまた私たちが、教会の礼拝に来る新来者や再来者へのもてなしを実践できるようになるために、子どもたちを受け入れたり、旅人をもてなすことの必要性を強調したりすることにもつながっていくのです。

ではつぎに、この体における教育について、その理解をさらに深めるため、キリストの体を見出し、明らかにし、支持し、養っていく物語の機能について、簡単に説明していくことにしましょう。キリストの体の「物語」は、だれによって、なにが、どのように、どこでという教育のコンテクストのポイントを認識させる大事な戒律として機能します。私がここでわざわざ「戒律」と言うのは、ベネディクト修道会の聖ベネディクト戒律と関連をもたせたいためです。聖ベネディクト戒律は福音書への道案内をするものであり、それ自身で完結するものではありません。ベネディクトゥスはこれを信仰生活における「初心者のための小戒律」とよびましたし、ジョアン・チッティスターは「エリートや知識階級や上流層のハンドブックではない」(3)と言っています。パウロのキリストの体についての説明からもまったく同様のことが言えます。彼のキリストの体についての説明は、キリスト者の生活においてそれが権威あるものであるかぎりにおいて、その体が教会の機能としてどのように映り、どのように聞こえ、またどのように感じられるのかについて関心が向けられていて、ありとあらゆる解釈を受け入れることのできる十分に一般的で開かれたものです。

私は、私たちを形成する物語の機能についての説明とキリストの体としての共同体の限界を見極めながら、いくつかの聖書的・神学的課題に焦点を当てて、パウロが手紙を送った古代のローマやコリントやコロサイの人々がどのように世論のなかで体ということを知覚していったのかに着目してみたいと思います。私たちの共同体の起源である初代教会におけるキリストの体の基本的特徴を明らかにしているいくつかの重要な箇所を取り上げていきます。

そして最後に、ローマの信徒への手紙12章3―5節を引きながら、私たちが生きるようにと定められた共同体の基本的原理として、この箇所の神学的特徴について強調していくことにします。この聖句の意味を改めて検討するというのではなく、むしろ教会や教区というしかたでキリストの体が集められていること、すなわち共同体の原理を描き出しているものとして、この箇所の聖書的・神学的特徴に目を転じてみようと思います。そこにおいて典礼実践としての洗礼と聖餐、そして愛のふるまいが出来事として生起するからです。

物語がどのように共同体《コミュニティー》を形づくるのか、あるいは逆もしかり

本書が基本的に考えているのは、私たちキリスト者は私たちの人生の物語にかなり依存しているということです。確かにキリスト者の人生は、始まり・途上・終わりという物語の構造になっています。使徒信条やニケア信条を考えてみても、神は天地の造り主であるから始まり、そのうえでイエスの生涯に焦点を当て、そして再臨するいのちを賛美するかたちで閉じられていきます。私たちがキリスト者として生きるとき、それは自分独自の物語なのではなく、むしろこの世において私たちよりも以前から存在し、私たちとともに歩むことになっていく物語のなかに、私たちは

産み落とされ、バプテスマを受けてキリスト者として歩んでいくのです。その物語のただなかで、キリストの体として、キリストの体の中で、新しく創造され新しく生きるようにと、私たちの物語は神の福音によって守られまた育まれていきます。私たちの物語は、その意味と希望と目的を、神の内にあって継続して探し求めているのです。

私たちを造り、守り、名づける物語

　創世記は「初めに、神は天地を創造された」から始められ、ヨハネによる福音書は「初めに言があった。言は神とともにあった。言は神であった」と始められます。キリスト者にとっては、神は私たちがこの世に生まれる以前から存在し、神は今も、そしてこれからも存在しています。神が私たちの始まりであり、私たちの今であり、私たちの未来なのです。私たちが自らを知る以前から、私たちは神を知り、神によって私たちは知られています。私たちは、はるか昔の時代にまで及ぶ、生きて変化し続ける共同体の中に生まれ、私たちはその物語のもっとも新しい受益者となります。私たちはその物語の受け取り手として一つの共同体の中に生を受け、その共同体は私たちに物語ることばを身につけさせながら、私たちの面倒を見ていくことになります。そうした共同体の物語に依存するなかで私たちが生まれてきたことを知るとき、私たちは、それがこの世のなかで自分勝手な思いで作り上げることのできない共同体であること、そしてすべてを可能にする仲保者を必要とする共同体であることを想起させられます。私たちは、世代から世代へと流れゆくその物語の選択権をほとんど持ち合わせておらず、それらはまるで私たちの肉体を構築している遺伝子のようです。私たちはすぐにその物語の語り部となり、それを再現する者となり、進行中のその物語に私たちの経験が加えられて、他の人々が学ぶべき大きな喜びや悲劇ともかかわりを持っていくことになります。

　神の物語がどのように私たちに最初に語りかけてきたのかを、より具体的に理解するためには、洗礼について考えてみるのがよいでしょう。私たちは、洗礼をとおして、神がその存在を召してくれるのでなければ自分が何者であるかを知ることすらできない存在であることに気づかされます。神の主導性が、私たちを信仰とまだ知らざる自己理解へと導いてくれるのです[1]。洗礼によって、私たちは「いと高きかたの子ども」としての名前と特徴が与えられ、目に見えるかたちであったとしても、また先導してくれる「大勢の証人たち」のなかにあって見えないにしても、物語が成就することをめざして互いの物語がこだまし合ってるところに加えられていくのです。改革派神学では、洗礼は、私たち自身の行為ではなく、私たちの上に惹き起こされる出来事、神の恵みの賜物として受けとめます。これを受け取るために私たちには何らできることはなく、それはただひたすら神から無償で贈与されるものなのです（エフェソ２・８）。この信仰共同体の先達は、私たちにはキリストが必要であること、そして恵みに寄り添い続けることを思い起こさせてくれる存在です。

私たちが生まれついたこうした物語が展開されるとき、キリストの体である人々のなかではどのような教育が必要であるかについて、私たちの理解が研ぎ澄まされていきます。キリスト者の教育は、現代の世俗教育のように、かつてなかった新しいものを学ぶことではなく、「私の独自性」を見出して喜ぶことでもなく、また「自尊心」を引き出して「私」を物語の出発点とするような啓蒙主義的発想の一環でもなく、良き国家のための良き市民になることを教えることでもありません。それは、体と魂から切り離され分断された知識の集合体について学ぶこと以上のことであるのです。

リチャード・ロドリゲスは、アメリカにあるそうした反知性主義について書き記しています。過去に先達たちが積み重ねてきた知恵、その重み、先達の遺産、彼らが「かつて私たちはこうしたものだ」と言うときの博識などをまったく拒絶し、「性についても悪についても、私たちは自分の経験に基づいて発見してきたのであって、歴史的なことを言われてもさっぱりわからない」といった錯覚に陥って、私たちは窒息しかけている、と指摘します。それによって、私たちは互いにつながっていることをも見失っていき、自分は「自分独自のものを作り出すことができるのだ」という誤った個人主義の感覚を好むようになっていきます。キリストの体におけるキリスト者の教育とは、人々に古くからあること、すなわち神の選ばれた民イスラエルの物語、神の子イエス・キリストの物語、先達のキリスト者たちの人生の物語を教えていくことです。それはその物語について学ぶ以上のことです。その目的は、人々が神の物語、そして神の民の物語を構成するようなジェスチャーを身に着けるようにと導くことなのです。そうすることによって、キリストの体を構成するキャラクターを培っていきます(5)。

人生の物語的構造

好奇心をそそる役者たちと難解な筋書きによる壮大な物語のなかに生まれてきた私たちは、私たちの人生そのものが物語の構造を持っていることを理解していきます。私たちの人生はすべて始まりと途上と終わりを有しています。たとえば、私たちはその始まりを覚えて誕生日を祝います。同じように、人生の終わりには葬儀をおこない、神が永遠の命を約束されていることに思いを馳せます。私たちの誕生から死にいたるまでのことを知っている人々の集まった物語るコミュニティーのなかで、物語は私たちの散らかってしまった人生を一つにつなぎ合わせていきます。若かりし頃の物語は、人生の日々のさまざまな生活の物語にリンクしていきます。他者と物語を分かち合うことは、私たちの前にあるものと後ろにあるものとをリンクさせ、私たちに自分が誰であるかを教えて、人生の巡礼マップを作り上げていきます。

たとえば、毎日の新聞の死亡記事に目を留めてみましょう。人の生の始まり、その途上での到達地点、そして終焉について、人生の物語が慎重に選択されて公に読むことができます。お悔やみの記事は、大切な家族や友人、関わった組織や教会との関係を伝えます。彼らはいくつかの短い言葉によってその人の人生を想い起こしていきます。その上、そうした物語は私たちの周りに溢れていて、私たちが日常生活を決定する際の強い力となっていきます。私たちはそれらに依存しているからです。物語は私たちを和解させたり、分裂させたりもします。物語は、未来に向けて私たちの人生を形づくったり道案内をしたり、ときには立ち止まらせたりします。物語は、あらゆるかたちで伝えられ、演じられ、歌われ、噂され、動かされ、踊らされ、織り込まれ、色付けされていきます。

人は自分たちの生活だけでなく、周囲の人たちの生活を理解することをとおして、彼らが継承し共通に保持する主要な物語によって形づくられ、育まれていくのです。人の人生の物語は、まるでクモがクモの巣に深く入っていくように、私たちの物語の構成を展開して描き出していきます。放蕩息子のたとえを考えてみましょう。あのたとえ話は、私たちを放蕩息子か父親のいずれかと重ね合わさせます。私たちは、私たちの家族——そしておそらく私たちの人生と神——の関係を豊かに描写し、希望を与え、私たちの与えられた人生の物語が、いったいどこに依存しているかを知っていくのです。

物語の目的

一つの物語が何をめざしていくのかは、私たちの人生を導く、より大きな物語によって洗練されていきます。私たちは、来たるべき未来の光のなかで、すなわち巡礼の旅において神が約束されている天の都に向かって生きていきます。物語の終わりは私たちの背中を押し出し、私たちを制約しながら、人生の必要な区切りを作っていきます。そのような人生の区切りは必要なのです。なぜなら他の「役者たち」に取り囲まれている私たちの人生の物語で起こってくる事柄は、しばしば私たちの人生の中で予測不可能だからであり、だからこそ人生のなかの変わらないものを守ることになるのです。そしてそれは神にほかなりません。私たちのおかれている教会の物語の終焉がどんなであるかを知ることのみが、私たちの人生を「意味あるもの」にします。

私たちは物語の目的とその終焉にどれほど依拠していることでしょう。マッキンタイアは次のように述べます。

子どもたちから物語を奪ってしまえば、彼らは言葉においてだけでなく行為においても、不安でどうしたらよいのかわからなくなり口ごもってしまうだろう。だから、私たち自身の社会も含めてある社会を私たちが理解する仕方としては、その社会の初期のドラマの材料となっている含蓄された様々な物語によるしかないのである。(6)

たとえば、キリスト者の人生の物語は、それよりも以前からの神の民の物語のなかに組み込まれています。その物語は聖なる共同体のなかで生きていきます。ベネディクト修道会に属する聖ヨハネ修道院やミネソタ州中部にある聖ベネディクト修道院などいくつかの修道院では、祈りや礼拝のなかで、すでに亡くなったシスターやブラザーの名前をその帰天記念日に読み上げることが一般的に行われています。たとえば聖ベネディクト修道院では、だれかシスターが亡くなると、その後三〇日の間、ダイニングルームのテーブルにそのシスターの小さな写真と小さなロウソクを置いて彼女を偲びます。しばしばシスターたちは、帰天したシスターの物語を綴った書物に目をとおしたりして、彼女がこの共同体に属し、いまもなお属していることを覚えます。私たちがキリストの体へと教育するときに、なぜ物語と記憶を分かち合うことが大切なのかということの理由です。教会においては、礼拝から日々の祈りまで、すべての場面で物語をくり返し伝承することによって、それは大いなる追憶の場となっていきます。教会の内でも外でも、そうした物語は、私たちの日常生活で騒動を惹き起こす可能性のあるような物語が競合するときにさえも、ある種の羅針盤として役立っていくのです。あるいは、共同体の生活にとってある特定の物語に追従していくことは、危機をさし示したり「注目すべきポイント」を示したりしてくれる生きて語る地図としての役割を果たしてくれます。端的に言うなら、私たちは自分が誰であるかを知る必要があり、神の似姿につくられ刷新された私たちがこの新しい地表を渡り歩いていくためには、神の愛の真実の物語が不可欠なのです(7)。

アンソニー・ギデンズは、人間社会は「人間としての自分の行動によって創造され刷新される限りにおいて存在する」と理解しています(8)。物語が私たちのそれぞれの行動から編み出されていくと同時に、物語自身が自己を操るようになっていくと言うのです。そうであるなら、一つの物語は、人々がそれぞれの人生を調整したり再構成したりする合理的理由を提供しながら、共同体を構築していくという二つの機能に仕えていくことになります。ギデンズは、このような物語の変容を集団における個人の「二重属性」とよび、「われわれが社会を作り出しているのというのは、われわれ自身が作り上げられていくことなのだ。人の集まりというのは、時間と空間のなかで編み出されていく社会行動のパターンのことである」と述べています。ギデンズは、多くの社会学者たちが人間性のダイナミクスさを解明していくときに悩んできた共同体のありかたについてチャレンジしています。ある人たちは、人はどんな経験をしたとしても、ほとんど変わらずに伝統的なパターンでくり返し試行していくでしょう。またある人々は、私たちが音楽で「主題による変奏曲」とよぶような即興的なものに、とりわけ時間、場所、人々といった状況が採用されて変容を遂げていくと考えるでしょう(9)。共同体は一つ所にとどまっているのではなく、常に変化していることを思わされます。生きた共同体は常に変化を続けるのです。なぜなら人は変わり続けるからです。

私たちを最初に作り出した物語を再創造する

私たちは、私たちのすべての局面を形づくる共同体の物語のなかに生まれ、それを継承しているわけですが、私たちはまた、物語を伝えたり再創造するためのもう一つの理由を保持しながら物語を展開していきます。それは次世代に物語を伝えるということであり、それによって私たちが、自らが解放され、そこに連れてこられたことを忘れることなく、救いの歴史が私たちキリスト者にとって何を意味するのかと捉える感覚を身に着けるようになっていくことです。たとえば、エジプトで初子の死と出エジプトが始まろうとするところで、「イスラエルの人々は代々にわたって、この夜、主のために寝ずの番をするのである」（出エジプト12・42）と語られます。ユダヤ教では、この過ぎ越しの祝いの食事が今日にいたるまで続けられています。彼らは特別な食事をし、聖書の決められた箇所を唱和しながらあの時代の出来事を象徴的に想起します。そうすることによって、過ぎ越しの食事の真理を、世代を超えてくり返し甦らせていくのです。

アラスデア・マッキンタイアは、すべての伝統は「その言葉と行動、すなわちある特定の言語や文化のなかで形成されていく」と述べました。彼はまた、共同体には「概念の創出、推敲、修正」をしていくために、共同体とその伝統を積み上げて継承していく人々がいることについてもふれています。そればかりか、「原住民はそのことをよくわきまえていて、彼らは自分たちが話したり聞いたり、読んだり書いたりする言語によって、彼らはそれを語り、聞き、読み、書き記す」ということがキリスト教の文化的伝統においても含蓄していることを、私たちは「しばしば」神学者よりも一人の文化人類学者を生み出そうとして思い起こし、私たちの物語を継承していくことが必要とされているのです。(10)

自分自身を知るために、人は、自身がどういった世界に存在しているのかを知らなければなりません。神、世界、自己は、それぞれ異なる実体として適切に捉えられなければなりませんが、それらは具体的にどのような相互関係を持つのかが問われてくることになります。(11)

コミュニティーの生活を決定づける物語の優位性について示してきたので、つぎに私は、パウロが捉えているキリストの体としての教会についてより詳しく検証してみることをとおして、なにゆえ、そしてどのようにパウロ書簡に見られる物語が、教会教育やカリキュラムなども含めた私たちのコンテクストについて、すなわち私たちはこの地上におけるキリストの体の一部としていったい何者であって何者になろうとしているのかについて論じていきたいと思います。私たちは、「どのように」キリストの体として共に生きるとよいかを知ろうとする物語に依拠しているので、同じようにそれが「どうしてか」を問うことは重要なことです。それは、教会のコンテクストにおいてキリスト者を教育するときのその目的を知り、その教育に不可欠な方法論を練っていくことのカギにもなるからです。

「社会を動かす礼拝共同体《ボディ・ポリティクス》」をめぐって

教会がなぜ「キリストの体」とよばれるのかを考えていくにあたって、ジャン・カルヴァンの言葉を引用しておきます。

　これらすべてのことは、かれが霊と肉体とにおいて、全面的にわれわれと固く結びつきたまわないならば、達成されない、ということをわれわれは理解している。しかも、この使徒（パウロ）は、われわれがキリストの肉に結び合わせられる、この最も堅固な共同の生を、いっそう顕著なこの讃辞によって称揚し、「われわれは、かれのからだの肢体であり、かれの骨、またかれの肉に属する」と言っている（エフェソ5・30）。最後に、パウロは、この事柄が一切の表現を超えた大いなる者であることを証しして、絶叫をもって言葉を結ぶのである。（いわく）「大いなるかな、この奥義は」と。それゆえ、主の肉と血による信仰者の交わりを少しも認めないとは、極端な狂気の沙汰である。この交わりについて、使徒はこれを説明するよりも、むしろこれに驚嘆する方を好むというほど、その偉大なことを証ししているのである。[12]

教会がどのようにしてキリストの体としての独自性をもった共同体として語り得るのかを見ていくために、まずは「キリストの体」というものが、新約聖書においては教会について語るときの多くのメタファーやイメージの一つであることを確認しておきたいと思います。これらのメタファーは、キリストに従う者たちが特徴的なしかたで互いに共同体のなかで生きていることを明らかにしようとして

神の霊はペンテコステの日に初代教会に顕れました。以来、私たちは旧約や新約のいくつかの箇所を、神の賜物としての教会を説明するときの資料として参照してきました。たとえば、教会は羊の群れであり神が羊飼いであると言われます（イザヤ40・11、エゼキエル34・11）。私たち羊は、多くの人間の羊飼いたちに見守られているのですが、それらの羊飼いたちは、すべての羊飼いの王子であるキリストご自身によって導かれ養われています（ヨハネ10・11―16）。あるいは教会は耕される畑であって、そこには古代の聖なるオリーブの木としての預言者たちがいます。そこではユダヤ人と異邦人との和解がもたらされます。そこはまた、まことのぶどうの木であるキリストともに、実をもたらす枝であるキリスト者たちが植えられているぶどう畑です（ヨハネ15・1―5、イザヤ5・1）。キリスト教の伝道とは、パウロが「わたしは植え、アポロは水を注いだ。しかし成長させてくださったのは神です」（Ⅰコリント3・6）と告げているように、植えることであるのです。

カール・バルトら神学者たちは、この体は、どのような哲学的・神学的な構造で考えられるにせよ、私たちの肉体とまったく同一のものではないと言います。この体はイエスの物語をどのように解釈するかに依存しているわけです。教会の起源について考えるとき、私たちは、イエス・キリスト御自身が福音を宣べ伝え、福音に生きたときに、そこに教会が立てられ始められたことを明らかにしておかなければなりません。私たちは神の家族であり、「使徒や預言者という土台の上に建てられています。そのかなめ石はキリスト・イエス御自身であり、キリストにおいて、この建物全体は組み合わされて成長し、主における聖なる神殿となります。キリストにおいて、あなたがたも共に建てられ、霊の働きによって神の住まいとなるのです」（エフェソ2・20―22）。

さらに、ジーン・コルボンが述べているように、教会は「墓が打ち破られた」という原点に回帰してみることによってのみ、最終的にそれが典礼のかたちとなって「父なる神を賛美するようになる。典礼はその回帰してみるという動きの中で生起され」[13]、その典礼はつねに神の民である私たちを、キリストにあって神へと向けさせていくものです。この偉大な出来事、すなわち教会の典礼は、その検証と実践を、サクラメントの執行と神の言葉の説教と学び、そして神の民の祈りというしかたで描き出していきます。

ス・キリストであり、復活した神の子であり、新しいアダムなのであって、私たちはそこで他のキリスト者たちとの交わりと聖餐をとおして神との出会いを経験していきます。バルトは、キリストの体というのは本質的に一人の人間の体というのではなく、ある種の投影的現実であると考えています。つまり教会は特別なしかたで人間の体に属していることを投影するものですが、重要なのは、それは一人の人間の体そのものではないということです。バルトの流れを継承するジャネット・ソスキスは、「キリストの体」という神学的概念は、その文脈のなかで捉えられるべきだと述べます。「体」とは、とりもなおさずキリストの業について語る方法だと言うのです。パウロ書簡では、教会が何であるかを表すために、他の表現に比べてより多く「キリストの体」が用いられます。「教会」がキリストの体として語られるところでは、すぐにそれはキリスト者共同体の共通用語となり、世代を超えてキリスト者を豊かにし、それぞれの時代のコンテクストの中でキリスト教的省察を与えるものになっていきました。厳密な定義はないものの、教会の伝統や聖書においては、「キリストの体」は多様なかたちで用いられ考察されています[14]。大事なのは、キリストの体としての教会がどのように用いられ、それによってどうなっていくのかということです。ロナルド・ロルヘイザーは、パウロは決して信者たちの体がキリストの体に取って代わるのではなく、キリストの体と同じ働きをするのでもなく、それ自体が神秘的なキリストの体だと言ったわけでもないと指摘します。神がイエス・キリストの内に現実的かつ身体的に働いておられるのと同じように、神はここにおられるのです。もし私たちが本当にキリストの体の部分であったなら、神の臨在は、今の世界においては、じつに私たち自身に掛かっていることになります[15]。

たとえば、耳が目に向かって「わたしは目ではないから、体の一部ではない」と言ったというパウロのたとえを、私たちはどのようにとらえるでしょう。パウロはコリントの教会における摩擦を念頭に置きながら、当時の言葉や伝統的な用語を駆使して、キリストの体のなかで生きている現実とキリスト自身の存在についての両者について説明しようとしたと考えるべきなのでしょうか[16]。私は、あるグループの人々が体のなかでの居場所と機能をめぐって別のグループの人々を排除していたという、キリストの体での体験をめぐって語られていることに着目したいと思います。パウロはこの体のメンバーに対し、この体の一部であるのなら「自然に任せた生きかた」とは対象的な行動をとるべきであること、この体の中ではほかよりも弱く見える部分がかえって必要であることに気づかせようとしています（Ⅰコリント12・22、23）。私たちも、そのように他者に敬意を払うことを訓練していかなければなりません。なぜなら私たちはキリストの体の部分であり、私たちは、これがキリストの地上における宣教の道筋だったこと、そして私たちは神が私たちのただなかにおられるということを知っているからです。キリストはいまなお私たちとともにいて、世界の仲保者です。私たちのなかに流れている神の力は、私たちが、よりキリストに似た者となるようにとの神の働きかけであるのです[17]。

ゲハルト・ローフィンクは、「キリストの体」というのは、言葉においても、生きかたにおいても、純真さにおいても、またあらゆることを打ち捨てて、イエスと同等にならなければならないというのではなく、ましてや一つの狭い神学的な考えかたに囚われることでもないのだと、私たちに注意を促します。むしろパウロは、キリストの体である私たちに、「テキストに基づいた拡がり、すなわちバプテスマを受けた者として『キリストにあって』語り合う豊かな言葉のリストをもつようにと招いているのです[18]。それゆえ、「キリストの体」であることと「キリストにあって」ということは、キリスト者がなぜ他者とともに生きるのかだけではなく、天地創造の神の前で自らの立つべきところをどのように理解するかを考えていく、教育の一つのテーマとされてきたのです。

パウロのキリストの体としての教会という考えかたは、どこから来ているでしょうか。それは明らかに、神の賜物から来ています。羊、建物、旅人といったメタファーが使われたのと同様に、古代社会において教会をメタファーでとらえようとするのは、ごく当たり前のことでした。ある学者たちは、パウロが社会を人間の体にたとえたのは、古代のレトリックのやりかたとしては至極当然だったと言います。パウロは、彼が書き宛てた信徒たちとその時代特有の状況を背景とした特定のコンテクストのなかで、教会がキリストの体であることを語ります。メタファーは、時代や社会や地形などと関係しながら形づくられていくのです。それらは、それらが意図したキリスト者共同体のコンテクストの中で解釈され、そこにおいて継続的に語られ実践されていきます。[19] デール・マーチンやピーター・ブランといった学者たちは、古代ギリシア人やパウロの時代のユダヤ人たちのなかで「社会を動かす礼拝共同体《ボディ・ポリティクス》」がどのように理解されていたかについてのあらゆる特徴を説明した優れた学術研究業績を残し、キリストの体における「社会を動かす礼拝共同体」についてのパウロの見解を詳らかにしています。[20]

第一に、古代ギリシア社会において社会という体は、広い宇宙の小世界と考えられています。さらにギリシア人たちは、人間の身体そのものは空気、土、水、火などといった私たちの周りの世界と同じものから作られていると想定していました。したがって教会や会衆は、より大きなキリストの体に統合されている小世界と見なし、会衆の生命はキリスト自身と同じ「もの」として作られていると考えました。

第二に、ギリシア人たちは、身体的な体においては、まず頭が知識の主要な部分であるように、ポリス社会もまた階層的に配置されていることを信じていました。プラトンは、人間の頭はもっとも神聖な球形をしていて、このもっとも体の中で神聖なる部分が他を支配していると考えました。実際、古代社会では、体は頭を移動させるために存在するのであって、頭を運び、頭が地面を転げまわらないように保っているのだととらえています。パウロのキリストの体についての言及も同様に、キリストの思いはキリスト者の思いの中心であったのです。「だれが主の思いを知り、主を教えるというのか。しかし、わたしたちはキリストの思いを抱いています」（Ｉコリント２・16）。

第三に、肉体はさまざまな部分のバランスとハーモニーによって構成されているがゆえに、政治的な調和が必要と考えられていました。デール・マーチンは古代ギリシア人の捉えていた美について述べ、人間は痩せすぎていても太りすぎていても、柔らかすぎても固すぎても、温かすぎても冷たすぎてもよくない、また人間の処遇は、急がせすぎても、卑劣すぎても、遅すぎても、無謀すぎても、我慢させすぎても、羨ましがらせすぎてもよくないと考えていたといいます。同じように、パウロのキリストの体の説明も、この体のそれぞれの部分の機能をアレンジされたのは神であって、「神は、見劣りのする部分を一層引き立たせて、体を組み立てられ」たとしています（Ｉコリント12・

24―25)。

第四に、すべての体は、肉体も社会も同様に、その境界線の透過性が高いのです。私たちの肉体的・社会的な体は宇宙の部分ですから、私たちはつねにその要素からの影響を受けます。物理的にも、私たちの身体は皮膚の気孔をとおして、呼吸をしたり、汗をかいたり、内臓機能のバランスを支えたりします。もし組織の透過性が高いのなら、それは固定した境界線をもたない自然の諸要素に対して開放した組織ということになります。パウロは、キリストの体を、神の霊が自由にこの社会的な体で動き回ることのできる透過性の高いものと理解しています。「ある人には〝霊〟によって知恵の言葉、ある人には同じ〝霊〟によって知識の言葉が与えられ」ているのです(Ⅰコリント12・8)。

第五として、身体に出たり入ったりする元素物質の一つに空気または霊があります。古代ギリシア人にとっては、プネウマ(霊)は命「そのもの」であり、人間の体が動いたり感覚を持ったりすることを可能にします。同じように聖霊は、私たちを、キリストの体のなかで生かしめるだけではなく、私たちを押し出し、唯一、聖霊によってのみ「イエスは主である」と告白させるのです(Ⅰコリント12・3)。

古代ギリシア人とパウロの体に関する理解のもう一つの類似点は、汚染の問題です。その体の透過性が高ければ、身体においては水分が流入したり流出したりするわけですが、キリストの体において流入・流出が起こると、雑菌や汚染物質が流れ込んで体全体に大きな衝撃を及ぼす可能性が出てきます。キリストの体において結び合わされている私たちは、神の力強くて慈悲深い恵みのジェスチャーにより、この体においては「いやす賜物をもつ者」によって助けられていきます(Ⅰコリント12・28)。パウロの書簡における時代、場所、言語、習慣をふまえた議論に留意しながら、つぎに私たちは、パウロのキリストの体の物語をより深いかたちで追究してみようと思います。それはとりもなおさず、私たちがキリストのジェスチャーから何を学び、何を伝えていくのかを知る基本的な手掛かりとなっていくでしょう。

キリストの体

ジョン・ハワード・ヨーダーは、パウロのキリストの体の明瞭かつ壮大な叙述について、「パウロのメッセージは反直感的であり、反伝統的である」と言います。ヨーダーは、パウロが教会をキリストの体とよぶとき、それは、教会は一つの社会形態、一つのポリスとして機能すべきだと主張するのです。「政治的《ポリティカル》であるというのは、意思決定をし、役割分担をし、権力を分散させることであり、キリスト者の共同体も、そうすることなしに、体としての機能や役割を果たすことはできない」[21]と。たしかにポリスは、今日の私たちの教会にとって先鋭的なものではありませんが、パウロが生まれ育ち教育を受け、彼がそこで説教をしたというその時代の文化のなかでは、じつにユニークなものでした。

この「反伝統的」集団をより理解するために、私は、ローマの信徒への手紙の一部を取り上げて、教会がキリストの体であることを説明するパウロの物語の全体像を掴んでみたいと思います。私たちの置かれた場、時代、人々について学んでいくために、そしてこの特別な体のふるまい（ジェスチャー）について学んでいくために、これらの聖句の解釈を試みてみましょう。

パウロはコリント教会の創始者ですが、ローマ教会は彼が創始したのではなかったことを理解しておくことは大切です。この教会は、書簡が書き送られる以前からすでに存在していました。しかし他の諸教会と同じように、大きな不安を抱えた体でした。ある新約学者たちは、パウロは異邦人とユダヤ人キリスト者とのしばしばの分裂、より正確には、ユダヤ人キリスト者のしきたりをめぐってのキリスト教とグノーシス主義との分裂を経験していた教会に宛てて書いているのだ、と主張します[22]。パウロはこの教会に宛てて、ローマの信徒への手紙12章のなかで、キリストの体であることについて、多くの家の教会がより強く結び合わされることについて書き記しています[23]。さらに彼は、キリストの体にあっては、人々は多くの異なる賜物を持っているのであって、だれも他人をおいて自分自身を称賛するために、その賜物を求めるべきではないと語ります。神への礼拝は、生きかたを変え、心を新たにするように導くものです。そうすることによって、ユダヤ人であろうと異邦人であろうと、いったい何が神のみ旨であるのかを示す生きた証しとなるのです。そのような従順な行為が、神の求める人々へとキリスト者を作り上げていく形成的な出来事となっていきます。

ローマの信徒への手紙12章の分析

カール・バルトは、私たちが、体をあたかも多くの特徴的な細胞によって構成された人間個々の個性のように「ロマンチック」な概念で捉えて、この体を批評的に理解していくことから遠ざけようとします。キリストの体は、私たちが隣人らとともにする交わりと聖餐をとおして、キリストにおいて、神と出会う場です。したがってキリストの体としての教会は、アダムの体とは異なるのであって、この体の独自性をよく理解して区別しておくことが重要になります。(24) ロバート・ジュウエットによれば、古代ユダヤ教における人間の魂は、すべての神の民の魂を包括するアダムの体に何らかの形で結びついていたといいます。彼は、アダムやアダムの子らという理解とは異なる新しい関係性に注目して、それこそがキリストの体であると主張します。そこでは人々の新しい関係が創出され、人々はキリスト者のラディカルな共同体のなかで生活し始めることの意味をより深く理解するようになるのです。(25)

ローマの信徒への手紙12章1－2節

「こういうわけで、兄弟たち、神の憐れみによってあなたがたに勧めます。自分の体を神に喜ばれる聖なる生けるいけにえとして献げなさい。これこそ、あなたがたのなすべき礼拝です。あなたがたはこの世に倣ってはなりません。むしろ、心を新たにして自分を変えていただき、何が神の御心であるか、何が善いことで、神に喜ばれ、また完全なことであるかをわきまえるようになりなさい。」

カール・バルトの改革派的視点でのキリストの体を概観する前に、3－8節の言葉に注目しておきたいと思います。パウロの伝道時代のローマの街では他のカリスマ的な宗教が乱立していて、明らかにローマにいたキリスト者たちにとっては、それに加わるかどうかは大きな誘惑でした。 3節の冒頭でパウロは、イエス・キリストにおいて、とはどのような意味であるのかについて述べます。身を献げて生きていこうとするとき、私たちは神の恵みによって堅く捕らえられているという全き知識によらなければ、決して私たちは生きかたを変えることなどできないのです。ジョセフ・フィッツマイヤーは、霊的な礼拝とは、神の業の実現であると述べます。

神は、ご自身を、礼拝のなかで、神に属する世界に向けて宣言される。これは、礼拝が、信仰に基づく従順な行為として自分の身体も魂も神への献げものとすることを意味している。[26]

パウロは、キリスト者がこの世でどのようにふるまうべきかを解説しつつ、この世と教会との違いを明らかにしようとします。また、この世と来たるべき神の国を対比させます。人間の心（ギリシア語の「ノウス」は知的判断と道徳的判断の宿るところの意）が変えられるというのは、単にその人のおこないが変わることではありません。私たちは自らの力で行動を悔い改めていくほど強くはないのです。フィッツマイヤーは加えて、私たちの「心」や「知」が、もはや体の感情や目に見えるものによって支配されるのではなく、「キリストの思い」（Ⅰコリント2・15、16）を知る私たちが、キリストが私たちのいのちを支配していることの実例となっていくのだ、と論じています。[27] キリストの心を持つこと、そしてキリスト者の共同体の部分になることによって、私たちは、私たち自身の課題に振り回されたり、自分の存在意義を証明したりすることからも解放されていくのです。

ローマの信徒への手紙12章3節

「わたしに与えられた恵みによって、あなたがた一人ひとりに言います。自分を過大に評価してはなりません。むしろ、神が各自に分け与えてくださった信仰の度合いに応じて慎み深く評価すべきです。」

3節を見ていくにあたって私たちは、「キリストにあって」というのは、キリストの体の一員になることだ、ということに留意しておきたいと思います。すべてのキリストの体を構成するメンバーには、その体のなかで用いるための大事な恵みの賜物が与えられています。この賜物は自己に対して与えられたものではなく、より大きなキリストの体と協働して、共通の利益のために与えられたものです。この召しは、互いに仕え合うために、そしてキリストに仕えるためのものです。体のそれぞれの部分には、神によって、神のものさしが与えられ、それぞれが、共同体の中で生かすための役割が与えられています。「ものさし」とは、ヨーダーのいう「一人ひとりのテーブルに配布されたおしゃぶり」のようなものです。それは、誰が一番大きなものをもらったのかで測られるようなものではありません。(28)

信仰（ピスティス）はすべて神によって与えられた神の賜物です。私たちはそれが神の恵みによるものであることを知っているのです。なぜならキリストの共同体は、その恵みのなかで生かされているからです。教会が信仰や恵みのなかで歩もうとするとき、私たちは、信仰や恵みが私たちのなかでも同じように働いていることに気づかされます。信仰は、初めは少しだけ与えられて、そのうちしばらくすると、その善いおこないのゆえにそれが増えたり、より多く与えられていったりするようなものではありません。どれほどの信仰が与えられたのかは、キリストの体のもっとも小さいメンバーであっても、私たちが信仰を問われ、信仰の実践（fide quae creditur）が試されるような状況に置かれるまでは、具体的にその全体を理解することはできません。

ローマの信徒への手紙12章4節

「というのは、わたしたちの一つの体は多くの部分から成り立っていても、すべての部分が同じ働きをしていないように……」

一つの体が異なる機能を持っている多くの部分からなるのであれば、それは以前にはまったく可能性のなかったようなしかたでキリストの臨在を明らかにしていくことになります。キリスト者は道徳的に果たすべき義務においても一つの体ですが、ここで一つというときには、それは一つの体のなかに賜物が統合されて減少させられるということではありません。そうではなく、あるコンテクストの中に多様な賜物を置くということです。それらはキリスト者とよばれる人々のなかに置かれ、それは私たちが神から与えられた賜物を見出す場となります。

バルトは、重要なのはキリストとともにある聖餐の交わりに互いにあずかることだと言います。この関係性と交わりをとおして、私たちは唯一で真実の神に出会っていくことをバルトは強調します。この交わりこそが体であり、特別な交わりであって、これは個人の寄せ集めではなく、たくさんの「わたし」の集合体なのです。私たちが周りの人々とかかわりを持つことを除いては、これは特段、可視的で具体的なものではありませんが、私たちはだからこそ、私たちの「見出しきれない神を見出す」ことに着手していくのです。[29]

教会の典礼のなかでもバプテスマは、多くの個人の集まりといった教会の概念を覆し、その代わり、キリストの体として一つに統合されていることを提唱する素晴らしい教育の手段です。コリントの信徒への手紙一12章12－13節を参照しておきましょう。

「体は一つでも、多くの部分から成り、体のすべての部分の数は多くても、体は一つであるように、キリストの場合も同様である。つまり、一つの霊によって、わたしたちは、ユダヤ人であろうとギリシア人であろうと、奴隷であろうと自由な身分の者であろうと、皆一つの体となるために洗礼を受け、皆一つの霊をのませてもらったのです。」

これは単に自発的に集まってきた人々のグループ以上のものであり、たんなるもう一つの慈善団体、社交クラブ、あるいはセラピーの自助グループ以上のもの、社会運動団体や立場を共有する人たちの個人クラブ以上のものであって、街中のギャングとも、街の片隅でバーベキューを囲む親たちの集まりとも異なるものです。むしろバプテスマが、私たちの人生が展開され、私たちの死後もずっと続いていくところのキリストの体の一員となるようにと私たちは創造され、聖霊によって選ばれた民であることを明らかにします。

教会を個人の集合体や、利己主義に陥っている世界の混乱のただなかで相互依存する見せ掛けの個人主義に生きる人々の集合体として見るのではなく、パウロは、教会はそれぞれの部分が他の部分に依存しているだけではなく、この体の頭であるイエス・キリストに依拠する一つの独立した組織であることを、私たちに示します。「むしろ、愛に根ざして真理を語り、あらゆる面で、頭であるキリストに向かって成長して」いくのです（エフェソ４・15）。これこそが、バプテスマの典礼的で礼典的な働きの意味するところです。

バプテスマにおいては、この世の肩書きや所属は、キリストに属する私たちのアイデンティティーにとっては二次的なものにすぎません。たとえば、私たちをとりまくこの世界では、男であるか女であるかということが人のステータスの前提になっているかもしれませんが、キリストの体においては、「ユダヤ人であろうとギリシア人であろうと、奴隷であろうと自由人であろうと」、この世の肩書きは不要なのです。私たちは、バプテスマにおいてキリストの死と結び合わされていて、だからこそイエスとともに復活させられた民であることを思い起こしていきます。私たちは、かつての自分を十字架に掛けて罪の体を破棄し、それゆえもはや罪の奴隷ではなくなりました。キリストへのバプテスマによって深い希望が誕生することになったのです（ローマの信徒への手紙6章を参照）。

この一つの体へとバプテスマを受けていることは、しかしながら、私たち自身のアイデンティティーや、私たちを作り上げている属性を失うことを意味しているのではありません。バルトは、この体には多様な特徴があることを指摘します。ジョアン・チッティスターは、私たちは最大公約数に向けて人々を減少させようとしているのではないことを指摘します。キリストへのバプテスマを受けることは、個人を均質化されたグループへと転換させることではないのです。むしろ私たちや私たちを取り囲んでいる特異性を、聖なるものへと引き出すことです。[30] この観察可能な、幅広い、特徴的な体の部分であることと、そこでのふるまいは、私たちの業ではなく神の業です。私たちはこの体に居場所と存在を借りて、私たちの関係を「孤独な人も大勢の中にいる人も含めてすべての人々が見えざる一つの体」としての関係を作り上げていくのです。[31]

ローマの信徒への手紙12章5節

「わたしたちも数は多いが、キリストに結ばれて一つの体を形づくっており、各自は互いに部分なのです。」

前項で示唆してきた依存関係が、ここではっきりと明示されます。キリストの体にあっては、すべてのキリスト者は、神の子羊の血によって互いに結び合わされています。「誰一人孤立して立っているのではなく、すべての奉仕が一つの単数ユニットとしてのこの体の中に置かれている」[32]のです。

以下に述べるように、この一節は、教会においてさえ、日常生活における「プライベート対パブリック」という啓蒙主義的理想に対して対立をもたらすことになるでしょう。大きな全体の一部だという理解のなかで生きることは、人間一人ひとりの可能性を見出すことを超えていきます。また、私たちの人生には個人的な領域がいくつかあるのかもしれませんが、私たちの生活のすべては、実際にはキリストにあって一つの体であるがゆえに、教会生活へと開かれています。しかし、生活と愛を教会という体のために捧げるというこの健全な依存的考えかたも、私たちが育ってきたアメリカ憲法の独立の理解に反しているとして現代社会では問題視されるのです。

私たちがこれまで見てきたように、バルトもまた、パウロは個々のメンバーが一つの体となっているのではなく、別々のものがこの体を作り上げていることを明らかにしていると考えました。もし私たちが神の似姿に創造されたのだとしたら、それは神に憧れるように創造されたことにならないでしょうか。バルトはさらに、体を情緒的な錯覚で捉えることの危険性――たとえそれが会社だとしても、緩やかな複合企業体だとしても、独立した者の集合体などありえないことを指摘します。しかしキリストという独立した一つの体においては、互いに生きるということの単純な喜びを祝うことも、問題や課題に直面することもしていくのです。「あなた」に対しての「私」や「彼ら」に対しての「私」といった、自己の体と他者の体を対立構造で捉えていくのではなく、私たちが自らを、「私たちは〈互いに〉独立した〈一人〉でありながらも、キリストにあって一つの体」であると理解することにチャレンジしていくことなのです。私はわざとここに〈　〉を付けました。好むと好まざるとにかかわらず、この共同体に属するときに見出していく深い意味でのつながりを強調したいからです。くり返しになりますが、このつながりは私たちの行為によるものではありません。キリストの聖霊が働きかける文化の実現と捉えるべきです。

この体についてもっとも驚くべきことは、これが十字架のキリストの体であるということです。ひとたび十字架につけられましたが、今や復活された生けるキリストの体であるということです。この洞察はコリントの信徒への手紙一15章においてパウロが宣言しています。そこには、私たちが部分であるところのキリストの体は、私たちに天の国をイメージさせることのできる復活したキリストの体であることが語られています（49節）。バルトは、もし十字架に掛けられたキリストが、神が一人ひとりに与えられた信仰のものさしだとしたら、私たちはたとえ抵抗し難い避けられないような要求であったとしても、神の前で正しく謙遜になることは、私たちの倫理的なふるまいであることを理解しておかなければならないと述べます。そうして、私たちは神の恵みとみ旨に支えられる中で、私たちの力と尊厳の源泉であるイエス・キリストに立ち返り、倫理的な行動やキリスト者特有のジェスチャーをよび覚ましていくようになるのです(33)。

キリストの体としての教会

時代を超えた、素晴らしい、この聖なる神秘は、教会生活のなかで明るく輝き始めます。この教会は、たとえ私たちの気持ちがひどく荒れているときにも、もっとも弱くなっているときにも、私たちを受けとめ、ただキリストによるバプテスマを受けることによってこの体に加えられて神との関係を築き、それゆえに互いにつながっているという真理の共同体です。この壮大な真理は、私たちの現実であって、私たちの限られた認知力や感情や霊的な姿勢によってははかり知ることのできないほどに私たちを圧倒してきます。しかし、たとえこの恵みの賜物の偉大さや、この永遠の集合体であるという微妙な神学的ニュアンスを理解できなかったとしても、ただキリストの体の一部であるというだけで、私たちは確実に変えられていきます。それはすなわち、私たちが、自分たちの人生、行動、ジェスチャーを理解するしかたについても、また人々との関係、神との関係についても、それらは絶えず変化していくことを意味します。パウロはこの変化のことを、ローマの信徒への手紙12章2節において「心を新たにして自分を変えていただき、何が神の御心であるかをわきまえるようになること」と定義しています。この引き続き起こる自己変容は、神の恵みによるものであって、私たちが日常生活の中でよりキリストに似た者となるよう、私たちを神に近づかせます。

キリスト者の共同体の一員として生きるとき、その多様性と連帯のなかにあってキリスト者を絶えず形成し変容させていくための、この共同体に共通する三つの実践があります。その第一は、キリストの体として受け入れられる儀式的ジェスチャーである聖礼典のうちのバプテスマ（洗礼）です。第二は、儀式的ジェスチャーの聖礼典、ユーカリスト（聖餐）です。ユーカリストにおいて私たちは、キリストの肉と血とを受け、互いの関わりとキリストとの関係を成長させていきます。第三は、バプテスマと救いの恵みによって継続的に養育していくユーカリストゆえに私たちはキリストの名による交わりに外の人々をも受け入れていくホスピタリティー（もてなし）とよばれるジェスチャーです。この三つの実践はセットのジェスチャーであって、それらを実践することをとおして、私たちはキリストにおいて互いの関係を近づけていくことができ、私たちが何者であるかについてもよりよく知ることができるようになっていきます。

バプテスマ（洗礼）

マイケル・アップルは、すべての教育は「初心者が、ある社会的現実を『人生のリアリティー』として受け入れるための入門プロセス」として始まると言っています。人々が共同体を維持し、継続的に再生させていくための教育状況は、人々の日常生活における無数の関わりのパターンのなかで起こっていきます[34]。バプテスマはキリスト者にとって、このプロセスへの入り口なのです。私たちは入門者たちを迎え、彼らに人生の現実はキリストの体にあるということを教えていきます。換言するなら、バプテスマにおいて、私たちは自分自身に死んで、キリストの体におけるアクティブな人生へと受け入れられ、養われていくという聖なる集まりに加えられるのです。キリストの死と復活とともに、私たち自身も死んで復活するということは、パウロがローマの信徒への手紙7章4節で述べている次の言葉を反映しています。「ところで、兄弟たち、あなたがたも、キリストの体に結ばれて、律法に対しては死んだ者となっています。それは、あなたがたが、他の方、つまり、死者の中から復活させられた方のものとなり、こうして、わたしたちが神に対して実を結ぶようになるためなのです」。ポール・ミニアーによれば、キリストにある教会は、律法の死をわかち合います。「ただキリストに属し、互いに属すことによってこれを行うのです。パウロにとって、死の体から引き揚げることができたのは唯一キリストの体だけです」[35]。キリストにあって洗礼を受ける（ローマ６・３）というのは、私たちがキリストと共に葬られ、しかしキリストと共に復活したという両者を意味するのです（ローマ6・4）。

ヨーダーは、バプテスマは私たちを、「かつて与えられたり選び取ったりしてきた自己の定義をすべて超越して」[36]、他者とは異なる新しい人へと導くもの、と理解しています。ユダヤ人と異邦人、男と女、奴隷と自由人といった、分かたれていた二人の人、異なる二つの物語が結合させられていきます。ここで特徴的なのは、この「新しい人々」は、欧米で支配的になっている個人主義に関する固定概念のような「個人の集合体としての社会的現実というのではなく、むしろ個人が取り込まれていく新しい民族混合の社会的現実」[37]だということです。ヨーダーは、現代世界は人間間の分裂を解決するために私たちの特徴的な部分に目を閉じること、穏やかな口当たりのよい「融合体」となろうとして、私たち個々のパーツを統合させていくことを求めていると指摘します。そうではなく、私たちは新しい現実に生き始めるのです。私たちはそこで、自己の独自性を保持しながらも、私たちのアイデンティティー自体がまったく変容させられていくのです。それは神の恵みの賜物です。これはキリストの体の並外れた多様性に寄与するもので、私たちの理解や感性やジェスチャーをキリストの体に向けて作り上げていくのです。

このキリストの体という新しい社会的現実において教育するにあたって、バプテスマは新しいメンバーすべてを学びの旅路へと招き寄せ、福音の示す無数の新しいジェスチャー、古くからあるジェスチャー、そしてキリストの体における人間関係をどのように構築していくかという価値観を教えていきます。水が注がれ、ロウソクを灯して行われる聖礼典としてのバプテスマは、神の恵みは想像を超えたかたちで、すでに教育の段階からその人のなかで働いていたことを、じつに会衆の前で告げ知らせる特別な瞬間となっていきます。さらに会衆もまたバプテスマにおいて、この神の兄弟・姉妹を教会の信仰の中で養い育てていくことを約束します。私たちは、バプテスマの瞬間から、罪とかつての自分に死んで、新しい生へと育てられていく一人となり、私たちの生きかたは着実に変化し始めて、イエスがその生き様をとおして宣言された愛によって整えられていくのです。

教会における儀式として行われるバプテスマは、私たちすべてを一つにするために招き、私たちは「クリスチャン」という新しい名前とアイデンティティーを与えられたその人をこの体において歓迎していきます。滴礼であれ、油注ぎであれ、あるいは浸礼であれ、私たちは乳児や成人した者にバプテスマの水を注ぎ、ときに額に油で印をつけることをします。また私たちは、その子どもらを育てていくために、親、保護者、祖父母、会衆がよばれます。バプテスマが単に一人の人が洗礼を受けたというのではなく、体全体がその瞬間を共有することに私たち自身が参与するのです。バプテスマをとおして、私たちは自分のバプテスマや知人や愛する人のバプテスマの瞬間を想い起こします。自分の子どもたちの方に向き直って、彼らが受洗した日のことを語って、子どもたちにも自分のバプテスマを想い起こさせるようにします。そのとき私たちは、バプテスマは、集まった多様な人たちを教会において一つにする瞬間であることに思いを馳せ、認識を新たにします。しかし、たんに相互の間で覚えていくだけではなく、この儀式はキリストと分かち合うべきものです。

ユーカリスト（聖餐）

聖ベネディクト修道院の聖なる礼拝堂には彫刻が施された花崗岩の大きな洗礼盤があり、そこからはつねに下の小さな水溜に水が流れ落ちています。老若男女を問わず、障がいのある人もない人も、同じようにそこにきて指先でその水に触れたり、コップや手でその水をすくったりして、自分の洗礼式をまじまじと想い起こし、感謝の言葉を口にしていきます。洗礼盤のまわりには、多くの草花があって、水に象徴されるところの生命の賜物を想起させてくれます。洗礼盤の端には、長いキリストのロウソクが立てられています。この洗礼盤は聖壇（聖餐卓）と一直線上に配置されいて、十字型をしたこの礼拝堂の平面図上では洗礼盤が中央に位置づけられています。シスターのメアリー・アンソニー・ワーグナーによると、意図的にこのような配置にしたのだと言います。洗礼盤が聖壇から直線上に置かれることによって、私たちは見えるかたちで、洗礼の水を通過して聖餐にあずからなければならないからです。バプテスマとユーカリストが中心にあることによって、私たちは、キリストによって一つにされた多くの民の一人であることに気づかされていきます。

もしバプテスマが、私たちがキリストの体へと受け入れられていく共同体の行為（入会の儀式）であるのなら、ユーカリストもまたキリストの肉と血とを受領するという共同体の行為です。それは、洗礼によって始まった出来事を強めていく儀式であり、私たちの主であるイエス・キリストの肉と血を分かち合うことにおいて養われ整えられていくという継続的な成長のプロセスです。そのような力がどうしてこれらの聖礼典の中にあるのでしょうか。カルヴァンは、私たちは、肉体を帯びているがゆえに、私たちの能力は愚鈍であって、「先生が子どもたちを導くようにして」手招きしてもらう必要がある、と言っています。カルヴァンはまた、アウグスティヌスの言葉を引きながら、バプテスマとユーカリストの聖礼典は、「神の約束を、私たちの見えるところに置かれている描き出された絵のように、イメージを生き生きとした形として表現している」身体的ジェスチャーであるとも言っています。[38] おそらく私たちは、バプテスマやユーカリストのジェスチャーに参与することによって、キリストの体が一つであること、そしてキリストの体である一人ひとりが聖なる力によって引き合わされ、もう一度メンバーとされ（re-member）、再制定（re-enact）されていく様子を、もっとも明瞭なかたちで見、もっとも明白に聞き、もっとも穏やかに感じ取っていくことができるのです。

ユーカリストにおけるジェスチャーは、世代から世代へと継承されてきました。その始まりはキリストが使徒たちに対して行ったジェスチャーです。パウロは言います。「わたしがあなたがたに伝えたことは、わたし自身、主から受けたものです」（Ｉコリント11・23）。私たちが「これはわたしの血による新しい契約である」という言葉を耳にしてパンを口にし、杯から飲むときに、私たちは、自分が何者なのか、そしてどこにいるのかに思いを集中させていきます。キリストは、わたしたちのために、自らの体であるこのパンを食べなさいと告げました。「わたしの記念としてこのように行いなさい」。だから、「あなたがたは、このパンを食べこの杯を飲むごとに、主が来られるときまで、主の死を告げ知らせるのです」（Ｉコリント11・26）。

キリストの体において三位一体の神の交わりのなかに生を与えられる出来事がバプテスマだとするなら、ユーカリストは私たちを全きキリストの体の中に包み込んで変容させていく出来事であり、それゆえ私たちの生きかたそのものが変容させられていきます。ジーン・コルボンはもう一歩進めて、ユーカリストはある意味で私たちの日常の生活をよりキリストに近づけるためのガイドであり教えであると述べています。

［ユーカリストにおいて彼は］［バプテスマに］加わったことを自らの出来事として、彼は新しいメンバーとして朽ちることのない力を得ていくことになる。罪人の和解や病んでいる者の癒しにおいてさえも、彼は復活のいのちを与える力を実践していく。結婚や牧会活動においても、彼は彼女と、彼女の豊かな処女性を分かち合いながら「いのちを与えてくださった主」を知るようになる。より正確には、彼は、それぞれに与えられている賜物にしたがって教会の人々との交わりを創始していくのである。「神に不可能なことはない」[39]、そしてそれはすでに教会において実現されているのである。

バプテスマから始まってユーカリストにおいてパンとぶどう酒を受け取るにいたるまで、私たちは、私たちを神と人々へと近づけさせるジェスチャーについて学んだり発見したりしていきます。このプロセスにおいて神の主権が現実味を帯び始め、神における豊かな人生がすべての人々の前にいやおうなく明らかにされていくのです[40]。

ホスピタリティー（思いやり、もてなし）

バプテスマにおいて、私たちはすべてキリストの体のなかに受け入れられます。ユーカリストにおいて、私たちはキリストの肉と血を受け、互いにキリストの体として生きていくようにと養われます。ホスピタリティーにおいては、私たちは他者をこのキリストの体へと受け入れていくことになります。もし信じる者にとっての人生が神によって明らかにされ、避けることのできないものであるなら、その新しい契約という良き知らせを、ジェスチャーを使ってでも、他の人々と分かち合いたいという大きな欲求が湧き起こってくるはずです。たとえば、礼拝の終わりに告げられる祝福の言葉を思い起こしてみましょう。「心と思いと体からほとばしり出る感謝と誠意を保持しつつ、行って、主を愛し主に仕えなさい」[41]。私たちはキリストの福音を受けた者であり、キリストであればどうするのかが今は私たちの内にあって示されているのですから、私たちはそのようにしていくのです。

ホスピタリティーのジェスチャーをとおして、私たちはバプテスマの誓約を生き抜くこと、そしてユーカリストにあずかるなかで教えられるキリストの犠牲の愛のジェスチャーについての訓練を受けていくことになります。飢えた者に食べさせ、のどが渇いた者に飲ませ、旅人に宿を貸し、裸の者に着せ、病気の者を見舞い、牢にいる者を訪ねることを考えてみましょう。「はっきり言っておく。わたしの兄弟であるこのもっとも小さい者の一人にしたのは、私にしてくれたことなのである」（マタイ25・40）。私たちは、キリストの名においてこうしたふるまい（ジェスチャー）をしていくのです。それは、バプテスマのポリティクスによるものです。すなわち私たちはバプテスマによって神の愛へと招き入れられ、自己中心という罪に死んで今は神とともに生きるようにされました[42]。ユーカリストのポリティクスも同様です。私たちは、他の人々とともに、救いのパンを食べ杯から飲むことによってキリストの犠牲の愛のうちに育てられ保たれるようになります。

　ホスピタリティーのポリティクスは、神がキリストのいのちをとおして私たちに開き、バプテスマをとおして私たちを受け入れ、そのいのちをもって私たちを養ってくださるように、私たちもまた、他者に対して私たちのいのちを開いていくのです[43]。ホスピタリティーは、とりわけベネディクト修道会においては中心的な美徳とされていて、その美徳は一般に教会の中で展開されていきます。なぜなら、修道院へのすべての訪問者は、

> キリストにあって歓んで迎え入れられるべきです。キリストが、あなたは「わたしが旅をしていたときに宿を貸し」（マタイ25・35）てくれたから、と言われるからです。とくに神に仕える者、巡礼者にはすべての礼を尽くしなさい。旅人がもし上位の者であったり修道会士であったりしたなら、心からの慈愛をもって歓迎すべきです。そして平和のうちにあるようにと彼らと一緒に祈りなさい[44]。

ベネディクト会のホスピタリティーの実践と同様に、私たちは、日々、少なくとも一日に一度は外に出て行って、自分以外の誰かのためにキリスト的ジェスチャーを実践するようにと招かれています。ジョアン・チッティスターは、ホスピタリティーのジェスチャーをとおして、私たちは新しい考えかたから刺激を受け、新しい人々とともに歩むことをとおして新しい視点で人生を見るようになり、日に日に私自身を客観的に見られるようになっていく、と指摘します。彼女はまた、「ホスピタリティーは絶えず訓練していかなければならないものの一つであって、突然にできる

ようになるものではない」[45]と私たちに警告を発しています。これが、私たちが共同体の一つの部分であるときに、なぜバプテスマを祝うのか、なぜユーカリストにあずかることが必要なのか、そしてなぜ私たちがホスピタリティーを大切にする必要があるのかということなのです。――それは、とりもなおさず神がまず私たちを愛してくださったからにほかなりません。

註

（1）ジョアン・チッティスター『日ごとに醸し出される知恵』(Joan Chittister, *Wisdom Distilled from the Daily*, p. 171)。

（2）ジーン・コルボン『湧き出る礼拝』(Jean Corbon, *The Wellspring of Worship*, Mahwah, NJ: Paulist Press, 1988, p. 71)。

（3）チッティスター(p. 11)。

（4）ジョン・バイリー『サクラメントの神学』(John Baillie, *The Theology of the Sacraments*, New York: Charles Scribner's Sons, 1957, p. 89)。

（5）リチャード・ロドリゲス「断崖と属性」(Richard Rodriguez, "On Borders and Belonging," *Utne Reader* (March/April, 1995), p. 79)を参照。

（6）アラスデア・マッキンタイア『美徳なき時代』篠崎栄訳、みすず書房、一九九三年、二六五頁(Alasdair MacIntyre, *After Virtue*, 2nd edition, pp. 204–216)。

（7）スタンリー・ハワーワス『平和を可能にする神の国』東方敬信訳、新教出版社、一九九二年(Stanley Hauerwas, *The Peaceable Kingdom*, Notre Dame: University of Notre Dame Press, 1983, p. 27)。

（8）アンソニー・ギデンズ『社会学』松尾、西岡ほか訳、而立書房、第五版、二〇〇九年(Anthony Giddens, *Sociology*, Orlando: Harcourt Brace Jovanovich, 1987, p. 11)。

（9）ギデンズ (pp. 11, 12)。
（10）アラスデア・マッキンタイア『正義と合理性』(Alasdair MacIntyre, *Whose Justice? Which Rationality?* Notre Dame: University of Notre Dame Press, 1988, pp. 373–374)。
（11）ハワーワス (p. 26)。
（12）ジャン・カルヴァン『キリスト教綱要』第４篇、渡辺信夫訳、改訳版、新教出版社、二〇〇九年、八七–八八頁 (Calvin, *Institutes*, 4.17.9, ed. John T. McNeill, trans. Ford Lewis Battles, Philadelphia: Westminster Press, 1960, p. 1369)。
（13）コルボン『湧き出る礼拝』(*The Wellspring Worship*, p. 39)。
（14）ジャネット・ソスキス『メタファーと宗教的言語』(Janet Martin Soskice, *Metaphor and Religious Language*, Oxford: Clarendon Press, 1985, pp. 153–154)。
（15）ロナルド・ロルへイザー『聖なる憧憬』Ronald Rolheiser, *Holy Longing*, New York: Doubleday, 2000, pp.79–80)。
（16）ソスキス (p. 152) 参照。
（17）ロルへイザー (p. 80)。
（18）ゲハルト・ローフィンク『神は教会を必要としているのか』(Gerhard Lohfink, Does *God Need the Church?* p. 259)。
（19）ここでは、共同体において、共同体によって、それが読み上げられていくこと自体が学びの実践です。キリスト者の共同体がパウロ書簡を読むときには、共同体として読むことと、それが読まれている共同体の成長のために読むことが必要です。
（20）ピーター・ブラウン『体と社会』(Peter Brown, *The Body and Society*, New York: Columbia University Press, 1988, p. 306)。ブラウンは、古代のユダヤ人社会のレトリックとパウロのキリスト の体のイメージが共通していることを指摘します。またデール・マーチンの論文「コリントの教会」(Dale Martin, "The Corinthian Body") を参照してください。この論文の中でマーチンは、古代ユダヤや古代ギリシアの資料に基づいて、第一に、体はそもそも宇宙の小世界的に投影したものであり、キリストの体としての私たちの教会は、より大きなキリストの体を小世界的に表現したのであること、第二に、キリストの体においては、身体に頭があるように、キリストがキリストの体の頭として階層的に配置されていること、第三に、この体はキリストの体として美しいバランスがとられていて、いつも高く評価される人々よりもむしろ弱い部分がより必要とされていること、第四に、このキリストの体はその境界の透過性が高く、霊や風が自由に吹き込んでくること、第五に、キリストの体は、その体が不純物で汚染されたときには、それを癒す者が存在することを論じています。
（21）ヨーダー『社会を動かす礼拝共同体』(Yoder, *Body Politics*, pp. 48, 55)。
（22）ウィリー・マルクーセン『新約聖書概説』(Willi Marxsen, *Introduction to the New Testament*, Philadelphia:

Fortress Press, 1980, p. 94)。

(23) マーヴァ・ダウン『歓喜の共同体』Marva Dawn, *The Hilarity of Community*, Grand Rapids: Wm. B. Eerdmans Pub. Co., 1992, p. 15)。

(24) カール・バルト『ローマ書講解』小川圭治・岩波哲男訳、平凡ライブラリー、二〇〇一年 (Karl Barth, *Commentary on Romans*, New York: Oxford University Press, 1968, pp. 442–443)。

(25) ロバート・ジュウェット『パウロの人類学的用語』(Robert Jewett, *Paul's Anthropological Terms*, Leiden: E. J. Brill, 1971, pp. 456–458)。

(26) ジョセフ・フィッツマイヤー『アンカー聖書註解書シリーズ――ローマ書』(Joseph Fitzmyer, S.J., *Anchor Bible Series: Romans*, Garden City: Doubleday, 1992, p. 640)。

(27) フィッツマイヤー (p. 641)。

(28) ヨーダー『社会を動かす礼拝共同体』(Yoder. *Body Politics*, p. 48)。

(29) バルト『ローマ書講解』(Barth, *Commentary on Romans*)。

(30) ジョアン・チッティスター『日ごとに醸し出される知恵』(Joan Chittister, *Wisdom Distilled from the Daily*, p. 111)。

(31) バルト (p. 442)。

(32) フィッツマイヤー (p. 646)。

(33) バルト (p. 444)。

(34) マイケル・アップル『イデオロギーとカリキュラム』(Michael Apple, *Ideology and Curriculum*, 2d ed., New York: Routledge, Chapman and Hall, Inc., 1990, p. 27)。

(35) ポール・ミニアー『新約における教会像』(Paul Minear, *Images of the Church in the New Testament*, Philadelphia: Westminster Press, 1960, p. 178)。

(36) ヨーダー『社会を動かす礼拝共同体』(Yoder, *Body Politics*, p. 28)。

(37) 前掲書。

(38) カルヴァン『キリスト教綱要』(Calvin, *Institutes*, p. 1281)。

(39) コルボン (p. 119)。

(40) 前掲書 (p. 120)。

(41) アメリカ合衆国長老教会『礼拝式文』(Presbyterian Church (USA), *Book of Worship*, Louisville: Westminster/John Knox Press, 1993, p. 78)。

(42) ミニアー (p. 176)。

(43) チッティスター『日ごとに醸し出される知恵』(Chittister, *Wisdom Distilled*, p. 128)。

(44) マイセル、デル・マストロ『ベネディクト戒律』(Meisel and del Mastro, *Rule of St. Benedict*, Chapter 53)。

(45) チッティスター (p. 132)。

前ページ続き

向けて競争し合うさまざまなしがらみのなかに生きている私たちに、自分がどこにいる誰なのかを教えます。この章では引き続き、パウロのローマの信徒への手紙に目を向けて、キリストの体についてのもう一つの重大な側面を検証していきたいと思います。それはすなわち、キリストに従う者として私たちには多くの賜物と務め、役割と働きが与えられていますが、希望と喜びにあずかるのと同じくらいに、キリストの体の多くの部分には混乱と混沌も約束されているということです。

第二章　キリストの体、その賜物と奉仕

パウロは「わたしたちは彼の体、彼の骨、彼の肉の部分である」と述べて、彼（キリスト）の体の親密な交わりに加えられるという輝かしい栄光を得た。

ジャン・カルヴァン

わたしたちは、与えられた恵みによって、それぞれ異なった賜物を持っています。

ローマの信徒への手紙12章6節

聖礼典の出来事、すなわちバプテスマやユーカリストというジェスチャーを伴う儀式、そしてホスピタリティーの行為は私たちをキリストの体へと形づくりまた再形成していくための重要な鍵となります。水、割かれたパン、そして援助の手を差し伸べることは、自分のことにのみ関心を

ローマの信徒への手紙12章6a節

「わたしたちは、与えられた恵みによって、それぞれ異なった賜物を持っています。」

キリストの共同体を考えていくときに、私たちは四つのことを考慮に入れておかなければなりません。第一に、私たちは、私たちの人生における賜物や奉仕が神の恵みの賜物の一つのかたちであることを忘れずにいる必要があります。ある人が預言者や教師、この体の「足や耳」になるの

は、何かを見出すことのできたその人の能力の結果ではありません。むしろ、私たちを創造し招き入れることによってキリストの体の部分としていくという目的のために、神が私たちを引き出されたのです。ですから、私たち自身がキリストの体に属していることに日々新たな発見をしていくのと同じように、私たちは、神の恵みによって他の人々がどのような賜物を持ち、どのような奉仕の場が与えられているのかについても発見していきます。互いを知るキリスト者の共同体の中にあっては、上手くいくときとそうでないときがありますが、時間をかけて私たちは互いの賜物と奉仕を発見していきます。

第二に、ジョン・ハワード・ヨーダーが指摘しているように、私たちが与えられた賜物や奉仕が神に依拠していることを認識するのなら、[1]自己本位のプライドを持つことはふさわしいことではありません。それはひいては共同体全体の生活を危険にさらすことになります。私たちは、賜物と奉仕が人間の努力に基づくものではなく、神の恵みをとおして与えられたものであると認識すると、おのずと正しく謙虚になることができます。ベネディクト戒律によれば、「天国の高さ」に到達するのは自分自身を謙虚にすることによってのみ可能であって、自分自身を賞賛することによっては、私たちは自らを引き下げていくだけなのです。[2]その賜物は神から与えられたもので、自分自身でそれを達成したのではないという謙虚さが鍵となります。

第三に、キリストの体のメンバー一人ひとりに対して、賜物（カリスマ＝与えられた恵みの意）が聖霊をとおして与えられています。そしてすべての賜物は等しく尊いものです。ヨーダーは次のように述べます。「それゆえ、何らかの賜物を与えられた者は、まずは『見劣りする部分をいっそう引き立たせ』ながら、すべての他者との交わりを創始させるのである」。[3]これは、男も女も、貧しい者も裕福な者も、障がいを持った者もそうでない者も、同性愛者も異性愛者も、若者も年配者も、あらゆる人種の者も含めて、バプテスマを受けたすべての者がキリストの体なのであって、そのすべての者がキリストの体であるという深い秘儀を特徴的に示唆するものです。ですから、私たちの教会における信仰者の体の一つの目標は、他の人々が、自分自身の賜物を見出して、それを自覚し、賜物の中で成長していくのを助長することであるべきです。それについてヨーダーは、私たちはパウロの描き出す「すべてのメンバーに力が与えられていること」、すなわち、だれ一人賜物を与えられていない者はおらず、だれ一人招きから漏れる者もいない、またただれ一人力を与えられていない者はおらず、だれ一人優先されるべき者もいないという、そのようなビジョンをもった教会になることを提唱しています。そうすることによってのみ、パウロのいうところの「神の招きにふさわしく歩むこと」を可能にしていくのです。[4]ヨーダーは、この賜物は贈り主が明らかであることを強調して、この体における私たちの賜物や役割や奉仕は、神の霊に導かれて与えられたものであり、深くキリストを認識するものであることを教えます。その認識こそが、私たちの姿勢を人生のあらゆる賜物を喜ぶことのできる一人の独立した個人へと造り変えていくのです。ヨーダーは、深く謙虚な姿勢こそが私たちの賜物や奉仕が神から与えられたものであって決して自分の努力の対価として与えられたものではないということを知らしめるのだと言っています。[5]

　第四に、ジョアン・チッティスターが指摘するように、「通常、共同体の生活は人と集団のバランスの上に成り立って形づくられています。ベネディクト修道会の霊性は捧げることと自己研鑽（共同体の秩序と共同体理解）の二つであり、このいずれかが欠けると、個人も集団も傾いてしまいます」。[6]その上、チッティスターは、個人が集団のために存在しているのではなく、むしろ集団が個人のために存在していると見ています。そして個人は、集団すなわち恵みの賜物として私たちに与えられたキリストの体である教会をよりよくするために存在しています。教会のような集団には、一人では到底達成できないことを共に達成させていこうとして人々をサポートするという機能があり、「集団は、共に求め、共に努力し、共に鍛えられることを通して、私たちがもっとも高い希望に到達するためにあるのです」。[7]これは、私たちがキリストの体において与えられている多様な賜物と大胆な奉仕に生きようとするときには、とりわけ重要になってきます。

ローマの信徒への手紙12章6b－8節

「預言の賜物を受けていれば、信仰に応じて預言し、奉仕の賜物を受けていれば、奉仕に専念しなさい。また、教える人は教えに、勧める人は勧めに精を出しなさい。施しをする人は惜しまず施し、指導する人は熱心に指導し、慈善を行う人は快く行いなさい。」

キリストの体に属するすべての者に賜物が与えられていることを明らかにしながら、パウロは6–8節に出てくるいくつかの賜物とキリストの体が歩んでいくときの全体像を明らかにしていきます。キリストの体に属する一人ひとりには、そこに居場所と、「与えられた恵みによって」（6節）[8]神と隣人とに仕える機会が与えられています。[9]ローマの信徒への手紙6章23節で、パウロは、私たちに与えられたもっとも偉大な賜物はイエス・キリストご自身であることを語っています。ジョセフ・フィッツマイヤーは「他のすべての賜物はキリスト・イエスという賜物とともにある」[10]と言います。キリストの体に属する者が見たり聞いたりする事柄は、その共同体の中で展開されなければなりません。神の霊は、よりよい共同体をつくり上げるために必要なものとして与えられているからです。一つひとつの賜物は本質的に社会的なものです。なぜなら、キリストにあって神に仕えるのと同じように、私たちは互いに対しても仕え合うことをめざすからです。「すべての賜物はある人の行為を通して働く神の恵みである。一つも余分なものはなく、過度と見なされるものもない」とフィッツマイヤーは加えます。確かにローマの信徒への手紙12章、コリントの信徒への手紙一12章、エフェソの信徒への手紙4章、そしてペトロの手紙一4章には、キリストの体における十八もの霊の賜物が数え上げられていますが、これらの賜物の多様な働きが使い尽くされてしまうことはありません。[11]

最初の賜物は預言、あるいは「信仰に応じて」あるいは「正しい信仰のあり方」のなかで神の名を公に語るという賜物です。ペトロの手紙一4章11節には、「語る者は、神の言葉を語るにふさわしく語りなさい」とあります。神がもっともふさわしくない者を預言者として選んだというのは、決して偶然の出来事や運命なのではありません。そうではなく、今日の教会においてでさえ、ある強硬な人たちによって片隅に追いやられた（追いやられている）人々をも登用していくという神の意思なのです。神は、彼らのただなかにおられて、不義のあるところに正義を、暴力のあるところに平和を、憎しみのあるところに愛を浸透させていきます。

二番めの賜物はディアコニア（奉仕）です。人がこの手の奉仕をするときには、それはその人が神に心と信仰を向けることによってなされていきます。ペトロの手紙一4章9―11節は次のように語ります。「不平を言わずにもてなし合いなさい。あなたがたはそれぞれ、賜物を授かっているのですから、神のさまざまな恵みの善い管理者として、その賜物を生かして互いに仕えなさい。語る者は、神の言葉を語るにふさわしく語りなさい。奉仕をする人は、神がお与えになった力に応じて奉仕しなさい。それは、すべてのことにおいて、イエス・キリストを通して、神が栄光をお受けになるためです」。ある意味で、私たちは相手にとって必要な奉仕をするときにも、自分自身に注意を向けるのではなく、与えるのも受けるのも、すべて良きものを備えてくださる神に心を留めていかなければなりません。

三番めは教師（ホー・ディダスコーン）、「カテケーシスを教える者、または聖書解釈を教える者」[12]のことです。のちにこのことには本書でもう一度ふれることになります。端的にいうと、教師であるというのはイエス・キリストと同じようにある、ということです。イエスは、彼に従った者からも、彼を嘲笑した者たちからも「ラビ」とよばれました。イエスは、肉体においても度胸においても、その終わりまで徹底して神の国を体現しました。それゆえ彼のすべてのジェスチャー、すべての関わりは聖なるものだったのです。イエスは信じる私たちに、つねに、神とともに生きること、人々とともに生きることを教えられました。

四番めは「勧める人」、すなわち共同体の「霊的指導者」のことです。その人は、慰めと戒めによって、そして「勧め」の賜物によって、キリストの体のメンバーを導いていきます。五番めの「施しをする人」は、自分の富を必要なところに惜しまず施していきます。六番めの「指導する人」は群衆の前や後ろに立っている人で、ものごとをリードしたり指示を出したり制御したりしていく人であり、それゆえ「勤勉」でなければなりません。最後の賜物は「慈善を行う人」であり、憐れみのおこないを実践する人のことです。フィッツマイヤーが「良いサマリア人」と称する人たちのことです[13]。

コリントの信徒への手紙一12章28―30節にも、同様の賜物と奉仕のリストが示されています。「神は、教会の中にいろいろな人をお立てになりました。第一に使徒、第二に預言者、第三に教師、次に奇跡をおこなう者、その次に病気をいやす賜物を持つ者、援助する者、管理する者、異言を語る者などです」。このパウロの理解の路線から、三位一体の教義が出てくることになります。「賜物は霊によって与えられ、務めはイエス・キリストの見守りの中で行われ、すべてのことを〝遂行する〟のは神ご自身である」（Ⅰコリント12・4―11）。[14] 賜物と務めは、すべてその源である神の責任のもとにあります。それは11節においてパウロが、これらの賜物すべて――霊によって語ること、知恵と知識を告げること、信仰、他者の癒し、奇蹟、預言、霊の識別、異言を語ることと解釈すること――は、神の霊の働きであり、「霊は望むままに」、共通の善のためにそれを一人ひとりに分け与えられた、とまとめています。ここには、誰かが自分のおこないを自慢することなど少しも語られていません。その代わり、この体において私たちがおこなういっさいはキリストがすることなのであって、それゆえキリストが唯一の勝利者なのです。[15]

この結び合わせが浸透することによって、キリストの体がより優れたものとなっていき、多様な人々が神から与えられた賜物を用いて、それが生きて具現化されていくことになります。バルトの言うように、私たちは私たちの個性や特性に目を向けるべきではない、それらは私たちを破壊し決裂させる原因となる、「唯一神だけが決裂させることができ、そこにいるからこそ、我らは勝利と希望のもとにあることができる」[16] のです。

礼拝というしかたで神の前にひれ伏して賛美と謙遜のジェスチャーを表したり、他者のニーズに手を差し伸べたり、私たちが必要なときに手を差し伸べてもらったり、私たちの口をとおして福音が宣べ伝えられたりする体を可能にするのは、私たちすべてが彼の体の部分として、ある方向へと鍛え上げられていくことによります。ちょうど古代世界が、生きた社会的体であるポリスこそが適切な社会形成と社会理解であると考えて関心が向けられていたのと同様に、キリストの体では、たとえ乳児を適切なときに適切な場所で産着にくるむポイントを説明するようなことにおいてですら、形成すること、実践すること、姿勢を整えていくことを大事にするのです。それゆえジェスチャーに焦点を当てることはきわめて重要であって、組織における適切なバランスとコントロールを維持するためのジェスチャーを身に着けるために、体を支えようとする姿勢が求められていくのです。注意しなければならないのは、十分な訓練や学習を受けていないばかりに体を当てにしなくなってしまったり、体を利用するようになったりすることであり、そうなると肉体的な体にせよ、社会組織にせよ、正しい生活習慣は委縮していって用いられなくなったり悪用されたりするようになって崩壊にいたるのです。その行きつく先は、大概、致命的なものです。

ローマの信徒への手紙12章9－13節

「愛には偽りがあってはなりません。悪を憎み、善から離れず、兄弟愛をもって互いに愛し、尊敬をもって互いに相手を優れた者と思いなさい。怠らず励み、霊に燃えて、主に仕えなさい。希望をもって喜び、苦難を耐え忍び、たゆまず祈りなさい。聖なる者たちの貧しさを自分のものとして彼らを助け、旅人をもてなすよう努めなさい。」

私はここで、ローマの信徒への手紙12章について、もう少し書き加えておくことにします（コリントの信徒への手紙一12章31節はのちに取り上げます）。それは、この章で指摘されているいったい何が私たちの生きかたを豊かなものにするのかという、キリストの体としての教会のバランスや調和を保っていく基本的な力、あるいは「接着剤」についてです。それはキリストの愛にほかなりません（9節）。慈善、またはアガペーの愛は、キリストの体の中心的な賜物です。それはキリスト者によるもので、この体のしるしでもあります。この愛は、単に友人たちと分かち合うこと（フィリアの愛）以上のものであり、性的な愛（エロース）とも異なります。それらは人間の愛の実例であって、自己の欲求に駆られて他者を求めたり関係を築いたりする愛です。ディートリッヒ・ボンヘッファーによれば、人間の愛は拡大していくことを欲し、可能なものをすべて奪い取っていくために他者を獲得していきます。「それは魅力的なものを求め、支配することを欲します」[17]。人間の愛には限界がありますが、ボンヘッファーの言うところの「霊的な愛」はキリストに仕えるものです。人間の愛は他の人を欲しますが、霊的な愛はむしろ仕えていきます。このキリストの愛は、純粋で、偽りがなく、他者を捕らえることには力を注ぎません。ボンヘッファーは、キリストの愛は敵をも兄弟姉妹として愛する愛として見ていきます。これが真実の愛です。なぜならこの愛は、その兄弟や姉妹や敵に起因するのではなく、神の言葉としてのキリストに基づくものであるからです。ボンヘッファーは言います。「人間の愛は決して霊的な愛を理解することができない。霊的な愛は上から来るものであり、まったく不思議で新しく、地上のすべての愛にとっては不可解なものである」[18]。

この愛は、キリストをとおして神が自由に与えられた愛であるがゆえに、それは助けというよりも、純粋であり、透明であり、ほとんど非現実的でさえあります。人間の愛はそれ自身で終わりますが、キリストの愛は、自由に、キリストの体の良きことのために自らを与えていきます[19]。共同体の中に浸み込んでいき、キリストのような愛に守られていくとき、私たちには何が悪で何が善であるのかを素早く把握する「目」と「耳」が与えられていきます。家族が互いに愛し合うことを学ぶように、これが、私たちが共に生きるときに学ばなければならない「相互の愛」です。キリストとともにあるとき、そのような愛は、ついには私たちに困難の中にあっても祈りつつ辛抱強く耐え忍ぶための理由を与えてくれます。キリストの愛は、見知らぬ他者へのホスピタリティーを拡張させながら、見えるものも見えないものも含めて、聖なるかたが必要とするものを備えていくのです。「聖なるかたが必要とするものを備える」という、コイノニアの真実のジェスチャーを理解している私たちは、他者と共有し、分かち合っていかなければなりません。このことは、弱い者や見劣りのする人々や「必要とされていない人々を排除するようなキリスト者の共同体は、キリストを排除していること」[20]になります。貧しい兄弟や姉妹とともにいるキリストが扉を叩いておられるからです。パウロは、私たちに他者の生きかたのなかに入り込むことを促します。彼らの人生のなかに、私たちはキリストを見出すことができるかもしれないからです。同じように、私たちも、私たちを愛してくれる他の人々との時間を愉しみます。また見知らぬ人を歓迎していきます。彼らが、私たちの心に生きておられるキリストを、私たちの前に明らかにしてくれるかもしれないのです[21]。

私たちの誕生から人生の旅路の一つひとつの段階で慰めを与えてくださったキリストの愛と、キリストの体のために各人が霊の賜物と務めを受けたという良き知らせを受けた教会の歩みの次なる重要な局面は、その共同体そのものが健全であり続けることです。ヨーダーは、私たちが「勝手気ままな熱狂者」に直面するようなとき、教会のなかに混乱や不当な権力の行使が起こってくるような潜在的危険性があるとき、すなわちキリストの体のなかで他よりも一つの賜物または奉仕だけが称賛されたりするようなときには、何らかのそれを「是正するもの」が与えられていくことをパウロは丁寧に伝えているのだ、と指摘します[22]。

そこで次に、パウロのコリントの信徒へ手紙一を参照しつつ、キリストの体における不協和音――外からの攻撃や政治的対立ではなく――を是正する働きについて、それを明らかにしているいくつかのガイドラインを探ってみることにしましょう。

コリントの信徒へ手紙一　12章

パウロがコリントに教会を設立したのは、彼の第二回伝道旅行の際でした。新約学者によれば、この教会は多くの異なる信仰によって脅かされていたと言います。それは教会の外から入ってきたものだけではなく、会衆のなかにもありました。たとえば、教会の中には、「持っている者と持たない者」との間の混乱がありました。ユーカリストをめぐっての論争もあり、ゲルト・タイセンによれば、教会は社会的経済的階層によってしばしば分裂させられていたといいます。金持ちは、教会に早くから行って、好きなときに飲み食いを始め、礼拝における本来のユーカリストのパンは後回しになっていたと言います。しかし、酔いが回るほどではないにせよ、彼らが飲み食いを中心にしている間にも、「空腹を覚え」ていた他の人たちがいたのです（Ⅰコリント11・21）。この食事のかたちは、ギリシアやローマの社会階層のスタイルから来たものです。より身分の高い客人には良い食事とワインをふるまい、階層の低い貧しい人々には、より質素な食事がふるまわれていました。パウロは、教会の食事は会衆全体が共有すべき食事であって、誰一人そこから排除されてはならないことを強調しています[23]。

この教会のあったコリントは、大きな港のある街で、ローマ帝国支配圏からのさまざまな人々が行き来する国際都市であって、リチャード・クーゲルマンによれば、ローマの高官もいれば有名なスポーツ施設もあるようなところで、「放蕩と怠惰」との悪評もあったといいます[24]。パウロの書簡は、教会員が、偶像に献げられた供えられた肉を食するかどうかについて言及されていますが、これは、どのようにキリスト者が非キリスト者との関わりをもつのかという課題でもあります。こうした問題や誘惑に加えて、コリントの街にはさまざまな神々の寺院があり、そのいくつかは娼婦であふれ、人々の毎日には不道徳への誘惑が常にあったといいます[25]。

パウロはこの第一の書簡で、危機に直面している体の状況を概観し、教会内の混沌とした騒ぎを解決するためには「より優れた」方法、すなわち、教会はキリストの愛を知ることによってキリストの体が一つであるということを現実のものにする必要があることを伝えています（パウロは、ローマの信徒への手紙12章9節でもこのことを述べます）。このようにパウロは、何がこの特別な体を動かしているパラメーターで、何を共に大切にしようとしているのか――キリストの愛――を指し示しながら、共同体に内在するこうした分裂を解決する方法を読者に提示しているのです[26]。

コリントの信徒への手紙一12章14‐15節、18‐25節、31節

「体は、一つの部分ではなく、多くの部分から成っています。足が、『わたしは手ではないから、体の一部ではない』と言ったところで、体の一部でなくなるでしょうか。」

「そこで神は、御自分の望みのままに、体に一つひとつの部分を置かれたのです。すべてが一つの部分になってしまったら、どこに体というものがあるでしょう。だから、多くの部分があっても、一つの体なのです。目が手に向かって『お前は要らない』とは言えず、また、頭が足に向かって『お前たちは要らない』とも言えません。それどころか、体の中でほかよりも弱く見える部分が、かえって必要なのです。わたしたちは、体の中でほかよりも恰好が悪いと思われる部分を覆って、もっと恰好よくしようとし、見苦しい部分をもっと見栄えよくしようとします。見栄えのよい部分には、そうする必要はありません。神は、見劣りのする部分をいっそう引き立たせて、体を組み立てられました。それで、体に分裂が起こらず、各部分が互いに配慮し合っています。」

「あなたがたは、もっと大きな賜物を受けるよう熱心に努めなさい。」

ここでパウロは、キリストの体として知られている生体のなかの一つの特徴的な秩序を説明します。教会の中のどこで問題が起こっているのか、そして起こり得るのかについての輪郭を描き出しています。教会は一人の人で成り立っているのではなく、多くの人々がいます。足は、体の低い位置にあって全体重を支えながら地面を這いつくばって汚れるので、キリストの体のメンバーの中では自分を低く見做してしまうかもしれません。一方、手は体が何をしようとしているのかをふるまう（手振り）ことが主要な働きであって、もっとも効果的に仕事をこなしていくので、自らをより高く見てしまうかもしれません。目は多くの人々にとっては大事なセンサーとしての役割を果たていきますが、耳も同じように必要です。これらのうち、どれがもっとも重要なものと言えるでしょう。

ヨーダーは、手、足、目、耳のいずれであっても、キリストの体には、共通して次のような特徴があると言います。第一に、それらはそれぞれに重要で、置き換えが利かないということです。第二に、それらは、キリストの体において各々尊厳をもって自らのしなければならないことを自覚して行っているということ、そして第三に、それらは他の部分と結合していますが、それを結び合わせているのがキリストであることを理解したときにはじめて、それぞれが十分に機能するようになっていきます。第四に、体の他の部分が苦しむときには、自分に落ち度がないとしても、居ても立ってもいられなくなります[27]。

各部分の重要性は、その部分自身から出てくるものではなく、聖霊の働きをとおして知られるところとなります。ひたすら聖霊によって、この体の各部分の重要性と、他の部分との親密な関係が私たちの前に明らかにされていくのです。ハンス・コンツェルマンは、パウロは「自らをこの〈体〉から切り離して個々のありかたをしていくような熱狂的な個人主義者に対して批判的であった[28]」と指摘しています。ヨーダーも次のように言います。

各個人に与えられている尊厳という概念は、長い間、文化的歴史的感覚として西洋社会の個人主義を擁護してきた。しかし、手も、体も、目も、「個別」という感覚は持ち合わせていない。それらはユニークであり置き換えが不可能であり、他のメンバーとの結びつきがあるときのみ、自らの尊厳と生と役割をもって自らを行使することができる。そして自分に瑕疵がなくとも、他の部分が苦しんでいるときには自らも痛みを感じていく[29]。

ウイリアム・オルとジェームズ・アーサー・ワルサーは、パウロは、互いに補い合いながらキリストの体のバランスを取っていくことを求めたのであって、それは「分裂を一掃し、互いに配慮し合うようになるためである」と言っています[30]。

コリントの信徒への手紙一12章27－31節

ローマの信徒への手紙12章5節と呼応するようにして、

パウロはここで、私たちの真のアイデンティティーについて宣言します――つまり、私たちは、キリストの体なしには、自分が誰のものであるのかを知ることができないということです。パウロは、神の知恵をとおして、神が教会のなかで必要としている者について明確に説明します。それは第一に使徒で、宣教活動を展開するという使命と同時に、彼らはある程度の権限も持っていました。第二は預言者です。旧約の預言者たちに非常にはっきり示されているように、望もうが望むまいが、彼らは神の言葉を語ります。第三は教師です。教師はキリスト教の教義を教える責任を担い、それらが特定の状況の中でどのように適応されていくのかを伝えていきます。[31] ローマの信徒への手紙での語りかたとは異なって、パウロはここでは教会におけるいくつかの任務の名称を上げることはせずに、その代わり、「奇跡を行う者、その次に病気をいやす賜物を持つ者、援助する者、管理する者、異言を語る者などです」（Ⅰコリント12・28）と述べて、この人たちには何ができるだろうかということに焦点を当てます。そしてパウロは、一つひとつへの否定的な答えをも想定して、修辞学的に、皆が病気をいやす賜物を持っているだろうか。皆が異言を語るだろうか……と尋ねます（Ⅰコリント12・28）。さらにパウロは、コリントの町の人々が知っているよりも、「はるかに大きな」そして人生の「特別な道」があることを語り、そうしておいて次にローマの信徒への手紙12章9節のときと同じように、コリントの信徒への手紙一13章1節から愛について語り始めるのです。

コリントの信徒への手紙の一つの紛らわしい側面――そして現代のほとんどのキリスト者にとっても――は、私たちがいったいキリストの体におけるさまざまな人々のなかで、どのような機能を果たしているのかということです。コリントの信徒への手紙一12章8―10節には、キリストの体における数々の霊の賜物を散見することができます。それらは決して秩序立てられているわけではなく、まるで神の気まぐれなセンスで並べられているかのようです。「ある人には〝霊〟によって知恵の言葉、ある人には同じ〝霊〟によって知識の言葉が与えられ……」この箇所には二つの異なる読みかたがあります。ある人たちは、体におけるいくつかの部分には一定の序列があり、ある部分は他の部分よりも上位にあって、より尊重されていることを強調します。

「体の中でほかよりも弱いと見える部分が、かえって必要なのであり、わたしたちは、体の中でほかよりも恰好が悪いと思われる部分を覆ってもっと恰好よくしようとし（中略）神は、見劣りのする部分をいっそう引き立たせて、体を組み立てられました。それで、体に分裂が起こらず、各部分が互いに配慮し合っています。」

この箇所のもう一つの読みかたは、相互性や平等主義の重要性を考慮する読みかたです。この読みかたは、一つの体があるという約束があっても、その中で誰が何に召されているのかは多様であることを強調します。それぞれの解釈がどの方向を向いているかは別として、コリントの信徒への手紙一12章には、あたかもそれぞれの部分に順序や順番があるように見えたとしても、どの部分がもっとも重要であるのかについては、何も記されていないのです。むしろ興味深いのは、序列や「ヒエラルキー」と捉える想像力です。キリストの体において見劣りのする部分をよりいっそう引き立たせるというのは、見劣りのする人々はたとえ敬意は払われたとしても結局何らよいものは与えられないのだ、とする露骨なパラドクスはいかがなものでしょう。これは愚かな者は賢い者に恥じ入らなければならないという、もう一つの例なのでしょうか。人は誰も助けることはできないけれど、これは神の小さなユーモアだというのでしょうか。キリストの体としての教会の文脈の中で、いくつかの賜物がより価値あるものとされているという議論が起こってくるのはわからないわけではありません。しかし強調されているのは、キリストの体においては、それぞれの部分があらゆる場面における文脈や状況の変化に適応していくということなのです。キリストの体は応答するに十分な柔軟さを持ち合わせている必要がありますが、そのためには、キリストに従う者たちの共同体全体が、健全であるための知恵や思いやりを伴っていなければなりません。

キリストの体としての教会について

ローマの信徒への手紙とコリントの信徒への手紙一から、私たちは、キリストの体のメンバーになっていくことだけではなく、私たちがキリストの民として共にどのように生きたらよいのかについて多く学ぶことができます。私たちはバプテスマの水によって始まって、私たちの存在を包み込んで満たしてくれるキリストの愛の共同体の中に入れられます。キリスト者の尊い共同体を認識していく過程は、知恵と知識の賜物が与えられ、神の恵みによって一人ひとりに賜物と奉仕が準備されていきます。そして、聖礼典の一つとしてのユーカリストによってキリスト者共同体の全体のかしら石が据えられ、私たちは教えること、学ぶこと、すべてのホスピタリティーの行為が、キリストのいのちの一部になっていくというエキサイティングな冒険に取り組んでいくのです。

キリストは頭《あたま》

パウロにとっても私たちにとっても、キリストの体としてのコミュニティー・ライフはすべてキリストに始まり、キリストに終わることは明白です。キリストの体には多くの人々がいますが、そうであったとしても、キリストの体であり、キリストの教会であり、キリストだけが私たちを結び合わせて、彼において一つにすることができます（Ⅰコリント12・12）。つまり、キリストは、人間の姿で生まれ、僕となって自らを無にされました。神の愛の賜物について語っただけでなく、キリストご自身がその賜物となったのです。マリア・アンソニー・ワーグナーは、「すべてのことはキリストに結ばれている」「われわれは、その福音を聞いて、信じて、（バプテスマによって）聖霊の刻印を押されたのだ」[32]と述べています。

ではこの真理は、キリストの体のメンバーである私たちの人生の中で、どのような証しの実をもたらしていくのでしょうか。これは神学の中心的な課題であり、教会全体、とくに私たちの個々の教会におけるリーダーシップを考える上で重要なことです。字義どおり、そして比喩だとしても、教会の頭はあくまでもキリストです。キリストが頭で、私たちは体という序列は明らかなのです。「序列」というのは、神学の新しい課題の一つや企業的メンタリティーではなく、人々や共同体が歴史を通じて反応してきた一つの概念です。パウロ自身も、キリスト者の中で生起してくる権威問題が何であるのかを知っていました。彼は、キリストを体の中の「頭」として体の他の部分とは区別し、体全体の権威者として位置づけています。

「神はまた、すべてのものをキリストの足もとに従わせ、キリストをすべてのものの上にある頭として教会にお与えになりました。教会はキリストの体であり、すべてにおいてすべてを満たしている方の満ちておられる場です。」（エフェソ1・22、23）[33]

のちのトマス・アクィナスといった神学者たちは、教会をさまざまな機能と状態をもつキリストの体として理解していきました。彼は、キリストをとおして見出すことのできる神の恵みの豊かさは、体の一人ひとりの中でさまざまなかたちで広く分配されることを確信しています。神の恵みの賜物が広く与えられるのだとしたら、「異なるそれぞれの人々に分け与えられたものも……すべて明瞭であって、かつ効果的に遂行されていく」[34]のです。アクィナスによれば、体のすべての機能において、教会がそのような秩序に包まれていくとき、教会は美しさと尊厳を醸し出していきます。

教会における様態と機能の多様性は、その統一を妨げるものではない。むしろ信仰、愛、互いの相互の使命によって、教会は確かに完全なものにされている。（中略）それゆえ教会のメンバーの多様性は、その完全性と、その効率的機能と、その美に貢献していく。[35]

アクィナスが、この体に階級的序列があることを念頭に置いて述べていることは疑いの余地がありません。キリストがその頭であり、「メンバーはそれぞれ異なる機能をこの全体の中で有している」[36]のです。アクィナスは、聖霊を心にたとえて言います。

キリストが目に見える人間の体の最上位にある頭にたとえられるとしたら、（聖霊は）目に見えない形で命を与え教会を一つにつなぐ（心である）。したがって、体と魂とからなるキリストは、まず魂があり、その上で、体があって活動を引き起こしていくのである。[37]

アクィナスは、キリストの苦しみをとおして、私たちは神の「天国の家」に導かれていくことを確信していました。キリストの体は、この時代と場所に存在していますが、この時代と場所に縛られているというわけではありません。キリストに縛られているのです。「キリストは会衆全体の頭であって、天使よりも神に近くあり、天使の上で働いておられる」[38]。

　では、どのようにして私たちキリストの体は、キリストの心を知ることができるのでしょうか。パウロは、私たちが変容させられた人生を生きていくのであれば、「何が神の御心であるか、何が善いことで、神に喜ばれ、また完全なことであるかをわきまえるように」なる（ローマ12・2）と言います。キリスト教養育理論の「父」とよばれるホーレス・ブッシュネルは、「キリスト教教育においてはっきりしているのは、子どもは親との生活のなかで、原則として、その幼少期からクリスチャンとして成長するということです」と言っています。だれが、子どもが罪を犯すのを待って、のちに成人して回心するのを期待するでしょうか。ブッシュネルはむしろ、文化そのものが子どもと大人の人生を養育する環境となっていくべきであることを論じています。[39]

　キリストへの道に焦点を当てた環境に加えて、パウロは私たちに変えられていくこと、あるいはベネディクトゥスが言うところの「回心」、すなわち、よりキリストに近づくための段階的な動きをよび掛けます。ポール・ウィルクスは、ラテン語で回心を説明した「コンベルサーティオ・モールム・スオルム」（conversatio morum suorum）〔自己自身および何が人生で重要かつ価値あることであるかについての厳格かつ継続的な検証・再検証〕という言葉を取り上げています。ウィルクスにとって、コンベルサーティオの目的は、「一人ひとりを、神が求めておられる善良で聖なる責任的な者につくり上げていくこと」[40]です。ベネディクトゥスは、回心を悲壮的または劇的な転向ではなく、祈り、聖書朗読、礼拝、他者への奉仕を通じて、継続的に自己を再生し、キリスト者のより大きな共同体の中で自己を開示していくことだと理解しました。修道会では伝統的に――キリスト教の伝統としても――回心は「能動的であって受動的であり、ありのままであってあるべき姿を求めるもの」とされてきました。[41]

キリストの体において体になることを学ぶ

　キリストが頭であるなら、私たちは体です。そして私たちは、共に生きることによって養育され、また、常にキリストに従う者になるために、小さくてもくり返し回心の行為をとおして、キリストの体となっていくことを学んでいきます。ウィルクスは、私たちの思いと願望が錯綜する難しさを了承したうえで、私たちは、日々の生活の積み重ねによってのみ、コンベルサーティオの美しさやその深さを知ることができ、また他者とともに生きるときに必要な日々のジェスチャーを学んでいくことを奨励しています[42]。そして私たちがあまり期待していないとしても、多くの学ぶべき事柄は与えられていきます。ウィルクスは言います。「それは命を熟成させていくものです。小さなパン種であっても、決して欠かすことはできません」[43]。

しかし、私たちはどのようにして他者とともに生きるとよいのでしょう。これは、私が本書で明らかにしようとしている、私たちが教育について理解しようとするときの鍵となるものです。端的に答えるなら、こういうことです。つまり教会において、その柔軟性と困難な状況、規則性と聖なる偏狭さのなかにあったとしても、「伸び伸びと生きる」よい感覚を身につけていくことで、私たちは教会で共に生きることを学んでいくということです。ウェイン・ミークスは、キリストの体であるというこのユニークなメタファーは、体のリーダーシップと日々の生活が特徴的なのであって、他の社会的なグループに見られるような人間に帰属するものではないと言っています。他の文脈では、その体の中での私たちのポジションは、血縁関係や仕事上の実績、あるいは総選挙によって決められていきます。しかしキリストの体における「典型的な」人の配置は、新しいポリティクスにおける、新しい関係性に取って替えられていきます。私たちの居場所は、霊の「賜物」が定められたところなのです[44]。だからこそ、キリストの体のカリスマ的な統治下にあっては、世俗社会の感覚では考慮もされなかった人が「頭」となったり、会衆のリーダーとなったりしていくことがあり得るのです。

パウロは、より精通したキリストの体のメンバーは、それがキリストの示された道であるがゆえに弱く見える部分を高く評価しようとするのだ、とさらに力強く述べています。

「わたしたちは、体の中でほかよりも恰好が悪いと思われる部分を覆って、もっと恰好よくしようとし、見苦しい部分をもっと見栄えよくしようとします。見栄えのよい部分には、そうする必要はありません。神は、見劣りのする部分をいっそう引き立たせて、体を組み立てられました。それで、体に分裂が起こらず、各部分が互いに配慮し合っています。」（Ⅰコリント12・23―25）

ディートリッヒ・ボンヘッファーは、普段は敬意を払わない人々を尊重するのが、キリストへの道であることを確信していました。彼は見える教会がキリストの体であると言います。

キリストの体のみが見える体なのであって、それ以外の体は存在しない。これは受肉の結果するところである。すなわち神は、キリストにあって神ご自身がベツレヘムの嬰児として来られたのである。キリストの体は、われわれの信仰のグラウンドであり、われわれがキリストの体の構成員として、永遠に神の御業に捕らえられていく信仰の継続的な補償なのである。[45]

私たちの模倣モデルとしてのキリストが永遠に臨在するというのは、私たちが共に生きることを学ぶときの鍵となります。ボンヘッファーは、イエスの弟子たちには公私の分け目がないことを分析しています。

イエスと弟子たちの関わりは、彼らの日常生活のあらゆる面を覆っていた。キリストの弟子たちの交わりに加わるときに、それぞれの個々の生活は、その兄弟姉妹の関わりの一部となっていくのである。（中略）キリスト者の生活においては、個々の訓育とイエスの体は、互いに不可欠なのである。[46]

イエスが罪深い肉体をもった人間のかたちをとって十字架に掛けられ死んだがゆえに、私たちはイエスとともに苦しみ、共に死ぬことができます。「私たちは彼とともに十字架に掛けられ、彼とともに死んだ者なのです」[47]。バプテスマと主の晩餐の聖礼典をとおして、私たちはキリストの体の一部とされます。私たちはもはや自分の人生を生きるのではなく、ボンヘッファーが言うように、イエスが私たちの内で生きておられるのです。――「教会の誠実な生き方は、確かにそこにキリストの命があることを示す」[48]のです。私たちは、このことゆえに、神の生ける神殿、そして「そこにおける新しい人間」[49]とされていきます。

ハンナ・アレントは、アウグスティヌスの言葉を引用しながら、来たるべき神の国に生きるキリスト者の共同体が、この世のものに興味を抱かずして、どのように他者とともに生きることができるのか、という問いに答えています。キリストの体としての私たちのありかたは、国家の統治によるものではなく、神の統治のもとで決定されたものです。[50]アレントによれば、愛はキリスト者が他の荒れ野で生きるときの道をも整えていきます。

このキリスト者の共同体の特徴は、メンバーが互いに同じ家族の兄弟（姉妹）のような関係をもつ一種のCorpus「肉体《ボディ》」を形づくるべきだとの理解を早くからしてきたことにある。共同生活の構造が、家族関係をモデルとしていたのは、家族というものが非政治的であるばかりか、反政治的ですらあることが知られていたからである。(51)

私たちがキリストを体の頭として理解するときに、キリストの体において共に生きることについてのもう一つの視覚的な方法があります。それは私たちの強調する視点を、「トップダウン」から「左右または前後」に変えてみることです。シドニー・カラハンが、ジェラルド・エデルマンとジュリオ・トノーニの近代脳科学研究を紹介しています(52)――脳のダイナミックな中核部分では、回路の精巧なプロセスを通じて人間の意識を生み出していきます。この過程では、体のなかの複雑なパーツと脳の間での、相互に行ったり来たりする驚くべきコミュニケーションが発生しています。一見独立した体のパーツに見えるものの、こうした相互のコミュニケーションは、一つのユニットや体の部分が単体で機能するよりも、豊かで統一されたハーモニーを作り出していることになるのです――。パウロが古代の体理解を取り入れて、教会が一つであることを説明したように、カラハンは、近代科学研究に着目してその可能性を論じています。

相互のコミュニケーションが、支配ではなく、一つのまとまったユニティを達成しようとするとき、はじめて、真に独立した平等な主体が、その体の独特なユニークさを左右していくようになる。（中略）神の国が一つになるところでは、ヒエラルキーの上位者に依存する必要はなく、もはや管理統率も、厳しい服従が行使されることもない。一つになるための重要な道は、組織の中のすべての者が、つねにコミュニケーションをとり合い、相互に受容し合うことなのだ。(53)

カラハンは、次のような預言的な言葉で締めくくります。「イエスは弟子たちに教えたのだ。イエスの王国の権威はこの世の権力のような威圧的なしかた（トップダウンのヒエラルキー型の操作）で行使されるものではない、ということを」。(54)

キリストの体の部分を見分ける

キリストを頭とし、信者を「肢体」とするこの体が次に考えなければならないのは、このキリストの体を構成していくために、いったいどのような人々が招かれているのか、ということです。ローマの信徒への手紙とコリントの信徒への手紙一では、パウロは、より大きなキリストの共同体に仕えるため、神の恵みを受けて、多様な人たちが招かれていることに言及します。では私たちは、自分の賜物が何で、体の中のどの部分へと召されているのかを、どのようにして知ることができるのでしょう。

ポール・ミニアーは、キリストの体には、キリストによって、共同体の連帯を見分ける識別の賜物が与えられていると言います。

そうした識別の賜物は、互いの礼節、相互の配慮、そして資源を持つ者と持たない者との積極的な分かち合いを惹き起こす。この識別は、体の中の壊れた他の部分に真摯に寄り添っていくことによってのみ見出されるのであって、コイノニアから拒絶されることによってキリストが一人で十字架に掛けられたのと同様に、このニュアンスを含めた識別がなければ、それは実際にはキリストのコイノニアを拒絶することになる。[55]

体が果たすべき役割の本質は、体の特別な部分に記憶されている体の物語によって導かれていきます。たとえばヨーダーは、キリストの体のなかには記憶を司る役割を果たす者がいると言います。コリントの信徒への手紙一12章10節とローマの信徒への手紙の語るところの預言者のような人たちです。「わたしたちは、与えられた恵みによって、それぞれ異なった賜物を持っていますから、預言の賜物を受けていれば、信仰に応じて預言をするのです」（ローマ12・6）。この役割は、体を聖霊によってモニタリングするという賜物です。[56]

ブライアン・オリアリーは、見分ける賜物については、「神の恵みを意識的に経験することであり、ある活動の筋書きを作り上げたり、その活動を推進したりするプロセスが、神との関係にどのような影響を及ぼしていくのかを炙り出す役割」と定義するのがもっともよいと述べています。[57] 識別する過程で私たちは、神の愛に応答し、神の国に仕えようとして、神の御心を探し求めていきます。識別するというのは、私たちの人生の中に神の意思を発見していくという、微妙かつ深長で伸びしろのある経験のことです。これはこの世の定式から除外された神とともにあるのであって、決して個人のニーズや能力によって除外されるものではありません。その上、体のどの部分に私たちが招かれているのかという理解を深めていくことによって、私たちは神への服従を私たちのガイドにするようにと召されていきます。デビッド・スタインドルラスト修道士は、従うというのは、「その瞬間瞬間において神の言葉を聴くこと、その時々において天使のメッセージを聴くこと」[58]であると言います。聖なるからくりとはこういうことなのです。つまり、私たちが神の求めるもの――すなわち私たちの人生――を献げることを切望するのであれば、私たちはすぐにも神が求めるものを求め、神は私たちの求めるものを見てくださるということです。

識別するというのは、これが単に単独の冒険旅行や生き残った者の物語ではないことを暗示します。むしろ、私たちは、家族や友人たちに囲まれた教会のメンバーとして、また私たち自身よりも私たちを知っているおかたの家族として、識別するプロセスを進めていきます。それは、これらの人々の生きかたをとおし、また祈りや奉仕、礼拝や交わり、静寂や賑やかな冗談のなかで、私たちがこの共同体での自らの役割についての知識を受けとめていくことなのです。一つ注意すべきこととして、ヨーダーは、パウロの語る賜物は世俗的な職業の専門的スキルや人々が物理的にどこかに帰属するかといったこととはまったく無関係だと言います。そればかりか、私たちの互いの生活のなかで認識している社会的地位とも無関係の賜物です。パウロ書簡（ローマ12章、Iコリント12章、エフェソ4章）は、集められた体の中での役割について語っています。ですから、ある人は医者に、ある人は弁護士に、あるいはある人はガラス磨き師に、それぞれの個人の得意とするところ、所属するところに従っていっても構わないのです。その人の専門的地位は必ずしも聖霊の賜物と同一ではなく、キリストの体をつくり上げるには、そのための説明責任、個別の責任、そして相互依存が求められていくのです。[59]

キリストの体・思い・霊と私たちの体・知・心

識別のプロセスの特徴は、あるいは世俗社会で職探しをするのと異なる点は、それが、私たちが自分の望むことではなく、賜物を発見していくときの――慎重に一つひとつの決断をしていこうとする――私たちの心がけでもなく、まさしく神の御心を求めていくことが私たちの「心の習慣」となって私たちを導いているかどうか、つまりそれが私たちの性格となっているかどうかということです。ポール・ウィルクスは、識別は教会のなすべきこと、あるいは私たちの中の賢い者だけが行えばよいことではなく、「それは、神に心を明け渡すことのできるすべての者に開かれている。われわれ自身の心がけはあとからその細部を選り分けていけばよいが、この明け渡しがなければ、聖霊の力はわれわれの人生の中に入ってくることはできない」[60]と述べます。ウィルクスはその上で、イエズス会のピエール・ド・コサードの言葉を引用します。「そうした心が彼らに神の求めておられるところを告げるのです。それらの心は、置かれている状況の中で神の御心を紐解いていくために、その心を促す言葉にひたすら耳を傾けなければならないのです。神の計画は隠されているのであって、私たちの理性を通してではなく、むしろ直感を通してそれらが明らかにされていきます」[61]。

心の習慣に焦点を当てることは、心がけることと同じくらいに、キリストの体にあって、私たちがどのように人間であることを知覚するか、また、とりわけそこでどのようにふるまうのかという重要な議論を私たちに投げかけてきます。たとえば、私たちの人生を神に捧げることについて、パウロがどう教えているかを慎重に考えてみてください。第一にパウロは、私たちの心は「この世に倣う」のではなく、何が神の御心であるかをわきまえることができるために、心を新たに変えていただきなさい、と告げます（ローマ12・2）。「神がキリスト・イエスによって上へ召して、お与えになる賞」を得ることをめざしつつ、「わたしたちの中で完全なものはだれでも、このように考えるべき」（フィリピ3・12－15）であると言います。

第二に、パウロは私たちのそれぞれの体が神の霊の宿る神殿となっていくことについて記しています。「あなたがたは、自分の体がキリストの体の一部だとは知らないのか」（Ⅰコリント6・15）。私たちは神の神殿であるとパウロが言うとき、それは私たちに、神の霊が自分たちの内に住んでいることを思い起こさせます（Ⅰコリント3・16）。体は主のためにあり、主は体のためにおられるのですから、私たちはそれを放棄すべきではありません。「あなたがたは、自分の体がキリストの体の一部だとは知らないのか」。キリストの御心、体、霊を体現することは、私たちの希望であるだけではなく、その努力に必要な多くの習慣を学ぶことを求めている神の願いであるのです。私たちは、キリストの体そのものを仲立ちとして、肉体的な感覚をとおし——味覚、触覚、嗅覚、視覚、聴覚によって——神を知り、神に知られていくのです。

第三に、神の霊は、私たちの知・体・心を変容させて、私たちが神の子となるようにしました。この霊は私たちの中に住み、私たちの中を流れ、私たちを包み、慰めていく、いまも私たちの中に宿っている神の霊です（ローマ8・9）。パウロは言います。「人の内にある霊以外に、いったいだれが、人のことを知るでしょうか。同じように、神の霊以外に神のことを知る者はいません」（Iコリント2・11）。そのようなしかたでキリストのメンバーであるというのは、ミニアーの言うように「他者のために全存在をかけた」決断であるのです。ある人たちは教会を会員制組織のように見てしまいがちですが、パウロは、キリストの体に会員はいますが、キリストの体自体が、彼の内に組み込まれて男女のメンバーを有していると考えています[62]。

ここで重要なのは、私たちの存在の中での体・知・心（精神）の驚くばかりの結合です。議論のために、あるいは神学的なポイントを作るために、人々は、たとえば心の習慣は肉体や精神を覆い隠すものであるかのようにしばしばそれらを分離しますが、それらを切り離して分離することは不可能です。私の理解では、体・知・精神の分離を説いてきたのは、プラトンら古代ギリシアの哲学者からデカルトら啓蒙主義哲学者までです。ロバート・バーロンは、アクィナスに先立つオリゲネス、ニッサのグレゴリウス、アウグスティヌス、そしてアンセルムスらの考えは、魂と身体の明確な区分を強調したプラトンの哲学思想をみごとに継承していると指摘します。私たちは、デカルトのなかにも、同様の心と身体の二分法を見ます。私たちがこれらの歴史上の哲学者や神学者の見解から影響を受けてきたことは疑う余地がなく、私たちは自己存在を、思いの習慣と心や身体の習慣とを対立させて、それらの属性をとらえて自己探求を続けています。この知と体と精神の分離は、パウロの人間理解に反しているように見えます。たとえばポール・ミニアーは、パウロは身体を、「心と魂と思いを含めた」その人の全人格を表していると考えていたと言います[63]。

私たちの心や身体と、キリストの心と体と霊の結合を考えている神学者たちについて研究していくとき、私はアクィナスの、神は私たちを創造主との正しい関係になるようにと造られ、それゆえ魂と肉体は一体であるとの見解に惹きつけられます。アクィナスは、魂は「体から切りはなされるようなものではなく、むしろ体の『様態』である。骨や肉や神経という一つの集合体と結合させ、そこにエネルギーを注いで組織化させ、人間としてふさわしいものにしていく」[64]と言います。

したがって人間は魂だけではない。感覚もその人固有のものではないにせよ、人間の活動の一つである。このことは個々の人間は、単に魂の集まりではなく、体と魂で構成されていることを示すのだ[65]。

アクィナスは心についても次のように述べます。

心は人間の身体の枠組みである。活動的なものにはその活動の枠組みが必要とされる。健康な肉体だけが体を癒すことができるし、命じられた心だけがそれを知ることができる。活動は、現実に依存する。そして現実化させようとするものが実際の活動となっていく。魂はわれわれの肉体を活かすものであり、魂はすべての活動の原点となって、人生を異なったレベルにつくり上げていく[66]。

さらに言うなら、私たちは神の似姿に造られたのですから、私たちは知的、身体的、霊的存在であり、神の本性そのもの、すなわち神の三つの位格すべてが、私たちのなかに形づくられていると言ってよいのです。アクィナスは次のように述べます。

被造物が形づくられ整えられていくというのは、その被造物がどこから来たのかを暗示している。その固有の形は、建物に建築家の発想が現れ出ているように、それを造ったかたの言葉が現れ出てくる。（中略）われわれの心の内にある三位一体の似姿は、第一に、われわれの持つ情報のうちから、われわれの思考とわれわれの内側から案出された言葉の中に見出すことができ、そこからあふれ出てくるのが愛である。（中略）三位一体の似姿の第二は、われわれの行動への意欲とその気質の中に見ることができる。（中略）したがって神の似姿は、私たちが神について何を知っているのか、そして

そこから湧き出る愛についての言葉を宿していくことのなかに見出すことができる。(67)

アクィナスは、私たちが神を知り、永遠に神を喜ぶことを欲しているのであれば、私たちは、より神のようになることを欲することになり、そうすることによって神の似姿は私たちの中に見いだされていくことを当たり前のように理解していたようです。

ウィルクスは、しばしば「人生の予期せぬ出来事によって、心の歪みに悩まされることはある。（中略）［しかし私は］、道徳的に怠け者であったり、虚偽の自己に浸ったりして思慮のない獣のような存在の渦中に引き込まれているわけではない」と言います。つまりウィルクスは、キリストの体のなかに自らの人生を置くというのです。そうすることによって、人は、不可能なことではなく可能なことに焦点を当て、一つひとつの行動において、そのどの瞬間においても、内省と活力、洞察と忍耐、勇気と愛を祈るようになる、といいます。要するに、私たちは、それが神の意思であるゆえに、私たちの体・知・心が変化することを体験していくのです。エフェソの信徒への手紙の記者は、私たちはキリストによって救われる以前は、心と体と霊の欲するところの奴隷であったと告げます。

「あなたがたは、以前は自分の過ちと罪のために死んでいたのです。この世を支配する者、かの空中に勢力を持つ者、すなわち、不従順な者たちの内に今も働く霊に従い、過ちと罪を犯して歩んでいました。わたしたちも皆、こういう者たちの中にいて、以前は肉の欲望の赴くままに生活し、肉や心の欲するままに行動していたのであり、ほかの人々と同じように、生まれながら神の怒りを受けるべき者でした。」（エフェソ２・１―３）

キリストなしには、この信仰者の体の領域の外には、私たちの個人主義化されて圧し折られた知や肉や精神だけが残されていき、私たちは「神の怒りを受けるべき者」とよばれるよりほかないのです。私たちが欲するがままに行動すること、私たちが自分の主権を築き上げようとすること、それは罪に陥っていくことです。しかし、キリストに見出されたことによって私たちは救われ、「キリスト・イエスにおいて、共に天の王座に着かせてくださる」（エフェソ２・４―６）という恵みによって「神の子」とよばれるようになったのです。個人主義化された心や肉体や魂であっても、信仰をとおして恵みによって変えられていき、ミニアーによれば、私たちは「キリストと一体となり、キリストの道具となることによって」[68]キリストに仕えていく務めを負う者とされるのです。

キリストの体における急進的個人主義の終焉

「急進的な個人主義」が蔓延していることについては、すでに序章で述べました。それは、今日の世界においてあらゆる実践によって強くもたらされてきた社会的課題です。私たちのなかの「ベビーブーム」世代に属する人々は、同時に「私世代《わたし》」を経験してきました。急進的な「個人」または「これ以上分割できない一人」は、単体の原子的実体であり、他から区別された唯一の存在であると主張されて、自分が相手を知る前から相手が自分のことを知っているといった複雑な一連の人間関係を共有することとは、無縁の存在になってしまいました[69]。

急進的個人主義の大きな問題は、利己主義と傲慢です。それはキリストの体における生きかたとは対照的です。私たちが個人ではないというのは、キリストの体が公同性を帯びているということです。その体においては、一つの体を構成する多くの人々に目が向けられます。人々を永遠に変え続けるというその圧倒的なまでの特質は、人々をより自分から切り離して、キリストにより似たものになっていくことを促していきます。キリストの体にあっては、個人主義のための隙間も欲望も存在しないのです。なぜなら私たちは「互いに」関係を築くようにと造られたからである、とパウロは言います。スタンリー・ハワーワスは、人は個人的に話してみるまではその相手のことをよく知ることができない。その人が大事な人になっていくと、両者の関係はどんどん変化するようになる、と言っています。その人を知るためには、あるいは、その人がどういう人であるのかを知ろうとする感覚を養うためには、互いに友人になって、よく語り合っていかなければならないのです。

私は、友人たちの間でよく知られるようになった。これは謙虚さを告白しようというのではなく、むしろ、神学は教会に仕えるなかで成立し、したがってそれは個人的発想の産物ではないとする私の神学的、認識論的、道徳的な確信が高まってきていることのしるしである[70]。

自分はこの人生の描き手でも創造者でもないこと、また、自分の信じるところに従ってその存在を操作するのでもないことを確信することによって、私たちは、自らを知る以前から私たちを知っている共同体の歴史のなかに組み入れられていきます。[71] 同じことをウェンデル・ベリーは、もちろん私たちは自分の人生の創造者ではないのであって、それは宗教的な見解というだけではなく、生物学的にも社会学的にも言えることだ、と述べています。

われわれは、一人ひとりが多くの描き手を抱えており、それぞれがその関わりの中に置かれているが、良くも悪くも、それは同一の主権者のもとにある。人間は神との偉大な共働作業によって自己と他者を互いにつくり上げ、養育されていく共働作品だということができよう。これは、われわれは自分だけではその意味も尊厳も持つことができず、自分だけでは人間の定義もできず、自己同一化の外に置かれた存在であることを意味する。メアリー・キャサリン・ベイトソンが『娘の目』のなかで次のように述べている。「以前にも増して、個人主義の考え方、関係性をもたずして誰かを知るという考え方は、単なる誤りだと思えるようになってきた。[72]」

リチャード・ロドリゲスは、プロテスタント教会とローマ・カトリック教会が共同体をどのように理解してきたのかについて、鋭い指摘をしています。一例ではありますが、英語圏の純粋なプロテスタント信者は共同体においての客人になっていることを言い当てています。

われわれは、日々の生活の中で神が共にいた経験について、それぞれ互いに分かち合うような新しい共同体を描き出している。これが個人主義的プロテスタントと制度的カトリックの違いである。[73]

互いにキリストの体であるために、私たちは何をしなければいけないのでしょう。キリストの体においては、私たちは、自分のこと、自己中心的な自分のニーズを考えるよりも、まず、他者のニーズがどこにあるのかをつねに探していこうとします。これは、他の教会員に対する些細な憤りは置いておいて、よりよい決断を下そうとするためにはどのように行動するのが正しく、善いことで、愛につながるのかをキリストをとおして神に祈り求めていくことを意味します。おそらくパウロが私たちは互いにキリストの体の部分であると言うときには、私たちは、自分自身の物語を描き出すのではなく、私たちの先達がどのような人々であったのか、私たちは今だれと共に生きようとしているのか、私たちの後からついて来るのはだれなのかといった数多くの他者の物語によって描き出されていくことになります。私たちがその物語を伝えるためには、まず私たち自身がその物語を生きていかなければなりません。つまり私たちは、先行してあった物語に巻き込まれたのであって、それはいまも動き続け、これからもあらゆる人々に語り継いでいかなければならないものです。そして、唯一私たちに命を与えてくださったキリストの神がその語り手なのです。

一つの体における愛することの難しさ

キリストの体の中で共に生きるときには、対立や危機も起こります。私は、牧会をしていた教会で大きな対立が生じたときには、自分のこれまで辿ってきた道での痛みや傷ついたときの声の背後にあった（明確であったり、微妙だったりした）真理に耳を傾けることによって安心が与えられてきました。教会の危機については、パウロの書いた最初の書簡から、いくつものことを教えられます。コリントの教会は、ローマやエフェソやコロサイの教会と同様に、教会の内部と外部の両方からの不和と闘争に絶えず悩まされていました。

パウロの書簡のいくつかは、不和や闘争を解決することを期待して書き送られています。デール・マーチンは、古代社会においては、ある結果を導き出すために、いくつかの異なる弁論がなされたことに注目しています。その一つは、協和的スピーチとしてのホモノイアだったといいます。それはあらゆる闘争や騒乱に対して、平和を勧告するもの――「体から病原体を浄化しなければならない」(74)――ですが、マーチンはコリントの街でそのような弁論をすることがじつに厳しい状況であったかを、コリントの信徒への手紙一 1章10節を例にあげて示唆しています。「兄弟たち、わたしたちの主イエス・キリストの名によってあなたがたに勧告します。皆、勝手なことを言わず、仲たがいせず、心を一つにし思いを一つにして、固く結び合いなさい」。またコリントの信徒への手紙一 12章25節では、パウロは「体に分裂が起こらず、各部分が互いに配慮し合っています」と言っています。パウロは、キリストの体のポリスとしての社会構造が階層的であることを再確認しつつ、連帯することを強調しながら、教会が真剣に共に生きる教会になっていくことを求めているのです。

基本的には、キリストの贖いの共同体のメンバーでありながらも、私たちはいまだに罪の中に生まれているという問題です。私たちは罪人でありながら、この共同体の中で同じように罪人である他者と関係を築きながら生きるようにと創造されました。ベネディクト会での修道院生活の鍵は、他者のいない人生は人生の半分を生きていることにしかならない、というものでした。人生を完全なものにするには、他者とともに生きなければなりませんが、人間の不完全さはその罪ゆえに依然として私たちの一つの現実なのです。ジョアン・チッティスターは、ベネディクト会の霊性においては、共同体に生きるのはきわめて人間的なことである、と言っています。「私たちはここで完全になることを期待するのではない。自分自身と他の人々が共に成長していくことを期待するのである」[75]。

キリストの体における危機や対立は、「悪い」ことというよりも、むしろ互いに共通した善きものを発見し、分かち合うことへと導いていきます。ジャン・バニエがしばしば用いた言葉を借りるなら、共に生活するのが難しい人がいることは共同体にとって必要なのです。彼らは共同体を「興味深い」ものにし、彼らもまた教会のなかで同じように、強さも弱さも露にされていくことになります。そうした人々がいない場合には、じつにおもしろいことに、他の誰かが来てその立場を引き受けていきます。対立は、しばしば共同体自身が共同体として生きる意味を理解することを助けているというのは妥当します。対立は、すべての者にその信念に目を向けること、耳を傾けること、そしてキリスト者が共に生きるときに必要とする、ある美徳のベールを引き剥がしてくれるものです。

パーカー・パルマーは、対立は、私たちが他者に対して「批判的かつ誠実になるときに、『事実』を克服しようとしてその意味を計算しようとすること」であり、他者と向き合おうとする能力から生起してくるのであって、「共同体がなければ、個人的バイアスや偏見は、大きな害をもたらすことになる」と言っています。対立が表面化されていかなければ、個人的なゲーム遊びに黙々と没頭するだけのことになるからです。教会の対立は「グループ全体が勝つという公的対決」[76]です。危機のための危機感は行き詰っていきますが、もし危機がより強い友情の絆で互いをつなぐものになるなら、危機は共同体を強くするものとなります。パルマーは、友情が本当に試されるのは「対立を持続させられる能力によって知ることができる。すなわち新しい関係性を生み出すための緊張状態を受けとめるだけの器量のことである。友情に変化していく緊張と対立はいつだって起こり得る」[77]と述べています。私たちの互いの友情は、ある種の学校のようです。危機を解決していくチャリティ学校です。チャリティは、相手にもっともよいものを惜しみなく与えることであり、喜ぶに時があり、挑戦するに時があることを示唆します。ポール・ウァデルは「チャリティはわれわれ自身に要求される愛であると同時に、一人の人と約束を結ぶ愛でもある」[78]と言っています。

パウロは、私たちはより偉大な賜物をめざして強化されていくと言います。パウロはコリントの信徒への手紙一13章で惜しみなく与える愛の賜物（アガペー）について論じ始めるにあたって、「そこで、わたしはあなたがたに最高の道を教えます」と告げます。惜しみなく与えるこの愛は、キリスト者の友情という文脈において、より多くの議論や対立が起こるかどうかによっても試されることになります。私たちは誠実な言葉で語り合う実例になりたいものです。エフェソの信徒への手紙4章には、私たちは「愛に根差して」互いに真理の言葉を語るべきことが示されています。私たちはそうすることによって、「あらゆる面で、頭であるキリストに向かって成長していきます」（15節）。私たちはこの惜しみない愛を知らずに、またはそれを信頼せずにいるがために、互いに真理を隠し続けてきましたが、いまは、私たちは不誠実なやり取りを避けるようにと召されています。ミニアーは、「古い肉の体の本質」を引きずっているような、「怒り、搾取、怠惰、無礼さに満ちた対話や怨みは、基本的に体に対する罪なのである」[79]と警告します。「だから偽りを捨て、それぞれ隣人に対して真実を語りなさい。わたしたちは、互いに体の一部なのです」（25節）。

アリストテレスとプラトンは、教育は、社会秩序のポリティクスを維持しようとして、ポリス（ボディ・ポリティクス）の現実の中で起こるものと理解し、またそのように語っています。トーマス・グルームは、キリスト者を教育するというのは、「人が社会の中でどのように人生を生きるのかに影響を与える企てであり、人々の人生への意図的かつ構造的な介入である」と述べています[80]。文化はそれを生み出し再生していく人々のただなかにあり、教育は、文化を再創造します。私はここまでの二つの章で、パウロのイメージするところのキリストの体は、ある人がメンバーに加わって成立するようなボランティア組織ではなく、むしろキリストの体は神に創造され、キリストに召され、聖霊が永遠に注がれ続けるメンバーを有していることを、もう一度掘り起こすことを試みてきました。私たちは、バプテスマという聖礼典をとおして、この体に迎え入れられたのです。「われわれは、水と霊によってキリストの体である教会の部分とされ、キリストの愛と平和と正義の宣教の業に加えられたのです」[81]。バプテスマは、全世界に神の恵みとは何か、そして私たちが共に生きるときに何が起こるのかを知らせるためのしるしです。私たちは、不思議なしかたで、永遠にキリストのものとされたのです[82]。

私たちはまた、ユーカリストの聖礼典にあずかるたびに、キリストの体を受け取り、キリストの霊で満たされた天からの養いを受け、この世でキリストの御心をおこなうために新しくされていきます。アクィナスは、バプテスマが一度しか付与されないのに対し、ユーカリストは何度も付与されることについて述べます。バプテスマによって、私たちは教会が一つであることを分かちあう者とされ、ユーカリストにあずかることによって、「私たちはキリストと結ばれ、一つの体の部分として」、聖徒の交わりと主との交わりのなかにいることを覚えていくのです[83]。にもかかわらず、キャロライン・サイモンが指摘しているように、「キリスト教は繁栄をもたらすものではなく、自分の十字架を負っていくこと」[84]なのです。キリストの体としてキリストの道に追従するというのは、私たちが僕のかたちをとって生きていくことです。他の人々、とくに見知らぬ人を私たちの教会の歩みの中に受け入れるときには、私たちは私たちの心の中にキリストが生きておられるよう、彼らの心におられるキリストを歓迎していきます。

私たちは、キリストの体の部分になるようにと召され、バプテスマによってその体に加えられ、ユーカリストにあずかることによって養育され、キリストの体によって賜物と務めを分与され、神の恵みによって整えられていく民です。多くの愛と思いやり、さまざまなチャレンジや対立とともに、日ごと年ごとに、よりキリストに倣う者になっていくよう、絶え間ない回心を経験しつつ、与えられた賜物を完成させていきます。ミニアーは、キリストの体において形づくられる真理は、「あらゆる社会組織や歴史的な概念を粉砕するように設計された起爆剤である。しかし、この起爆剤は教会内においてでさえ、完全にはその威力を発揮できていない」[85]と述べています。どうしたら爆弾を起爆させることができるのでしょうか。ミニアーは、それは、キリストの体が構築され、成長していくことによって可能になるといいます。成長は、「頭であるキリストにしっかりとついていく」ことから始まります。「この頭の働きにより、体全体は、節と節、筋と筋とによって支えられ、結び合わされ、神に育てられて成長してゆくのです」（コロサイ2・19）。この体は、キリストの言葉を私たちの内に豊かに宿らせ、互いに教え、諭し合い、詩編と賛歌と霊的な歌により、感謝して心から神をほめたたえるというジェスチャーを実践することによって成長していくものです（コロサイ3・15、16）。この体の成長は、憐れみと忍耐と赦しと愛の実践をとおして実現され、これらの心と霊の活動は体に栄養を与えていきます。しかしまた、体において展開される活動も、すぐに頭や心にも伝わっていきます。この成長は、自己に死んで新しくされることを伴い、終わりを見据えて進んでいこうとする成長です。「万物は御子によって、御子のために造られました」（コロサイ1・16）。[86]

註

（1）ヨーダー『社会を動かす礼拝共同体』(Yoder, *Body Politics*, p. 51)。
（2）『ベネディクト戒律』第七章 (*Rule of St, Benedict*, Chapter 7)。
（3）『社会を動かす礼拝共同体』(*Body Politics*, p. 50)。
（4）前掲書 (p. 60)。
（5）前掲書 (p. 51)。
（6）チッティスター『日ごとに醸し出される知恵』(p. 109)。
（7）前掲書 (p. 110)。
（8）ヨーダー『社会を動かす礼拝共同体』(Yoder, *Body Politics*, p. 51)。
（9）フィッツマイヤー (p. 646)。
（10）前掲書 (p. 647)。
（11）ダウン『歓喜の共同体』(Dawn, *Hilarity of Community*, p. 94)。
（12）フィッツマイヤー (p. 648)。
（13）前掲書 (p. 649)。
（14）前掲書 (p. 281)。
（15）ヨーダー『社会を動かす礼拝共同体』(Yoder, *Body Politics*, p. 48)。
（16）バルト『ローマ書講解』(p. 444)。

(17) ディートリッヒ・ボンヘッファー『共に生きる生活』森野善右衛門訳、新教出版社、二〇一四年 (Dietrich Bonhoeffer, *Life Together*, New York: Harper, 1954, p. 34)。
(18) 前掲書 (p. 35)。
(19) 前掲書 (p. 35)。
(20) 前掲書 (p. 38)。
(21) ダウン『歓喜の共同体』(Dawn, *Hilarity*, p. 215)。
(22) ヨーダー (p. 51)。
(23) デール・マーチン「コリントの教会」(Dale Martin, "The Corinthian Body," p. 116)。
(24) リチャード・クーゲルマン「コリント第一書簡」『ジェローム聖書註解』(Richard Kugelman, "The First Letter to the Corinthians," in Raymond Brown, Joseph Fitzmyer, Roland Murphy, eds., *Jerome Biblical Commentary*, Englewood Cliffs: McGraw Hill, 1968, p. 254)。
(25) マルクーセン (pp. 74–75)。
(26) ヨーダー (p. viii)。
(27) ヨーダー (p. 49)。
(28) アンカー聖書シリーズ『コリントの信徒への手紙一』(William Orr and James Arthur Walther, *I Corinthians: Anchor Bible Series*, New York: Doubleday & Co., 1976, p. 286) からの引用。
(29) ヨーダー (p. 49)。
(30) オル、ワルサー (p. 286)。
(31) リストにあるキリストの体のさまざまな役割と機能に関して、しばしば次のような質問が投げかけられます。私たちの教会には、私たちが従ったり受け入れたりしなければならないヒエラルキーが存在しているのでしょうか。パウロは、ローマ12・6−8において、与えられた恵みの賜物について次のような順序で説明しています。預言者、奉仕者、教師、勧める人、施しをする人、指導する人、慈善を行う人。エフェソ3・5−6においては、パウロは「この計画は、キリスト以前の時代には人の子らに知らされていませんでしたが、今や〝霊〟によって、キリストの聖なる使徒たちや預言者たちに啓示されました。すなわち、異邦人が福音によってキリスト・イエスにおいて約束されたものをわたしたちと一緒に受け継ぐ者、同じ体に属する者、同じ約束にあずかる者となるということです」と述べており、さらにエフェソ4・11にはもう一つの賜物リストが記されて、使徒、預言者、福音宣教者、牧者、そして教師が挙げられます。「こうして、聖なる者たちは奉仕の業に適した者とされ、キリストの体を造り上げて」いくのです。つまり、ある賜物が他よりも「上位」であったり「下位」であったりといった一定のヒエラルキーなど存在していないのは明らかなことです。
(32) メアリー・アンソニー・ワーグナー『キリスト者の聖なる世界』(Mary Anthony Wagner, *The Sacred World of the Christian*, Collegeville: Liturgical Press, 1993, p. 65)。

（33）C・H・ドット『聖書の宣教』(C. H. Dodd, *According to the Scriptures*, London: Nisbet & Co., Ltd., 1952, p. 121) を参照。
（34）トマス・アクィナス『神学大全』(Thomas Aquinas, *Summa Theologiae*, Westminster, MD: Christian Classics, 1991, p. 454)。
（35）前掲書。
（36）前掲書 (p. 487)。
（37）前掲書 (p. 488)。
（38）前掲書 (p. 489)。
（39）ホーレス・ブッシュネル『キリスト教養育』森田三千代訳、教文館、二〇〇九年 (Horace Bushnell, *Christian Nurture*, Cleveland: Pilgrim Press, 1994, p. 228)。
（40）ポール・ウィルクス『これらの壁を越えて』(Paul Wilkes, *Beyond These walls*, New York: Image, 2000, p. 45)。
（41）前掲書 (p. 50)。
（42）前掲書 (p. 57)。
（43）前掲書 (p. 60)。
（44）ウェイン・ミークス『最初の都市型キリスト者』(Wayne Meeks, *The First Urban Christians*, New Haven: Yale University Press, 1983, p. 88)。
（45）ディートリッヒ・ボンヘッファー『キリストに従う』森平太訳、ボンヘッファー選集〈3〉、新教出版社、一九九六／一九九七年 (Dietrich Bonhoeffer, *Cost of Discipleship*, New York: Macmillan Press, 1975, pp. 263, 277)。
（46）前掲書 (p. 284)。
（47）前掲書 (p. 266)。
（48）前掲書 (p. 272)。
（49）前掲書、八〇頁 (p. 276)。
（50）ハンナ・アレント『人間の条件』志水速雄訳、ちくま学芸文庫、一九九四年、八〇頁 (Hannah Arendt, *The Human Condition*, Chicago: Univ. of Chicago Press, 1958, p. 53)。
（51）前掲書 (pp. 53–54)。
（52）ジェラルド・エデルマン、ジュリオ・トノーニ『意識の世界』(Gerald Edelman and Giulio Tononi, *A Universe of Consciousness: How Matter Becomes Imagination*, New York: Basic Books, 2000)。
（53）シドニー・カラハン『大脳たる教会をめざして』(Sidney Callahan, "Towards a Brainy Church," *Commonweal*, January 12, 2001, pp. 8–9)。
（54）前掲書。
（55）ミニアー (p. 188)。
（56）ジョン・ハワード・ヨーダー『神の国の祭司』(John Howard Yoder, *The Priestly Kingdom*, Notre Dame: University of Notre Dame Press, 1984, p. 28)。
（57）ブライアン・オリアリー『識別と決断』(Brian O'Leary, "Discernment and Decision Making." *Review for Religious* 51 (1992): 56)。
（58）スタインドルラスト『静寂という音楽』(Steindl-Rast

with Lebell, *The Music of Silence*, in Wilkes, p. 119)。
（59）ヨーダー『社会を動かす礼拝共同体』(Yoder, *Body Politics*, p. 53)。
（60）ウィルクス (p. 118)。
（61）前掲書 (p. 118)。
（62）ミニアー (p. 182)。
（63）ミニアー (pp. 180–181)。
（64）ロバート・バーロン『聖霊の人トマス・アクィナス』(Robert Barron, *Thomas Aquinas, Spiritual Master*, New York: Crossroad Pub. Co., 1996, p. 144)。
（65）トマス・アクィナス『神学大全』(Thomas Aquinas (Timothy McDermott, ed.), *Summa Theologiae*, Westminster: Christian Classics, 1989, p. 110)。
（66）前掲書 (p. 111)。
（67）前掲書 (p. 144–145)。
（68）ミニアー (p. 181)。
（69）ロドニー・クラップ『異質なひとびと』(Rodney Clapp, *Peculiar People*, Downers Grove: InterVarsity Press, 1996, p. 91)。
（70）スタンリー・ハワーワス『前線からの派遣』(Stanley Hauerwas, *Dispatches from the Front*, Durham: Duke University Press, 1995, p. 24)。
（71）マッキンタイア『美徳なき時代』(MacIntyre, *After Virtue*, p. 221)。
（72）ウェンデル・ベリー『家庭の経済学』(Wendell Berry, *Home Economics*, San Francisco: North Point Press, 1987, p. 115)。
（73）リチャード・ロドリゲス『記憶を辿りて』(Richard Rodriguez, *Hunger of Memory*, New York: Bantam, 1983, p. 110)。
（74）マーチン「コリントの教会」(Martin, "The Corinthian Body," p. 58)。
（75）チッティスター『日ごとに醸し出される知恵』(p. 47)。
（76）パーカー・パルマー「学術的共同体」(Parker Palmer, "Community in the Academy" an address to the 1987 National Conference on Higher Education)。
（77）パーカー・パルマー『知られているように知る』(Parker Palmer, *To Know as We Are Known*, San Francisco: Harper, 1983, p. 104)。
（78）ポール・ウァデル『友情と道徳』(Paul Waddell, *Friendship and the Moral Life*, Notre Dame: University of Notre Dame Press, 1989, p. 121)。
（79）ミニアー (p. 218)。
（80）トーマス・グルーム『キリスト教宗教教育』(Groome, *Christian Religious Education*, p. 15)。グルームは、その脚註で、アリストテレスの『政治学』(京都大学学術出版会、二〇〇一年）を引用しています。「教育に関する法は制定されるべきであり、教育そのものを公衆の関心事にしなければならない。しかしわれわれは、その教育がどうあるべきなのか、どのように人は教育されるべきなのかという問いを忘却してはならない」。
（81）『礼拝式文』(*Book of Common Worship*, Louisville: Westminster/

John Knox Press, 1993, p. 405)。
（82）前掲書 (p. 414)。
（83）アクィナス『神学大全』(p. 587)。
（84）キャロライン・サイモン『弟子たちのこころ』(Caroline Simon, *The Disciplined Heart*, Grand Rapids: Wm. B. Eerdmans, 1997, p. 82) のなかのアンダース・ニーグレン (Anders Nygren) からの引用。
（85）ミニアー (p. 211)。
（86）前掲書 (pp. 212–213)。

第Ⅱ部　キリスト的ジェスチャー

新約学者や神学者たちは、パウロ書簡は読者がキリスト者として日々の生活の中でどのように共に教会となっていくかを手引きする「教会マニュアル」のようなものだ、といって積極的に議論を続けてきました。特定の時代の、特定の場所にあった、特定の教会に宛ててパウロが書いたものですが、パウロの手紙は時代を超えた普遍的な手紙として、古くから歴史を通じて伝承されてきました。なぜなら、いくつか地名を上げるとしたら、コリント、ガラテヤ、ローマ、テサロニケなどと同様の悩みや論争を、私たちもまた継承しているからです。そのうえ私は、青年会や成人の聖書研究会、あるいは神学校の授業でこれらの聖句の釈義をしたり学んだりしていくにつれ、ローマの信徒への手紙が示しているキリストの体の生きかたとしてのこの教えが、私たちの心や思考の習慣だけではなく身体の習慣としても、より説得力をもつものになってきました。確かに、キリストの体のメンバーのある人たちには、イエスの生きかたは、体を作り上げるときの基本的な教えであるのです。

たとえば、「悪を憎み、善から離れず」「兄弟愛をもって互いに愛し」「旅人をもてなすように努めなさい」（ローマ

第Ⅱ部のプロローグ

私たちの体・知・心は、キリストの体において、個々のメンバーと、構成する会衆全体との両者が善きものへと形づくられていくために養育されます。私たちは、この体の一人ひとりのなかにキリストを見出そうとします。ローマの信徒への手紙12章でパウロは、「聖なる者たちの貧しさを自分のものとして彼らを助け、旅人をもてなすように努めなさい」（13節）、「あなたがたを迫害する者のために祝福を祈りなさい。祝福を祈るのであって、呪ってはなりません。喜ぶ人と共に喜び、泣く人と共に泣きなさい」（14、15節）、「あなたの敵が飢えていたら食べさせ、渇いていたら飲ませよ」（20節）と言って、キリスト者がキリスト者であることが教会のしるしとなっていくことを示しています。

これらの言葉をとおして、私は、私たちの日常生活の実情と聖書の語る言葉の両方に衝撃を受けます。

12・9―13）といったことを学ぶとき、それらは私たちにどのように見え、感じ、聞こえているでしょうか。私たちは神の御心と体と霊によって造られたのですから、愛するという一つの目的に向かって、これら三つが一つの働きとなってくることが必要です。哲学者も教育者も神学者も、徹底して「知的習慣」について書き記してきました。悪を憎み善から離れないこと、愛をもって旅人をもてなすことを知的に知るのは、愛に実践を遂行する上でのパズルの一ピースにしかすぎません。しかしパズルを展開するには、あと二つピースが必要なのです。一つは、性格や感情といったその人自身を研ぎ澄ましていくために、これを心の習慣として教えていくことです。三つめのパズルのピースは身体です。重要なのは、私たちの体の部分をもてなすこと、善を求めること、愛することを習慣づけていくことが、このキリストの名によって愛するときの三側面を完成させていくのです。キリストの体は、私たちの知性や心の働きとともに、そうした行為、すなわち私たちの口と手と、そして命がけで愛を具現化していく行為がほとんど「あたりまえの」ジェスチャーとなっていくことを必要としています。

第Ⅱ部では、私は、キリストの体のジェスチャーに焦点を当てていきます。私たちのジェスチャーに見られる知性や精神性について注意深く見ていきながら、人間の身体がいかにつくり上げられ養われているのかを検証していきたいと思います。これは、現代の教育学一般（体育を除いて）に丸投げされて、宗教教育や神学の分野ではあまり注目されてこなかった領域です。なぜ身体なのでしょう。キリスト教教育も含めて多くの宗教教育は、教会生活の「霊的」な部分にとりあえず気を使いながら、私たちはいったいどのように神や私たちを取り巻く世界を知るのかという、私たちが考えたり振り返ったりすることのできる知的許容範囲だけに着目し、身体の活動（あるいはその身体的知識）を説明する段になると――教会にいる私たちは、まったくお手上げになってしまうのです。おそらくこれは、教会の教育に対するデカルト的二元論の影響と言えます。

本書では、私は身体的、知的、精神的な障がいを負っている人たちのことも踏まえて議論を進めていきます。身体、情緒、行動、視覚、聴覚の障がい、あるいは発達障がいを持つ人たちの教育は、しばしば彼らの身体から始めていくことがあります。彼らに可能な活動を意図的に考慮していくのです。あるいは、アルツハイマー病の人の場合には、共同体で周りにいる私たちが、キリストの体のジェスチャーや動作を通じて、その人の体と心の交渉役になっていくことをします。

第Ⅱ部全体で語ろうとしているのは、キリスト的ジェスチャーを定義することです。第三章ではまず、キリストの一つの体のなかで、ジェスチャーが知・体・心を融合させる方法について探求していきます。第四章では、ジェスチャーが、どのようにキリストの体のメンバーの中での、学びや実践や演じられることがらに繋がっていくのかを見ていきます。キリストの共同体は、神の福音の物語を形づくるジェスチャーによって再創造されていきます。いくつかのジェスチャーは、キリストの体の中のいくつかの恵みの賜物や務めとして個別に現れ出てきますし、またいくつかのジェスチャーは、キリストの体の他のメンバーとともに共有したり組み合わさったりして現れ出てきます。さらにいくつかのジェスチャーは、神を礼拝するというコンテクストの中で遂行されていきます。三つめの第五章では、聖書とキリスト教の伝統の中で語り継がれてきたキリスト的ジェスチャー、そしてそれらのジェスチャーが用いられてきた教会の伝統を強調してみようと思います。

いずれのジェスチャーも、それが聖書的であり、キリストの一つの体というコンテクストのもとで解釈されたものであるかどうかによって、その信憑性が検証されなければなりません。なぜなら物語を保持し、物語を具現化することがジェスチャーの原点であって、ジェスチャーは、他者とその物語を分かち合い、それを次世代のキリスト者に引き継がれていくものだからです。

第三章　キリスト的ジェスチャー——体・知・心

最も正しい祈りはしばしば声なしになされるのであるが、しかし、精神の感動が昴じて、何ら野心もなしに舌が声となり、さらに、体の他の肢体が身振りとなってあらわれるようなことは、時にあるのである。

ジャン・カルヴァン(1)

キリストの体全体に及ぶあらゆる不思議さや複雑な要素がキリスト者の教育の土俵となることを前提としながらもそこでの教育者は体のメンバーに与えられた賜物が「足」なのか「手」なのか「目」なのか「耳」なのか、あるいは、教師、使徒、援助する者、病気をいやす者であるのかを、はっきりと仮定していくことになります。パウロは、そうした「体の言語《ボディ・ランゲージ》」を、カール・バルトが提起するような「内省的リアリズム」のため、あるいはキリストの体というポリスにおける私たちの相互の関係性の本質について議論するための隠喩的なイメージとして用いようとしたのかもしれませんが、それにもかかわらず、パウロが人間の身体それ自体に基本的な神の救いの物語の様相を見ていたのは、じつに興味深いことです。たとえば、キリストの体の復活がそうです。また、コリントの信徒への手紙一6章19–20節でパウロが、私たちの体は、私たちのものではなく、神からいただいた聖霊が宿ってくださる神殿である、と述べていることを思い起こしてみましょう。単に思考や心の問題ではなく、「あなたがたは、代価を払って買い取られたのです。だから自分の体で神の栄光を現しなさい」。

さらに、キリスト教教育を考えていくときに、私たちの関心の多くは心や思考の習慣に焦点が当てられ、キリストの福音のなかにもパウロ書簡のなかにも認知的・霊的な省察や行動と同じように身体動作についても多く語られているにもかかわらず、キリスト者の生きかたにおける身体的習慣に基づいてキリスト教教育を体系的にまとめたものはほとんど見当たらないのです。ここでは、キリストの体における大小のふるまい、すなわちキリスト的ジェスチャーに焦点を当てていきます。より具体的には、一つのジェスチャーの背後にある入り組んだ物語とそれのもつ意味の

「厚み」について検討していくことに重点をおきます。たとえば「キリストの平和がありますように」と言って平和のしるしとして握手をしたり互いにハグを交わしたりするようなジェスチャーは、一つの「ボディ・ランゲージ」の表現方法ですが、どれほど単純なジェスチャーであっても、一つのジェスチャーは幅広い解釈を可能にします。

眉間にしわを寄せたり、微笑みかけたり、肩をすくめたり、何かを指さしたりといったジェスチャーは、「ボディ・ランゲージ」の一つの方法以上のもの、言葉による合図の背後にあるもの以上のものです。あるいは自由の女神が自由のトーチを高く掲げているのは、シンボリカルな意味以上のものです。[2] 言葉そのものが、筋肉に動くように伝達するような体のジェスチャーです。体のある部分が動くというのは、体の他の部分や意思と連動して神経シナプスの刺激と反応を含めた動きです。キリスト者にとっては、聖霊が私たちの体のジェスチャーを司っていきます。

「霊と肉と骨は、キリスト者の存在に不可欠である」といったアクィナスの言葉を思い起こします。アクィナスは、霊と肉は密接に関係していて、これら二つを分離させて人間を定義するのは不可能だと考えました。[3] ジェスチャーによって形づくられているのが、「体」または肉体以上、というのはそういうことです。一人の全存在が整えられることによって養われていくのです。ジャン・カルヴァンも同様に、すべてのジェスチャーは、それ自体が神の求めておられる関係性を形づくっていくと考えました。カルヴァンは、私たちが祈るとき、私たちは神の御心と聖霊とともに祈るのだと言います。「舌が語ることによって表現し得る程度を遥かに超えて、悟性は思いの熱誠に刺激されていなければならない」。カルヴァンは続けます。

祈りの中で、慣習的に見られる肉体の身振り（たとえば、ひざまずいたり、かぶりものを脱ぐといったようなこと）は、われわれがよってもって神をいよいよあがめるように高め得られる修練である。[4]

単純なジェスチャーであったとしても、どれほど身体的・知的行為として「厚み」があるのかを読者に示すために、私は、まず歴史の中で「ジェスチャー」という言葉がどのように定義されてきたのかについて、簡単に確認することから始めることにしましょう。そして、ジェスチャーの背後に並んでいる意味について、さらに、文化人類学的視点から、ジェスチャーのもつ力について、最後に、教会において人間がどのように関わり合っているかという主題に戻ってジェスチャーがいったいどのように語っているのかに着目していきます。「有言実行」という一般的な公理に照らしても、口から出る言葉はそれ自体がジェスチャーであって、それは共に生きるなかで会得していくものです。これらのアプローチを網羅しながら、読者のみなさんとともに、私たちキリスト者が日々の生活のなかで、どれほどジェスチャーに依存しているかだけではなく、私たちがキリストの御心に近づこうするときに、どのように私たちの思考や願いや願望や精神が、単純なジェスチャーや複雑なジェスチャーのなかに込められていくのかを見ていくことにしましょう。

ジェスチャー

ジェスチャーを定義する

「ジェスチャー」は私たちが便利に使う一つの言葉ですが、ほとんどその意味については考えられずに使われてきました。あるいは良くも悪くも、間違ったしかたでその定義を捉えてきました。辞書には、ジェスチャーについて次のように記されています。

身体が担う仕草。ジェスチャー、身構え、動き。身体の習慣。とくに祈りや礼拝の所作としての立ち位置、姿勢、態度。元来は、礼拝唱言の意味を効果的にするための身体動作、態度、表情。思いや感情の動的表現。(5)

「ジェスチャー」の語源は、ラテン語のジェストゥス(gestus)に由来し、姿勢という意味と、一定時間氷のように固まって動かずに静的に自己表現をするという両方の意味があります。ジェスティキュレーション(gesticulation)という言葉は、アリストテレスや彼の弟子のテオプラストス、デメトリオス、キケロらが紀元前五〇年代に、すでに動的または流動的自己表現という意味で用いています。彼らは、身体言語(sermo corporis)と身体能弁(eloquentia corporis)について記しています。クインティリアヌスは、彼の著作『弁論家の教育』のなかで、ジェストゥスとは姿勢とジェスティキュレーションのことだと述べています。(6)

古代ギリシアや古代ローマの哲学者や教師たちは、ジェスチャーは弁論や言語の重要な役割を果たし、言語とは自然なものではなく、じつに慣習的に人々の特定の文化と結びついていると信じていました。言い換えれば、言語の違いは文化の違いを表すものです。たとえば、ヨーロッパのルネサンス時代には、一般女性は両手を腰に置いて立っているのは相応しくないとされていました。

アンダルシアの農村部は、今日も、男性の支配力は「いわゆる『男性社交界の作法』として特定の論争弁論術が中心的役割を果たしている」ことで知られている。(7)

人々は特定のジェスチャーによって出身国——あるいは社会的・経済的階層——を知ることができ、あるジェスチャーの有無や種類や使いかた、そのジェスチャーが自発的であるかどうか、それが日常生活で用いられ人々に共有されているかどうか、それが外国人のジェスチャーであるのか、異なる社会階層のジェスチャーであるのかをもとにして人を見分けていきます。

ジェスチャーは私たちの日常生活の一部ですが、私たちは、それがどれほど基本的なことであって、どれほど私たちがジェスチャーを用いることに依存しているかに、あまり気を留めてはいません。たとえば、身体的なジェスチャーとしての笑顔は、赤ん坊が人生で最初に学ぶことであることを考えてみてください。ジェスチャーは知覚的で習慣的なものですから、ジェスチャーを実践することによってジェスチャーを学んでいくことになります。赤ん坊は、多くの場合は親や保護者の身体ジェスチャーを真似て、自分が見て感じる身体ジェスチャーを使い始めるようになります。(8) これは、その赤ん坊が、笑顔に同調してくれる人からもっとも喜んでもらえるというしかたでの投影的反応であり応答なのです。逆に、睨みつけるようなジェスチャーをした場合には、どのような反応が返ってくるでしょうか。(9) これらの笑顔や睨みつけるというのは、必ずしも音とは結びついていませんから、これらは無言のジェスチャーとして考えることができます。

私たちは、どれほどジェスチャーに依存しているのでしょう。たとえば、語っていることを強調するときには、指をさしたり、うなずいたりするような身体的なジェスチャーが伴ってきます。だれかに御礼状を書くというのも、思いやりのあるジェスチャーです。あるときは政治演説のなかでもジェスチャーが用いられます。「ジェスチャーで表現できないほどの」何らかの必要性を訴えることもありますし、二国間で戦争をしているときに、どちらか一方が和解の条件を提案するときには、「語られるジェスチャー」として私たちはそれに耳を傾けます。そこで重要なのは、そのジェスチャーそのものではなく、「いつ、この深刻な状況を打開するのか」という問いがそこに包含されているということです。「ジェスチャー」は私たちの共有する言語や語彙のかなりの部分を占めています。

このセクションでは、広義のジェスチャーを考えていきます。すべての文化的コンテクストを取り上げたり、時代を超えて一つの定義を掲げることは不可能だからです。つまり、ジェスチャーはコンテクストに依存しています。あるジェスチャーはそれ自体が言語であり、言語は自然のものではなく、ある文化の中で高度に培われてきたものです。異なるジェスチャー言語は文化の相違を示します。ヴィトゲンスタインは次のように述べています。「ある式典で表現されたジェスチャーを理解しようとするなら、その式典（そのもの）を分析してみるべきである」[10]。あるジェスチャーが用いられたときに、その特定のコンテクストについて、そのジェスチャーが何を意味し、何を教えているのかという方法論的な議論をするのは重要なことです。では次に、幅広くジェスチャーの調査をしている文化人類学の最近の研究に目を向けてみることにしましょう。

人類学的観点から見たジェスチャー

文化人類学者たちは、人々がその社会で互いに生きるためにどのように言語とジェスチャーを用いてきたのか、そのパターンについて研究しています。アンソニー・コーエンは、人は他者とどのような社会的関係を作っていくのかを共同体の中で学んでいく、と述べています。人は、固有のシンボルや独特のジェスチャーを用いながら、個人が社会とのかかわりを身につけ、「文化」を獲得していきます。人々が社会的な相互作用として用いるジェスチャーによって、共同体も構築され、再構築されていくのです。

多くの文化人類学者たちは、すべてのジェスチャーには、二つの主要なコミュニケーションの機能があることを指摘します。一つは、描写型または指示型コミュニケーションで、手や腕や頭を使って何かを指し示したり、たとえば逃がした魚の大きさを両手で表現しようとするように、体の動作によって何かを描写したりする場合です。もう一つのジェスチャーの用法は表示型コミュニケーションであり、口述に伴って表現される身体ジェスチャーです。(11)たとえば、ニューヨーク市のフィオレロ・ラガーディア市長のニュース番組を見ているときに、彼の話しているのが英語であれ、イタリア語であれ、イディッシュ語であれ、あるいはテレビのボリュームを下げたり、耳をふさいだりしてもなお、彼のジェスチャーだけで何を言っているのかがわかるような場合です。(12)言葉による発語を強調しようとするようなこのようなジェスチャーは、文化の中で構築されていきます。(13)ジョン・オースティンは、そうした表示型ジェスチャーを、言葉による発言の「囃子役」とよんで、「ジェスチャー（ウインク、指差し、肩をすくめる、眉をひそめるなど）、あるいは儀式の非言語的行為は、ときとして、一切の言葉なしでも伝わり、それらは明らかに重要な役割を果たしている」(14)と言います。いくつかの「遂行的発語」は言葉なしで、ジェスチャーだけで演じられることがあります。ドナルド・エバンスは、お辞儀をしたり、敬礼をしたり、他の人と握手をしたりするのは、遂行的実行力を有していると述べています。こうした表現のしかたは、ビジネス契約での「保証します」や結婚の誓約をするときの「約束します」と同様に、実際のアクションになり得るものです。すべての言葉による発言は、制度的行為としてパフォーマンス的実行力を有しているのです。(15)

参照言語としてのジェスチャー

文化人類学者たちは、私たちがジェスチャーを使うとき、ある特定の表象や所作が文化に反映され、表現され、文化の再編成がなされていくことを指摘します。たとえば、ウォルター・オングは、ジェスチャーは音声よりもはるかに難しく、複雑なコミュニケーションの形態である、なぜならそれは、多くの筋肉活動、しばしば体全体の動きを含むからである、と語っています。彼は、アメリカ人の象徴である自由の女神は、そのジェスチャーが時を越えて確固たるものになっている、と言います。自由のトーチを手に高く掲げる姿の背後には意味があります。女神像は、その意味を構成しているジェスチャーゆえに建立されているのです。「自由の息吹を切望しながらも、疲れた者、貧困にあえぐ者、混乱に身を寄せ合う者たちよ、私がそれらを引き受けよう」[16]〔自由の女神像の台座に刻まれているエマ・ラザラスの詩の冒頭＝訳者註〕。

この逆もしかりで、ジェスチャーが用いられないと、その文化は忘れられていきます。たとえば、ペンシルバニア州の十八世紀から存在する村で働く二十代の若い陶工が、彼の作品について興奮しながら、しかし悲しい面持ちで語ってくれました。――この村は二十世紀になってから再建されたのですが――この村で働いていた最後の陶工の師匠が亡くなったのは一九四〇年代だといいます。その師匠とともに失われてしまったのは、その村の雰囲気を作り出すほどのあの独特な陶器を作るために必要な所作（ジェスチャー）の数々だというのです。時代とともにジェスチャーの技法が失われてしまったのです。

ブルース・カプファーラーは、文化がどれほど特化し普遍化しているのかは、その代表的なジェスチャーを見るとわかると言います。一方、文化は、ある特定の人たちの地上の日常生活の中に具体的に根付いていきます。デズモンド・モリスは、他の人類学者たちと同様に、普遍的なジェスチャーなど存在しない、なぜなら「ジェスチャーは文化によって異なるからである」と言っています[17]。カプファーラーによれば、私たちは、顔の表情と身体ジェスチャーの組み合わせの中で他者との関係を経験していきます。「私たちは、歴史と共通の経験と経験したことの理解を分かち合うことのできる他者との関係の中で行動している」[18]のです。あるいはクリフォード・ジールツのいう、ウインクは軽い挨拶のときもあれば、目くばせするときもあるという例も考慮に入れておきたいと思います。

> しかし、共謀サインとして公用コードが存在する場合に、わざと瞬きをして合図を送るのもウインクである。ウインクは、ある素振りであり、文化の一つの悪ふざけであり、ほら見たことか！　といったことをもすべて含んだジェスチャーである[19]。

あるしかたで視線を送ることによって、体を別の方向に向かせたり、誰かが座るために椅子を持ってこさせたりするのは、そのジェスチャーがどのように機能するのか、そしてそれにどう反応するかについての共通理解があるかどうかに依存しています[20]。「社会的集団や共同体におけるジェスチャーはすべて、伝達された側が伝達した側の要求に特定の行動や応答で答えることによって成立します」[21]。

アメリカの南北戦争の際には、男女間の直接のアイコンタクトは相応しくないとされていましたから、男女間でコミュニケーションをとる方法として、扇子を持つ仕草が使われていました。扇子の持ちかたには五〇通りもあって、それぞれの意味を説明している本もあったといいます。女性が左手に扇子を持っているのは、彼女が男性を探し求めていることを意味しました。しかし右手に扇子を持ち替えたときは、現れた男性に夢中になりそうということを意味したそうです。[22]

その一方で多くの人類学者たちは、ウインクを、体の「ジェスチャー」としては、あらゆる文化において人々にその意味が理解されている普遍的で基本的なジェスチャーだと主張するかもしれません。ジェスチャーがある文化の中で人々が共有しているものだとしたら、どのようにして、そうした普遍的なものが一つの文化から他の文化へ伝えられていったと見るべきなのでしょう。すべての人がそのジェスチャーを使うという点では、ジェスチャーは普遍性をもっていると言えますが、それらのもつ独特の意味はそれぞれの文化によって異なっているはずです。[23]

文化の中で用いられるジェスチャーは、それが何を意味しそれにどう反応するかだけではなく、どのようにして人々が文化の中で実際にそれらを用いて互いに生きているのかというパターンを示すものでもあります。たとえば、8の字にパターン化して飛び回る「ミツバチのダンス」は、ジェローム・ロビンズ〔米国のバレエ、ダンスの振付師＝訳者註〕の前で踊るダンスのように見えたとしても、それは動物学的には蜂の「ダンス」ではありません。[24] ターナーによれば、文化的表現というのは、単に文化の中で表現されたり、それが受けとめられたりする以上のものを指しているのです。それはまさに、

（ジェスチャーは）文化が見ようとしているものを目の前に提示することによって行動に変化をもたらす代務者であり、創造的な役者たちがよりよい人生をめざしてそれを設計していくときの製図板である。文化のかたちは、それを振り返るだけでなく、そこに立ち返らせていくのである。[25]

ここで「立ち返る」というのは、自然に起こることではなく、人工的かつ熟考された文化的なものであって、芸術家の仕事のような、まったくその人の意図的かつ自発的な行為のことです。[26] たとえば、子どもが痛がっているところに

親がキスをするのは、それがまるで秘密の力を持っているかのようです。キスするというジェスチャーは、大きな変化を誘発させるマジックであり、瞬間的な癒しでもあります。ターナーは、人間は毎日の社会生活の基本的な事柄において自己表現型の生き物であること、そして生活経験をとおしての認知的、感情的、思いやり（あるいは知恵）のプロセスの相互関係が構築されていくことを確信しています。祭祀に見られるような表現のしかたは、それは決してそれだけで完結するものとは言えません。むしろそれらは確かに「祭祀の背景となっている不確実性に対する宣言のかたち」[27]でもあるのです。

カプファーラー、ジアーツ、ターナーらは、文化理解における「構造主義者」と見られています。彼らは、文化の中には、互いにコミュニケーションをとるために必要な、深い構造的相互関係を引き出すサインまたはメッセージが複雑に存在していると考えています。ジェスチャーは、それらのメッセージそのものをコントロールして文化を作り出します。彼らは、そのメッセージに関心を抱くと同時に、それがどのように関係性を生み出していき、受け手が何を経験していくのかに着目しています。[28]しかし「構造主義者」とよばれる彼らの理論は、じつはすべての文化にとって自然なことであり、それ自体がすでに文化的構造的であるということができます。くり返しになりますが、ある特定のジェスチャーが特定のメッセージを保持しているという考えは、本来の構造を作り上げていくための普遍的な法則が存在するという前提に基づいて成り立っているのであって、私たちはこの法則に従って理解しようとしていきます。スタンリー・フィッシュは、共同体が身につけている法則を無視することはできないと言っています。[29]

グレゴリー・ベイトソンは、口述言語で表現しきれない機能を表現しようとして、私たちは異なるジェスチャーのレパートリーを多様に拡げてきたことを指摘します。

> 非言語コミュニケーションによる会話は、確かに、愛、憎しみ、敬意、恐怖、依存といった関係性の問題と関連している。（中略）それらは、感情的なストレス、非合理的状況の言語メッセージを強調し、増幅させるものである。[30]

口述言語や記述言語なしのジェスチャーは、ユーモアや策略に使われることもあります。視覚的に訴えようとするギャグのなかには、悪ふざけでジェスチャーが使われるような例も多く見られます。陽気なずっこけ警官たちの無声映画『キーストーン警官』、あるいは『三人のぼけ役』は、彼らの手、鼻、口、足、腹を使った悪ふざけジェスチャーだけで大爆笑を買っていきます。古典的な視覚的ギャグはパイ投げです。パイが顔に命中し、投げた相手に向かって次のパイをぶつけようと準備しながらも、その人は指を使って目をふさいでいるクリームを落とし、次に鼻、そして口の順でクリームを取り除いていきます。その人がパイを投げようとしてフラついている間に、第三の人物が突然やってきて、またパイを顔面にまともに受けます[31]。

意図的・策略的なジェスチャーもあります。それを頻繁にやっていると、習慣になっていきます。策略的なジェスチャー理解は、自分の利益のためにわざとくり返すような状況や人々やその物語の上に成り立っていきます。なぜなら、ジェスチャーが表現されるところには一つの物語が作られていくからです。「演じられることのない物語など成立するだろうか」という問いが沸き起こってきます。構造主義者たちは、それに対しては否定的です。誰かが他者とコミュニケーションをとるために何らかの表現をするとき、その文化の物語とそこでの行動は一体化されるのであって、それらはどちらも割愛することはできないのです。物語はジェスチャーをとおして具体化されていきます。ジェスチャーをとおして物語が演じられていくというのは、私たちがだれの民なのかを思い起こす上で重要です[32]。しかしながら、一つの物語をめぐっては多くの解釈が存在します。そしてそれらは、その共同体とジェスチャーを語り継ぎ、具体化させていく大きな物語に依存しています。いくつかのジェスチャーは、だれもそのジェスチャーのその文化の物語における起源を理解していないがゆえに、とてもあやふやになっていきます。たとえば、もしある人が自分の額を指先でトントンと突くような仕草をしたときには、「頭がいかれている」または「頭がいい」のどちらかが、それが使われた状況に応じて解釈されます。「手の単純な動作、一つの抽象的な行為が、頭がいかれていると頭がいいの両方を象徴している」[33]のです。ジェスチャーが錯綜すれば、混乱が生じるだけです。挨拶をするときに、日本人は伝統的にお辞儀をしますが、日本人のある人たちは日本人同士でも握手で挨拶を交わそうとすることがあります。

ダビンチの絵画「最後の晩餐」は、そのジェスチャーをめぐって何通りもの解釈がなされてきています。怯えている弟子たちの真ん中にイエスが座っていると観ることもできますし、ダビンチが描き出している鑑賞者と観ることもできます。レオ・スタインバーグは、イエスの手だけでもいくつかの特徴があると言います。イエスの腕が弟子たちの腕よりも低い位置にあるのは、これから訪れる彼の死を暗示し、イエスが肩をすぼめるようにしてその全身の形を正三角形に描き出しているのは、裏切り者を予測していることをユダにジェスチャーによって示すものであり、左手の掌を開いているのは、ゲストとしての鑑賞者にも届くようにと描き出しているのだといいます。スタインバーグは身体のジェスチャーは重要だと言います。なぜなら「この絵画の魅力は、他のすべての芸術作品と同様、言葉ではなくそのジェスチャーにあるからだ。（中略）ジャスチャーは独創的である」[34]のです。

私たちのジェスチャーにはそれを演じたり振り付けをしたりする物語が常にあります。他のコミュニケーション言語と同様に、ジェスチャーにもその始まり、中間、終わりがあります。一九九三年、イスラエルとパレスチナ解放機構（ＰＬＯ）の中東和平会議がワシントンで開催されたときに、クリントン大統領、ラビン首相、アラファト議長が壇上で共同声明文書に署名をしたのですが、そこでアラファト議長が「敵」のラビン首相と握手をしようと手を差し伸べた際に、一瞬の緊張の間がありました。ラビン首相が躊躇して、一瞬、手を出さなかったのです。数秒の間がありましたが、ラビン首相は困惑しながらもアラファト議長の手を握るというジェスチャーを完了させました。これによって中東和平の新しい一歩が現実のものとなったのです。[35]

それぞれのジェスチャーには独自の物語があります。ジェン・ブレマーとハーマン・ローデンバーグは、さまざまな文化におけるジェスチャーの歴史研究、とりわけヨーロッパの歴史に焦点を当てた研究をし、それを紹介しています。[36]とくに中世ヨーロッパにおいて用いられたジェスチャーとその特徴的な文化的文脈を知ることは、きわめて重要だといいます。たとえば、オランダでは、今でも取引が成立したときに握手をしたり、互いに手と手を合わせたりするのが一般的ですが、この伝統は十六世紀まで遡るといいます。互いに握手をしたり手を合わせたりしているときは、銃を手にすることができないというのです。[37]ボディタッチや握手は、身体の政治的な価値や大きな社会的共同体の価値を反映していて、階級、平等性あるいは関係性にかかわる問題としても受けとめられます。

ジェスチャーは「ボディ・ランゲージ」というカテゴリーに簡単に分類されがちですが、文化人類学者たちは、ジェスチャーは単に身体が反射的に反応する以上のことであると指摘します。むしろジェスチャーは、身体と心がどのように連携して一つになっているのかを可視的な形で表すものであり、視覚的にも、運動感覚的にも、そして知的にも、私たちがこの世界において神との関係の中で生きていることを豊かに示すものです。メアリー・ダグラスは、私たちの身体は社会性の象徴であって、その身体をどのようにコントロールするかは、その特定の文化のなかでのプレッシャーの度合い、あるいは大きな共同体の利害関係によって異なると言って、ジェスチャーの及ぼす力関係について述べています。(38)のちの章で、教会という大きな体の中で私たちが生きるときに、そこではジェスチャーがどのような役割を果たし、どのように物事の決定、教会員のありかた、キリストの名の下に行われるさまざまな事柄の責任を果たしているのかを見ていきたいと思います。

私は、ジェスチャーは何かを参照させたり、何かに注意を向けさせたりするものであり、人々の間のコミュニケーションの一形態であることを指摘してきました。しかし、教育という伝統においては、「内面的な魂のありかたが身体的行動を表出させる」という信念が相変わらずあり、(39)人の言葉や行動はすべてその人の内面的な生きかたの表れである、したがって言葉を発して語ることがジェスチャーなのだと考えられています。「御言葉を行う人になりなさい。自分を欺いて、聞くだけで終わる者になってはいけません」(ヤコブ1・22)。私たちは、聖霊が私たちの心の内に宿っているゆえに、神の言葉をおこなう人になり、それを欲する人になっていきます。ジェスチャーとしての言語行為もまた、キリスト者の中での体と心と魂の融合を明らかにしていくものです。

ジェスチャーとしての言語行為

ヴィトゲンスタインは、人は何かを表現したり指摘したりするためにジェスチャーを頻繁に使うと言います。学ぶことは、言語を使うことに依存しているだけではなく、言語と同じようにジェスチャーにも依存します。ジェスチャーや言語行為を理解するためには、それが語られている文脈を理解する必要があります。ヴィトゲンスタインは「発話とジェスチャーは密接に関連している」[40]と言います。ハワーワスも、言葉としてのジェスチャーは、スピーチというしかたで表出されたものの文脈から分離することはできないと言っています。

たとえば、使徒信条は単なる信仰箇条ではなく、それは私たちの信仰内容であり私たちの信仰を養っていくものである。使徒信条は、何かの保証でもなければ、私たちの物語の要約でもない。むしろそれは、私たちが生き抜こうとしている物語を最高のかたちで伝えるために見出したものであって、一連の典礼を通じて私たちにそれを思い起こさせてくれる。[41]

詩人、預言者、神学者といった「言葉にこだわる人たち」は、言語と心とジェスチャーを関連づけようとしてきました。リチャード・ブラッモアは、言語行為というのは単に既存する状況を説明したり関連付けたりするだけではなく、新しい状況を生み出していく、と言います。[42] なぜなら記述されたり口述されたりする言語は、ジェスチャーをとおして新たな言葉を生み出し、さらなる関係性を構築していくからです。言葉は概念を生み出し、ジェスチャーは、

言葉のもとで、言葉を超えて、言葉と共に、新しい言語を生み出していく。言葉の言語が損なわれたときには、われわれはジェスチャーの言語に訴えることになる。言葉の言語は、それがジェスチャーや行為となっていくとき、最高の状態に到達する。[43]

ブラックモアは続けます。

そうしたジェスチャーの特質を組み込むことなしに、言語を最大限に用いることはできない。小説家は、それらなしにどうして小説の輪を繰り広げることができよう。われわれは、ジェスチャーを織り込むことなしには言語を意図的に運用することはできない。言語におけるジェスチャーは、まるで内面性やイメージされたものを演じ出す演劇のようだ。それは辞書にある定義ではとても説明しきれない。用いてみて初めて定義可能となる言葉の意味を演じていくことになる。[44]

くり返しになりますが、口述であろうと記述であろうと言語の特徴は第一に、それ自体がジェスチャーだということです。口述の言葉も、手話やボディ・ランゲージのよう

に、それがやり取りされる文脈においてのみ理解されるジェスチャーです。その言語は、世代を跨いで多くの人々に用いられてきたものであり、組織的行為であり、文化が深く複雑に入り組んでいるなかで形成され、そこで最初に学ぶべきものです。口述される言葉とジェスチャーは、しばしば二つの異なるコミュニケーションの方法と考えられがちです。口述とジェスチャーは、別々の行為なのでしょうか。ジェスチャーと言語とどちらかが先に来るのでしょうか。ジョージ・ハーバート・ミードは、社会的なジェスチャーは表象しようとするものを適切な方向へ導き、コミュニケーションを豊かにする一つの形態である。ジェスチャーは、相手に応答を求め、その相手を掻き立てながら、一つの重要なしるしとなっていき、言語はその特定の文脈での重要な意味をもつようになる、と言っています[45]。口述からジェスチャーが出てくるのではなく、ジェスチャーから口述が出てくるのです[46]。

口頭で他者とコミュニケーションを取るときにも、私たちは、口の筋肉や歯や舌を使い、顔や胴体や首や肩の筋肉を使い、ときには脚や腕も使い、さらに横隔膜を使っての呼吸や唾をゴクンと飲み込んだりしながら、自己を表現していきます。声の大きさやトーンを調整するという物理的な作業をしたり、私たちの声も筋肉を使って相手に求めることを声に「させる」ということもします。口や体の他の部分のジェスチャーがなければ言葉を語ることもできず、誰からも理解されないことになります。

第二に、先述した人類学者たちが主張するように、口述のジェスチャーは、そのジェスチャーが実践される具体的な状況に依存しています。クリストファー・フライは、人間は真理を探究する生き物であることを理解した上で、私たちはこの時間と空間の中で、いまここで何が起こっているのかを告知する何らかのステージを有しているのではないか、という仮説を投げかけています。このステージ、すなわち文化においては言葉とジェスチャーが重要になってきます。彼は次のように言います。「それが人為的なものかどうかは気にする必要はありません。私たちはそれに慣らされていくからです。その中に飛び込んでみると、徐々にそれに気づかなくなっていきます」。もし私たちが人生から偶発事象を払拭しなければならないとしたら、それはまるで「動物園でキリンを見たことがあるのに、その存在を信じない老婆のよう」[47]です。

スコット・モマデイは、カイオワ族のインディアンの男とその妻がティピー〔平野部に住むアメリカ・インディアンの移動式住居＝訳者註〕のなかに座って矢をつくっていたときの物語を記しています。夫は丹念に矢をつくり、歯を使ってそれらをまっすぐに整えていきます。しばらくすると、彼はティピーの外で誰かの物音がすることに気づきましたが、妻には怖がらなくてもいいと穏やかに告げ、矢づくりの仕事を続けました。次第に物音が大きくなってきたので、彼はついに外に出て行って言いました。「もしお前がカイオワ族なら、私の言葉がわかるはずだ。お前の名を名乗れ」。しかし何の応答もありません。そこでその矢づくりの主人は、矢を構えてあたりを見回し、ティピーのそばにいた敵の胸を狙って矢を放ちました。モマデイは次のように言っています。

この話は、思考したことがかたちになって現れた顕著な例であり、希少な遠い世界の話に聞こえるとしても、言葉と世界が単純かつ直接的に結びついていることをわれわれに悟らせてくれる。そしてそれは、私自身のどの経験よりも明瞭に、少なくとも、想像力の持つ基本的な性質の何かを、そしてこの擬人化された話が浮かび上がらせる一つの教えを見事に描写していると言える。それはすなわち、人は言葉によって成り立っているということだ。[48]

第三の特徴は、すべての人間文化では論理と文法をもつ言葉が使われていますが、ニコラス・ウォルターストーフは、言語には、その人間社会固有の論理に基づいた、ある暗号が秘められていると言います。「われわれは人間社会における言語の果たす役割を理解する際には、会話をするときに使われている暗号のことを含めて理解していかなければならない」[49]というのです。この理論の背後には、ジョン・L・オースティンとジョン・サールの研究があります。オースティンは、「言葉と行為」は反復する、なぜなら言葉を発すること自体が行為なのだから、と言います。「文章を発語するというのは一つの行為であり、語るということによって何かを説明しようとしている」[50]のです。文章の中のいくつかの単語を発語しているだけでは、まだ説明していることにはなりませんが、確かに発語するという行為はしているのであって、それを遂行的発語といいます。たとえば結婚式で、新郎と新婦が互いに誓約をするときに、「はい、そのとおりです」と言うのは、「私はこの結婚に心から満足しています」と言っていることと同じです。オースティンによれば、これが遂行的発語であって、こうした発語は「はい、そのとおりです」という思いを口に出している以上に、行為を遂行させるものになっていくと言います。[51]「はい、そのとおりです」という発語は、男と女が一つになって互いに相手の責任を担い、二人の関係を変容させ、異なる二人が妻と夫として理解し合って、互いの役割を作り出していくことを「私は誓います」と言っているのです。言葉を発語することによって、何かが履行されていくのです。オースティンは、いくつかの言葉は遂行的であるが、しかしいくつかの言語行為は言い訳的だとも言います。遂行的発話は何かを遂行させようとしますが、言い訳的発語は単に何かを口にしているにすぎません。

ジェスチャーとしての語ることと行動についての第四の特徴は、スタンリー・フィッシュの指摘するように話者・聴衆・行為がつねに存在しているということです。語るときにもっとも重要な点は、発話者の背後にあるその語りの意図と聴衆の資質です。ジェスチャーに限って言うなら、ジェスチャーをする側の意図と、ジェスチャーを受けた側と、ジェスチャーそのものがあると言えます。ヴィトゲンスタインによれば、私たちは言語ゲームのなかに取り込まれているのです。

(言語ゲームにおいては、)言葉は、現実に対してではなく、現実が横たわっている具体的なルールに対して責任を負っている。このゲームのプレイヤーは、彼らの言葉が同じものを指すという同意ができていなければならない。それは、彼らが同じものを見るためではなく、ゲームの中にいるという事実が言葉を見えやすくし、選びやすくするからである。[52]

コミュニケーション的または遂行的な行為が展開されるには、物語のセッティング、すなわち言葉が理解されるために適切な関係にある話者と聴衆のグループが必要となってきます。[53]フィッシュは、ジョン・サールの研究をもとにして議論を展開しています。サールはのちにオースティンのスピーチおける遂行的発語の考えかたを取り入れて、遂行的発語として言語を話すというのは「非常に複雑なルールに支配された行動様式」に従うことであることを強調します。言語行為は、一つのジェスチャー遂行のかたちなのです。あるいは共に生活する人々が同意するルールのもとでシンボルや単語や文章が用いられるのなら、それらも遂行的発語となっていきます(54)。

言語行為としてのジェスチャーは、誤解を招くこともあれば、ユーモアを誘発しようとしてそこに冗談が含まれてくる可能性もあります。言い換えれば、他の人と話すときに、人は真実を伝えるだけでなく、嘘をつくこともできるということです。テレンス・テイリーによれば、表現的言語は、真実であると仮定していたものが実際には間違っていた場合には、それは欠陥言語となって、ほとんど不成立となります(55)。虚偽の言語行為と遂行的発語を見抜いていく一つの方法は、発話者の意図を見抜くことです。レベッカ・チョップによれば、「単語それ自体は本質的にもその人の用い方によっても固定されるものではない。むしろその文脈すなわちそれが用いられる文化的状況、それを用いる人の利害、あるしるしと他のしるしの関係が、その言葉を決定づけていく」(56)といいます。チョップの理解はまた、もし発話者の語る内容が間違っていたり虚偽であったりした場合には、それはその話者がある部分を間違って語ったというだけではなく、語られた事柄とそれを聴く側とのコンテクストが合致していないことも示唆しています。

キリスト者がジェスチャーに依存するにあたって、言語行為論は多くの点で重要なことを教えてくれます。目には見えにくく、口述コミュニケーションに関わる神経筋活動のような見えない部分までも考慮しなければならないジェスチャーは、言語行為論を理解する上でじつに重要です。言語行為というジェスチャーは、心と身体の行為であるからです。もしジェスチャーが、その人の思いが表現され、そのジェスチャーを共有する人たちのコンテクストの中で理解される身体の物理的行為（あるいはまったく計画的ではない行為も含めて）であるなら、言語行為としての遂行的発語は一つのジェスチャーであると言うことができるでしょう。

要するに、ジェスチャーには、文化人類学や言語行為論に見られるようないくつかの重要な特徴があって、本書は、それらをどのようにキリスト的ジェスチャーとして適応させていくかに取り組もうとしているわけです。私は、引き続きジェスチャーを私たちのキリスト教教育の中心に据えて議論を展開していくことにします。たとえば、さまざまな点で他の文化と同じではないものの、教会はキリストを起原とするだけで、文化を表現するジェスチャーのパターンも何も保持してはいませんでした。教会が神のこの世へのジェスチャーとなったのです。キリスト者は、単にジェスチャーを実践するだけではありません。むしろ、私たちの存在そのものが、神のジェスチャー行為となります。私たちは、神の創造的ジェスチャーゆえに存在しているのであって、神を賛美し礼拝するために創造されたのです。より広くは、キリストの御心、キリストの体、キリストの霊における私たちの心・体・霊すべてが私たちのジェスチャーであるのです。

註

（1）ジャン・カルヴァン『キリスト教綱要』第3篇、渡辺信夫訳、改訳版、新教出版社、二〇〇九年、一五八頁 (Calvin, *Institutes*, 3.20.33, p. 897)。

（2）ポール・コナートン『想起する社会』(Paul Connerton, *How Societies Remember* , New York: Cambridge Press, 1989, p. 81)。

（3）ロバート・バーロン『聖霊の人トマス・アクィナス』(Barron, *Thomas Aquinas: Spiritual Master*, p. 144)。

（4）ジャン・カルヴァン『キリスト教綱要』第3篇、一五八頁 (Calvin, *Institutes*, 3.20.33, p. 897)。

（5）『ニュー・オックスフォード・アメリカ辞典』(*New Oxford American Dictionary*, New York: Oxford Univ. Press, 2001, p. 712)。

（6）前掲書 (p. 38)。

（7）キース・トーマス『ジェスチャーの文化史』(Keith Thomas, in Jan Bremmer and Herman Roodenburg, eds., *A Cultural History of Gesture*, Ithaca, NY: Cornell Univ. Press, 1991, p. 8)。

（8）ジーン・バージス、イレーン・レツィン『ジェスチャーの模倣』(Jean Berges and Irene Lezine, *The Imitation of Gestures*, London: Spastics Society Medical Education and Information Unit in Association with William Heinemann

Medical Books, Ltd., 1965, p. 2)。

（9）前掲書 (p. 4)。

（10）ルートヴィヒ・ヴィトゲンスタイン『心理学の哲学』(Ludwig Wittgenstein, *Remarks on the Philosophy of Psychology*, Vol. I, Chicago: Univ. of Chicago Press, 1980, No. 34, p. 9e)。

（11）ジーンクロード・シュミット (Jean-Claude Schmitt, in Jan Bremmer and Herman Roodenburg, eds., p. 64)。

（12）オリバー・サックス『妻の帽子を間違えた男』(Oliver Sacks, *The Man Who Mistook His Wife for a Hat*, New York: Simon & Schuster, 1985, pp. 80–84)。

（13）この分類はデビッド・エフロンとコナートン『想起する社会』(David Efron and cited by Connerton, *How Societies Remember*, p. 81) の引用に基づく。

（14）ジョン・オースティン『言葉と行動』(Austin, *How to Do Things with Words*, Cambridge: Harvard Univ. Press, 1975, p. 76)。

（15）ドナルド・エバンス『自己属性のロジック』(Evans, *The Logic of Self-Involvement*, London: SCM, 1963, p. 3)。

（16）ウォルター・オング『言葉の存在』(Walter Ong, *The Presence of the Word*, Minneapolis: Univ. of Minnesota Press, 1981, p. 94)。

（17）モリス、コレット、マーシュ、オーシャウネシー『ジェスチャー〜その起源と拡がり』(Desmond Morris, Peter Collett, Peter Marsch, Marie O'Shaughnessy, *Gestures; Their Origin and Distribution*, New York: Stein and Day, 1979, p. xvii)。

（18）ブルース・カプファーラー「行動と意味・経験の構築」『経験の人類学』(ブルーナー、ターナー編) (Bruce Kapferer, "Performance and the Structuring of Meaning and Experience." in Edward Bruner and Victor Turner, eds., *Anthropology of Experience*, Chicago: University of Chicago Press, p. 189)。

（19）クリフォード・ジアーツ『文化の解釈』(Clifford Geertz, *Interpretation of Cultures*, New York: Basic Books, 1973, p. 6)。

（20）前掲書 (p. 44)。

（21）前掲書 (p. 47)。

（22）ブルース・スミス「南北戦争での心と扇子の微妙な関係」(Bruce Smith, "Hearts and fans are aflutter in Civil War re-enactments." *News and Observer*, Raleigh, North Carolina, Nov. 18, 1995, 9a)。

（23）カプファーラー (p. 189)。

（24）ヴィクター・ターナー『表象の人類学』(Victor Turner, *The Anthropology of Performance*, Baltimore: PAJ, 1988, pp. 8, 10)。

（25）前掲書 (p. 24)。

（26）前掲書 (p. 24)。

（27）前掲書 (p. 44)。

（28）カプファーラー (p. 192)。ポール・リクール (Ricoueur)

の視点も同様。

（29）スタンリー・フィッシュ『このクラスにテクストはありますか――解釈共同体の権威3』小林昌夫訳、みすず書房、一九九二年 (Stanley Fish, *Is There a Text in This Class?* Cambridge: Harvard Univ. Press, 1980, p. 244)。

（30）フリッツ・グラーフ「ジェスチャーと慣習」(Fritz Graf, "Gestures and conventions: the gestures of Roman actors and orators," in Bremmer and Roodenburg, p. 41) を参照のこと。

（31）ピーター・デヴリースの『子羊の血』(Peter DeVries, *Blood of the Lamb*, New York: Penguin Books, 1982) には、ドン・ワンダーホープの娘キャロルの友人で、アメリカ人のユーモアとしてのパイ投げ儀式の意味をよく理解しているオマールが登場します。「そう、パイ投げは儀式よ。あなたが自分の身を守ろうとしてするような戦いではなくて、基本的にはあなたの国スペインの闘牛みたいなものね。顔を拭くしかたもぜんぶ決まっているの。……まずは指の先でゆっくり目を掘り起こすの。そして指についたクリームを弾き飛ばして、それから顔の残りの部分のクリームを決まった順番に丁寧に拭い取っていくの……」(p. 192)。

（32）カプファーラー (p. 202)。

（33）前掲書 (p. xxi)。

（34）レオ・スタインバーグ「キリストの手の示す七つのファンクション」『芸術・創造性・神聖』(Leo Steinberg, "The Seven Functions of the Hands of Christ" in Diane Apostolos-Cappadona, ed., *Art, Creativity, and the Sacred* [New York: Crossroad Pub.Co., 1984], pp. 37–63)。

（35）『タイム』誌は、ラビン首相暗殺の直後に発行した号で、ラビン首相とアラファト議長のこの握手を、「語り合う」ジェスチャー以上のもの、と記事にしました。

（36）ハーマン・ローデンバーグ「友情を結ぶ手」『ジェスチャーの文化史』(Herman Roodenburg, "The Hand of Friendship," in *A Cultural History of Gesture*, pp. 174, 178)。

（37）キース・トーマス (Keith Thomas, in *A Cultural History of Gesture*, p. 4)。

（38）ヨーダー『社会を動かす礼拝共同体』(Yoder, *Body Politics*, p. viii)。

（39）トーマス (Thomas, p. 8)。

（40）ヴィトゲンスタイン『心理学の哲学』(Wittgenstein, *Remarks on the Philosophy of Psychology*, Vol. I, Nos. 34, 284, 635)。

（41）スタンリー・ハワーワス「真理の物語のジェスチャー」(Stanley Hauerwas, "Gesture of a Truthful Story." *Theology Today*, Vol. 42, No. 2, July 1985, p. 186)。

（42）このコメントはフィリップ・ファータイカー『教会の学び』(Phillip Pfatteicher, *School of the Church*, Valley Forge: Trinity Press International, 1995, p. 23) からの引用。

（43）リチャード・ブラックマー『ジェスチャーとしての言語』(Richard Blackmur, *Language as Gesture*, New York: Harcourt, Brace, and Co., 1952, p. 3)。

(44) 前掲書 (p. 5)。

(45) ジョージ・ハーバート・ミード『精神・自我・社会』稲葉・滝沢・中野訳、青木書店、一九七三年 (George Herbert Mead, *Mind, Self and Society*, Vol. 1, Chicago: University of Chicago Press, 1934, p. 15)。

(46) 前掲書 (p. 14)。

(47) クリストファー・フライ「劇作家の語り」(Christopher Fry, "A Playwright Speaks," *Parabola*, Vol. 20, No. 3, August 1995, p. 61)。

(48) スコット・モマデイ「矢づくりの主人の物語」(Scott Momaday, "The Story of the Arrowmaker," *Parabola*, Vol. 20, No. 3, August 1995, p. 21)。

(49) ニコラス・ウォルターストーフ「存在ではなく行動——カルヴァンのサクラメント理解——」(Nicholas Wolterstorff, "Not Presence but Action: Calvin on Sacraments," *Perspectives*, Vol. 9, No. 3, March 1994, p. 18)。

(50) J・L・オースティン『言語と行為』坂本百大訳、大修館書店、一九七八年 (J. L. Austin, *How to Do Things with Words*, Cambridge: Harvard University Press, 1975, p. 5)。

(51) 前掲書 (p. 6)。

(52) スタンリー・フィッシュ『このクラスにテクストはありますか』(Fish, Is There a Text in This Class? pp. 198–199)。

(53) 前掲書 (p. 241)。神学者ジェームズ・マクレンドンとジェームズ・スミスは、言語行為論は以下の条件が満たされている必要があると書いています。第一に、話し手と聞き手が共通言語をもっているという前段条件、話し手の側に言葉にしたり要求したりする何かがあり、求めることを文章化できるという基本的条件、その求めが厳正なものであるという中心的・叙述的条件、そして、話し手が自分の要求するものが達成されることを期待するという情緒的・心理的条件です。「中心的条件と情緒的条件は、言語に関する基本的条件が満たされた言語の中で自由に語られる事柄を有意義なものにしていきます」。ジェームズ・マクレンドン、ジェームズ・スミス『宗教的信念の理解』(James McClendon and James Smith, *Understanding Religious Convictions*, Notre Dame: University of Notre Dame Press, 1975, pp. 59, 63) を参照。

(54) ジョン・ロジャース・サール『言語哲学についての一考察』(J. R. Searle, *An Essay on the Philosophy of Language*, Cambridge: University of Cambridge Press, 1969, p. 16)。

(55) テレンス・テイリー『神義論における悪』(Terrence Tilley, *The Evils of Theodicy*, Washington, DC: Georgetown University Press, 1991, p. 19)。

(56) ティレイ (p. 31) からの引用。

第四章　キリストの体のキリスト的ジェスチャー

体の動きは万民共通の自然の言語であって、この言語は、顔つき、目つき、その他四肢の動き、音声のひびきからできていて、ものを求め、手に入れ、斥け避けようとする心の動きを示すものである。

アウグスティヌス[1]

小さなジェスチャーがより大きな真理を現していく。

ビル・モリソン[2]

私たちが今日用いるジェスチャーは、固定的なものではなく、私たちの人生の展開の中で自由に創作され創造されていくものです。逆のことも言えます。キリスト者によって実践されているジェスチャーはすべて教会、すなわちキリストの体に属します。多くのジェスチャーはその起源は古く、聖書に記されているように初代教会時代から実践されているもの、たとえばユーカリスト（Ⅰコリント11章）や詩編の賛美（コロサイ3章）などがあります。聖なる口づけなど、すべてのキリスト者の間で今日広く実践されていないものもあります。そのほかキリストの十字架の前で一礼したり片膝をついたり、あるいは告白や祈祷の際に跪いたりするジェスチャーなどは、教会の伝統的遺産として生み出されてきました。また教派や教区の伝統の中で、独自の神学的性格を帯びたジェスチャーが生み出されてきたケースもあります。

ジョージ・リンドベックは、教会の中で演じられるそのようなジェスチャーの実践を次のようによんでいます。

包括的解釈学的体系（comprehensive interpretive schemes）。通常、神話や物語のなかで形づくられ、儀式と深く結びつき、自己と世界について人間の経験と理解を構築しているもの。[3]

ジェスチャーは解釈学体系のなかの一部であって、生命と思考の全体を形づくる文化的および言語的な枠組みによって構成され再構成される共同体における一つの現象だということができます。つまり、この構成的な行為は、推論的な語彙または言語学的記号によって、またその語彙が特有の文法のなかに、意味あるしかたで配置されることによって生起してくるものです(4)。

私たちが用いるジェスチャーの固有の文法は、私たちキリスト者の間では自明のことです。私たちのキリスト的ジェスチャーは、キリスト者として演じられるときにのみ理解され、教会の外では理解されないという点で特徴的です。私たちはキリスト者ですから、さまざまな社会集団にいる他の人々とは異なるジェスチャーを異なるタイミングで体現していきます。たとえば、私たちの慈愛や平和のジェスチャーは教会の中で学ばれ演じられるものであって、他の宗教団体や世俗世界の慈善活動や平和活動といくつかの点で似ているかもしれませんが、同じことをしているわけではありません。私たちはその違いを教会で学んでいきます。私たちは、どのように神と他者と向き合うとよいのかというジェスチャーの文法を教会において学んでいるのです。キリストの体は、その体の共通の善のために私たちが演じるジェスチャーをすべて決定していく権威をもった体ということができます。

教会は、会衆のジェスチャーのなかに教義、信条、告白、天体物語、神話、倫理的教えなどを形づくりながら、神の啓示の生ける場となっていく人々を形成していくのです。学生のルエル・タイソン、ジェームズ・ピーコック、ダニエル・パターソンは、とくにアメリカ南部の教会を調査して、教会のそうしたジェスチャー言語を丁寧に分類してくれました。

目を閉じて両手を高く上げる……説教者が胸元に聖書を抱える……「神を賛美せよ」「主イエスよ、感謝します」の唱和、連呼……ほころんだ顔と体の揺さぶり……快活な太鼓と足踏みの音……沈黙の響き(5)。

タイソン、ピーコック、パターソンは共に、教派や神学的伝統よりも遥かに以前に、生活の基本的なかたちとなるジェスチャーの集合体としてこの世の最初の「宗教」が現れ出たに違いないと言っています。個人の良心や魂の状況よりも前から、人々が信条箇条を告白するようになるよりもずっと以前から、ジェスチャーは、個々に用いられ、具現化され、会衆の文化に埋め込まれていったのであり、ジェスチャー言語の上に宗教が表出してきたのです。ジェスチャーは、信条や祭儀から分離されることはありません。ジェスチャーは、信仰の内容と礼拝祭儀の両方を含んでいるのです。信徒たちが黙想するときには、「信仰」と「儀式」を織り交ぜたかたちでジェスチャーが構成されます。[6] キリスト者の集まっている中で私たちがキリスト者としてジェスチャーを用いることにより、人々が、私たちの信仰をとおしてイエス・キリストを見て、聞いて、触れて、そして動かされるようになっていくのです。

前章では、基本的に、ジェスチャーによって身体と思考が結びついていくことに焦点を当ててみました。今度は、臨在する聖霊により注目しつつ、教会の慣習のなかのどこで私たちがこのキリスト的ジェスチャーの抱える大きな状況を証ししていくのかという課題に取り組んでみたいと思います。カール・バルトの『福音主義神学入門』は、この試みの大きな助けになります。なぜなら彼は、私たちプロテスタントとカトリックが共有する神学の連続性と統一性を強調しながら、「福音の神」は実際の教会の実践のただ中におられるのだという、教会の「公同性」について論じているからです。[7]

この場合の神学とは、（中略）福音の神を、神ご自身によって指し示された方法によって知覚し、理解し、言い表すことを問題にする。（中略）福音の神とはすなわち、福音において自己を告げ、みずから人間に語り、人間の間で、人間に対して行為する神である。[8]

バルトは、教会のコンテクストこそが偉大な神学研究の場であると考えました。私は、バルトのこの教会の神学的使命のパターンを、ルーブリックの鍵あるいは習慣の法則として用いていくことにします。そうすることによって、私たちのジェスチャーにおける聖霊の習慣は、身体や思考の習慣よりも明瞭に現れ出てくることでしょう。[9]

キリストの体を包括するジェスチャー

バルトは言います。神の言葉（すなわちイエス・キリスト）は、

神の言葉がもともと目指していたこの世界に向かって告げ知らされる。教会は、信仰へと、そしてそれによって直ちに第二番目の証人としてこの世における言葉の証しをなすために召され、目覚めさせられた人間たちの集まりである。[10]

バルトは続けます。

教会は「信じる者の集まり」であり、それゆえにそのまま「証人の連合体」でもあることによって「聖徒の交わり」なのである。この証人たちは、自分たちが信じているからこそ、その信じているということによって、再び語ることを許され、再び語らざるを得ないのである。教会が語るのは言葉のみによるのではない。教会は、この世の中に自分が現実に存在するということによって既に語っている。――またこの世の諸問題に対する教会固有の態度によっても語る。――また特に、この世にあって、そこなわれた、弱い、困窮するすべての人々への黙々たる奉仕によっても語る。最後には、単純に、この世のために祈るということによっても語る。教会がこれらすべてのことをするのは、教会自身が神の言葉によって、このことのために召されているからにほかならない。[11]

もし語ることが一つのジェスチャーであるなら、神は、字義的にも比喩的にも、私たちのなかに宿った生ける神の御言葉であるイエス・キリストの実態としての教会において語るわけで、それは、教会の存在自体が神の重要なジェスチャーであるということになります。私はすでに第一部において、キリストに属する者が、人生の旅路の共通目的地である神の支配する世界をめざしつつ、互いにこの固有の生きかたをすることによって、キリストの体そのものが、ある特殊なポリスを具現化するものとなることを示唆しました。そして、そこでは平和や慈愛のような「その重要性にほとんど気づかないほどにキリスト者の間で共有されている」特別なジェスチャーが演じられていきます。[12]ここからは、私たちがキリスト者として演じる共通したいくつかのジェスチャー、とくにキリストの体のできるだけ異なる賜物や奉仕のジェスチャーを取り上げて、それらについて考察していくことにしましょう。

キリストの体の一致のために演じられる共通のジェスチャー

私たちの多くの物語がキリストの体にあって一つであることを表すためには、神の物語の中心にある、あらゆる共通したジェスチャーを学んで実践していくことが重要です。その共通のジェスチャーは、たとえ礼拝が私たちの中心に位置づけられているのだとしても、日曜日の朝や聖なる日々に一緒に礼拝するときにだけ演じられるものではありません。私たちは、私たちの生活のあらゆる状況のなかで、キリスト者としての固有のジェスチャーを演じ、その複雑さについての理解を深めていく必要があります。たとえば、私たちは、教会が見知らぬ人に対してキリスト教的な友愛の手を差し伸べるときにも、ある人たちが信頼を損なうような行為に直面するような場面でその教えを実践するときにも、同じように、それがキリストの体のためなのかどうかを知覚している必要があります。

この章で強調しようとする最初の課題は、私たちがキリスト者として共有している共通のジェスチャーの一体何が中心なのかを再発見し、それを再利用していく必要性についてです。では共通のジェスチャーとはいったい何でしょう。第一部でローマの信徒への手紙12章に焦点を当ててキリストの体について議論してきたことを踏まえて、私はここでは、ローマの信徒への手紙12章9—21節に見られる教会のジェスチャー、すなわちこの世において私たちを導く教会という「学校（学び舎）」において生涯にわたって私たちが学び実践していくいくつかのジェスチャーを取り上げていくことにします。

「愛には偽りがあってはなりません。悪を憎み、善から離れず、兄弟愛をもって互いに愛し、尊敬をもって互いに相手を優れた者と思いなさい。怠らず励み、霊に燃えて、主に仕えなさい。希望をもって喜び、苦難を耐え忍び、たゆまず祈りなさい」（ローマ12・9—12）。

ゲハルト・ローフィンクは、書簡のなかの次のような命題を列挙しています。「あなたがたも互いに相手を受け入れる」（ローマ15・7）、「聖なる口づけによって互いに挨拶を交わす」（ローマ16・16）、「互いに待ち合せる」（Ⅰコリント11・33）、「互いに配慮し合う」（Ⅰコリント12・25）、「互いに仕える」（ガラテヤ5・13）、「互いに重荷を担う」（ガラテヤ6・2）、「互いに励まし合う」（Ⅰテサロニケ5・11）。すべてをリストアップしてあるわけではないことを認識しつつも、ローフィンクは、この新約の教会の中に、〔互いに〕という豊かなテーマがあったことを指摘するのです。私たちが、互いに責任を負いながら生きていることをこの世全体に見せていくのは、互いにキリストの体の共通した善の説明責任を負うことなのであって、パウロにとっては、これがこの体の明白で重要なしるしでした。[13] しかしながら、この一致した共通善の中心にいるのはキリストにほかならず、キリストにおいてということが、これらリストアップされたものよりも重要になっていきます——この贖いの共同体の外の人たちとって、より特徴的なものになっていきます。こうしたジェスチャーを学んでいくときに大事なのは、キリストの体にいる他の人たちや私たちの周りの世に対して、個人的にも社会的にもインパクトのあるジェスチャーを作り上げていくことです。多様なジェスチャーの受け手を想定することは、私たちが日常生活の中で、どのジェスチャーを、いつ、何の目的で用いていくのかを学ぶプロセスとなっていきます。

　先に取り上げたローフィンクのリストには、キリストの体のすべてのメンバーが演ずべき、あるいは演じることのできるジェスチャーが集められています。ハーバート・マッケイブ神父は、ジェスチャーは、信仰、希望、愛のような私たちと神との間で結実させる親密な関係と、正義、勇気、自己抑制のような私たちと人々との間での友愛関係を結実させるいくつかの主だった美徳、そしてそのための優れた感覚を体現するものだと言います。マッケイブは、すべての美徳には、「確立された性癖」あるいは習癖といったものや、「実践して身につける」または私たちの聞き慣れた言葉を使うなら「演じられる《パフォームド》ジェスチャー」というものがあり、私たちはそれらを教会文化の美徳を培うために追究したり学んだりしているのだときっぱりと述べています。[14]

　たとえば、信仰を考えてみましょう。私たちは、神とともに生きる恵みをとおして獲得する信仰の賜物により依拠しながら人生を歩み、それらを育んでいかなければなりません。それは、祈るというジェスチャー、人生において明らかにされる神の業を活かしていこうとするジェスチャー、御言葉を読み、御言葉に聴くというジェスチャー、そして礼拝におけるその他のジェスチャーを演じようとする信仰によって可能となるものです。私たちは希望を実践していきます。それは、私たちが真剣に祈り、「私たちが神の計画に応答し、連なることによって、神によって与えられ獲得させせられるもの」[15]です。祈るときに唇が動いているかどうかは必ずしも大事なことではありません。身体の小さな動きが祈りになっていくこともあり、祈りはそのコンテクストやその人の考えに従って捧げられていけばよいでしょう。

　私たちの日常生活のなかでは、ジェスチャーはどのように実践されているでしょうか。コロサイの信徒たちの「クリスチャン家庭のルール」を見てみましょう。

「子供たち、どんなことについても両親に従いなさい。それは主に喜ばれることです。父親たち、子供をいらだたせてはならない。いじけるといけないからです。（中略）時をよく用い、外部の人に対して賢くふるまいなさい。いつも、塩で味付けされた快い言葉で語りなさい。そうすれば、一人一人にどう答えるべきかが分かるでしょう」（コロサイ3・20―21、4・5―6）。

この箇所は、私たちがどのジェスチャーを、いつ、どのように他者との間で実践すべきかだけではなく、なぜ私たちが教会において兄弟姉妹である他者と互いにそれをおこなうのかが同じくらい重要であって、一つの「行動規範」を確立させようとしています。これらの聖句から引き出される問いは、人はどうしたらそれらすべてを実行できるのかということです。優れているのは、これらのジェスチャーは、あるときは相互の間で――キリストの名のもとにであったり、あるいは相手のことを考えたりして――実行され、あるときは、そのジェスチャーを実行できないときには他の誰かによってそれが実行されるということです。なぜ私たちは、他者のためにジェスチャーをおこなうことができ、私たちに代わって他者にジェスチャーをさせたりすることができるのでしょうか。それは、私たちがキリストの体であるからです。私たちはそうしたジェスチャーを独りで学ぶことはできませんし、自分のためにそれらをおこなうこともしません。私たちがこれらを共に実践していくのは、私たちが教会になるようにと召されているからに他ならないのです。キリストの教会である私たちは、私たちを創造したおかたが誰であるかをこの世に理解してもらうための筋道を準備していきます。私たちは、私たちを贖ったのが誰なのかを知っています。天地を創造されたかたのジェスチャーが、私たちを創造したのです。キリストの体のジェスチャーは、ダイナミックに動き続けます。これは私たちの内から出てくる行動ではないのです。教会は、神の時カイロスを生きているのであって、神の霊の推進力によって動かされ、神の物語をとおしてジェスチャーやその動きが物語られています。この体は、キリストの体として動くのでなければ、やせ衰えはしないにせよ、それは大きな不一致と軋轢が充満していくか、無気力症候群に陥ってしまうことでしょう。

キリストの体のさまざまな賜物のための異なるジェスチャー

共通に私たちが学び、知り、実践すべきジェスチャーがある一方で、キリストの体にはさまざまな賜物と奉仕のための異なるジェスチャーもあります。パウロはローマの信徒への手紙において、一つの体であること、そしてこの一つの体には「互いに」結ばれている多くの部分があると言います（ローマ12・5）。「それぞれの部分が互いに」実践するようにと召されている共通のジェスチャーとともに、私たちはまた、神が私たちを形づくられたときに、一人ひとり別々に授けられた恵みの賜物の尺度に従って、より専門的なあるいは特別なジェスチャーを実践するようにも召されています。「あなたは、わたしの内臓を造り、母の胎内にわたしを組み立ててくださった。わたしはあなたに感謝をささげる。わたしは恐ろしい力によって、驚くべきものに造り上げられている。御業がどんなに驚くべきものか、わたしの魂はよく知っている。」（詩139・13、14）

パウロは、体の中には異なる役割を果たすための異なった神の恵みの「賜物」があることを、ローマの信徒への手紙全体を通じて書き記します。

「預言の賜物を受けていれば、信仰に応じて預言し、奉仕の賜物を受けていれば、奉仕に専念しなさい。また、教える人は教えに、勧める人は勧めに精を出しなさい。施しをする人は惜しまず施し、指導する人は熱心に指導し、慈善を行う人は快く行いなさい。」（ローマ12・6―8）

コリントの信徒への手紙一12章4―11節とエフェソの信徒への手紙4章11―13節に記されている賜物のリストも、これと似ています。パウロ書簡においては、これらの神の賜物と奉仕は、神の約束を「善きものにする」ジェスチャーと連動させることによって、キリスト者の共同体のなかでより明らかにされていきます。[16] 私たちが実践する共通のジェスチャーの裏で、私たちは「キリストの体を造り上げる」（エフェソ4・12）ための場所と機能を指し示すジェスチャーを演じることも実践していきます。そのようにして、私たち、そして私たちよりも前に生きた聖なる者たちは、しっかりとキリストの宣教の働きの備えをしてきたのです。

このことをより詳細に説明するには、第一に、この体においてはすべてのメンバーが同じ役割または機能を担っているわけではなく、「与えられた恵みによって」（ローマ12・

4、6）、それぞれに体の中で異なる賜物が与えられていることを理解しておくことが肝要です。私は、聖霊の賜物リストを教会全体がもっと真剣に受けとめて、私たちの教育の目的と方法を理解し、私たちが教育する理由、すなわち、なぜ私たちがキリストを建てていくのかにしっかり目を留めて見ていくことを提案したいと思います。ここではキリストの体について、二つのことに言及しておきましょう。一つは、私たちは、通常、共通した善きものをめざすことによって希望の保証を得んがために、キリストの体を建て上げるためのジェスチャーを学んでいくということです。それによって、私たちすべてが「より優れたしかたで」互いに生きるようになっていくのです。もう一つは、私たちは、体を善くしていくために、聖霊によって一人ひとりが創造され召されたのですから、私たちはある特定の活動や奉仕にかかわる多くの個別のジェスチャーも学んでいきます。教える人、勧める人、奉仕をする人は、それぞれ特別なジェスチャーを演じていきます。使徒、癒す人、知恵の賜物を与えられている人、知識の賜物を授かっている人も――神の恵みの賜物を演じる特別なジェスチャーがそれぞれに与えられているのです。

第二に、私たちは神から与えられた賜物を発見していくときに、見分けるプロセスの重要性も忘れてはなりません。与えられたこの召しが、どこから出たもので、どの方向の、どのような内容のものか、そしてどのように応答すべきかを理解していくためには、見分ける識別の賜物が必要です。「聾者」「盲人」や他者の助けなくしては神の召命を受け取ることの困難な人たちのことも配慮していく必要があります。[17]これらのキリストの一つの体として共に生きることを実践するためのジェスチャーを伴った賜物を識別しようとするときには、私たちのジェスチャーは、聖霊から受け取った賜物と、神を礼拝することに付随して実践される賜物の、二つのカテゴリーに分類することができます。

第三に、使徒言行録14章27節に、バルナバとパウロがアンティオケアに到着すると、彼らは「すぐ教会の人々を集めて、神が自分たちと共にいて行われたすべてのことと、異邦人に信仰を開いてくださったことを報告した」とあります。他の恵みの賜物を与えられた人たちのなかにいたとしても、個々のメンバーのジェスチャーは学習されていきます。ジェスチャーを形づくるために受け取った賜物を実践していくのは、それがわかりやすかったりわかり難かったりすることはあるのですが、私たち一人ひとりは、賜物を感謝のうちに学び、成熟させ、深めていかなければなりません。私たちは、つねに教えられることを必要としている人たちの中にいる必要があるでしょう。ジェスチャーをどのように演じ、どのように具現化するのかという伝統を若者に伝えるのは、それをすでに知っている年配者の責任です。その実践が、簡単なことや基本的なことから、より複雑で入り組んだものへと移行させていきます。

第四に、ジェスチャーのユニークさと、ジェスチャーがいかに恵みで満たされ、恵みによってインスピレーションを受けているかについて、人々の間でしっかりと説明されていく必要があります。「すべてが一つの部分になってしまったら、どこに体というものがあるでしょう」（Ⅰコリント12・19）というパウロの言葉があります。教会の中の、しばしばカオスを巻き起こすような自己満足や「混乱」のなかにあって、私たちの賜物とそれに伴うジェスチャーがどのようにキリストの体の神秘的な唯一性のなかに合致していくのか、私たちはそこにかすかな光を見出していくことから始めていきたいと思います。

礼拝に見るジェスチャー

エルンスト・ゴンブリッヒは、祈り、挨拶、葬儀の際の喪の服し方、教え、歓喜といった典礼的なジェスチャーは、礼拝に来た人たちには、最初はまず芸術的に表現されたものとして捉えられていくと述べています。[18] バルトは、「この真理問題は（中略）教会とその信仰を基礎づけている神の言葉から提起される」[19]と言って、御言葉とサクラメントに仕える伝道者たちが、人々が一緒に集まって礼拝するときにキリスト者の共同体の歩みのなかのどこに危機が潜んでいるのかを理解しておくことが大事だといいます。礼拝において私たちは――誘惑に陥らないために――共に聖書を読み、神の言葉に直接ふれ、教義、信条、信仰告白を唱え、そして祈りの習慣を実践していきます。バルトは、神学は神の共同体の礼拝から切り離されたところに仕えているのではなく、むしろキリスト者がともに礼拝する中で神学は受肉することを主張しました。「神学は教会の中で、教会になされる奉仕で、したがってまた教会の伝承に由来するものなのである」[20]。

私たちが神の民としてともに礼拝するときに、キリストの共同体の伝統はもっとも美しく表されます。比喩的に言うなら、神の業と御言葉によって窓が開けられていくと理解してもよいでしょう。[21] 神を礼拝するという行為にあずかるとき、その礼拝式をとおして私たちは、単にそこでキリスト教信仰のジェスチャーが示されたというのではなく、信仰に満たされたジェスチャーの実践が私たちを支えていることに、もっともよく気づかされていくはずです。興味深いのは、「祭儀」という単語の定義の多くには、「ジェスチャー」という語がしばしば用いられていることです。たとえば「祭儀とは、社会における身体的な動きやジェスチャーを用いて意味を表現し明瞭にする象徴的様式のこと」[22]、あるいは「祭儀とは、非散文的なジェスチャーの様式。ある集団がその価値観と必要性に伴って感情やその神秘性を表現するために一定の作法・形式で執り行われる行事」[23]といった定義があります。

　教会にとっては、典礼は神の民の務めと賛美として理解されます。神は、人性と神性をもつ復活したキリストをとおして、人々のなかで自由に働きます。ジーン・コルボンは、典礼は、受肉と死と復活によって、私たちの体が堕落しやすいことを知らせ、自覚させていく、と述べています。[24] 典礼には、教会の「働き」における神の民の儀式的な行為が含まれます。[25] キリスト教のそれぞれの教派には、礼拝の目的を成就させるための独自のやりかた、独自の物語の実践方法があります。[26] たとえば、長老教会では次のように信じています。

> 礼拝は教会生活の生命線です。教会のありとあらゆることがらは礼拝に根ざしています。神の招きによって集められた信仰共同体は、礼拝のなかで形成されていきます。礼拝は、私たちの信仰の成長にもっとも大きな影響を与え、私たちの信仰をもっとも見えるかたちで表現する方法です。[27]

礼拝の中心は、命の源泉でありこの世で教会が神に仕えるときの力であるキリストの臨在を信じる信仰です。教会では、神の民の伝統と神学に基づいた祭儀を具現化するために、礼拝のなかでジェスチャーが用いられます。礼拝は、キリストの体のジェスチャーの教育の場なのです。キャサリン・ノリスが次のように述べています。

> 典礼において、われわれは、われわれに告げ知らされたことがらを実行し、それを自らのものにしようとして、偉大な

> る神秘に応答していきます。また、典礼の演技的側面を考慮に入れつつも、参与する人々の真剣な態度や思い、そして典礼がそれらの人々に深い影響を及ぼしていくことを、われわれはよく認識しておく必要があります。修道士にとって典礼に参与することは、人生の回心を意味します。その深い満足感を通して、永遠の平和の感覚を身につけていくのです。（中略）典礼は日々の出来事、日毎の日課でなければなりません。彼らはサークルを作ってそれを実行し、子どもが大好きな物語をくり返し読んでほしいとせがむように、同じ言葉を何度もくり返して歌い、語り、聴き、繋いでいくことが求められていきます[28]。

礼拝は、私たちが他の人々とともに、祈りのジェスチャーで神を賛美する時間と場所であって、私たちにとって、ジェスチャーを学び、知っているジェスチャーも、そうでないジェスチャーも練習していくジェスチャーの「温室」「実験室」なのです。自分の子どもたちや他の子どもたちが礼拝する姿を見ていると、彼らが大人の祈りや歌を模倣し、会衆と一緒になって新しいジェスチャーにチャレンジしていく様子に気づかされます。ゆっくりとしかし確実に、彼らは私たちのキリスト的ジェスチャーのコツを掴んでいきます。典礼は、キリスト的ジェスチャーを演じることを教え学ぶ手段でもあります。フィリップ・ファータイカーによれば、典礼の言語とジェスチャーは新しい状況を生成するといいます。

> 典礼には、神のわれわれへの奉仕とわれわれの神への奉仕の両面があり、しるしと音、言葉と行為を結合させながら聖なる奉仕の道を構成していく。したがって典礼の言語は、感受性が高く官能的な言葉としるしによって構成されていくのである。とりわけ典礼の言葉は、能動的で実技的な言葉であって、単に現実の状況を説明したり関与したりするだけではなく、それらは新しい状況を作り出していく言葉となっていく[29]。

ジェスチャーは必ずしも言葉を伴う必要はありません。それ自身が何かを宣言しているのです。典礼においては、ローマ・カトリック教会や聖公会がおこなう十字架の前や聖壇の前で頭を下げるといった小さな動きも、奉献の際の聖霊の助けを求める祈りも、ジェスチャーは、見える人には目に見える力強い言語となっていきます。ジェスチャーを目にした人々は、「その所作が示す意味を読み取ることができなければなりません。そうした行為が時間とエネルギーの無駄だとは考えずに、誠実さをもって、表現された所作の内側に秘められている感覚を見抜いていかなければなりません」[30]。礼拝に人々が集まること自体が、キリスト者共同体のジェスチャーとしてもっともよい実例と言えましょう。「私たちは、水と聖書とパンとぶどう酒とともに典礼をするために、多様なところから集められてきた民」[31]であるのです。

ファータイカーは、礼拝でジェスチャー行為の実践が少ないと、語るという行為において話し言葉の活力を奪ってしまう危険性があると言います。彼は、「典礼の実践という点で、印刷された文字文章に依存するのは、語るという行為を生きたかたちで経験する妨げとなる」[32]と述べて、印刷された文字文章に依存しすぎている教会のことも危惧します。

ハワーワスは、礼拝とキリスト教社会倫理はいずれもジェスチャーであると提起します。

> ジェスチャーがその価値と重要性が維持されて体現されていくのだとしたら、人生においてジェスチャー以上に重要なものはない。ジェスチャーを通しわれわれは、世界を創造し形づくっていく。ジェスチャーを通しわれわれは、互いに関係性をつくって共通した使命を分かち合っていく。ジェスチャーを通してわれわれは、コミュニケーションを図ってこの世の限界について互いに学んでいくのである。[33]

キリスト者は、教会の典礼をとおして、自らの、歪んだ生活、キリスト者の生きかたに対する誤った認識、個人主義的ナルシシズム的な生きかた、そして自己認識を改めて、社会的行動への接点をもっていくようになるのであって、それによって、私たちは神の物語によって聞いて、見て、動かされるようになっていくのです。教会の典礼では、私たちはともに集まって祈りを捧げ、神と人々の前におかした罪を告白し、贖いの恵みを求めて神を賛美し、神の言葉が宣言され説き明かされるのを聴き、聖礼典のジェスチャーを目にし、主を愛し奉仕するためにこの世へと送り出されるために全能者の祝福を受けつつ、私たちは自分のためではなく神の民のためのジェスチャーの実践へと押し出されていきます[34]。

プロテスタント教会のあらゆる教派も、教派に属さない教会も、ローマ・カトリック教会、ギリシア・東方正教会、そのほかのいずれのキリスト者の共同体も独自の礼拝のしかたをもっていて、キリスト教の各教派の個性と相違点も見出すことができます。たとえば、アメリカの長老派教会では、礼拝式順の中心部分に説教がくるようになっています。聖公会やローマ・カトリック教会、ギリシア・東方正教会の共同体では、聖礼典が礼拝の最中心なので、毎日ではないにせよ毎週、ユーカリストが執行されていきます。ペンテコステ派や他のカリスマ的ないくつかの教会では、身体的な身振り手振りがよりはっきりと礼拝生活の中に位置づけられていますが、改革派教会、アナバプテスト派、クエーカー派の伝統においては、身体的な動きはあまり見られません。私たちは、典礼の言葉や所作やジェスチャーの実践をとおして、典礼におけるまことの霊性の実態を形づくっていきます。ゲーテがこう言っています。

　われわれはあらゆる新しい状況においては、その実態を把握して善き見通しを立てられるようになるまでは、まるで子どものように同じことを何度も最初からくり返し、物事や出来事のなかの情熱的な関心を培い、外からの称賛を得ようとしていく。[35]

バルサザール・フィッシャーは、教区の礼拝生活の中で用いられているいくつかのジェスチャーが、古代ローマ時代の典礼に則っていることに着目しています。フィッシャーは、ゲーテと同様に、所作や言葉やジェスチャーの実践によって、私たちはキリスト者としての生活の実態を把握し、善き見通しを立てていくと確信しています。それが神からの恵みの賜物なのだといいます（ヨハネ6・44）。[36]フィッシャーは、ジェスチャーの一つとして行われる十字を切る所作が含有するその意味について説明します。それは三世紀にまで遡り、母親が子どもたちに、「私の子よ。あなたはバプテスマを受けています。あなたを受け入れてくださったおかたが、ずっとあなたを守ってくださいますように」という意味を込めてその額に十字を切ったことがその起源と言われます。[37]聖餐式にあずかるときに、手を合わせて祈っているその手を司祭が解いてあげるという「祈祷の古いジェスチャー」は、それ自体が、私たちの空の手を神の前に差し出しながら、「私の空の手を賜物で満たしてくださるおかたにすべてをお任せしなさい」[38]と語られる一つの説教だといいます。私たちがキリストの体を受け取るときに右手の上に左手をのせるのも、千六百年来行われてきたジェスチャーの実践です。

それは、手で王座を形づくって、そこに天の王に座してもらうというもので、右の手で王座の台座部分を、そして左の手で王座を形づくっていく。（中略）ユーカリストを司る司祭があなたのもとに来て言う。「見よ、あなたの王がおいでになる！」するとあなたは次のように応えます。「はい、私はこの手で彼の王座をつくりました。私の小さな祭壇です」[39]。

典礼自体は、通常、「礼拝堂」とよばれる物理的構造をもった建物の中で執行されますが、礼拝堂もまたイエス・キリストを賛美する神の民の愛のジェスチャーです。たとえば教会の尖塔は、大きすぎて重くのしかかってくるようなものもありますが、重量感をまったく感じさせないほどに、空に放たれる矢のごとくいと高きかたを指し示すものもあります[40]。ヨーロッパのゴッシック様式の大聖堂の多くは、人々の敬意のジェスチャー、その村や町や都市の人々に与えられた豊かな恩寵への感謝と畏敬のジェスチャーとして建築されました。それらの大聖堂やチャペルは神の民の信仰のジェスチャーなのであって、大聖堂の外壁や内側の聖なる空間には、王、王女、預言者、士師ら、そして聖家族の精巧な石の彫像が取り囲んでいます。そそり立つ控え壁（バットレス）、そびえ立つ尖塔、重厚な入口の扉、十字架の型に設計された礼拝堂全体、まるで宝石がちりばめられているかのようなステンドグラスの窓——これらすべてが聖書の物語を抱いています。教会の屋根の際のところに据えられている怪物のような怖い姿のガーコイル像さえも、教会堂の内側を外の悪魔から守る役割を果たしていて、これもまた神の民のジェスチャーと言えるでしょう。多くの学者たちは、ドイツのケルンのものからイギリスのリンカーン大聖堂まで、これらの大聖堂を、石に彫られた福音とよびました[41]。

レンガや石、木材、粘土、泥、ガラス、いずれの建物であっても、私たちが神を礼拝しようとするとき、私たちの礼拝は身体的パターンやジェスチャーの習慣によってしばしば導かれていきます。このような礼拝のジェスチャーは、礼拝における自分の位置を知る助けとなります。自分以外の何かを賛美するという、ほとんど不自然な行為へと私たちを目覚めさせてくれるからです。古代からあるものもそれほど古くないものも含めて、キリストをモデルとしたジェスチャーの不協和音が激しく撹拌され、神の物語が複雑なしかたで描写されていき、それらをキリスト者がくり返し実践することをとおして、私たちは、神の民であることの聖なる意味を、聖霊によって、骨の髄まで深く思い知らされていくのです。

神の民の祈りに見るジェスチャー

カール・バルトは次のように言います。「神学作業の第一にしてしかもその基礎付けとなる行為は、祈りである。（中略）『祈りて働け』（Ora et labora!）――これが神学のことだというなら、それはいつでもあてはまることである――祈ることをもって始め、働くことを遂行する間に、ついでに祈らなければならないのだ、というばかりではない。むしろ働くこと自体が、そのままにその核心においては祈ること、つまり、その諸次元・諸関係・諸運動において、一種の祈りとしての様式と意味を持つような行為でなければならないのである」[42]。

働くことの次元と、神と神の民との関係性としての祈りは、私たちが教えられ、また実践しなければならないジェスチャーであって、それは神の民のコンテクストの中で学ばれるものです。ハワーワスが次のように述べています。

> もし祈ることを学ぼうとするのなら、身のかがめ方をよく知らなければならない。祈りのジャスチャーと姿勢を学ぶことは、祈りを学ぶことと分離することはできない。ジェスチャーもまさに祈りなのである[43]。

祈祷の際の手のことについても考えてみましょう。ロマーノ・グアルディーニは、手を合わせて祈ることについて次のように言います。

> それは堅固な支配、徹底した忠誠を示している。それは、謙虚さの表れであり、私たちの心を丁寧に伝える用意があり、注意を払って神の言葉を聞こうとする姿勢である。われわれは、祈りを偶像の前における形ばかりの演技にしてしまってはならない。そうではなく、祈りがわれわれに語り掛けてくる。そうすることによって体は神に向かって、魂とは何かを真に尋ねることができるのである[44]。

ジェスチャーとしての祈りの例として、スーザン・ライマーが家族でカリフォルニアのカトリック・ミッション・プログラムに参加したときにこんなことがあったといいます。彼女の父親は背が高くて、いつも低い扉をくぐるときには頭を下げなければなりませんでした。いつもそうすることに嫌気がさして、ガイドに、彼は戸口がそうしてそんなに低いのかと尋ねました。そのガイドの答えはこうでした。修道院や礼拝堂を訪れる人々が、強制されなければ、まるで祈りの姿勢や祈りのジェスチャーをとることができないので、カトリックの宣教師たちはこのようにしたのだ、と。カトリックの宣教師や司祭らは、祈りへと導く単純なジェスチャーによって、心の中の敵を穏やかにさせることを期待したのです。

あるいはまた、夕食のテーブルの席に着いたときの子どもたちの祈りの習慣を考えてみましょう。テーブルに用意された食事に急いでありつこうとして、私も席に着いてすぐに食べ始めようとしたところ、私の幼い子どものひとりが、「お祈りを忘れているよ」と注意してくれました。家族のなかの一番小さい子が、私たちが感謝の祈りの大切さと大事なジェスチャーを忘れていることを告げたことで、私たちは食べかけようとした器を置いて、手を合わせ、照れ笑いをしながらも、祈り始めることができました。祈りは、私たちを神の国と神の業と言葉に向けて開かせます。祈りは、バルトの「神学の場所は、ただ単に人間の問い、答え、研究し、思考し、語るべき場所でしかない」[45]という言葉を再認識させてくれます。

キリストの体における奉仕と使命に見るジェスチャー

大宴会のたとえ話（ルカ14・15―24）の終わりでは、主人から送られた僕は盛大な宴会のために人々を無理やり連れてくることになります。人々に、行くことを強要するのです。このたとえ話のおもしろいところは、この僕――私たちの理解ではこの僕はイエス――が、まだ席があるという理由で、この世に送り出されている点です。この物語は、私たちに対し、また今日の奉仕のジェスチャーについて、何を教えようとしているのでしょう。まずは、キリストの贖いの体としての私たちが、それぞれの時代に証しをするためにこの世に送り出され、人々に神の国での大宴会へ招待されているという良き知らせを伝えるということです。そして、通常、言葉とおこないが成就されることが描写されるものですが、ここでは伝えるということがジェスチャーとして取り上げられています。

バルトは、キリスト者の共同体の義務について明示しています。宣教や教会をとおして私たちは神の言葉に奉仕するのですから、キリストの共同体が何をするのか、何をしないのか、あるいは何を発言するのかは重要です。私たちは、神の言葉をこの世に宣べ伝えるための言葉とおこないへと召されていることを思い起こす必要があります[46]。

さらに重要なのは、神は貧しい者たちに特別な思いをもっているということです。苦しんでいる人々への憐れみ、傷ついている人々を癒し慰めること、喜ぶ人々とともに賛美することは、私たちは忘れてはならないジェスチャーとして、心に留めておかなければならないしるしです。それは実践と象徴の組み合わせであって、ミシェル・ド・セルトーの見解のように、「社会言語と信仰的発語が交差する点であり、両者の破局を乗り越えていくもの」[47]です。そのしるしこそが、ジェスチャーであったり、奇蹟であったり、礼拝堂で起こったり、カリスマ的な司祭によるものであったり、あるいは信仰の遺産となる場合もあるのです。ある特別な行為においては、すべてがそれを実践することに集中していき、そうしたジェスチャーは宗教的な表現に焦点を当てていくのにとても有効なものとなります。

最後に、私たちがキリストの僕として実践するジェスチャーにどのようなものがあるかを見てみます。礼拝の終わりに牧師が与える「派遣」（充填）の言葉を思い起こしてみましょう。

> 平和のうちにこの世へと出て行きなさい。勇気を出しなさい。すべて善きものを携えて行きなさい。悪を悪で制することに戻ってはなりません。虐げられている者を強め、弱い者に手を差し伸べ、苦難の中にある者を助けなさい。すべての人を尊重し、主を愛し主に仕え、聖霊の力のうちに喜んで歩みなさい[48]。

この派遣の言葉の一つひとつが、キリスト者の共同体の実践となっていきます。用いられるべき特別のジェスチャーへと召し出されていくのです。それらは、この世における他のものとは異なるキリスト者としての習慣となるべきものです。私たちの体・知・心は、礼拝における他のあらゆる部分と同様に、私たちの前に立ちはだかる状況に対してある特別なしかたで対峙し応答していく習慣を身につけていくことになります。たとえば、「平和のうちに」この世へと出て行きなさい、というのは、平和のジェスチャーを実演しなさいということです。ハワーワスがくり返し述べるように、「われわれは、この世界が理解している平和とは異なるキリストの平和を実践する」のです。勇気は、勇気あるジェスチャーを演じるなかで身についていく美徳です。すべて善きものを携えて行きなさいには、神の福音に従って何が善いものなのかを知ることと、それをジェスチャーで実践することの両面が含まれています。「悪を悪で制することに戻ってはなりません」は、しばしばこの世界が「悪を悪で制する」のに対して、それとは異なるキリスト者の固有のジェスチャーのありかたを明確に示したものです。最後の「すべての人を尊重し」、そして「主を愛し主に仕え、聖霊の力のうちに喜んで歩みなさい」は、キリスト者たちがキリストの体であることを自らしっかりと自覚するために、時代を超えて演じられていかなければならないジェスチャーのかたちであり、それらが習慣化されるべきだということを示しています。[49]「派遣」のなかで具体的に提示されるジェスチャーを演じることをとおし、私たちは神の福音の物語を、教会のなかだけではなく、不信仰な世界の人々の中にあっても、生きたものとしていくことができるのです。私たちは毎週、キリスト者の共同体の中で見えるかたちで聖書の言葉に聴いてふれているのですから、私たちは信仰で満たされた恵み溢れるジェスチャーを演じ、それを学びながら、次第にそれらが日常生活の習慣になっていくはずなのです。時代を超えて信仰のジェスチャーが実践されるなかで、また異なる人々や多様な状況のもとで、私たちは、どのジェスチャーをいつ演じるとよいのかを知ることにおいて、ますます鋭敏になっていくことでしょう。また、単純であってももっとも意味深いジェスチャーの力をとおして、私たちは、この世における聖霊の働きの証人となっていきます。私たちが私たちの行動についてもっとも不安を感じるときには、しばしばもっとも単純でよく反復できるジェスチャーが、私たちをキリストの体へと導いてくれることでしょう。

註

（１）アウグスティヌス『告白』服部英次郎訳、岩波書店、二〇〇六年、二二頁 (St. Augustine, *Confessions*, New York: Penguin Books, 1979, p. 29)。

（２）ビル・モリソンによる映画『スリング・ブレイド』（ビリー・ボブ・ソーントン監督）の評論 (Bill Morrison's review of Billy Bob Thornton's movie *Sling Blade*, "Poetic *Sling Blade* cuts to the Truth," *The News and Observer*, Raleigh, North Carolina, Feb. 14, 1997, p. 4)。

（３）ジョージ・リンドベック『教義学の本質』(George Lindbeck, *Nature of Doctrine*, Philadelphia: Westminster Pub. Co., 1984, p. 32)。

（４）前掲書（p. 33）。

（５）アン・ハウソーン「方法と精神〜宗教ジェスチャーの多様性の研究」タイソン、ピーコック、パターソン編著『賜物の多様性』(Ann Hawthorne, "Introduction- Method and Spirit: Studying the Diversity of Gestures in Religion" in Ruel Tyson, James Peacock, Daniel Patterson, eds., *Diversities of Gifts*, Urbana and Chicago: University of Illinois Press, 1988, p. 3)。

（６）前掲書 (p. 13)。

（７）カール・バルト『福音主義神学入門』加藤常昭訳、新教セミナーブック18、新教出版社、二〇〇三年、九頁 (Karl Barth, *Evangelical Theology*, Grand Rapids; Wm. B. Eerdmans, 1992, p. 5)。

（８）前掲書、九頁 (pp. 5–6)。

（９）ここではルーブリック（慣習）を、権威あるまたは確立された法則、伝統、習慣として捉えています。

（10）バルト、三五頁 (Barth, p. 37)。

（11）バルト、三五頁 (Barth, p. 38)。

（12）スタンリー・ハワーワス『よき友と共に』(Stanley Hauerwas, *In Good Company*, Notre Dame: University of Notre Dame Press, 1995, p. 6)。

（13）ゲハルト・ローフィンク『イエスと共同体』(Gerhard Lohfink, *Jesus and Community*, New York: Paulist Press, 1979, pp. 991–100)。

（14）ハーバート・マッケイブ『カトリック教会の教え』(Herbert McCabe, *The Teaching of the Catholic Church*, London: Incorporated Catholic Truth Society, 1985, p. 29)。

（15）前掲書 (pp. 32–33)。

（16）マージョリー・プロクタースミスは、著書『彼女の特別な儀式』(Marjorie Procter- Smith, *Her Own Rite*, Nashville: Abingdon Press, 1990) のなかで、「礼拝の作法やジェスチャーのなかには、親密性や平等を表すよりもはるかに力強い共通したジェスチャーや象徴がある」と言っています。プロクタースミスは、「正式な典礼行為のなかに、一般の人々も相互関係を築けるようなジェスチャーを生み出したい」と考え、彼女は「神学的に教会は、キリストの体のメンバーはみな平等であることを主張してきたのです。したがって私たちは、この平等性を受容したり、相互性を築いたりすることのできないジェスチャーやシンボルは破棄していったほうがよいのです」(pp. 82–83) と述べています。

プロクタースミスのキリストの体に関するテキスト解釈の問題点は、今日のアメリカ社会においては、何ら平等性を保証するものがないということです。使徒パウロは、この体には何らかの不平等性が存在していること、あるいは神の法則がそれを克服していくことを明確に示しています が、「体の中でほかよりも弱く見える部分が、かえって必要なのです」というのは、この世界においては、かえって議論を生み出しかねません。あるいは、「わたしたちは、体の中でほかよりも恰好が悪いと思われる部分を覆って、もっと恰好よくしようと」するというのは本当にあり得るでしょうか。つまり自分が必要不可欠だと考えている人たちを不必要な人にして、より弱く見える人たちを必要不可欠なものにするというのは、この世の価値観に従っているうちは不可能なことなのです。

(17) ファーナム、ギル、マックリーン、ワード編著『こころに聴く』(Suzanne G. Farnham, Joseph P. Gill, Taylor McLean, Susan Ward, eds., *Listening Hearts*, revised edition, Harrisburg: Morehouse Press, 1991, p. 23)。

(18) エルンスト・ゴンブリッヒ (Ernst Gombrich, *The Essential Gombrich*, London: Phaidon Press, 199, p. 117)

(19) バルト、三六頁 (pp. 38–39)。

(20) バルト、四〇頁 (p. 44)。

(21) バルト、一三四頁 (p. 161)。

(22) ロバート・ボーコック『産業化時代の儀式』(Robert Bocock, *Ritual in Industrial Society: A Sociological Analysis of Ritualism in Modern England*, London: Allen & Unwin, 1974, p. 37)。

(23) オーリン・クラップ『アイデンティティーの探究』(Orrin Klapp, *A Collective Search for Identity*, New York: Holt, Rinehart & Winston, 1969, p. 121)。

(24) ジーン・コルボン『礼拝の源泉』(Jean Corbon, *The Wellspring of Worship*, Mahwah, NJ: Paulist Press, 1988, p. 39)。

(25) ハワーワス『よき友と共に』(Hauerwas, *In Good Company*, p. 248)。

(26) ハーモン・スミス『二人または三人が集まるところでは』(Harmon Smith, *Where Two or Three Are Gathered*, Cleveland: Pilgrim Press, 1995)。この中でスミスは、キリスト者の礼拝は「意図的な行為であるべきで、またそうなることができる。そして、それが真実であり誠実であるとき、聖なる神を受け入れるとき、神の言葉に耳を傾けるとき、祈りが捧げられ、聖礼典が執行されるとき、礼拝は意図的なものとなる」と述べています (p. 135)。

(27)『礼拝式文』(*Book of Common Worship*, Louisville: Westminster/John Knox Press, 1993, p. 1)。
(28) キャサリン・ノリス『ダコタ』(Kathleen Norris, *Dakota*, New York: Ticknor and Fields, 1993, p. 216)。
(29) フィリップ・ファータイカー『教会という学校』(Phillip Pfatteicher, *The School of the Church*, Valley Forge: Trinity Press International, 1995, p. 24)。
(30) 前掲書 (p. 26)。
(31) 前掲書。
(32) 前掲書。
(33) スタンリー・ハワーワス『今日におけるキリスト者の存在』(Stanley Hauerwas, *Christian Existence Today*, Durham, NC: Labyrinth Press, 1988, p. 107)。
(34)『礼拝式文』(*Book of Common Worship*, p. 78)。
(35) バルサザール・フィッシャー『所作、言葉、ジェスチャー』(Balthasar Fischer, *Signs, Words and Gestures*, New York: Pueblo Pub. Co., 1979) 序章からの引用。
(36) 前掲書 (p. xii)。
(37) 前掲書 (p. 2)。
(38) 前掲書 (p. 27)。
(39) 前掲書 (p. 76)。
(40) ブラックマー『ジェスチャーとしての言語』(Blackmur, *Language as Gesture*, p. 7)。
(41) これらの大聖堂における人々の業については、デビッド・マコーレイの『大聖堂』(David Macaulay, *Cathedral*, Boston: Houghton Mifflin Company, 1973) を参照。
(42) バルト『福音主義神学入門』一三三頁 (Barth, *Evangelical Theology*, p. 160)。
(43) ハワーワス「真実の物語のジェスチャー」(Hauerwas, "Gestures of a Truthful Story" in *Christian Existence* Today, pp. 106–107)。
(44) ロマーノ・グアルディーニ『聖なるしるし』(Romano Guardini, *Sacred Signs*, London: Sheed & Ward, 1930, p. 8)。
(45) バルト『福音主義神学入門』一三四頁 (Barth, *Evangelical Theology*, p. 161)。
(46) バルト、一六〇頁 (pp. 191–192)。
(47) ミシェル・ド・セルトー『歴史のエクリチュール』佐藤和生訳、法政大学出版局、一九九六年 (Michel de Certeau, *The Writing of History*, New York: Columbia University Press, 1988, p. 162)。
(48)『礼拝式文』(*Book of Common Worship*, p. 78)。
(49) グレゴリー・ジョーンズ『赦しの実践』(L. Gregory Jones, *Embodying Forgiveness*, Grand Rapids: Wm. B. Eerdmans Pub. Co., 1995, p. 163)。

第五章　聖書を描きだすキリスト的ジェスチャー

私はしばしば、何が物語を動かしているのかと自問する。何が物語を物語たらしめているのだろう。そして私は、それはおそらくその物語のなかに横たわって心髄を暗示するような何らかの動作、他の物語には真似することのできない何らかの特徴的なジェスチャーなのだと確信するにいたった。

フラナリー・オコナー(1)

フラナリー・オコナーのいう物語を「動かしているもの」は、おそらく神の物語を動かしているものについても同じことが言えます。人は言葉のジェスチャーまたは言葉にならないジェスチャーを有していて――しばしば身体的、精神的、道徳的に見劣りするとされる人、人間としてじつに弱い性格の持ち主――そのような人々のジェスチャーは、堕落した状況に取り囲まれた闇のなかにあって、不思議と神の恵みの光のなかに入り込んできます。オコナーは、ときに悪魔でさえもそのような優美なジェスチャーの演出をすることがあり、それがゆえに悪魔は自分の裏庭で自分の仕事をするようになると言います。オコナーの語るように、聖書はそれ自体が人間の歴史に介入する神の偉大な天地を支配するセンスを明らかにしつつ、特定の人たち、あるいは目立たない人たちの演じるジェスチャーについて、的確なタイミングで見事に説明していく書物です。羊飼いダビデの物語を思い起こしてみましょう。モーセの秘かな誕生と敵の養子になっていく物語、またサラが奇跡的にイサクを宿した物語、ルツとナオミの強い互いの絆の物語、少年エレミヤ、マリアの夫のなることになったヨセフ、そしてかつてサウロだったパウロなど枚挙にいとまがありません。

私たちの先達は、こうした人々の人生におけるジェスチャーをとおして、神の真理を示してきたのです。しかも、もっとも起こるはずのない人々を、神は、神の恵みによって、恵みを具現化する者とするために選ばれた――また選び続けておられる――のです。これは、ごく単純なジェスチャーからもっとも複雑なジェスチャーまでを含めて、私たちの実際の人生が、キリストの体のジェスチャーにより関与して巻き込まれていくなかで可能となっていきます。同様に、私たちの働き、祈り、配慮、そしてキリストの体の共同体的解釈を援助するために、神は、人間の歴史のただなかに神の物語である聖書という贈り物を与え、今日の私たちにもその権威ある言葉を語りかけているのです。人間の心と思いが一つになって、よりキリストに似る者となることによって、また神の霊の内なる働きをとおして、私たちの人生は、日常の生活のなかで、足や腕、つま先や手、さらに私たちの舌の動きにいたるまで救済物語を描き出していきます。この感覚を、アビラのテレサの言葉が美しく捉えています。

キリストのからだはありませんが、今はあなたがいます。
手がありませんが、あなたの手があります。
足がありませんが、あなたの足があります。
キリストのこの世への憐れみは
あなたの目を通して見えてきます。
キリストが善き業のために出向いていく足は
あなたの足とともにあります。
キリストが私たちを祝福しようとしている手は
今あなたの手とともにあります(2)

この章では、聖書、発語する信条、書き綴られた教会の信仰告白が、私たちの実演するジェスチャーを生み出し、導き、育ててきたのかに着目していきます。これらはすべて、私たちがジェスチャーを演じることによって、神と人々とともに生きるための方法を記しているものです。ある意味で、教会におけるジェスチャーは、単に物語を有しているのではなく、ジェスチャーを演じていく物語を有しているのです。ロン・シェルトンは、野球というのはまるで十九世紀のアメリカ西部を再演するハリウッドのステージのようなものだと言っています。それはルールと境界の世界だというのです。野球場には、すべての選手が共通して理解して受け入れている一定のジェスチャーのパラメーターがあります。ですが球場以外では、それらのジェスチャーはほとんど意味をもちません(3)。

私たちの教会も、「ルールと境界と試合の世界」に存在しています。特定の習慣や一定のジェスチャーを演じることが聖書という台本に基づいて展開され、聖書はキリストの体のイメージにおいて、私たちの柔軟に動く体・知・心を形成するだけでなく、継続的に再形成していきます。信仰共同体の中で解釈されていく聖書は、そのオリジナルの言語を丹念に研究することによって伝えられ、典礼の起源を見出すことによって整えられて、今日の生活の多様な状況のなかで強調されていきます。今はどのような課題が、私たちの聖書の読みかたを研ぎ澄ましてくれているのでしょう。言葉は同じであっても、私たちのテキスト解釈は変化していきます。神はしばしば、教会の外へと私たちを召し出して、聖書の新しい読みかたを告げようとします。たとえば、私たちの奴隷制度に対する態度、教会における女性の役割、あるいは神の家族としての家庭のありかたなど、ほかにもたくさんの課題を取り上げていきます。

キリストの体が物語るジェスチャー

これまで述べてきたように、ジェスチャーを習得し演じていくというキリスト者のコンテクストは、それ自身が、より大きな物語――福音――によって構築され整えられ、そして私たち自身が研ぎ澄まされていきます。教会を構築する物語を再生させるというのは、私たちの集まりをジェスチャーにこだわる典礼のもとに組み込んで決断させていくことによって、共同体がキリストの名のもとに具現化されていくことです。そうして私たちは将来に向けての物語を研ぎ澄ましていくのです。キリスト者がジェスチャーを演じるというのはそれ自体がすでに解釈的行為であって、それはテキストを演じることによって構成されていきます。ニコラス・ラッシュは次のように述べます。

> 言葉や行い、語り合いや苦難を共にすることを通しての証しは、人間の歴史のなかに神の真理を「注入すること」になる。新約聖書の出来事は、これらのテキストが、イエスの物語、他のすべての人々の物語、そして神の物語として、もっとも適切なしかたで読まれるという確信のもとに成り立つのである。(4)

福音は私たちの人生を物語ります。私たち人間の行動のパターンを示し、キリストの血を分け合うことによる新しい契約のうちに、私たちがどのように共に生きるとよいのかを教えてくれます。ラッシュは、イエスとその弟子たちの「言葉（そしておこない）と苦難」は、私たちの時代と場所にあって、イエスの弟子としての私たちのイエスの名による「言葉、おこない、苦難」であると述べています。私たちが「聖なる書物（聖書）」というとき、それはそこに記されている事柄が「聖なる」ものというのではなく、それを生きる人々、共同体、キリストの体が「聖なる」ものとされていくのです[5]。

次に、私たちが実際に用いる大小のジェスチャーが、どのように導かれ、どのように行動様式が与えられ、どのように私たちが継承するキリスト者の物語の大きな文脈を理解しているのかに焦点を当てていきます。より正確に言うなら、キリストの体としてのジェスチャーの実践は、イエスの宣教物語以上のものを導き出します。それは聖霊によって与えられる栄光の物語です。神の霊は、イエスの物語をとおして、キリストの体において演じられる私たちのジェスチャーに、息吹とインスピレーションと方向性を与えます。さらに、キリスト的ジェスチャーを実践することにおいて、私たちはキリストの物語を体現し、肉付けし、キリストの物語との関係をもつことができるようになり、そうして私たちが進行中の物語のなかに具現化されていきます。それはもはや、独りで物語を語る「私」ではなく、物語を伝えることでそれに捕らわれていくキリストの体の教会としての「私たち」であるのです。彼の物語へと導かれることによって私たちの沈黙の祈り（たとえばレクティオ・ディヴィナ）*に意味が与えられていくように、教会に仕えるジェスチャーが実際に演じられることによってキリストの霊は知られるようになります。それは、私たちが飢えている人に食事を与えて肉体をよび覚ますようなものであり、キリスト者の共同体における憐れみや赦しの実践であり、「イエス・キリストの名によって」演じられていくものであり、聖日だけではなく年中バプテスマとユーカリストを祝うことに重点がおかれ実体をもっていくようなものです[6]。

物語や物語の身体的なジェスチャーの関係性をより理解するために、私は、イエスの物語を体現する語り手は、はっきり言って、キリストの体以外にはありえないということを提起しておきたいと思います――これは個人の働きでなすものではないのです。キリストの体のメンバーがキリストの物語のジェスチャーに携わるとき、その人はキリストの物語がするようにします。また、私たちは、テキストそのものの知識で物語を演じていくのですが、キリストの体としてのジェスチャーであるかぎり、そのジェスチャーを最初に生きた人々がいたこと、それを目にした過去の共同体があったこと、そして今日私たちがジェスチャーを解釈したりそれを生きている共同体によって励まされていることを、心に留めながら演じていきます。そしてついには、キリストの物語によって語られ具現化されたジェスチャーを実践することによって、私たちは、神の民に伝承されたジェスチャーをとおして、私たち自身のキャラクターが形成されていくことを知っていきます。

キリストの体は物語の語り手

キリストがこの世への神の愛の物語であるとするなら、キリストの体は――そのすべてにおいて――神の愛の物語の語り手であり、この世に対する現在進行中の開かれた神の愛の物語であると言えないでしょうか。キリストの体として私たちが実践するジェスチャーは、今日の世界における体・知・心の動きを含有しつつ、特別な血と肉、筋肉と腱を与えられながら神の物語を具現化していることになります。それは、キリストの体が神の物語を物語るときには、たとえそれが子どもの小さな声であっても、教会の名のもとに叫ぶ全会衆の声、たとえばジョージア州フォートベニングのアメリカ陸軍米州学校*の閉鎖を叫ぶ声であっても、それは聞こえてくるということを暗示しています。

語り手としてのキリストの体を振り返りながら、物語と語り手のつながりを見るために、ジェラルド・ローリンの議論を取り上げてみましょう。ローリンは、教会が教会の物語を語るとしたなら、それはまず、キリストの受肉の物語を語り、次いで人々の日常生活のなかでのキリストの物語の具現化について語ると言います。[7] キリストの民のジェスチャーは、教科書ではなくキリストの民が物事を意味付けして理解することを助長していきます。聖書は、共同体によって実演されるジェスチャーのなかでこそ生かされていくのです。

第二に、物語そのもの（ここでは鍵カッコ付きの「テキスト」とよぶことにします）は、ある目的のために、ある文脈のなかで用いられ、他の人々の間で何らかのしかたで生かされていく場合にのみ、意味を持っていくことになります。[8] 言葉とそれが意味するものとの関係は、唯一、それが用いられ、理解されている共同体においてのみ把握されるのです。[9] キリストの物語は、キリストの体とジェスチャーを形成し、維持し、再構成し、その物語を単なる「テキスト」以上のものにつくり上げていきます。再度ローリンの主張を取り上げるなら、テキストはそれだけでは何も意味をなさないのですが、男であれ女であれ、ひたすらテキストに生きることにおいてのみ、テキストは何らかの意味を帯びていくのです。キリストが神の物語よって位置づけられ、神の物語の構成要素であるならば、教会は神の物語を伝え、くり返し宣べ伝えることによってのみ、受肉したキリストに近づいていくのです。

　第三に、この語り手の独特な点は、神の愛の物語を告げているのがキリストの体全体だということです。ほとんどの人が「語り手」と聞くと、何か書かれたテキストや、自分の物語を自分で語っている個人を思い浮かべ、それはまるで独り語りの独演であるかのように受けとめようとします。キリストの体の場合、語り手はさまざまに進行中のキリスト的ジェスチャーをとおして福音に生きるようにとの物語を伝える体全体を指します。アーサー・フランクは、キリストの体は、他者のために犠牲の物語を語ることを実践する関係性をもつ体（コミュニケーティブ・ボディ）であると言っています。

　コミュニケーティブ・ボディとは、善きサマリア人が見出した、道端で襲われ殴りつけられた旅人のことである。またコミュニケーティブ・ボディとは、カオスに満ちた体（傷ついた体）として定義することもできよう。（中略）コミュニケーティブ・ボディは、それ自体がカオスのなかにあって、その体に対して自らを捧げていくというジェスチャーを回避できない。[10]

　他者のために用いようとする私たちの能力や知識は、手を差し伸べるという一つのありかたを通してイエス・キリストの賜物を結実させること、と言えます[11]。イエスは私たちの救いのために自らの体を犠牲にし、その傷ついた体によって、私たちすべてに神の愛を示しました。私たちがジェスチャーによって福音を具現化しようとするときのあらゆる新しい場面において、いつもイエスの物語が新鮮に働いていくのは驚くばかりです。イエスは、神の物語の語り手であり、同時にイエス自身が神の物語です。その聞き手である私たちは、イエスの物語を受け取って、人生の物語を受肉させていく民なのです[12]。

キリスト者の物語が実演するジェスチャーを決める

聖書がジェスチャー化されたパフォーマンスにおいて、

私たちは、私たちのジェスチャーのロジックを、キリストの体のジェスチャーとして理解していきます。なぜならそれは、教会の信条や信仰告白に代表されるようなキリスト者共同体の明白な維持コードのようなものだからです。[13]私たちは、信条や信仰告白において、神の民として何を信じているかだけではなく、私たちの共有する善についても明らかにして告白します。聖書や伝統や信条をとおして告げられるジェスチャーは、キリスト者の共同体の善をいま私たちの中で見極めさせるジェスチャーでもあるのです。

このことをさらに詳しくみてみましょう。第一に、ある物語がもっとも試されるのは、バリー・ホフマスターが示唆するように、その物語がどのような人物を生み出しているのかということかもしれません。聖書の物語は、何が善で、何を分かち合い、何が徳を積むことになるかを見出しながら、私たちに、人間であることについて教えます。キリスト者の物語をとおして、私たちは、キリストにあってどのような民になっていくのかを発見していきます。この物語を告げ知らせ、くり返して語っていくことにおいて、私たちは、私たち自身の人格を形成し、また再形成していくのです。[14]したがって、神の物語によって最初に生起したジェスチャーの実践を維持するという点で、私たちは教会の伝統や信条や告白と結びついていきます。くり返し告げ知らせることで、私たちは、この共同体のメンバーがより複雑な状況下にあったとしても、より成熟したしかたで物語を理解し、キリストの道を見分ける優れた力を習得していきます。

第二に、物語を告げ知らせくり返し語り伝えることによって、私たちはその物語の内容を学ぶだけではなく、その物語の聞き手であり、受け取り手となっていきます。たとえば、箴言から私たちは、知恵を学ぶ道は、諭しの言葉と人生を生きることの両者であることを読み取ることができます。「わたしはあなたに知恵の道を教え／まっすぐな道にあなたを導いた。歩いても、あなたの足取りはたじろがず／走っても、つまずくことはないであろう。諭しをとらえて放してはならない。それを守れ、それはあなたの命だ」（箴４・11―13）。教えを受ける者は、知恵を学んで吸収するだけではなく、賢明なやりかたを覚えて、今度はそれを告知する者となっていき、知恵の道を思い起こしながら物語との関係を再構築していきます。

第三に、人の人格は、聖書によって語られるジェスチャーによって形成され育まれていきます。ハワーワスは、私たちの人格は――私たちの生きる共同体の特性もまた――私たちが実践する一つひとつのジェスチャーをとおして、一定の意思と確信を持っていくなかで習得され、継続的に形成られ、維持されていくことを指摘しています。私たちの人格は、まずキリストの共同体の物語とそれに伴うジャスチャーによって構成され再構築されます。私たちは、自分たちの物語ではなく、多くの異なる物語と私たちが文化の中で果たす役割との複雑な出会い、他の人々の人生をとおして研ぎ澄まされていく私たちの物語、そして私たちの人生を整え決定づけていくものによって形成されるのです。[15]私たちは複数の物語を跨いで、人生の多くの物語によって作られていきます。その上、ときには自分の物語が一義的になることがありますが、他のときにはそれが副次的なものになり、私たちは日常生活において、他の物語をサポートする役割を担うこともあります。そして、私たち一人ひとり、親も、子どもも、教師も、牧師たちも、消費者も、ランナーも、自分の配偶者も、それぞれに多数の物語を抱えて生きていくのです。

第四に、いったんどのようなジェスチャーを実践すべきかを判断する物語を学びそれを記憶すると、それを反復することが可能になります。反復は、しばしば面倒に思われがちですが、反復は型をつくり上げていきます。ウォーレス・ステグナーを引用して逆の言いかたをすると、「型ができてくるのは、その働きが上手くいっていることのしるし」なのです。[16]物語が上手に語られ上手に演じられていくジェスチャーが共同体の中で反復されていくと、今度はそれが媒体となって、反復すること自体が物語になっていくことでしょう。他者の物語を聞いて受けとめるようになると、それらの物語は私の物語の一部となっていくのです。

神の物語を反復することによって、私たちには、私たち自身と私たちの聖書理解が変化していくという、もう一つのダイナミックな展開が起こりはじめます。マイケル・ケイシーは、私たちは西洋の「Aから始まり、Zに進むという線形論理」に慣れすぎていると指摘します。[17]ケイシーは、反復は決して悪いことではなく、むしろ優れてよいことであって、くり返し祈られる祈り、くり返し読まれる書物、くり返し歌われる歌は、その都度、なにか新しいものが私たちを捉えていくことを示唆します。ケイシーはまた、読むときのスピードを落とすことも提起しています。それもジェスチャーの一つだというのです。そうすることによって、私たちは、何らかの予期しなかった視点を得る可能性が出てくるからです。ケイシーは美しい譬えで締めくくっています。「反復は家の壁を塗る直すようなもの、一回一回の塗りが重なり合って、最後には滑らかに仕上がっていく。ジェスチャーの反復も同様である。くり返せばくり返すほど、それらは洗練されていく」[18]。

あるいは日々の聖句、週間聖句、月間聖句を暗唱し、祈りと黙想を実践していくレクティオ・ディヴィナを考えてみましょう。ケイシーによれば、レクティオ・ディヴィナの実践をとおして二つの意識の変化が特徴的に起こるといいます。一つは日常の「身体的感覚と知的感覚」からの退去で、もう一つは「神の現実と神秘」に囚われていく感覚です。レクティオ・ディヴィナによって、私たちは神の恵みの中で生きることを学んでいきます。キリストが「私たちの行為の実行者となり、観想を通して、私たちがキリストの祈りの課題とされる」[19]のです。

ですから、神の言葉は、聖書の一節を読むたびごとにさまざまなレベルで私たちの生活のなかに浸透していきます。聖書が私たちの生活に浸透し、それによって私たちもまた、すでに進行している神の愛の物語の中に引き込まれていく、と言ってよいでしょう。ケイシーは、レクティオ・ディヴィナにおける聖書の反復朗読の本質を次のようにまとめています。

レクティオ・ディヴィナの反復の特徴は、われわれが人生のなかで何度も同じところを通過することを意味する。われわれは読むたびごとに、そこに異なる側面があることに気づかされる。その経験と共にわれわれの視点が変えられていき、われわれはそれまで隠されていたそのテキストのより深い意味を認識するようになる。これは、聖書の中には、明らかにされるのを待っているほどの豊かさがつねにあることを意味する。それはまた、もし読んでもすぐに壮大な洞察に到達できないときでさえ、われわれは忍耐強く謙虚になって聖書を読んでいく必要があることを示している[20]。

聖句にくり返しふれる一つの理由は、それらが私たちの一部となってくるからです。ポール・ウィルクスはこう言います。

私が以前に記したことのあるラビは、ユダヤ教徒たちは御言葉が自分たちの一部になって人生の状況に即座に適応できるようになるために、絶えず詩編朗読を行うのだと教えてくれた。[21]

私たちが読んでいてもなかなか理解できないとき、あるいは聖書がどのようなジェスチャーを私たちに教えようとしているのかに悩むときには、聖霊が来て助けてくれます。ケイシーは、私たちが聖書を読むときには、何のサポートもないというのではないと言います。聖霊は、それが書かれたときと同じように、読んでいるときにも活発に働いています。なぜならこれら二つの行為は、神の聖なる一つの導きであって、基本的に相互補完的であるからです。（中略）神は、語る神であるだけではなく、語ることが確実に聞こえるようにするための措置も講じているのです」[22]。

恵みを具現化するジェスチャー

聖書の読みと私たちが実演するジェスチャーとの関連は、神の恵みによって可能となります。私たちの体・知・心の融合は、キリストの体と御心と霊が一つであるのと同様、神の恵みの賜物によって惹き起こされていきます。ここではまず本章の最初でも示したフラナリー・オコナーの真理についての優れた理解を取り上げておくことにします。

私はしばしば、何が物語を動かしているのかと自問する。何が物語を物語たらしめているのだろう。そして私は、それはおそらくその物語のなかに横たわって心髄を暗示するような何らかの動作、他の物語には真似することのできない何らかの特徴的なジェスチャーなのだと確信するに至った。物語は、正しく、かつ意想外の動作かジェスチャーでなければならない。それは、品格の内にあり、かつ品格以上のものでなければならない。それは、この世のものであり、かつ永遠性をもつものでなければならない。ここでいう動作やジェスチャーは、聖なる世界やわれわれがその一員であることと同次元のものでなければならない。それは、意図的であったり、読者が易々と考えつく道徳カテゴリーに入るような寓話であったり、たとえそれがどれほど整えられた寓話だとしても、それを超越しているジェスチャーでなければならない。そして、それは何らかの神秘性と接点をもつものでなければならない。[23]

パウロは、エフェソの信徒への手紙の中で、「事実、あなたがたは、恵みにより、信仰によって救われました。このことは、自らの力によるのではなく、神の賜物です。行いによるのではありません。それは、だれも誇ることがないためなのです」（エフェソ2・8－9）と述べています。また信仰については次のようにあります。

「信仰とは、望んでいる事柄を確信し、見えない事実を確認することです。昔の人たちは、この信仰のゆえに神に認められました。信仰によって、わたしたちは、この世界が神の言葉によって創造され、従って見えるものは、目に見えているものからできたのではないことが分かるのです。」（ヘブライ11・1－3）

キリスト教教育を、神の物語を具現化させる一つのジェスチャーの実演形態として考えていくときに、私は、これが義認にいたるためのパターンであるとか、これが神の恵みを得るための方法である、といったことを伝えていく気はまるでありません。そうではなく、神の恵みと信仰は、キリスト者として実演するジェスチャーをとおして与えられていくことを、私たちは知っているのです。私たちは信仰を見ることはできませんが、神の民のジェスチャーによってそれを知ることはできます（ヘブライ11章）。信仰によって、アブラハムは、自分が財産として受け継ぐことになる土地に出て行きました（ヘブライ11・8）。イエスは十字架の死に耐え忍ぶほど従順でした（ヘブライ12・2）。私たちは、神による恵みと信仰がどこで与えられるのかを知っているのです。

私たちが忘れてはならないのは、第一に、今日私たちが実践するジェスチャーの多くは、教会の伝統とその物語のコンテクストにおいて解釈され、学ばれ、演じられてきた聖書そのものを実際に演じることであるということです。旧約と新約の両方、そして教会の物語における主要なジェスチャーを考察してみることはよい助けになるでしょう。私たちは教会の中で受け継がれてきたキリスト的ジェスチャーを模倣しながら、それらを実演していきます。そうすることによって神の物語がさらに具現化されていきます。第二に、私たちの共同体は、神の愛、神のイマジネーションをあらわす神のジェスチャーによって、神の似姿に創造されたことを忘れてはなりません。教会は、その多くのメンバーが実践していく非凡的なキリスト的ジェスチャーによって、生かされ、形成され、再形成されていくのです。

聖書にみるジェスチャーの形跡

教会の過去の物語におけるジェスチャーの役割、機能、場所、実践について探究していくと、ジェスチャーは、教会教育の中で知らされる何らかの新しい事柄ではなく、何らかの古い事柄、神の事柄であることに気づかされます。キリスト的ジェスチャーの本格的な実演とは、すなわち聖書そのものを実演していくことに外ならず、それはキリストの体とその教会の伝統的コンテクストの中で解釈されていきます。教会によって保持され、付け加えられ、消滅し、再生されてきたジェスチャーの大半は、最初は私たちの祖先、とりわけ旧約聖書をとおして私たちが結び合わされている物語のなかに出てくるイスラエルの子どもたちによって演じられたものです。私たちのジェスチャーは、もちろん私たちの行動モデルとしてのイエスの宣教、そしてパウロの宣教にも追従するものです。これらのジェスチャーは、神の民としての私たちがどこにいるのかを示すしるしであるだけではなく、私たちが今どこにいて、どこをめざしてこれから進んでいこうとするのかの方向性を備えてくれるものです。そしてついには、ジェスチャーの物語とそれによって具現化されるものが、私たちの究極の目的であり神意であるところの平和を可能にする神の国をもたらしていきます。

旧約聖書や新約聖書にみられる多くの実例には、体の動きと言葉のニュアンスが豊かに織り交ぜられていて、神聖なるものの手段と目的が、そのような行動や姿勢や態度をとおして出会い、結びついていきます。こうした教会の物語を辿っていくと、いくつかのジェスチャーがどのようにして教会の中の慣習となっていったのかの私たちの理解を助けてくれるでしょう。ハワーワスはこう言います。「教会は、この世において神の国を予感させるための空間と時間を創り出すための、神のジェスチャーを代表する」[24]。

旧約聖書物語にみるジェスチャー

アニー・ディラードは、天地創造を神の豪華なジェスチャーとして取り上げます。

天体は、豪華にその独創性を保ち続けている。複雑さと巨像を永遠の虚構の中に打ち捨て、つねにおびただしい不品行の数々を勢いよく快活にかき集めていく。この天体ショーは、すべて発せられた言葉によって着火された。わたしは目を冷やそうと水辺のところまでやってきたが、わたしの見るいたるところは炎、火打ち石以外はすべて可燃物であって、この世界すべてが火の粉と炎を上げている。[25]

神の途方もないジェスチャーのなかにあっては、私たちは、私たちよりも壮大なもののなかのほんの一部分にしかすぎません。聖書のコンテクストにおけるジェスチャー活動の最初の実例は、神の天地創造です。サールとオースティンが述べるように、もし何らかのものが何らかのことを惹き起こすのだとしたら、「はじめに神は天地を創造された」（創世1・1）という神の言葉のジェスチャーほど優れたものはありません。ドナルド・エバンスによれば、語るというしかたによる神の行為について、これは、神が人間に対し、神が人間にコミットすることを告げ知らせた出来事または業であると言っています。この神の先鞭に応答するようにして、人間は神に忠誠を誓い、語るという行為をとおして神の崇敬と畏敬を表していく、すなわち神を礼拝するというしかたで反応していくことになります。神の民は、口頭やそのほかのジェスチャーに活動をとおして、自分たちが神の世界に属していることを世に示していくのです。[26]

創世記の二つの天地創造物語において、私たちは、一つの行為として神が用いた語るというジェスチャーと、人間が意図的に形成しようとしていくジェスチャーの両者を見出すことができます。最初の語るという行為は、創世記1章3節にでてきます。「神は言われた。『光あれ。』こうして、光があった」。ウォルター・ブルーゲマンは、この神聖なる語りの行為を「主権的よびかけ」と称しました。ここでは議論しませんが、「望んでいるのであって、強いているのではない。希望しているのであって、要求しているわけではない」[27]という彼の述べた重要な言葉を喚起してくれます。二つめの創造物語では、神は私たちをまるで陶器の鉢のように創造していきます。創世記2章にはこうあります。「主なる神は、土（アダマ）の塵で人（アダム）を形づくり、その鼻に命の息を吹き入れられた。人はこうして生きる者となった。主なる神は、東の方のエデンに園を設け、自ら形づくった人をそこに置かれた」（7―8節）。ここには語りの行為はなく、創造主のよびかけによって世界が創造されてはいません。その代わり、神は、畑や庭園、動物や食べ物、善悪の知識を知る木を植えることに忙しくしています。すべてが創造主に依存しています。地球の創造は、そこに存在する男も女も、すべてが神のジェスチャーによるのです。

ヤコブと神の使いとの格闘

旧約聖書には、告げられたジェスチャーと演じられたジェスチャーの両方があります。――いずれも神のミステリーというよりも、神の民イスラエルのドラマとして展開されています。一つの実例は、ヤコブが天使と格闘する物語です。兄エサウのもとから逃げると、ヤコブは神の天使に遭遇します（創世32・24―28）。この物語の力強いところは、ヤコブが神に対してもがき苦しみ、それゆえ神はヤコブとともにいる点です。神はヤコブと積極的に向き合い、物理的にも接触して、神の物語の中へとヤコブの居場所を移動させていきます。さらに、告げるという行為のジェスチャーがここに出てきます。名前を与えるという出来事です。ヤコブは「イスラエル」と名付けられ、神の愛と守りの特別な対象とされて、選ばれた民の父に任じられます。[28] ここでも旧約聖書は、創造主の語られる言葉のジェスチャーをとおして天地が創造されたのと同じように、神の聖なる介入、すなわち神の選ばれたアブラハムとサラの子らの民であることを思い起こさせながら、神のイスラエルへの応答は明らかに継続されているという聖なるジェスチャーを証ししていきます。

箴言

箴言は、「行動は結果をもたらす」という訓戒を響き渡らせる格言集です。言い換えれば、私たちの行動は、知恵とその欠如のくり返しと言うことができます。箴言の作者は人生の鋭い観察者であって、痛烈に、しばしば巧妙に、ときには賢く、私たちの人生の中で直面するジェスチャーに基づきながら、私たちを諭しています。次の格言を考えてみましょう。私たちの人生に横たわる知恵と私たちが互いの間で演じるジェスチャーについての格言です。

「鞭を控えるものは自分の子を憎む者。子を愛する人は熱心に諭しを与える。」（箴13・24）

そして、どれほど知恵への諭しが、行動となりジェスチャーとなっていくことでしょう。

「諭しをとらえて放してはならない。それを守れ、それはあなたの命だ。」（箴4・13）

預言書

旧約聖書の預言者たちは、イスラエルに、神への礼拝と奉仕に生涯を捧げることを欠かした場合に彼らがどれほど厳しい状況に置かれるのかを知らせようとして、その聞き手が容易に理解できるような実践的なジェスチャーをしばしば用いています。それは、この天体の主である神に忠実でなければイスラエルは危機に直面するだろうと語り掛けるジェスチャーを伴った、預言者たちによる現実的で具体的なジェスチャーを識別するための神学教育だったというわけではありません。このことについて、ここでは早い時期の預言者サムエルについて見ておくことにしましょう。サムエル記上には、神の霊に深く捕らえられて「預言者の一団」に加えられていく預言者たちの物語が記されており、預言者サムエルはこの先頭に立っていました（サムエル上19・20）。こうした取り込まれていくジェスチャーは、神の霊が一人ひとりの中に宿っていくことを示しています。

「町に入るとき、琴、太鼓、笛、竪琴を持った人々を先頭にして、聖なる高台から下って来る預言者の一団に出会います。彼らは預言する状態になっています。主の霊があなたに激しく降り、あなたも彼らと共に預言する状態になり、あなたは別人のようになるでしょう。」（サムエル上10・5－6）

ウィリアム・マクニールは、イスラエルの歴史には、早い段階の預言者たちによって形成された、たとえばイザヤやエレミヤのような「文学的な預言者」の集まり、または預言者学校のようなものがあったことを指摘しています。それらの早い時期の預言者たちは、さらに古くから伝わる彼らの預言に神の霊の承認を与えるジェスチャーであるところの伝統的な歌と踊りによって形成されていたといいます。「共に踊ることによって、エクスタシーが誘発され、男性の小集団が、当時だれも想像できないしかたで、人間の歴史の道筋を変えていくことになった」[29]。のちの時代の預言者たちと彼らの預言のジェスチャーの様子については、エレミヤ書18章1－2節を見てみるのがよいでしょう。エレミヤは陶工の家に下っていきました。そして陶工である神がエレミヤに臨んで言います。「陶工は粘土で一つの器を作っても、気に入らなければ自分の手で壊し、それを作り直すのであった」（エレミヤ18・4）。その器とはイスラエルのことです。そしてその陶工は、陶工の手の中にある粘土のようにしてイスラエルを形成していったのです。

「あるとき、わたしは一つの民や王国を断罪して、抜き、壊し、滅ぼすが、もし、断罪したその民が、悪を悔いるならば、わたしはその民に災いをくだそうとしたことを思いとどまる。」（エレミヤ18・7―8）

今日でも、たとえばペンテコステ派やホーリネス教会などいくつかの伝統においては、外国のジェスチャーとしてではなく、人生を共に生きるときの重要なものとして、聖霊によって捕らえられて踊ることがあります。彼らはこれらの預言者物語を背景にして、身体的にも「聖書的」であろうとするのです。

新約聖書とジェスチャー

イエス・キリスト

イエス・キリストは神の愛のジェスチャーです。「神は、その独り子をお与えになったほどに、世を愛された」（ヨハネ3・16）。その上イエスは、シンボリックな行動、あるいはジェスチャーとよばれるものが、命にとって、また来たるべき命にとって重要であることをはっきりと意識していました。キリスト自身が見えない神の姿であり、「すべてのものが造られる前に生まれたかたです。天にあるものも地にあるものも、見えるものも見えないものも、王座も主権も、支配も権威も、万物は御子において造られたからです。つまり、万物は御子によって、御子のために造られました。御子はすべてのものよりも先におられ、すべてのものは御子によって支えられています」（コロサイ1・15―17）。パウロはこの賛歌の中で、イエスの十字架上での孤独な死という忠実なジェスチャーにおいてのみ、神と「すべてのもの」との平和が打ち立てられると言います（コロサイ1・20）。

イエスが実際に用いたジェスチャーの数々は、福音書全体にちりばめられていて、それによって私たちの今日の教会における実践も整えられていきました。驚くばかりの豊かな奇蹟物語から、貧者を解放するよき知らせの宣言まで、また弟子たちに熱心に愛情をこめて祈り方を教えたことから、彼の死の重要性および来たるべき栄光としての復活までを弟子たちに教えるという辛い任務にいたるまで──これらすべてはキリストのジェスチャーです。百人隊長の部下を癒した物語（ルカ7・1、10）、やもめの息子が生き返った物語（ルカ7・11―17）、悪霊にとりつかれた子の物語（マタイ17・14―21）、五千人の給食（マルコ6・30―44）、そしてイエスが弟子たちに祈ることを教えた物語等々。これらのたくさんの癒しや教えの出来事から、ある特別な状況においての語るという行為や信仰のよき知らせを告知したり宣言したりすることを学ぶことができます。その行為自体が、これらの奇蹟の証人たちを治し、癒し、教え、イエスが神の子であることを証ししています。またときには、イエスに手で触れるといった信仰のジェスチャーが人々の病気を癒すこともありました。

一例として、ヨハネによる福音書9章1―12節の生まれつき目の見えない男の物語を考えてみましょう。ここでイエスは、つぎのように言われました。

「わたしは、世にいる間、世の光である。」こう言ってから、イエスは地面に唾をし、唾で土をこねてその人の目にお塗りになった。そして、「シロアム──『遣わされた者』という意味──の池に行って洗いなさい」と言われた。そこで、彼は行って洗い、目が見えるようになって、帰って来た。

この癒しは、身体に触れることをとおして起こっています。土を捏ねるというジェスチャーによって、視力を失った者の目が癒され、信仰が受肉して具現化されていきました。興味深いことに、ヨハネによる福音書が描き出すイエスは、二つの視点で、この癒しのジェスチャーを用いています。一つは、イエスはこの男の視覚障がいを回復させたこと、そしてもう一つは、暗示的に彼の理解の欠如を回復させ、それによって彼は理解できるようになったということです。

オースティンとサールの言葉で言い換えるなら、ただ語るべき言葉を単純に語ることによって癒しが可能になったという物語であり、語り掛けるというのは何かをするという一つの真実の例なのです。ローマ軍の役人でありユダヤ人の敵であった百人隊長はイエスのところにやってきて、信仰の言葉を一言語り掛けて彼の僕をいやしてくださいとイエスに懇願しました（語りかけるというジェスチャー）。「イエスはこれを聞いて感心し、従っていた群衆の方を振り向いて言われた。『言っておくが、イスラエルの中でさえ、わたしはこれほどの信仰を見たことがない』」（ルカ7・9）。

イスカリオテのユダ

ジェスチャーが邪魔になるのはいつでしょうか。語りかけないというジェスチャーの力の興味深い一つの例は、ユダのキャラクターです。ほとんど語りませんが、彼の行動がイエスの死の物語を一気に前進させることになりました。ユダの行動が受難週のドラマ展開のために予め予型されていたか、必要なことであったかどうかということは問題ではありません。問題はむしろ、ジェスチャーの力、より正確には、欺瞞的なジェスチャーを証ししている点です。イスカリオテのユダについてわかっているのは、弟子たちの共通の金入れを預かっていたということです。イエスと彼のやり取りに関しては二つの記述がありますが、ユダは何も語りません。その代わり、彼のジェスチャーが、イエスを十字架上での最終的な死にぐっと近づけていきます。最後の晩餐の席上で、他の弟子たちと一緒にテーブルに着いているときに、イエスは裏切り者が誰であるかを彼らに告げました。ヨハネによる福音書は、イエスは、「わたしがパン切れを浸して与えるのがその人だ」と言って、それをユダに与えます。ユダはパン切れを受け取ると、すぐに出て行き、ローマの役人に、イエスがその晩、後からどこに来るのかを告げました。受難物語のなかの最大のクライマックスにおいて、ユダはローマの兵士たちをオリーブ山にいるイエスのところに先導してきました。弟子たちのなかにいたイエスを特定するためにとったユダの方法は、接吻というジェスチャーでした。彼はイエスに接吻をしようと近づきましたが、イエスは彼に言います。「ユダ、あなたは接吻で人の子を裏切るのか」（ルカ22・47）。これが、ユダが果たしたすべてでした。

使徒たち

使徒言行録5章1－11節の財産の一部を売ったアナニア

とサフィラの物語の中にも、ジェスチャーとしての語られる言葉、語るという行為の力を見出すことができます。問題はアナニアが教会へのお金を躊躇ったことではなく、彼が使徒たちに、財産の売却収入のすべてを教会に捧げたと信ずるように仕組んだことです。そのごまかしが発覚したのち、ペトロは言いました。「あなたは人間を欺いたのではなく、神を欺いたのだ」(使徒5・4)。ペトロの指摘は真実であったため、アナニアは文字どおり倒れて息絶えました。そしてサフィラも夫と同じことを語り、彼女もまた倒れ息絶えました。

書簡における聖なる口づけとその他のジェスチャー

初代教会の興味深いジェスチャーの一つは、もはやプロテスタント教会のジェスチャー・レパートリーの一部ではなくなってしまった聖なる口づけです。たとえばローマの信徒への手紙16章16節には「聖なる口づけによって互いに挨拶を交わしなさい」とあり、コリントの信徒への手紙一16章20節、コリントの信徒への手紙二13章12節、テサロニケの信徒へ手紙一5章26節、ペトロの手紙一5章14節でもそれが奨励されています。これはローマの習慣であり異教徒のものと考えられていましたが、パウロはこの習慣をキリスト者同士の挨拶のジェスチャーとして、初代教会の教会生活のなかに導入しました。この口づけは、単なる口づけ以上のものです。エドワード・フィリップスは、この口づけは聖霊を分かち合うものであって、キリスト者の精神的な一致をもたらすことになったと言っています。キリスト者はお互いに頬ではなく唇に接吻し、そうして聖霊を分かち合ったのです。[30]

フィリピの信徒への手紙においてパウロは、イエスの名のもとに私たちが高められることを記しています。

「このため、神はキリストを高く上げ、あらゆる名にまさる名をお与えになりました。こうして、天上のもの、地上のもの、地下のものがすべて、イエスの御名にひざまずき、すべての舌が、「イエス・キリストは主である」と公に宣べて、父である神をたたえるのです。」(フィリピ2・9—11)

驚かされるのは、イエス・キリストが創造主と同じところにまで高く上げられたという宇宙規模の告白をするという語る行為のジェスチャーと、イエスの名のもとに「すべての者がひざまずく」という身体的ジェスチャーが組み合わされていることです。天においても、地上においても、地の下にあっても、すべての者がひざまずくというのは、挨拶のジェスチャーの実践であり、声や口の筋肉は、「イエス・キリストは主であり、父なる神の栄光を現します」との信仰告白を完全なものにするジェスチャーの実践です。

初代教会のジェスチャーとダンス

初代教会に関する記述を見ると、キリスト者の礼拝のなかにジェスチャーやダンスの側面が大きく含まれていたことは明白です。「『祈祷の最後には手を天に向けて頭上高く上げて、足踏みをしたり、簡単な踊りで表現したりした』、また、亡くなったキリスト者の魂が、神の王座のまわりの天使らの永遠のダンスに加わっていくようにと、天への希望を表した」(31)といいます。修道院の記録のなかにも、会衆の礼拝、賛美、入堂行進、またのちに礼拝の定型化されたものについて記されています。四世紀の後半までには、聖歌や賛歌は、教会が承認した「十字を切る、祈祷の際に頭を垂れる」といったいくつかの典礼のジェスチャーとともに、より標準化されていきました(32)。

キリスト的ジェスチャーの神学的見解

神学者たちは、教会の物語全体を通じて、ジェスチャーについて多くのことを書き記しています。私は、キリスト者を教育する上でのジェスチャーの中心性を取り戻す作業をしていくなかで、このコンセプトが流行や試験的に行われた新しいアイディアというのではなく、教会と同じくらいに古くから神学的な告知の実践として成立してきたことを強調したいと思っています。そのため私は、教会のジェスチャーに注目しながらすでに取り上げた何人かの神学者を引用していくことにします。ここではまずアウグスティヌスから始めていきましょう。

アウグスティヌスと教会のジェスチャー

ジェスチャーを見たり、聞いたり、触れたり、身体的に経験したりするのに最適な場面の一つは、教会の典礼、すなわち神への礼拝です。字義的には「人々の務め」を意味する典礼は、ジェフリー・ウェインライトが「キリスト者の全生涯をかけた礼拝」と述べているところにヒントがあります。「人々は、礼拝のなかでその全存在をもって賛美をするために集められます」[33]。教会の儀礼はジェスチャーの実践の宝庫といえるでしょう。ジャン・カルヴァンは、私たちは肉であるがゆえにその受け皿は愚かなものであって、「教師が子どもたちを導くように」して、私たちは神の御手に導かれる必要があると記しています。カルヴァンはまた、アウグスティヌスを引用して、――神を礼拝するというコンテクストにおいてこれらの儀礼的な身体のジェスチャー――は「見える言葉」となっていく聖礼典なのだと言います。それらは、「神の約束が描き出されたものだからであり、絵に描かれて、私たちの目の前に提示されるようなもの、図表やイメージのしかたを提示するようなものだから」です。聖礼典は神の恵みの豊かさについて熟慮する鏡であり、「神は御自身を、われわれの愚かさをもっても、なお知ることのできるまでに、明らかに示し、われわれに対するいつくしみと愛とを、御言葉をもってする以上に、明白に証ししたもうのである」[34]。

アウグスティヌスは、「神よ、私はあなたが与えてくださった知性」とともに生まれ、たとえ「神が、大きな声で叫んだり、さまざまな音や動きを作り出すことに優れたおかたであり、それゆえ、私の願いが尊重されるのだとしても、神が関わりを持とうとしておられるすべての人々が、神を理解しているわけではない」ことに、はっきりと気づいていました。アウグスティヌスは、つねに人生の明敏な洞察者であって、言語に関しても、より明確に言うなら、私たちがどのように言語を習得するのかということについても、理論家としての独自の見解をもっていました。『告白』は、私たちが「キリストにおいて成熟する」というアウグスティヌスの研究を垣間見ることができる書物です。その中で彼は、私たちが言語を習得するのは、人々との交わりのなかに入ることによって惹き起こされると見ています。

すなわち、人々が或るものの名をよび、その音声にしたがって、身体を或るものの方へ動かしたとき、私は、そのものを私に示そうと思うさいには、かれらはその発する音声によってそのものをよぶということを見て、覚えた。かれらがそのものを私に示そうとすることは、いわば万民共通の自然の言語であって、この言語は、顔つき、目つき、その他四肢の動き、音声のひびきからできていて、ものを求め、手に入

れ、斥け避けようとする心の動きを示すものである。(35)

これについてヴィトゲンスタインが次のように言及しています。

アウグスティヌスは、まるで外国にやって来た子どもがその国の言葉を理解していないかのように人間の言語習得を説明している。それはつまり、すでに言語を持っているが、ただそれがここで通用しなかっただけであり、あるいは、その子どもは物事を思考することはできるが、まだ話せるようになっていない様子のことである。そしてここでいう「考える」は、何らかの「独り言」を語っている様子を意味している。(36)

確かに、私たちが知り自由に使うことのできる言葉であっても、私たちの心や心にあるものを完全に捉え切れていないことがあります。カルヴァンは、祈りに関するジェスチャーの実践について書き記しています。「最も正しい祈りはしばしば声なしになされるのであるが、しかし、精神の感動が昂じて、何ら野心もなしに舌が声となり、さらに、体の他の肢体が身振りとなってあらわれるようなことは、時にあるのである」。(37)

ジャン・カルヴァンとジェスチャー

カルヴァンは、言葉や行為におけるジェスチャーのもつ力を理解していただけでなく、彼は、著述のなかで実際に「ジェスチャー（身振り）」という言葉を用いています。現代の語るという行為理論に先駆けて、カルヴァンは、神の言葉の説教と神の臨在の「しるしと刻印」としての聖礼典の祭儀についても考察しています。教会の聖礼典において、私たち信仰者は神に覚えられます。神の民は、バプテスマによってキリストの体へと組み込まれ、継続的にユーカリストに加わることをとおしてキリスト者とされていくのです。カルヴァンが神の御言葉すなわちイエス・キリストを証言する神の言葉を朗読することと説教することにおいて、神の言葉そのものが行為となり、それゆえ教会は神の言葉が宣言されるところにのみ存在することを確信していたことは明らかです。使徒パウロに言及しながら、カルヴァンは次のように述べます。

パウロは、「教会は人間の判断や、祭司制度の上に基礎を置くものでなく、使徒たちと預言者たちの教えの上に基礎づけられる」と言及する（エペソ2・20）。いや、さらに言うならば、エルサレムとバビロン、キリストの教会とサタン（不信仰者と悪人との）集団とは、キリスト御自身がたてたもうた区別によってこそ、見分けられなければならない。

彼はまた、「神に属する者は神の言葉を聞く。あなたたちが聞かないのは神に属していないからである」（ヨハネ8・47）と言います[38]。カルヴァンは、「王たる神の前に降伏して服従するために、あらゆるこの世的な力、栄華、知恵、気高きことを従わせる」力を保持している神の言葉を真剣に受けとめていました。私たちは、「神から伝えられた教義（御言葉）を配布する」[39]ために存在しています。それは、神の民の上に注がれる神の言葉の力という一つのジェスチャーです。さらにカルヴァンと彼の追従者たちもまた、祈りやユーカリストの祝祭のなかで神の民の姿勢が作り上げられていくということと聖書の御言葉を、同じくらい力強いものとして理解していました。たとえばカルヴァンの記したつぎの言葉を引用しておきましょう。

最も正しい祈りはしばしば声なしになされるのであるが、しかし、精神の感動が昂じて、何ら野心もなしに舌が声となり、さらに、体の他の肢体が身振りとなってあらわれるようなことは、時にあるのである[40]。

ジェスチャーは祈りであり、祈りはジェスチャーです。ユーカリストにはジェスチャーが伴います。カルヴァンの初期の門徒たちはユーカリストの祭儀を「テーブル・ジェスチャー」とよんだそうです。イブリン・アンダーヒルは、カルヴァンは「聖なる肉と永遠の命の飲み物」の祝宴の場では、神の霊が礼拝の中で隅々にまで行きわたり、人々はシメオンの賛歌を歌って超自然的な経験を承認していくことを信じていたのだと述べています。初期のカルヴァン派の教会では、ユーカリストまたは聖餐式の祭儀の際に、人々は前に出てきて聖餐卓のまわりに座ったり立ったりして集まり、手渡しでパンを回して共にパン割きをおこなったといいます。一斤のパンを一つの教会のシンボルとして用いたのです[41]。

興味深いことに、カルヴァンにとっては、神の言葉の説教は、けっして神の民の礼拝生活における唯一の行為でも、もっとも重要な行為でもありませんでした。聖礼典としてのバプテスマとユーカリストこそが、イエス・キリストにおける神の約束を「ことばで言い表す以上に、あたかも画面に描き出すように、生き生きと示す」[42]ものであることが明らかだったからです。主はここで、「彼の恩寵の豊かさ」を私たちの記憶によび覚ますだけではなく、「言うなれば、それを私たちに手渡して私たちにそれを認識させる」ことをしているのです[43]。ニコラス・ウォルターストーフは言います。

> 説教において神は、説教者の言葉を通してイエス・キリストにおいてすでに結ばれている契約についてわれわれに語ろうとする。聖餐において神は、その約束については多くは語らず、むしろそれをいま有効な保証としてわれわれに与えていく。かつて結ばれた契約が今ここで語られるのに対し、それが有効であることを今ここでわれわれに保証するのである[44]。

ウォルターストーフは、パンとぶどう酒のなかに神が臨在するのか、それともその瞬間の芝居なのかをカルヴァンが慎重に区別しようとしていたことに、われわれを着目させようとします。カルヴァンにとっては、ユーカリストにおいてパンとぶどう酒が神の民に与えられるとき、それは、神がそこに臨在することを保証し再確認するしるしであり象徴なのであって、祭儀そのものが神の臨在を気づかせるというよりも、むしろ祭儀は神と向き合うための一つの仲立ちとなっていくのです[45]。ある意味で、ユーカリストは普遍的なものであり、すべての時代を通じて、年齢も人生の道のりも問わない壮大な神のジェスチャーに加わっていくことです。ユーカリストは、神の私たちへのジェスチャーのかたちの贈り物であり、キリストの命と死と復活による贖いの約束を私たちに思い起こさせる方法といって間違いないでしょう。

最後に、カルヴァンやルターは、それまで強く抑制されてきた、礼拝のなかで会衆が歌うということを承認していきました。それが讃美歌のかたちになっていきます。ウィリアム・マクニールによれば、カルヴァン派では、詩編詠唱が宗教改革の伝統のなかにある教会の共通したコミットメントを確認する重要な助けになることを信じていた、といいます[46]。

礼拝における適切なジェスチャーに関する文献

中世の教会生活において、キリスト教信仰のジェスチャー実践に関する重要な役割を果たしたのは、サン・ヴィクトルのフーゴーの著した『学習論』（*Institutio Novitorium*）です。これはジェスチャーの教授法に関する書物であり、教会におけるジェスチャーの学習、練習、使用の方法について述べられたものです[47]。ここでは、ジェスチャー（gestus）を、身体全体（figuratio）の運動（motus）と定義しています。

「魂の運動が外的に表現されるためには、『形』となること、すなわち、体が演じる象徴的なイメージとなって、神と人間の目の前に現れ出てこなければならない」[48]。フーゴーによると、ジェスチャーのモードや質は異なるのであって、彼は「異なるジェスチャーを互いに中和させるような」[49]折衷的で徳の高いジェスチャーを提示しようとしてジェスチャーの分類化を試みました。フーゴーは、統合体という角度から人間の身体のさまざまなジェスチャーについての比較研究を進めました。ジーンクラウデ・シュミットは、フーゴーのジェスチャーに関する考えかたには十二世紀のパリの学問の倫理的、政治的、審美的イデオロギーの広範性がにじみ出ていると言っています[50]。一五三〇年に『子どもたちがよいマナーを身につけるためのハンドブック』（De Civilitate morum puerilium）を著したエラスムスも、フーゴーの研究と同じように、「身体の動かしかた、ジェスチャー、姿勢、顔の表情、服装など、すべて人間の内的表出と見なされるもの」といった、外的作法に関する人のふるまいかたについてまとめています[51]。

ジョン・ウェスレーとジェスチャー

ジョン・ウェスレーもまた、説教者であろうと会衆であろうと実践すべき適切なジェスチャーがあることについて記しています。

> あなたの顔や手の沈黙の言葉が、あなたに出会った人の愛情を動かすかもしれません。あなたが表現したり励ましたいと欲する相手への情熱と同じように、その人のためにも、沈黙の言葉を整えていかねばなりません[52]。

ウェスレーは、キリスト者の礼拝のコンテクストにおけるジェスチャーの重要性を指摘します。彼と彼の追従者たちは、神を礼拝する際にはある程度の動作が伴ってくることを躊躇しませんでした。英国国教会における宗教改革の初期の時代から二十世紀のアメリカにいたるまで、熱い説教が語られたり、手を打ち鳴らしリズミカルに体を揺さぶることに後押しされながら会衆賛美を続けていくような「熱狂主義者たち」は教会の内にも外にも見ることができます。マクニールは、「ある人たちは、聖霊の訪れにエクスタシーを感じて何かが迸り出てくること、そして情緒的なカタルシスの癒しとともに、心からの悔い改めを欲したり期待したりする」[53]と言っています。メソジスト派が礼拝のなかでジェスチャーの実践をすることは、何らおかしなことではないのです。

要するに、キリスト者は、私たちの実演する今日のジェスチャーは、そのほとんどが非常に古い時代からの実践が現代においても実現されているのであって、神の民と同じくらい古いものであることを知っておくべきだということです。三位一体の神の名のもとにバプテスマが執行されるとき、そして「わたしを覚えてこのように行いなさい」という言葉とともにパン割きをおこなうとき、私たちはイエス御自身によって最初に模範を示されたジェスチャーの実践を継承していることになります。イエスは、私たちの内におられ、水のなかと食卓において御自身を顕されます。そしてそれは真理です。啓蒙主義以前の教会のジェスチャーは、アウグスティヌスのような神学者たちが書き記したもの、そして適切に演じられるジェスチャーについてキリスト者たちが記してきた書物から引用したものを実演していくことが中心でした。本書だけではなく、最近のほとんどの研究は、古くからの実践についてそのような見解を示しています。

今日の教会におけるジェスチャーの実演

なぜ私たちは、キリストの体のジェスチャーによってキリスト者を訓練していこうとするのでしょうか。第一に、私たちの模範であるイエスが、自分のジェスチャーを模倣するようにと招き、教えられたからです。イエスの手は優しく、痛みや病を癒しながらすべての人に善きものをもたらし、子どもたちを祝福し、足を洗い、倒れている人を救いました。この入門書をとおして、もしあなたが願うなら、キリストの神御自身がキリストの体の中で学ぶジェスチャーのカリキュラムとなってくれることでしょう。第二に、もしキリストがカリキュラムであるとしたら、彼の体はそれを学ぶ場です。私たちはイエスに、私たちの手を握っていてほしい、その手でより強く握ってほしい、しかし優しく丁寧に、そして丹念に私を磨いてくださいと願い求めます——「どうぞ、あなたのために用いてください」。この一句は、キリスト教教育とは何であるかを要約していると言えます。それはすなわち、この世における偉大な使命のために、キリスト者がキリストのようになっていくことです。教育は、キリストの体の中で起こっていくのです。

註

（1）フラナリー・オコナー『秘儀と習俗』上杉明訳、春秋社、一九九九年（Flannery O'Connor, *Mystery and Manners*, New York: Farrar, Straus, and Giroux, Inc., 1991, p. 111）、短編小説作家。

（2）ロナルド・ロルヘイザーが『聖なる憧憬』(Ronald Rolheiser, *The Holy Longing*, New York: Doubleday, 2000, p. 73) の中で引用。

（3）スティーヴ・リア「ロン・シェルトン——タイ・コッブのベースを覆う」(Steve Rea, "Ron Shelton: Covering the bases with Ty Cobb." *News and Observer*, Raleigh, NC, January 22, 1995, p. 9G)。

（4）ニコラス・ラッシュ『エマオの途上の神学』(Nicholas Lash, *Theology on the Way to Emmaus*, London: SCM Press, 1990, p. 37)。

（5）前掲書 (p. 42)。

＊訳者註＝*Lectio Divina*（ラテン語、聖なる読書）——ベネディクト会で用いられる伝統的な聖書の読み方。決められた聖句をくり返し読んで味わい、黙想、祈り、観想が続きます。「聖書で祈る」とも言われ、最近ではプロテスタント教会でもしばしば行われることがあります。

（6）私が本書で明確にしておきたいのは、私が別の著書の中でも記したように、「物語」はできるだけ広く理解され解釈されるべきだということです。学者たちのなかには、読んだり聞いたりしたことを極端に狭めてしまう人が多くいます。これはしばしば、テキストを「実体のないもの」にしてしまい、原著者の意図からかけ離れていき、あるいは人間の身体性や文化的係留からも引き離すことになります。

＊訳者註＝中南米の米国レジスタンスを排除する目的で設立された米国陸軍の訓練機関。かつては暗殺学校と呼ばれたこともありました。現在は、西半球安全保障協力研究所と改称し、ラテンアメリカ諸国の軍幹部の教育を施す施設とされています。

（7）ジェラルド・ローリン『神の物語を語る』(Gerard Loughlin, *Telling God's Story*, New York: Cambridge University Press, 1996, p. 84)。

（8）前掲書（p. 137）。ここでのローリンの指摘は重要です。聖書を解釈する上で、著者が提示しきれていない歴史批評のアプローチを含意していることを明らかにしようとする指摘だからです。文化的解釈のないテキストは存在しません。文化的解釈から解放されて、自由にテキストを解釈する「ツール」というのもありません。「文化」と呼ばれるものから切り離しては、テキストをどのように読んだらよいのかがわからないのです。いずれのテキストを読む場合にも、すべての読みは文化的な解釈になっていきます。

（9）スタンリー・フィッシュ『このクラスにテクストはありますか』(Stanley Fish, *Is There a Text in This Class?* p. 32)。

（10）アーサー・フランク『傷を負ったストーリーテラー』(Arthur Frank, *The Wounded Storyteller*, Chicago: University of Chicago Press, 1996, p. 104)。フランクは続けて、ほとんどの人々は、人のケアをするというこのジェスチャーに限界があると考えていると述べます。善いサマリア人でさえも、宿屋の主人に傷ついた人の介抱をしてくれるようお金を渡して自分の仕事に出かけて行きました。しかしこれもコミュニケーティブ・ボディの賜物と考えてもよいでしょう。

（11）テレーズ・リソートの博士論文「キリストの熱心を分かつ」(Therese Lysaught, "Sharing Christ's Passion: A Critique of the Role of Suffering in the Discourse of Biomedical Ethics from the Perspective of the Sick," Ph.D, diss., Duke University, 1992) を参照。

（12）ジェームズ・マックレンドン『組織神学――教義』(James McClendon, Jr., *Systematic Theology: Doctrine*, Nashville: Abingdon, 1994, p. 40)。

（13）「維持コード」という言葉は、カーラ・ハロウェイの、一つの文化には「暗示的であれ、明示的であれ民族的アイデンティティーの様式の足跡を辿って」倫理的に維持しようとするものがあるという議論にヒントを得て、ここで用いています。カーラ・ハロウェイ『維持コード』(Karla

Holloway, *Code of Conduct*, New Brunswick: Rutgers University Press, 1995, p. 6)を参照。

(14) 前掲書 (p. 65)。

(15) 前掲書 (p. 132)。

(16) ウォーレス・ステグナー『安らぎの交差するところ』(Wallace Stegner, *Crossing to Safety*, New York: Penguin Books, 1987, p. 150)。

(17) ケイシー『聖なる読書』(Casey, *Sacred Readings*, p. 24)。

(18) 前掲書 (p. 25)。

(19) 前掲書 (p. 39)。

(20) 前掲書 (p. 47)。

(21) ポール・ウィルクス『双壁を越えて』(Paul Wilkes, *Beyond These Walls*, New York: Image, 2000, p. 224)。

(22) ケイシー (Casey, p. 47)。

(23) オコナー『秘儀と習俗』(O'Connor, *Mystery and Manners*, p. 111)。

(24) ハワーワス「真理の物語のジェスチャー」(Hauerwas, "Gesture of a Truthful Story," in *Christian Existence Today*, p. 106)。

(25) アニー・ディラード『穢れた入り江の旅人』(Annie Dillard, *Pilgrim at Tinker Creek*, New York: Harper & Row, 1974, p. 9)。

(26) ドナルド・エバンス『自己属性のロジック』(Donald Evans, *The Logic of Self-Involvement*, p. 14)。

(27) ウォルター・ブルーゲマン『聖書註解シリーズ　創世記』(Walter Brueggemann, *Interpretation Bible Series: Genesis*, Atlanta: John Knox Press, 1982, p. 19)。

(28) 前掲書 (p. 34)。

(29) ウィリアム・マックニール『ともに時を刻む』(William H. McNeill, *Keeping Together in Time*, Cambridge: Harvard University Press, 1995, p. 72)。

(30) エドワード・フィリップス「初期キリスト者の礼拝における典礼の口づけ」(L. Edward Phillips, "The Ritual Kiss in Early Christian Worship," unpublished diss., University of Notre Dame, April 1992, pp. 1–6)。

(31) マックニール (McNeill, p. 75)。

(32) 前掲書 (p. 77)。

(33) ジェフリー・ウェインライト『頌栄』(Geoffrey Wainwright, *Doxology*, New York: Oxford University Press, 1984, p. 8)。

(34) カルヴァン『キリスト教綱要』第4篇、三二八頁 (Calvin, *Institutes*, 4.14.6, p. 1281)。

(35) アウグスティヌス『告白』二二頁 (St. Augustine, *Confessions*, p. 29)。

(36) ヴィトゲンシュタイン『哲学探究』丘沢静也訳、岩波書店、二〇一三年 (Wittgenstein, *Philosophical investigations*, Oxford: Blackwell, 1953, p. 32)。

(37) カルヴァン『キリスト教綱要』第3篇、一五八頁 (Calvin, *Institutes*, 3.20.33, p. 897)。

(38) カルヴァン『キリスト教綱要』第4篇、五七頁 (Calvin, *Institutes*, 4.2.4)。
(39) 前掲書、第4篇、一八三頁 (Calvin, *Institutes*, 4.8.9)。
(40) カルヴァン『キリスト教綱要』第3篇、一五八頁 (Calvin, *Institutes*, 3.20.33)。
(41) イブリン・アンダーヒル『礼拝』(Evelyn Underhill, *Worship*, New York: Harper & Brothers, 1957, pp. 289–290)。
(42) カルヴァン『キリスト教綱要』第4篇、三三七頁 (Calvin, *Institutes*, 4.14.5)。
(43) 前掲書 (4. 7. 37)。
(44) ウォルターストーフ (Wolterstorff, p. 19)。
(45) ウォルターストーフ (Wolterstorff, p. 21)。
(46) マクニール (McNeill, p. 78)。
(47) 前掲書 (p. 67)。
(48) 前掲書。
(49) 前掲書。
(50) 前掲書 (p. 68)。
(51) コナートン『想起する社会』(Connerton, *How Societies Remember*, p. 82)。
(52) ジョン・ウェスレー「発音とジェスチャーの行方」(John Wesley, "Directions Concerning Pronunciation and Gesture")。
(53) マックニール (McNeill, p. 83)。

第Ⅲ部　キリスト的ジェスチャーの実際

第Ⅲ部のプロローグ

使徒パウロは、私たちがキリストの体の部分として共同体生活を送る場合の時代を超越したイメージを示しています。神は、ある人たちは手になるようにと、ある人たちは足になるようにと、あるいは目になるように、耳になるようにと招いています。コリントの信徒への手紙一12章から私たちは、当時の共同体のなかに不一致があったことを読み取ることができます。傷ついた足は自尊心が損なわれ、手のほうが重要であるから自分はキリストの体に属していないかのように言います。耳は鼻ではないし、目でもありません。パウロは、多様な「体の部分」を丁寧に取り上げつつ、それぞれの部分はより大きなキリストの体全体の共通善のためにじつに貴重であって、いくつもの素晴らしいジェスチャーが調和されていくことが重要であると言います。彼はさらに、体の中で劣って見られる部分はさらに見栄えよくすべきだと述べて、体のその部分をさらに高く評価するようにと勧めています。こうしたジェスチャーのすべては、キリストの愛に支えられ満たされ、体の各部分が互いに同様の配慮をしていくようになります。「一つの部分が苦しめば、すべての部分が共に苦しみ、一つの部分が尊ばれれば、すべての部分が共に喜ぶのです」（Ⅰコリント12・26）。

この隠喩は時代を超越しているといえます。今日の教会のなかにもこうした葛藤が存在しているからです。教会はいまだに、自分は「あなたよりも聖なる」生活を送っていると考える者とそのように考えない者、「持っている者」と「持っていない者」といった、人生の過酷な性質にもがいています。行動障がいや発達障がいを抱えている青年たちのグループ・セラピーのセッションで、一人の若い女性が、自分のボーイフレンドを横取りされたと言って（彼女の言い分）、もう一人の女性に激怒していました。激しい衝突がおこり、私は二人の間に入って何とかなだめようとしたのですが、一方の女性の強烈な一撃が私の鼻に命中しました——明らかにアクシデントだったのですが、かなり痛いものでした——。それを見て、職員の人たちが慌てて飛んできて彼女らを押さえ込みました。騒乱の収拾のつくまで、スタッフ職員はしばらく彼女たちの体を押さえていました（二人がある程度平静を取り戻すまで手足を押さえつけたのです）。あとになって彼女たちは、私に、「どうして、あんなふうにしたのか？」と言ってきました。私はなにかできないかと思っただけだ、と応えました。私は感情的になっていた彼女たちをなだめようとして、話しかけながらも非暴力を実践していました。私は「だれかがあなたの右の頬を打つなら、左の頬をも向けなさい」（マタイ5・39）のモデルになっていたのです。私は平静を保つことによって反対の頬を向け、怒りと痛みに満ちた彼女らの真ん中に立つことによって平安を築こうとしたのであって、その場から立ち去ることはしませんでした。

どこで私はこうした非暴力のジェスチャーを学んできたのでしょう。私は平和主義者なのでしょうか。私は自分自分のジェスチャーに驚きました。若い人たち、とりわけ喧嘩をしていた若い彼女たちもそうでした。私が彼女たちを押さえ込まなかったのが信じられなかったようです。彼女たちは、私が勇敢で思いやりのある人だと思ってくれました。スタッフの人たちは、私のことを愚かだと思ったことでしょう。

なぜ私は平和主義者のような行動をとったのでしょうか。殴られることに快感を覚えるからではありません。通常、私はそのような暴力には尻込みしてしまいます。私がそのようなジェスチャーを実演できたのは、キリストであればそうしたに違いないと信じたからです。残念なことに、私がこの非暴力のジェスチャーを学んだのは、教会ではありませんでした。私のキリスト者としての生育過程では誰も非暴力のジェスチャーについて、あるいは愛することや、信仰や、希望について、教えてくれた人はいませんでした。私はそのようなジェスチャーを、個人的に聖書を読んだり、時折、聖書研究会において少人数で話し合ったり、大きな集会に参加したりするなかで学んできました。マタイによる福音書のこの箇所を、私は知識としてはよく知っていました。しかしそれまで誰も私に、敵意に直面したときに、その福音書の言葉を行動に移して、平和のジェスチャーの実演をするようにとは教えてくれませんでした。私は口で「平和、平和」と唱えることは学んできましたが、体全体でジェスチャーをおこなうことは学んでいませんでした。私の体・知・心が、一気に平和のデモンストレーションを披露することになったのです。さらに言うなら、それは本当に私がおこなったジェスチャーだったのでしょうか。それとも私の中のキリストだったのでしょうか。どうすれば、このような非暴力的ジェスチャーがキリストの体に作用していくのでしょう。確かに、この若い女性たちの人生に作用していきました。

第Ⅲ部では、キリストの体の部分として共に生きるために、体のなかのさまざまな部分にどう教えていくとよいのかに焦点を当てていくことにします。この教育過程を、私は「巡礼のカテケージス（要理教育）」とよびたいと思います。なぜなら、キリストの体における人生のあらゆる巡礼について教えた古代カテケージスの理解にさかのぼって、教育のありかたをここで提案しようとしているからです。この巡礼のカテケージスの中心にあるのは、キリスト的ジェスチャーの実践を強調することです。私たちが日々の生活において聖書を読んでそれを行動に移そうとするなら、それ自体がすでにキリスト的ジェスチャーの実践になっています。このキリスト的ジェスチャーの実践は、教会生活というコンテクストのなかで、熟達した職人によって信徒や見習工に教えられていきます。そうした教育は、伝統的で豊かな祭儀の慣習、すなわち教会生活における礼拝から奉仕の交わりまでを含めたものです。

さらに、私たちがキリスト的ジェスチャーの実践について学んだり教えたりするのは、キリストの体というコンテクストにおいてなのです。私は、私たちがもっともジェスチャーについて教えたり学んだりすることのできるのは、キリストの体の文脈の外ではなく、キリストの文脈の中においてであることを提起したいのです。このセクション全体のテーマであるキリスト的ジェスチャーのカテケージス的教育アプローチは、エンカルチュレーション（文化化）とこれまで別物として捉えられてきたキリスト教教育の弁証法的融合です。私たちの人生は、どこにいるときであっても、つねに「キリストの体」という文化のなかに位置しています。他の人々の生き様を通して、永遠に私たちを教え続ける神の霊から、私たちは逃げることができません（詩一三九編）。コンテクストに沿った教育のためには、私たちは駆け抜けていく人生のただなかで教えるという概念を――巡礼者の道程として――真剣に考えていかなければならないのです。

第六章　キリスト的ジェスチャーのためのカテケージス

いつになったらこの巡礼の旅の終わりがきて、神の御前に進み出ることができるのでしょう。(1)

典礼と時間

キリスト的ジェスチャーの実際を教えるには、いったいどのような教えかたがあるのでしょう。この章では、キリスト的ジェスチャーをどのように教えるかについて検討していきますが、はじめに、キリスト的ジェスチャーを、キリストの体の多くのメンバーを伴った、生涯にわたるカテケージスのプロセスのなかに位置づけることから始めていきます。私たちは、私たちが神の国に入るときまで、神への道を教えられ続けていくのですから、カテケージスのプロセスを巡礼の旅として捉えていくことは適切です。つぎに、カテケージス的な巡礼の旅は、聖書において、教会の伝統物語が展開されることにおいて、そして私たちが直面する人生の課題において明らかにされているように、私たちの生きかたをキリスト自身の生きかたに追従させ、それをパターン化させることまでを含めて考えていきます。

巡礼のカテケージス

カテケージスを再構築していくにあたっては、使徒言行録2章42節にみられる最初期のカテケージスの定義を確認しておくことが、キリスト的ジェスチャーに応用するためのもっとも有効な手掛かりとなるでしょう。「彼らは、使徒の教え、相互の交わり、パンを裂くこと、祈ることに熱心であった」。私たちは、この聖句や初代教会におけるその他のカテケージスの実例をとおして、日常生活において、キリストの教えを伝えて形づくっていくことの重要性を知ることができます。カテキズムは、その神学的考えかたにおいて微妙なニュアンスの違いがあったり劇的な変容を遂げたりしながらも、ローマ・カトリック教会とプロテスタント教会の両者において、歴史のなかで改訂され続けてきました。[2] そうした変容とともに、今日のローマ・カトリック教会では、カテケージスの基本的な目的について優れた説明をして、カテケージスは元来、「人々を弟子とするために力を尽くす」という教会の責務として定められたものである、と言っています。カテケージスは、人々が、「イエスは神の子である」と信じるのを助けるものであって、「信じることによって、人々はキリストの名のもとに命が与えられ、その命の内で養育され訓育され、そうしてキリストの体を建て上げていく」[3] ためのものです。キリストの道に養育され訓育されるというのは、単にキリストの道を知るだけではなく、キリストの道に生きることを意味しています。カテケージスとは、そこに向かって、神の民として生涯にわたってキリスト教信仰を貫き、巡礼の旅人として継続的に形成され再形成されていくプロセスのことです。私たちは、毎日カテキズムを口ずさんだり、教会の教義を暗唱したり、声に出して主の祈りを祈るといったジェスチャーをおこなうことだけで整えられていくわけではなく、私たちはキリストへの信仰に生きること、そのジェスチャーを実現することのために召されているのであって、日々の教会生活の典礼法規に従うことによっても方向づけられますし、また教会の物語や教会暦の聖日サイクルによっても形成されていきます。[4]

カテキズム史の概観

ポール・ブラッドシャウは、初代教会においては、バプテスマがキリスト教信仰の中に位置づけられる以前から、人を水に浸すかたちで実際上のバプテスマが施されていたこと（ローマ６・３）に着目しています。それはカテケージスとして行われていたのです。このことから、バプテスマとカテケージスは、初代教会では不可分の実践であったことがわかります。ユダヤ人のキリスト教信仰への回心とは異なって、多くの宗教的背景のない異邦人の回心志願者たちにとっては、こうしたカテケージスが必要だったのです。[5] ある学者たちは、バプテスマが終わったのち、「新しくバプテスマを受けた者の上に手を置くこと、または油注ぎによってその人に聖霊の賜物が与えられたことを示す」もう一つ別の祭儀も営まれていたことを示唆しています。これが聖書的根拠に基づいて、のちの信仰告白につながっていくことになります。(6) 新しく入会した者へのこのカテキズムは、ミスタゴギー（mystagogy、秘跡教育）とよばれていました。ギリシア語の動詞ムエオー（mueō）を語源とするこの言葉は、「教義を教える」という意味があり、それが「キリスト者の信仰の秘跡への導入」を示すようになっていきました。(7) バプテスマがキリストの体のジェスチャーに依存しているとしたら、ミスタゴギーは新入会者に対して限定されたジェスチャーのカテケージスであって、字義的には次のように言うことができるでしょう。

（それは）最初の入会儀式であるバプテスマ、そしてユーカリストにおいて聖なる行為が実演されるのと同様に、聖書や教会の典礼に秘められている秘儀を明らかにしようとして発語されたり書き記されたりするものもまた、聖なる行為の実演といえよう。(8)

初期の入会儀式や初代教会のカテケージスは、キリスト御自身のしたことを模倣しているので非常に重要です。たとえば、マタイによる福音書28章16−20節において、キリストが弟子たちに、宣べ伝え続けるように言い渡します。

「すべての民をわたしの弟子にしなさい。彼らに父と子と聖霊の名によって洗礼を授け、あなたがたに命じておいたことをすべて守るように教えなさい。」

カテケージスと伝道は、聖礼典儀式としてのバプテスマに接続されています。マックスウェル・ジョンソンによると、バプテスマの聖礼典には二つの神学的ポイントがあるといいます。一つは、バプテスマによるキリスト教への入信は、水と霊によって新しく生まれると理解されます。イエス自身もバプテスマを受けました（ヨハネ3・5）。もう一つは、キリスト教への入信はキリストの死と葬りと復活にあずかることと理解されました（ローマ6・3−5）。(9)

カテケージスは、「傾聴する」「再び聞く」「再びこだまする」という意味のギリシア語のカテーキトに由来しますが、これが、「教示する」または「キリスト者の道徳的生活への入門コース」という意味で用いられるようになっていきます。(10)「カテキューメン」は学習者、そして「カテキスト」は教師をさします。教会生活への導入プロセスは「カテキュメネイト」と言います。(11) 初代教会のカテケージスには、各人の人格の形成も含まれていました。たとえば、カテケージスは、個人的なワークブックやドリル問題などによってではなく、「バプテスマを受ける前の子どもたちや大人たちに告げられるキリスト教の真理の基本」を口述すること――語るという行為――によって展開されました。[12]

初期のカテケージスは、福音のメッセージを語るジェスチャーと聴くジェスチャーがまとめられたものでした。ブラッドシャウによれば、バプテスマに先立って行われた罪の悔い改めは、「私はイエス・キリストを神の子と信じます」という信仰を口頭で告白するしかたで行われたといいます。[13] これは、人生のなかで直面した真の回心経験を受洗志願者自身が説明することもバプテスマにいたる入信儀式の一つの過程として捉えている点で特徴的です。初代教会では、文書による資料にふれることができなかったため、身体的ジェスチャーである口述で教えることが中心でした。[14] 主たる学習方法は、文学的方法というよりも、むしろ聴覚、視覚、触覚、味覚といった感覚や、感情や身体の運動が刺激されるようなもの――身体と心の全身的行為――でした。

この時代には、ローマや他のところにあったカタコンベにも教会やキリスト者の物語を示すシンボルや壁画が描かれました。教会の生活は、中世の時代からヨーロッパのルネサンスにいたるまで、これらのしるしやシンボルに依存し続けていたことは明白です。浅浮き彫のイラストや、教会建築、ステンドグラス、彫刻、絵画、タペストリー、音楽、説教のなかで、また大聖堂の外で演じられた道徳劇などにも、バプテスマやユーカリストの祝祭に見られるのと同じようなキリスト者の物語が織り込まれていたのを見出すことができます。[15] 多くの人々は識字力がなかったために、キリスト者の物語を芸術の形で表現することは、教育においても有用でした。カテキスト、芸術家、音楽家、司祭、ストーリーテラーたちのジェスチャーも重要な役割を果たしていました。

初代教会の入信に向けた実践において注目すべきは、回心者の人生が変化していくことへの期待であり、本書でもそれを議論しようとしています。カテケージスのプロセスのなかに置かれた人がどのような人物になっていくのか――その人の行動やジェスチャー、すなわちその人の性格――についての実例をいくつもあげることができます。ブラッドシャウは、シリアの古代のテキストを見るかぎり、神の言葉の宣言を聴くことが許可されるよりも以前に、回心者は自らの悔い改めと信仰を告白しなければならなかったといいます。同様にヒュポリトスの使徒伝承も、バプテスマ準備が最終段階を迎えて、福音を聴くことが承認される前に、その人がカテキューメンとしてどのような生きかたをしようとしているのかが問われたことを述べています。最終的にブラッドシャウは、人の義の行為や行動はその人の人生のなかでジェスチャーとして表出されなければならないのであって、初代教会においては、それが教会に属するための前提条件だったといいます。

> 少なくとも、いくつかの信仰のかたちがのちになって形成されていくことが期待されていた。それは、異教徒たちを魅了する宗教的内容や最も効果的とされる福音伝道の方策にではなく、まさにキリスト者の行動のなかに表出してくるのである[16]。

ベラール・マルターラーも同じプロセスについて指摘しています。現代のカテケージスの教えでなされるようないくつかの問答だけではなく、受洗志願者たちは、受洗前までに、彼らのライフスタイルまでも念入りに精査されたといいます。信条を暗唱したり、主の祈りについて学びもありましたが、彼らの決意が教会の年配者たちの前に開示されて、どういった人々がキリストのもとに来ようとしているのかが明らかにされていったといいます。マルターラーは、口頭試問とともに入信の祭儀と信仰強化の祭儀があったと述べています。

> 入会者〔新生者〕は、バプテスマの執行、堅信、聖体拝領への完全陪餐を含んだ入会儀式ののち、秘跡（ラテン語の「サクラメント」）についての勧告を受け、キリスト者としてこれから生きていくことの意義についての訓示を聞いた。この最終段階が、ミスタゴギーまたは秘跡教育のカテケージスとして知られていったのである[17]。

徳を積む行為は、教会に属するための前提条件と考えられていて、教会では正しい思考と正しい信仰に関しては、(1)正しい行為とは、(2)共同体に属するとは、(3)正しい信仰とは、という順序で教えられていきました。正しい行為や所属することに先立って、正しい思考や知識を学ぶというしかたは、今日のカテケージスで行われているのとは真逆です[18]。それにもかかわらず、コンスタンティヌス時代（四世紀初頭）のキリスト教会への迫害の停止は、志願者にとってはバプテスマまでのプロセスの意味が転換することでもあり、彼らの回心に希望をもたらす大きな経験となりました[19]。

五世紀までには聖礼典におけるバプテスマのジェスチャーが、より共通した実践として発展するようになり、自分たち同士で口述で教えるといういくつかの伝統的な方法も取り入れられていきました。たとえば、ミラノのアンブロジウスとアウグスティヌスがバプテスマ信条、主の祈り、二つの愛するという戒めを具体化していくための「キリスト教要理の基本事項」をラテン語にまとめたことを、マルターラーが指摘しています[20]。教会は、カテケージス教育によって次第に均質化され強化されていきました。九世紀までは限られた書物しかなかったため、教育はまだ口述伝統のなかにありました。識字は聖職者の特権でしたが、書物を入手すること自体が難しかったために、彼らの読書力も限られたものでした。しかしこの頃までには、使徒信条も含めて、それぞれ母国語で学ぶことができるようになっていきます。ローマ・カトリック教会のカテケージスの四つの柱は、今日にいたるまで継承されています。

四つの柱、すなわち、洗礼の際の信仰の表明（信条）、教会典礼の聖なる行為（聖礼典）、信仰者の生活（十戒）、信仰者の祈り（主の祈り）である[21]。

十三世紀頃までには、民間信仰の波が押し寄せて、キリスト者たちのなかにキリスト教信仰の正統性への関心が高まっていき、それによってキリスト教の世界観も次第に洗練されていきました。これに呼応するかたちで、教会はカテケージスの役割がさらに強調されるようになり、教会ではより多くの多様で複雑なカテケージスが展開されるようになったのです。書物やキリスト者の生活ガイド・マニュアルも次第に増えていき、カテケージスのなかでそれらを取り上げることも起こっていきました。これは大きな変化といえます。口述による説明と教会における身体的ジェスチャーを演じることに依存していたところから、より認知的プロセスとしての読む行為へと転じていったからです。いくつかの書物を例に挙げるなら、英語で著され聖職者向けに十四世紀に発刊されたジョン・デ・テイステックの『信徒のためのカテキズム』（The Lay Folks' Catechism）、ジョン・ウィクリフ編集の『信徒のためのカテキズム』(Lay Folks' Catechism) および『よくわかる信徒のＡＢＣ』(ABC's of Simple Folk)、十四世紀のエラスムスによる『キリスト戦士のハンドブック』(The Handbook of the Christian Soldier) などがあります。エラスムスの『ハンドブック』は、教会への個人的な献身と個人の道徳的生活に重きが置かれたもので、「古代の教訓を学んだりそこに回帰したりすることを強調した人道的プログラム」[22]であったといいます。この『ハンドブック』の興味深いのは、私たちの祈りについて強調されている点です。祈りは、聖書に関するジェスチャーと知識とを要するため、つねに聖職者だけに許された領域のものであって、罪の葛藤のなかに置かれた信徒には許されていない、とあります。エラスムスは、「外向きのしるしや献身」といった宗教的実践が継続されることには批判的であって、その代わり、彼は福音と「内向きの神の愛と隣人愛」に焦点を当てようとしたのです[23]。

十五世紀の印刷技術の発明によって、カテケージス教育は身体ジェスチャーを使った教会の実践というよりも、むしろ次第に人が思考する際の機能の一つになっていきました。つまり教会に加わるための正しい行為やジェスチャーから、基準となる信仰や思考のしかたへと重点が変わっていったのです。聖書の学びも、教会共同体における口述とそれに伴うジェスチャーだけではなく、個人的な思考方法を含むようになりました。その頃、カテキズムを改訂する努力がプロテスタントとカトリックの両者で盛んになっていきました。一方に、牧師、説教者、教師たちの神学的資料として「大教理問答」があり、他方に、聖職者、学校経営者、親、そして子どもたちが用いる「小教理問答」があり、それらは今でも用いられています。子どもたちには、小さな教理問答をより多く暗記することが——認知行動の一つとして——期待されました[24]。読んだり学習したりするよりも以前に、志願者の生活やジェスチャーが検証されることは、もはやなくなっていきました。カテケージスは人々の生活を変えたり整えたりするプロセスとしては理解されなくなったのです。むしろカテケージスは、人々が教会の重要な信条や信仰告白を認知的に学習するための教科書になっていきました。この変容は、聖職者や牧師のための教会という感覚を減少させ、人々ための教会という感覚を増大させました。信徒が聖書テキストに直接ふれることできるようになったからです。しかしそれはまた、カテキズムを、入信儀式のプロセスや共同体全体のキリスト者の歩みのなかにその人の人生を丸ごと抱えて強化していくというプロセスから、その人がすでに教会の一部分であることを前提にして、信仰告白、信条、祈祷を個人的に暗記するための教科書へと変容させることにもなりました。

こうした「新しい」カテケージスの展開や印刷技術は、マルティン・ルターやジャン・カルヴァンにとっても重要な要素となっていきます。ルターは一五二九年に『ドイツ・カテキズム』(のちの『大教理問答』)と『小教理問答集』を刊行します。カルヴァンは一五四一年に『ジュネーヴ教会信仰問答』、一五六三年に『ハイデルベルク信仰問答』を著して、これらは改革派教会の重要な教義規準となっていきました。聖書を知的に理解することが、人間の行動や行為を整えるときの前提事項として強調されていったことを私はあえて指摘しておきたいと思います。これは、教会に加わるための前提として、美徳をめざした行為やジェスチャーが強調され、次いで信じるようになり、そうして理解へと導かれていくという初代教会の実践とは正反対です。今日の教会――よりはっきりと改革派教会――は、ある程度の知識を認知的に習得すれば、人は、個々人で教会に所属するための正しいありかたを身につけることができるという想定のもとに置かれています。

驚くことに、カルヴァンは、初代教会の古代カテケージスの習慣が失われたことを嘆いているのです。

この誤った聖礼典の亡霊が生起する以前の状態にすべきこと、すなわちかつて古代教会の中にあった習慣がわれわれの間で守られることを、わたしはどんなに願っていることであろうか。（中略）それは「信仰問答教育」（カテケージス）のことである。すなわちこれによって少年たち、あるいは青年期に近づいたものたちが、自己の信仰の道理を教会の前に明らかにしたのである。ところで、この用のために、信仰問答教育（カテケージス）の最善の道は、この用のために、信仰者たちの教会全体が異論なく一致すべき、われわれの宗教のほとんど全要綱を含み、分かりやすく解説を施した、ひとつの信条形式が書かれることである。十歳（あるいはその前後）に達した少年は、自己の信仰の告白を申し述べるために、自ら教会に出頭するのである。そして、いちいちの要綱についてたずねられ、一つひとつ答えるのである。もし、知らない、あるいは理解の足りない項目があれば、それについて教えられる。こうして、信仰の民らが、心をひとつに、ひとりの神を礼拝しまつる、ひとつなる、まことの、そして真剣な信仰を少年が告白するのを、全会衆は証人となって目撃するのである。（中略）こうして、キリスト者たちの間における信仰の一致は、いよいよ大であり、人々がこのような無知と粗野の中に捨て置かれることはない。また、ある人々が軽々しく、新奇な、外来の教義によって連れ去られることもない。要するに、すべての人が何らかの手段で、キリスト教教義を説明できるようになっていく。(25)

カルヴァンは、当時ジュネーブにおいて、子どもたちは日曜日の昼のカテケージスに連れて来られるべきだと提案しています。「典礼の際の小さな子どもたちに関する留意点」のなかで彼は次のように述べます。

子どもたちを教育するための手引書を作らなければならない。そして彼らに教えるだけではなく、その手引書に沿ってなにが教えられたのかを子どもたちに質問し、彼らがしっかり聞いて記憶しているかを検証しなければならない。

その子どもがカテキズムを修了できるまでに十分に教育された場合には、彼はカテキズムの総括的内容の要約を粛々と述べ、また教会において彼のキリスト教信仰告白をすることとなる。

これが済むまでは、いかなる子どもであっても、主の聖餐に参与することは許されない。(26)

カルヴァンやカルヴァン派の人々にとっては、カテキズムを学習し知識を得ていくことは、バプテスマと同じく、主の聖餐を受領する前に行われた前提条件でした。(27)

その頃、ローマ・カトリック教会では対抗宗教改革期を迎え、ローマ・カトリック教会の改革者たちは『トレント公会議のカテキズム』というもう一つのカテキズムを出版しています。ルドルフ・ベルは、このカテキズムには、日々の祈りと信条――プロテスタントのカテキズムにも見られる――と、罪と禁止事項リストという二つの柱があることを指摘しています。しかし牧会者向けのある一定の道徳的行動規範に従った生活を会衆に教えるための明確な指示も含まれていたようです。たとえば、夫婦は次のように教えられました。

祈りに専念するために、夫婦間で負債を厳しく取り立てることは控えるべきである。夫婦は、とくに聖体拝領を受ける前の少なくとも三日間、またレントの断食期の頻繁な性交は避けるべきである。(28)

そのような人々の性生活の詳細にまで及ぶような微妙な教えまで含んだポケットサイズの小冊子も刊行され、司祭や熱心な信仰者たちに頒布されました。これのおかげで、司祭たちが司教区の人々の罪の告白を聴くときに、慌てて動揺することがなくなったといいます。[29] 聖職者と信徒の両者のジェスチャーが変わった例です。

一七八〇年代に日曜学校が始められると、その発展に伴って、いずれのカテケージスもそれ自体があまり注目されなくなっていき、より日曜学校や神学校での神学、聖書解釈、教会史に焦点が当てられるようになっていきました。日曜学校においては、学習すべき知識内容（たとえば、教会の信条、告白、祈りなど）を一人ひとりが知識として蓄えていくことが大事にされたため、キリスト教信仰の学びと実践は、ますます思考上の行為として捉えられていき、キリストの体における身体的・霊的行為としては語られなくなっていきました。[30]

近代におけるカテケージス教育の実践

初代教会におけるカテケージス教育においては、さまざまな行為やジェスチャーが強調され、それに続いて、所属することと信じることが起こっていきました。すでに私は、基準となる信仰や思考のしかたが、所属することや正しい行動よりも先にくるようになった教会の歴史的変遷を紹介してきました。今日の教会では、カテケージスは生涯にわたって関わりを深めていくようなものではほとんどなくなっています。せいぜい小さなパンプレットのようなものに簡略化され、唱和したり、暗唱したり、小グループ・ディスカッションのなかで用いられたり（たとえば、アメリカ合衆国長老教会の新しいカテキズムなど）、あるいは一冊の書物になって出版されている程度（たとえばローマ・カトリック教会などにおいて）です。長老教会の新しいカテキズムは、旧約聖書と新約聖書の神の民の物語を取り上げて、そのなかに信仰告白や信条の内容を散りばめ、加えて、教会の聖礼典と偉大なる終末についてのセクションを設けています。しかしキリスト者がどのように生きるとよいのかについては、ほとんど言及されていません。[31]

それどころか、カテケージスを生涯にわたるものとして受けとめている人は、もはやどこにもいないのではないかと想像してしまいます。カテケージスは、方法論的には、「カテケージス・クラス」などと称する短いコース（すべてが約五〇分に収まるかたち）に縮められ、キリスト教教義を学ぶものとしてワークブックが用いられたり、いくらかのアクティビティが提唱されたり、小グループ・ディスカッションのための質問が用意されたりしています。限られた期間（一カ月から一年程度）に週ごとに行われ、多くの場合、教会の混み入ったスケジュールのなかに、もう一つ特徴的なプログラムが企画されているといった具合です。青年たちは、教会生活への入会祭儀の一部として、信仰告白についての学びの期間に、彼らの属する教派のカテキズムを読み進めたり暗唱したりします。またある人たちは、教会に加わっていくための入門クラスで、その教会独自のカテキズムを学んでいく場合もあります。教会によって、講義スタイルであったり、問答形式であったり、なんらかの復習のための活動が行われたりします。たいてい、ある程度のものが整った教室で、同世代の子どもたちや大人たちを集めて行われます（できるだけ均質化をはかろうとして）。どういった形であれ、今日の教会のカテキズムに関する大きな問題は、「与える側」と「それに応答する側」という形態、お決まりの問いに対してお決まりの解答をしていくというパターンが見られることです。それらの問答は、通常、ある一定の年齢のときに暗記していくことになりますが、残念なことに、その学びのコースが終わるや否やそれらはすっかり忘れられてしまうのです[32]。教会の心と体と霊の活動にどのようにかかわるべきなのか、その中でどのように生きていくとよいのかについて、まるでフォローアップがなされていないのです。

ジョン・ウェスターホフは、このようなタイプの学びのプロセスでは、学習者には、まず知識とそれを批評するスキルを身につけることが求められ、その上で「キリストの体のメンバーとしての応答的生活」に入っていくというプロセスを辿っていくと述べて、現代のカテケージス教育には、その両者を連関させていくものがほとんどないことを指摘しています[33]。なぜならこうしたカテキズム教育には、「その時間」以外に、何らそれが補強されたり、礼拝、教会の諸集会、他の教育プログラム、あるいは教会生活の中でそれが再び取り上げられて神学的ディスカッションが行われたりするようなことがないからです。同じように、バプテスマも、乳幼児期か大人になってから受けるため、古代のようなカテケージスの実践が聖礼典に参与する前提となるべき入信儀式としての役割を果たさなくなってしまいました。そればかりか多くのプロテスタント教会では、カテケージスはもはやユーカリストに参与するための前提条件ですらなくなってきています[34]。カテキズム・クラスが日曜日クラスの選択肢のなかにあるなら、まだ良いほうで、いくつかのプロテスタント教会では、最悪の場合、それがまったく欠如してしまっています[35]。

ここに問題があるのです。一人の人がキリストの体で生きようとするときに、もはやカテケージスの必要性が言われたり、それが用いられたりしなくなっているのです。古代の教会の慎重かつ難解でもあったカテケージスの実践を、今日の教会は失ってしまいました。初代教会に展開されていたカテケージスを忘却してしまった私たちは、私たちの体をつくり上げることや、私たちのありかたや人格を研ぎ澄ましていくこと、キリストの体のコンテクストにあって継続して特別なジェスチャーを演じていくことで体と心と知を鍛え上げていくといったきわめて重要な事柄を喪失してしまったのです。形成されるべきは、福音のよき知らせの秘儀を、ただ聞くだけではなく、その人の全人格をとおして受けとめようとするキリスト者です。

次のセクションでは、キリスト的ジェスチャーを演じるときのカテケージスのパターンについて提起していくことになります。私は、古代の教会が実践し、焦点を当てていたいくつかのことを取り戻すために、カテケージスの展開のしかたを正すことから始めていこうと思います。そうした形成のプロセスは、人の人生の中で一度か二度起これば、よいというものではなく、バプテスマから始まって、毎年、継続的に、教会の信条、告白、祈りに沿いながら、各人の人生を検証していくということになります。私たちは、キリストの体における祭儀的生活に加わりながら、継続的な形成と育成を通じて、神の民の真実かつ秘儀的な実践生活のより深いところへと導かれていくのです。

カテケージス、それはピルグリメージ巡礼の旅

私がここで提唱しようとするのは、巡礼のカテケージスです。これは、ウェスターホフが指摘した、キリストにおける生きかたをインフォーマルに学ぶ瞬間とは切り離したフォーマルな教育プロセスのことと言ってもよいでしょう[36]。ウェスターホフは、今日のカテケージスのアプローチを「キリスト教信仰共同体が、人々とその共同体の生活のなかで、神の救済の業を明らかにし、意識し、そこに生

き、活動するためにおこなう意図的活動」と定義しています。[37]信仰者を形成するときのその他の主たる活動としては、共同体の儀式または祭儀的生活――「共同体の物語を表現するための反復的象徴的ジェスチャー」[38]――があります。こうした形成のしかた、つまり「物語によって成立している共同体生活においてわれわれの知覚や意識や人格を研ぎ澄ましていく意図的、関係的、経験的な活動」が展開されるようになると、もう一方の学びのタイプも融合されていきます――すなわち、「インフォーマル」で「無意図的」な学習が意図しないかたちでさまざまに生起してくるようになり、私たちは、今度はそれらを意識的におこなうようになって、それらが信仰形成やカテケージスとなっていくのです。

カテケージスにおける「巡礼の旅」という考えかたは、古代のキリスト者やユダヤ教徒が巡礼の実践をとおして成長し、つくり変えられていったことからきています。また、教会がカテケージス教育を取り戻すときには二つのカテケージスのプロセスがあることを示唆したラインハード・ヒュッターの功績によるものでもあります。ヒュッターは、まず入門カテケージスがあり、それに続いて「巡礼の」カテケージスがあると言います。[39]入門カテケージスにおいては、カテキューメン（生徒）たちが、年齢に関係なく、「新しい馴染みのない言語と行動の関係について学び、そのコースが終わるまでにそれらの言語や行動についての何らかの能力を獲得していく」[40]ことがその特徴のカギを握ります。一方、「巡礼の」カテケージスは、バプテスマを想起しながら継続的にそれを実現させていくための学びの方法を意味し、「目まぐるしく変化していく人生のコンテクストのなかで信仰のプラクシス（実践）を維持させること、またそうした人生の状況を信仰のプラクシスそのもののコンテクストのなかで解釈していこう」[41]とするものです。

ウェスターホフやヒュッターは、私が構築していこうとしているカテキズムの方向性に非常に大きな示唆を与えてくれています。私が巡礼のカテケージスという場合、それはキリスト者の巡礼の旅のことをさすのであって、私たちは、巡礼共同体の一員として、キリストにおいて、神に知られ、包み込まれるという難解な関わり方を学んだり他者に教えたりしていきます。それは他者とともに友情のなかで進めていく旅であり、私たちは、より良いもの、より美しいものをめざし、正しいところに属すること、そして正しい生きかたについて学んでいこうとします。キリスト者の巡礼の旅において、神は私たちの道であり、キリストは私たちの同伴者であり、聖霊は私たちに恵みを注ぎ込みます。[42]巡礼のカテケージスは次のことを強調します。第一に、教会は絶えず神の愛の中で私たちを形成し養育していくので、教会にいること自体がカテケージスです。巡礼の旅はキリスト者の共同体行為ですから、カテケージスもまたキリスト者の共同体行為です。第二に、カテケージスによる人間形成は、巡礼の旅がそうであるように、生涯をかけての業となります。そして第三に、私たちは、信仰によって、つねに神の恵みに根ざして基礎づけられ、それゆえ神の愛と神の国を知ることが私たちの共通のテロス（目的）となります。

カテケージスは、一人ひとりの人生を導き、統合させ、弟子を育てていくという教会の務めであり、体・知・心のジェスチャーを、キリストの体と思いと霊のジェスチャーのなかに取り込み、そこに組み入れていきます。そうして教会の美徳を具現化しつつ、一つのキリストの体として生きることの「卓越性」を得るために、キリスト的ジェスチャーに正しい方向性を与えて、その実演へと導いていきます。[43]カテケージスは弟子を作り上げていくための教会全体の努力として理解されていかなければなりません。すなわち、「人々が、イエスは神の子であることを信じ、それによって彼らの人生がキリストの名のもとにあることを信じるようになり、そのなかで生きることによって人々を教え導き、そうしてキリストの体が作り上げられていくという信仰理解を助ける」[44]ものなのです。そのような生きかたこそがキリスト者の正しい生きかたです。[45]

カルヴァンは、「信仰の民らが心をひとつに、ひとりの神を礼拝しまつるなかで、ひとつなる、まことの神への信仰を告白する」ことによって教会全体が形成されていくと、きわめて明解に述べています。[46]「キリストの体」は、信仰による恵みの賜物が用いられることによって、全会衆の成長と変化に継続的に関わっていくのです。だれ一人孤立した個人としてキリストの体の一員になることはありえず、たった一人で巡礼の旅に出ることもできません。それがキリストの体のジェスチャーの実践であって、キリスト者の物語が、私たちよりも前に来たキリストの体のメンバーたちや、この後やって来るメンバーたちも含めたなかで具現化され、私たちも、キリストの体におけるジェスチャーの実践をとおして、教会が一つであることとその目的とを受けとめていきます。そのようにして私たちは、聖なる神の業を本当に理解し始めるようになるのです。

カテキストたちは、現代社会におけるキリストの体として、罪との闘いと神の恵みの賜物を祝うという大きな令状を手にしていきます。換言すると、カテキストたちがその令状を受け取ったのなら、教会は、時間をかけてでも継続と忍耐の美徳を実現させながら、信仰と希望への道筋が絶えず拡張されていく様を人々の前で実践し、キリストの困難な道へと私たちを導いていかなければなりません。ジェスチャーには、正しい実践方法と、体全体に害を及ぼすような有害な実践方法があることを、教会は知っておく必要があります。マイケル・ウァーレンが次のように述べています。

初等カテキュメネイトのゴールは、徐々に正しいライフスタイルを身につけていくことであって、それは、カテキューメンが、イエスの追従者たちに囲まれるなかで、イエスの追従者としての歩みができるようになったときにはじめて完了するのである。(47)

巡礼の旅も同様です。巡礼者としての私たちは、「その途上で」の学びを続けながら、また他の人々の生きかたに照らし出されるようなしかたで自分の生きかたに向き合って、キリストの体として行動していく生を生き抜いていきます。そうしてキリストの道へ導かれること、すなわち巡礼の旅自体がその人の人生そのものとなっていきます。カテケージスは、キリストの体における欠くことのできないジェスチャーによる生涯にわたっての教育です。つまり、さまざまに変化する私たちの人生に首尾一貫性を与えようとする特有のジェスチャーを、私たちはキリストの体のメンバーとして互いに学んだり実践したりしていくのです。また多くのジェスチャーの実際を学ぶことをとおして、神を礼拝し神に仕えていくための体の姿勢を整えて、さらにはキリストの体の他のメンバーをも維持し立て上げていくことが重要です。ヘンリー・ナウエンの言うように、共同体は、私たちの関心の許容範囲を私たち自身よりも他者に向けていくことによって結実していくのです（フィリピ２・４）。「問題は、『どのように共同体を作り上げていくのか』ではなく、『どのように私たちが、献げようとする心を育てて展開していくのか』なのです」[48]。

巡礼者が他の人々からの支援金やもてなしに依存しているように、カテケージスの実践は、キリスト教の愛の精神に基づいて展開される必要があります。弟子訓練というのは、カテケージスを説明するためのよいキーワードであり、弟子訓練というしかたで、神が私たちにまず人の子イエス・キリストを与えてくださった愛に対する感謝のジェスチャーが演じられていくことが必要なのです。しかし私たちは、これらのジェスチャーを新しいかたちの「義認の業」、あるいは反ペラギウス的実践として学ぶべきではありません。私たちはこれらのジェスチャーをあくまでも、罪を負っている私たちへの神の恵みの賜物に対する深い感謝から出てくるものとして学び、実践していくのです。

初代教会における「カテケージス」が他者に道徳的な生きかた（ジェスチャーも含めて）を「聞かせること」「教えること」として説明されるのなら、私は、巡礼のカテケージスとは、巡礼者たちが巡礼の正しい進めかたに忠実になり、キリスト的ジェスチャーのモデルとなっていくことである、と提起したいと思います。そのめざすところは、私たちの体・知・心が、キリストの体と思いと霊に追従していくことのモデルとなっていくことです。

キリスト的生き方をパターン化させる巡礼のカテケージス

テトスへの手紙2章1–2節、6–8節は、「健全な教え」を語ることについて述べながら、「モデル」について言及しています。パウロは、この章句のなかで、教会は一貫して健全な教えを語るべきことを勧告します。

「あなたは、健全な教えに適うことを語りなさい。年老いた男には、節制し、品位を保ち、分別があり、信仰と愛と忍耐の点で健全であるように勧めなさい。」「――同じように、万事につけ若い男には、思慮深くふるまうように勧めなさい。あなた自身、良い行いの模範となりなさい。教えるときには、清廉で品位を保ち、非難の余地のない健全な言葉を語りなさい。そうすれば、敵対者は、わたしたちについて何の悪口も言うことができず、恥じ入るでしょう。」

明らかにパウロはここで、キリストの体の若者たちに教えるに際して、良く生きることが体に属することであったり、健全な教えが知性であるとは考えてはいません。良く生きることと健全な教えは、分離された二つのものではなく、これらはキリストの追従者の体と心と霊として一つに結ばれているのです。元来、良い生きかたとは健全な教えが具現化されていくことであり、健全な教えとは良い生きかたを求める聖霊によって人々の生活が満たされていくことなのです。

ボンヘッファーは、「キリストにあって」模範となっていくこと、そしてそれゆえ「キリストのように」なっていくことについて説得力のある提言をしています。ボンヘッファーは、私たちはキリストの似姿へと変容させられたのであって、キリストのようになっていくことが運命づけられているのだと言います。

> 彼は、私たちが追従しなければならない唯一の「模範」である。そして彼がわれわれのうちに本当に生きているからこそ、われわれもまた、「彼が歩まれたように歩み」（Ⅰヨハネ2・4）、「彼が行ったように行い」（ヨハネ13・15）、「彼が愛したように愛し」（エフェソ5・2、ヨハネ13・34、15・12）、「彼が赦したように赦し」（フィリピ2・5）、それによってわれわれは彼の残した足跡に続いていき（Ⅰペトロ2・21）、彼のようにわれわれの命を兄弟のために投げ出すことができるようになるのである。唯一彼がわれわれのようになったがゆえに、われわれは彼のようになることができる。唯一われわれが彼と同一化されたがゆえに、われわれは彼のようになることができる。彼の似姿へと変容させられることによって、われわれも彼の生き方の模範とさせられていくのである。そしてキリストの似姿となり彼の言葉に疑うことなく服従するなかで、ついには行為として現れ出て、弟子としての人生をひたむきに歩んでいくことになる。(49)

ボンヘッファーにとって、「（すべての）善いおこないのモデル」とはイエス・キリストにほかなりません。カテケージスは、多くのメンバーと彼らが実践するジェスチャーを、すでに存在している一つのキリストの体へと模範化（パターン化）させていくことに関心をもっています。ポール・ミネアによれば、カテケージスは、キリストの霊に仕える教会の共同体ストラクチャーであって、「体を築き上げることを通して活性化させられていく」ものです(50)。

キリスト者のジェスチャーのパターン化を構築していくために、教会のカテケージス教育に類似した一つの実例として、特殊教育を取り上げてみることにしましょう。自閉的な行動の徴候をもつ幼い子どもの機能障がいを起こしている神経に、外から、または体の他の部分の筋肉を誘発させることによって一定の筋肉活動を引き起こさせ、その神経制御を向上させようとして考案されたパターニングの訓練という方法があります。[51] 多くの場合、チームを作って、子どもの筋肉や神経の再形成、または「再編成」を行っていきます。このパターン形成の方法は「神経筋反射療法」とよばれ、素朴な運動パターンを規則的にくり返していくことで動作変化を促進していきます。その子どもの体のある一か所に介助者たちがチームをつくって関わっていくことから、介助者チームとそのための時間的コミットメントの両者が大きく求められることで知られています。[52] 障がいを持った幼児に手足を使ったハイハイを教えるのにも、四─五人によるパターニングのチームを必要とします。手足をそれぞれ一人ずつ、頭部を別の人が担当し、這って前進するときに動かす腕や脚や頭の「動作範囲」を、長い時間をかけて練習していきます。これを一日中、週七日間、何日も何日もずっとくり返し行っていくのです。一貫性が肝心です。立ち膝の姿勢になるまでには、長い段階を要し、根気が求められます。しかしこのようなパターニングの方法は、神経筋障がいのある子どもたちには非常に効果的であるとされています。

この例から私たちがキリスト者として描き出すことができるのは、パターニングとは個別の身体的行動以上のものであるということです。むしろ手や知能や精神が調和して働くコミュニティーの行為となるときにパターニングが起こります。また、パターニングは、新しい習慣を構築してときに妨げとなるような習慣を壊すことから始まります。一対一の関係を築くことから始まり、模倣するモデルを必要とします──単純な動きからより複雑なものまで、人々の共同体の中で学んで習慣化していくのです。

私の娘エイドリアンは、六歳のときには水に飛び込んで、水しぶきをあげながらも、実際に水中を泳ぎ回っていました。私たちは彼女を「ナチュラル・スイマー」とよんでいましたが、それは、彼女を最初のスイミング・レッスンに連れて行くまででした。インストラクターは、彼女を「初心者クラス」よりも一つか二つ上のクラスに入れるどころか、他の初心者と一緒のクラスに入るように彼女の背中を押して連れて行きました。どうしてでしょう。それは、エイドリアンが水中をかき回すことは学んでいましたが、泳ぐことを学んでいなかったからです。毎日毎日、インストラクターはエイドリアンの「自然型」遊泳の習癖を壊していき、楽に長く泳ぐための「非自然型」習慣を彼女に身につけさせていったのです。エイドリアンはすぐに新しい非自然的な型を取り入れていき、くり返しておこなうことによって、今度はそれが自然体となっていきました。私の提起している巡礼的パターニング・カテケージスも、理学療法の専門家や水泳のインストラクターと同じなのです。カテキズムを学んでいくときには、一人ひとりの体に身体的にも、そして知的、精神的な部分にまでもふれていこうとして、「キリストの平和」と言って握手を交わしたり、口から出る言葉をとおして「主の祈り」を祈ったりしていきます。

ジェスチャーをパターン化していく過程は、ときには面倒で厄介なものです。人に対して、きわめて理性的に体の動かしかたを伝えながら、同時に手足も動かすことを教えていくことになるからです。たとえば、ある人が子どもに分かち合うことを教えるとして――大人にもう一度教えるときにも――、その人は、なにか他の子が欲しがる物をあらかじめ準備しておくことから始めるかもしれません。一対一の対面型教育では、彼らが分けたり譲ったりしたくない理由について、あるいは分かち合うことの優れた点について話し合うことができます。幼児の場合には、とくに手に手をかけてその行動を導いていくはずです。年齢が増していくと、持っているものを分かち合う福音の物語を用いながら、福音とその人の行動の接点について説明していき、分かち合いのジェスチャーを教えていくことができます。その次の行動としては、この分かち合いのジェスチャーを家に持ち帰り、分かち合いを役立てる機会が来たときに、分かつことができるように学ぶことです。この分かち合いのジェスチャーを実践するために、彼らがその週に達成できた分かち合いについて、自分の先生や共同体に対して報告してみるのもよいでしょう。分かち合いのジェスチャーが上手く機能し始めると、その人は、キリストの体のジェスチャーの他の美徳とのかかわりについても学びながら、継続して分かち合う機会を見出して成長を続けていくことでしょう。

キリストの体のメンバーになることをめざしてキリストへとパターン化させるプロセスは、厄介で困難なものになるかもしれません。私たちは、肉体も命も私たちのものではなくキリストのものであることを学ぶことで、私たち自身を訓練していくことが求められています。こうしたパターン化は、自分一人でおこなうものではなく、教会員らとともに行っていく訓練であり、生涯かけて、教会の他の訓練や賜物や奉仕と合わせて行っていくことが求められます。私たちは、人生の葛藤や内面的な弱さから逃げてしまいたくなることもあります。パウロと同様に、私たちは、望んでいる善を行えずに、罪が私たちの望まないことをさせていきます（ローマ7・20）。しかしパウロは、キリストにあって神の恵みの賜物は十分であり、「力は弱さの中でこそ十分に発揮される」（Ⅱコリント12・9）ことを知っていました。

ヨーダーは、膨張し続ける個人主義に対抗するキリスト者共同体の姿勢を、「革命的従属」あるいは、急進的服従とよびました。この世界が自分の人生の「権利」または「所有権」を主張することから脱却してキリストの体のコンテクストで世界を捉えていくようになるのは、ある意味で、きわめて急進的なことなのです。キリスト者とは、キリストの心と体と霊、つまり教会が望むものを喜んで差し出すために召された者たちのことです[53]。私たちを救済する物語の描き手であるキリストは、私たちを私たち自身から救い出し、それによって私たちを永遠の世界へと招き入れ、神とともに生きるようにされたのです。死の直前のゲッセマネでの「父よ、できることなら、この杯をわたしから過ぎ去らせてください。しかし、わたしの願いどおりではなく、御心のままに」（マタイ26・39）との祈りからも、これを論拠づけることができます。このラディカルに服従する立場から言える一つのことは、もし私の知や体や心が私だけのものでないのだとしたら、私たちは、自らが所属し、関わり、覚えられている信仰者たちのより大きな体において、今その責任の一端を分かち合っているということになります。私たちに、自己に死ぬことを覚えさせるバプテスマへの急進的服従をとおして、私たちは、復活した創造主とともに、もう一度生かされるものとされていくのです。

キリストの体のメンバーたちの中で分かち合うべきもう一つのことは、次のようなことです。私たちは、キリスト者のジェスチャーをパターン化していくときに、生徒たちにそのジェスチャーを身につけさせようとして、あるいはアリストテレスの理解した「フロネーシス」――大雑把に訳すなら「実践的知」あるいは「行動における知恵」――を具体化させようとして懸命に教えようとします[54]。あるいはラインハード・ヒュッターが言うように、神学的「フロネーシス」、すなわち私たちに神学的判断をするうえで神学的知識を使うことを可能にしていく「神学的な知」

を身につけさせようとします[55]。教会におけるキリスト者のジェスチャーを学んだり教育したりする場合には、私たちは次の事柄を体現していくことになります。(1)ジェスチャーについての知識と、それを大きなキリスト者共同体の物語の中で実践すること、(2)どのジェスチャーが機能し、いつどのように用いるべきかを見極めること、(3)どのようにして人はそのジェスチャーをとおして、その筋道や感覚、「味わい」や「スタイル」といったものに到達できるか、です。それはジェスチャーを実行するという行為を経験するなかで惹き起こされていくもので、フロネーシスは、単に最良の「論説をする」ことではなく、キリストの体の骨髄の一部となって、その「骨の中で生成されていく」ことです。

友情は、奥深く複雑で、絶えず変化したりパターン化され、キリスト者の共同体において永遠に学習し再学習していくジェスチャーといえます。私たちは、神との友情ゆえに、キリスト者の共同体における自分以外の人々との友情をとおして、神のような正義と勇気と自制とよき感性とを獲得していき、神の国を彷彿させるジェスチャーを訓練するために召されているのです[56]。

一つの問いが浮かび上がってきます。キリストの体にとって、もっとも優れたものとはいったい何でしょう。コリントの信徒へ手紙一12章31節でパウロは、この修辞的な問いに対し、聖霊の賜物がキリストの体でもっとも偉大で価値のあるものであることを告げたところで、一度ポーズをとります。この「偉大な賜物」についての答えを、私たちに遺留しているのです。「そこで、わたしはあなたがたに最高の道を教えます」。そうしてパウロは、アガペーの愛の賜物を探究していきます。それは、まるで熟達して作り上げていく工芸品のような、学んで理解していくタイプの愛であって、私たちの同情的な思いやりとはまったく異なるものです。ジェスチャーとしてのこの愛は、忍耐強く、情け深く、ねたまず、自慢せず、高ぶりません（Iコリント13・4）。私たちは、そうした愛をキリスト者の共同体の優れたものとして学び知っています。コリントの信徒への手紙一の12章と13章で言われていることがらは、あたかも「手にぴったりの手袋」のような言いかたで穏やかに表現されていきます[57]。慈愛のジェスチャーのような、キリストのジェスチャーを作り出したり再創造したりすることによって、私たちの、教会にいることのテロス（究極的な目的）が何であるかについての理解が、より深まっていくことが肝要です。キリスト者の共同体の道徳的真理をとおして、私たち一人ひとりの人格――何が神の前で正しいことであるのかを知り、それを行っていこうとする私たちの願いと判断――が形成されていきます。私たちはこれらのジェスチャーを会衆のなかで学び、会衆のなかで身につけていくのです。私は、義認の業について議論しているのではなく、キリスト者のジェスチャーについて、つまり私たちがどのようにしてキリスト者の共同体生活における「最高の道」を具現化していくのかを学ぶ必要性について述べようとしています。それはすなわち「愛」です。ダニエル・アーランダーは雄弁にも次のように語ります。

神の前にあっては、われわれがどのように感じてきたか、正しい経験を積んできたか、疑うことをしてこなかったか、あるいは、われわれが達成したところ、成功した事柄、地位（あるいは私たちの演じるジェスチャー）といったことがらによってわれわれの立場が決められるのでは決してない。われわれがキリスト者であること自体が驚きの出来事なのである。神御自身が水の中に入って私たちを洗い清め、キリストに私たちを接ぎ木してくださったのである。[58]

キリスト的ジェスチャーの多くのパターンは巡礼の旅のなかでもっともよく教えられていきます。それらは教会暦のコンテクストに応じて――月ごと、週ごと、日ごと、さらには分ごとに――柔軟にしかも個別に展開され、教会生活のギブ・アンド・テイクのダイナミックさのなかで教えられていくものです。このように教える論理は、言語、儀式、訓練を行っていく他の学習環境とも共通しています。私たちが野球を教えるときには、試合の前にも、最中でも、後からも、野球のダイヤモンドの中で行っていきます。ピアノの場合にも、演奏のときであれ練習のときであれ鍵盤を用います。芸術の場合は、展覧会を開催するまでには、多くの絵の具、キャンバス、ブラシ、色彩が必要です。ダンスであれば、リサイタルまで導くには、レッスンバーと鏡を備えたダンススタジオが必要でしょう。同様に、私たちがキリストを教えるのであれば、それはキリストの体において行っていくのです。

私たちの人生における体のジェスチャーは、パターンづくりとしてのカテケージスにおいて、キリストの生きかたを継承していきます。私という存在に、形成されることと養育されることが同時に起こっていきます。私たちの人格は、神の民の共同体のなかで、また他のジェスチャーを選ぶ可能性があったにもかかわらず、そのジェスチャーを演じることを選びとったことによって整えられていきます。私たちの人格は固定されたものや既成のものではありませんが、私たちが自らの人生のコンテクストのなかでそれを整えていく何らかの責任を負っているのであれば、私たちがキリストの民として演じる日々のジェスチャーはその刻印です。古代ギリシア人たちが人格のことを「刻印されたもの」とよんだのはそのためです。ある特定のジェスチャーを形成し養育するものとしてキリストの体における教育を考えていくのなら、それは要するに、その人の存在そのものと人格を形成していくことになると言えるでしょう。

註

（1）『典礼と時間』(*Liturgy of the Hours, Collegeville:* Liturgical Press, 1987, p. 126)。

（2）変容の一つの例として、一九九〇年には、ローマ・カトリック教会とアメリカ合衆国長老教会が合同で新しいカテキズムを発刊しました。

（3）『カトリック教会のカテキズム』(*Catechism of the Catholic Church*, Mahwah, NJ: Paulist Press, 1994, p. 8)。

（4）ラインハード・ヒュッター『聖なるものへの苦悩』(Reinhard Hütter, *Suffering Divine Things: Theology as Church Practice*, Grand Rapids; Wm. B. Eerdmans Pub.Co., 2000, pp. 190–191)。

（5）ポール・ブラッドシャウ『初期のキリスト者の礼拝』(Paul Bradshaw, *Early Christian Worship*, London: SPCK, 1996, p. 3)。

（6）前掲書 (p. 4)。

（7）前掲書 (p. 22)。

（8）エンリコ・モッツァ『ミスタゴギー』(Enrico Mazza (Matthew J. O'Connell, trans.), *Mystagogy*, New York: Pueblo Pub. Co., 1989, p. 1)。

（9）マックスウェル・ジョンソン『キリスト者の入信儀式』(Maxwell Johnson, *The Rites of Christian Initiation, Collegeville:*

Liturgical Press, 1999, p. 31)。

（10）『オックスフォード教会辞典』(F. L. Cross and E. A. Livingstone, eds. *The Oxford Dictionary of the Christian Church*, 2nd edition, New York: Oxford University Press, 1978, p. 249)。ジョンソン『キリスト教の入信儀式』(Johnson, *Rites*, p. 36)も合わせて参照。古代世界の教育のかたちは現代の教育のかたちとは異なります。たとえば、古代ギリシア語の教育を表す単語は「遊ぶ」という単語と同じ語源のパイディアです。その語根のパイスは子どもをさします。興味深いのは、遊ぶというのは、とりわけ子どもたちにとっては、体を使った何らかのジェスチャーを含んでいるということです。プラトンも、遊びと教育は、基本的に、人の人生を通して行われていく相互に連関した活動であると言っています。ジョセフ・ダン「思索のはじめ～子どもと哲学」(Joseph Dunne, "To Begin in Wonder: Children and Philosophy," *Thinking: The Journal of Philosophy for Children*, Vol. 14, Issue 2, 1998, pp. 9–17)を参照。

（11）ブラッドシャウ『初代教会の礼拝』(Bradshaw, *Early Christian Worship*, pp. 3, 13)。

（12）前掲書 (p. 249)。

（13）前掲書 (p. 3)。

（14）古代の多くの人々は、文字を読むこともできなければ、いつでも自由に文芸作品を手にすることができる前提になかったことも明白です。それゆえここでは「識字者」や「文筆家」の作品は度外視して考えることにします。

（15）ベラール・マルターラー『カテキズムの今昔』(Berard Marthaler, *The Catechism Yesterday and Today*, Collegeville: Liturgical Press, 1995, p. 11)。

（16）ポール・ブラッドシャウ「三世紀における福音と入信への道」(Paul Bradshaw, "The Gospel and the Catechumenate in the Third Century." *Journal of Theological Studies*, 50, 1, April 1999, pp. 143–152)。

（17）マルターラー『カテキズムの今昔』(Marthaler, *The Catechism Yesterday and Today*, p. 9)。

（18）ブラッドシャウ「三世紀における福音と入信への道」(Bradshaw, "The Gospel and the Catechumenate in the Third Century," p. 152)。私は長老派の神学者として、幼小児の洗礼は「早すぎることなく、遅すぎることなく」（『典礼書』*Book of Oder*）執行されるべきであると信じていることを加筆しておきます。マックスウェル・ジョンソンが次のように述べています。「信仰共同体が幼児の入会を通して神の救いの出来事、神の選び、神の支配のなかに養子として迎え入れられることを知らされ、それを祝うという、見たところじつに愚かでばかばかしく見えるかもしれないが、このこと以上に対抗文化的で、近代アメリカ文化の支配的な流れに抵抗し、反ペラギウス的で、恵みが満たされるようなものが他にあるだろうか。あるいは私は、今日の世界においては、貧困、暴力、飢餓、犯罪の犠牲になるような純真な子どもたちをおいて、ほかに誰がいったい優先されるべきであろうかと問いたい。ユージーン・H・マリーが次のように述べている。『幼児洗礼において、われわれは一人の人間を、本人が自分でそこに属するかどうかを決めるよりも遥か前に信仰共同体に入会させる。あるいは幼児洗礼において、われわれは一人の人間を、本人が救われることが必要だと意識的に経験するよりも遥か前にその人の救いを祝し、さらに本人が神と向き合うようになるためのあらゆる責任を負っていく。（中略）幼児洗礼は、キリスト者の人生、そして神の救いの計画の中心に、共同体があるという私たちの信仰を制度化した一つのかたちなのである。』」(pp. 379–380)。

(19) ブラッドシャウ「三世紀における福音と入信への道」("The Gospel and the Catechumenate in the Third Century" p. 22)。

(20) マルターラー (Marthaler, p. 10)。

(21)『カトリック教会のカテキズム』(*Catechism of the Catholic Church*, pp.9–10)。

(22) マルターラー (Marthaler, pp. 12–17)。

(23) 前掲書 (p. 17)。

(24)「体」から切り離された「心」はありえないにもかかわらず、人々が、カテキズムは「心」で学び「心」に記憶することが大事だなどと言うのをしばしば耳にします。

(25) カルヴァン『キリスト教綱要』第4篇、二〇一－二〇二頁 (Calvin, *Institutes*, 4.19.13)。

(26) マルターラーによる引用 (Marthaler, p. 26)。

(27) 今日のプロテスタント教会は、子どもたちがいつユーカリスト（聖餐）に与るべきかについての統一した見解や教会法をほとんど持ち合わせていません。これは、現在のところ、少なくとも長老派の教会では、全体教会ではなく各個教会の判断に委ねられていることがらです。

(28) ルドルフ・ベル『そのときどうすればよいのか――ルネサンス・イタリアンのよく生きるための手引き』(Rudolph Bell, *How to Do It: Guides to Good Living for Renaissance* Italians, Chicago: University of Chicago Press, 1999, p. 32)。

(29) ベルは、フリエル・バルトロメオ・デ・メディーナ (Friar Bartolomeo de Medina、スペイン人神学者、一五二七－一五八〇年) に言及して、「神の人がとりわけ淫らな罪の告白を聞いているときや、高潔な目的のために関連資料に注意深く目を通しているときに、誤って射精してしまったとしても、それは罪にはならない」と記されている彼の著作を、司祭たちは間違いなく読んでいたはずだと確信をもって述べています（ベル、p. 195）。

(30) 一つの例として、アメリカ合衆国長老教会（PC（USA））の実施する賞金企画があります。これは長老派教会の神学校の伝道者候補生たちがウェストミンスター小教理問答の暗唱を競って賞金を得るというものですが、そこではそれらの神学生の人間性については何ら問われたり評価の対象とされたりすることはありません。また小教理問答の暗唱が、どのように彼らの行動や、長老教会における御言葉と聖礼典に仕える伝道者としての在り方に影響を与えているのかをフォローアップしていくこともありません。

(31) ローマ・カトリック教会とアメリカ合衆国長老教会（PC（USA））から最近、また新しい二つのタイプのカテキズムが出されています。

(32) ローラ・ルイスの発言（一九九七年六月一九日、ニューヨーク州シラキュース、オースチン長老派神学校における第二〇九回年次総会にて）。

(33) ジョン・ウェスターホフ、キャロライン・ヒュース『神の未来への扉』(John Westerhoff and Caroline Hughes, *On the Threshold of God's Future*, New York: Harper & Row, Pub. Inc., 1986, p. 126)。

(34) 私は、アメリカ合衆国長老教会（PC（USA））や合同メソジスト教会 (UMC) などのプロテスタントの諸教派は、聖餐式のパンとぶどう酒を受領する以前に、洗礼を受けることを義務化すべきだと強く考えています。しかしながら、たとえば合同メソジスト教会では「オープン聖餐」ポリシーによって、未受洗者も聖餐卓のところに来ることができるようにしてしまっています。あるいはいくつかの長老教会やメソジスト教会では、「カテキズム」の代わりに子どもたちを「礼拝の準備教育コース」なるものに参加させて、それで聖餐式に参与させることが起こっています。しかしながら、いずれの教派も誰が聖餐式に与るべきかについてはほとんど曖昧なままです。

(35) たとえば、アメリカ合衆国長老教会の歴史には、一九九〇年代の最新版を含めてさまざまなカテキズムが存在していますが、そのいくつかでも学んだことがあるという教会員はほとんど見られなくなりました。合同メソジスト教会のように、もともとそうしたカテキズムを保持していないプロテスタント教会もあります。

(36) 同じような状況が神学教育においても起こります。通常、教員や講師は、知識をトピックごとに整理して順序立てて伝えていこうとします。学生たちも、学ぼうとして席に着き、ノートをとる準備を整えています。神学教育においては、とりとめのない教訓めいた教育実践が展開されることがあります。この実践は、学生たちがより経験的な方法で学習していく「コミュニティーづくり」や「キャラクター形成」のしかたとしばしば対比されます。

(37) ウェスターホフ、ヒュース (Westerhoff and Hughes, p. 126)。

(38) 前掲書 (p. 126)。

(39) ラインハード・ヒュッター『聖なるものへの苦悩』(*Reinhard Hütter, Suffering Divine Things*, pp. 190–193)。「ペレグリネート」Peregrinate という語は「旅の途上」を意味します。したがって「ピリグリネーショナル・カテケージス」は、人が何らかの旅の途中にあることをさします。

(40)ヒュッターは、こうしたカテケージスによる学びは「青年や成人の受洗志願者向けに行われていくが、究極的には、信仰を告白して神の救いの出来事を賛美するようになるためのバプテスマ教育に先立って行われるものと仮定される」と述べています(p. 190)。これはローマ・カトリック教会やアメリカ合衆国長老教会(PC(USA))、改革派系のプロテスタント教会、さらにヒュッター自身が属するルーテル教会の幼児洗礼の伝統的実践とはまったく逆の行き方です。

(41)前掲書(p. 191)。

(42)この後の三つの章では、その多くの部分を、私が著した教案「発達理論ではなく、ピリグリメージから始めよう」に沿いながら、さらにピリグリメージとカテケージスの関係を紐解いていくことにします。

(43)ウィリアム・ハームレス神父が、ローマ・カトリック教会のRCIAプロセスを取り上げながら、いくつか同様のことを述べています。カテキズムは徒弟見習い期間のことであって、単なる教育課程以上のものです。教義や戒律を教えること以上のことが想定された、むしろ救済の神秘への深い感性を浸透させていこうとするものです。学習者たちにこれまでとは異なる祈り方を経験させ、彼らの心に新約聖書の道徳性を植え付けます。さらに、彼らのなかに典礼的概念を位置付けていきます。ウィリアム・ハームレス『アウグスティヌスとカテキュメネイト』(William Harmless, *Augustine and the Catechumenate*, Collegeville: Liturgical Press, 1995, pp. 4–5)を参照のこと。

(44)『カトリック教会のカテキズム』(*Catechism of the Catholic Church*, Mahwah, NJ: Paulist Press, 1994, p. 8)。

(45)ウァーレン(Warren, p. 46)。

(46)カルヴァン『キリスト教綱要』第4篇、二〇二頁(Calvin, *Institutes*, 4.19.13)。

(47)ウァーレン(Warren, p. 46)。

(48)ヘンリー・ナウエン『今日のパン、明日の糧』河田正雄訳、聖公会出版、二〇一四年(Henri Nouwen, *Bread for the Journey*, San Francisco: Harper Collins, 1997, p. 23)。

(49)ディートリヒ・ボンヘッファー『キリストに従う』(Dietrich Bonhoeffer, *Cost of Discipleship*, p. 344)。

(50)ハワーワス『よき友と共に』(Hauerwas, *In Good Company*, Notre Dame: University of Notre Dame Press, 1995, p. 23)のなかのポール・ミネア(Paul Minear)の引用。

(51)『メリアム・ウェブスター大学辞典』第十版(*Merriam Webster's Collegiate Dictionary*, 10th edition, Springfield, MA: Merriam- Webster, Inc., 1993, p. 853)参照。

(52)シャロン・レイバー『障がいや課題をおった乳幼児の教育戦略——学際的アプローチ』(Sharon Raver, *Strategies for Teaching At- Risk and Handicapped Infants and Toddlers: A Transdisciplinary Approach*, New York: Merrill, 1991, p. 56)。

（53）ジョン・ハワード・ヨーダー『イエスの政治学』(John Howard Yoder, *The Politics of Jesus*, Grand Rapids: Eerdmans Pub. Co., 1972, p. 190)。
私は、ヨーダーはこの「革命的従属」という言葉を、この世における場という意味での教会の在り方について述べたと理解しています。しかしこの世は、私たちの知性と身体性と霊性を自ら何らかの操作できるものとして知覚させるようとする世界観を構築したのはこの世であるとまったく自明のことのように考えていますが、実際にはその逆です。

（54）アリストテレス『ニコマコス倫理学』(Aristotle, *Nichomachean Ethics* (NE), Indianapolis: Bobbs- Merrill Educational Publishing, 1985, p. 312)。

（55）ヒュッター (Hütter, p. 34)。

（56）マッケイブ (McCabe, pp. 29–31)。

（57）第二章のアガペーについての議論も参照。

（58）マックスウェル・ジョンソン『キリスト者の入信儀式』(Maxwell Johnson, *The Rites of Christian Initiation*, p. 378) のなかのアーランダー (Erlander) の引用。

第七章　キリスト的ジェスチャーの実演

優れた人にならずして、なにゆえ優れたものを追い求めることができようか。

ロバート・コールズ(1)

どのジェスチャーを演じるとよいのかを、どのようにして知ることができるのでしょう。特定のジェスチャーを演じさせる動機とはいったい何なのでしょう。これらの問いに対するアラスデア・マッキンタイアの反応はいたって単純で、私たちに道徳教育が欠如しているのなら、すでに道徳を身につけている人たちから学ぶしかない、と述べています。(2) キリストの体においてジェスチャーを演じるときも同じです。すでにジェスチャーを実行することの知恵と愛を身につけた他の人々から、私たちは学ばなければならないのです。状況は変化していきます。人々の性格もいつでも同じというわけではありません。人の意志は感情によって左右されます。人生は流動的でダイナミックなのです。アクィナスは、「同一のことは決して再び起こらず、われわれが自己を完全に知り尽くすこともない。それゆえ、何ゆえわれわれは最善のものが何かを常に知り得ることができようか」(3)と言っています。

マッキンタイアも、人生が予測不可能であることを次のように説明します。

私たちは、自分で適切だと思う程度にしか自分自身のことを明らかにすることを望まない。（中略）もし人生が有意味なものとなるのであれば、私たちが自分自身に所有されているものであって、たんに他の人々の企て、意図、欲求が作り出したものではないことが必要であり、そのためには予測不可能性が要求される。(4)

人生は、あらゆる類の一般化に対してまるで免疫があるかのようです。与えられた人間の行動についてある種の一般化を図ろうとして、私たちが「予見できる」と主張するや否や、私たちの予測妥当性を打ち崩そうとする対抗例がいつも起こってきます。メアリー・ミッグレイによれば、そこには何の体系的な規則性も科学的な規則性も存在していません。私たちはつねに新しい未知の領域へと動いているのです。[5]同じことがジェスチャーにも当てはまります。どのようなジェスチャーが必要なのかは予測不可能であって、最善の判断や見極めをしていくよりほかありません。これは単なる頭脳ゲームというわけでなく、むしろこれらの判断には、私たちの存在全体と、全体としていったいどのような選択肢があるのかを導いてくれるキリスト者の共同体が関わってくることになります。マッキンタイアは、「善や美徳や規則や関係性といったものの実践的理解は、（中略）共有できる部分の多い他者と分かち合うという（中略）われわれのコミットメントを前提としている」[6]と述べています。私たちは、同じような状況下において、自分が過去に実践したジェスチャーの経験、そして私たちの生きているキリスト者共同体のなかで豊かに語り継がれてきた他の人々の経験をとおして学んだことに依存しているのです。

キャラクターとジェスチャーの実演

私は、実践されるジェスチャーの動きが、どうしたらキリストの体をより優れたものにするための全体的なアクションとなり得るかということに関心を抱いています。ある人がキリスト的ジェスチャーを演じるときには、その人のジェスチャーが他の人々に優れたものとして受けとめられるかどうかが肝心です。アリストテレスやアクィナスなら、私たちは、「今このようなジェスチャーを演じたのは、なぜなら……」という具合に自己の行動の合理性を説明しなければならないという衝動に縛られた存在である、と言うかもしれません。それはすなわち、私たちは「最善の」方法、あるいは少なくとも私たちが共有できる「善い」行動について考えることができ、また神学的美徳を具現化するような特定のジェスチャーを実践することによって意図的に最善に到達することを計画できると考えるからです。[7]

スタンリー・ハワーワスとチャールズ・ピンチスは、性格（キャラクター）は美徳を具現化させていく行為をとおして形成されると述べています。[8]ある道徳的キャラクターを保持している人々とは、ある美徳に生きている人々のことであり、彼らは、自分の人生の良いときも悪いときも安定して過ごすことができるようにと、一定の美徳を積んだジェスチャーのレパートリーを保持していくスキルを有した人です。[9] ただ忍耐して、それで終わるのではなく、むしろ忍耐することをとおしてある種のキャラクターを作り上げていきます。キャラクターは、私たちの人生のなかでくり返し起こる事柄になかに、神が私たちの人生に何をしようとしているのかを見極めさせます。キャラクターは、忍耐や艱難によって形成され、また、そのような状況下にある私たちを活かし、私たちに望む以上のものをもたらしてくれた物語が何であったかを認識することによって形づくられていきます。キリストが死人のうちより復活したことが、それを可能にするのです。

つまりここに問題の要があります。キリスト者は、キリスト者というキャラクターゆえにキリスト的ジェスチャーを理解し、それを行動に移していくことに挑むのです。私たちは、固有の美徳とともに固有のキャラクターをもつ人間になることをめざしているからこそ、人種差別の問題を乗り超えようとして立ち上がったり、実際に自分の足を使ってデモ行進に加わったりもします。慈善活動を通じて憎しみを目の当たりにすることもあります。そうしたジェスチャーの実演者であるためには、私たちはまず他の人々を観察し、その上で、多くの混乱し錯綜する物語をとおして語られる複雑なジェスチャーの実例を模倣し、そこから学習していくことになります。私たちは、真実のジェスチャーのもつ力を、加担し合うことが求められる社会の中で、他の人々から学んでいくのです。真実に立って真実を語ろうとするすべてのジェスチャーは、文字どおりまた比喩的にも、豊かでかつ神学的な美徳によって私たちの人生が形成されそのキャラクターが養われていく人においてのみ可能となります。マッキンタイアは、他の人々から喜ばれない人ではなく、他人にとっても自分自身にとっても最善に到達していこうとする子どもたちや人々を養育することに私たちが関心を抱くべきことに気づかせてくれます。[10]

ハワーワスは、キリスト者のキャラクターは、単に経験からだけではなく、言語、祭儀、道徳的実践、つまりキリスト的ジェスチャーを具現化する教会と意図的に結びつくことによって形成されると言います。私たちは一般的な法則や方法から行動を導き出すのではなく、私たちの信仰やその実践、義務や責任に基づいてジェスチャーを実演し、教会という繊維にしっかりと織り込まれていくというしかたでキリスト者となっていくのです[11]。

一つ注意しておきたいのは、私たちの人格が聖化されていくのは、私たち自身の業によるものではないということです。ジョン・サワードが次のように述べています。

復活の主の美しい御業がこの人生のなかで始まる。人は聖なる者とされ、その人生は神の栄光にまで高められて、その御業が成就されていく。（中略）肉となった言がわれわれの主。そしてわれわれは主に連なる民。それゆえ彼が死に勝利したのというのは、われわれの勝利でもあるのだ[12]。

フロネーシス《実践知》とキリスト的ジェスチャー

私たちのキャラクターや教会のキャラクターが、特別な経験をとおしての特別に語られるジェスチャーによって形成され育まれていくのだとすれば、それらの経験は、ある種の判断、すなわちある種のフロネーシスを含んでいることになります。フロネーシス――字義的には理性だけでなく経験に根ざしたもの――は、徳の高い人生とともに、徳の高いキャラクターとその実を育んでいきます。くり返し実践され、記憶によって形づくられ保たれてきたものは、私たちをある特別なタイプの人物につくり上げていきます。

フロネーシス、あるいは実践知、または知慮は、どのようなジェスチャーを、いつ演ずべきで、それはどうしてなのかを判断します[13]。ハンス・ガダマーは、フロネーシスについて「明確に説明する」ことは簡単ではないと言います。なぜなら、

人は、フロネーシスを単純に利用できるものとしてどこか離れたところに切り分けておくわけにいかないからである。フロネーシスは、その人に、きわめて深い自己理解を見えづらいしかたで与えていく。フロネーシスは、道具主義のような理解を打ち壊すのであり、したがって手段と目的といったカテゴリーで理解できるようなものではない[14]。

フロネーシス（*Phroneisis*）

フロネーシス（実践知）とは何なのでしょう。そしてなぜキリスト的ジェスチャーの実演について考えていくとき

に、それが不可欠なのでしょう。アリストテレスは、フロネーシスは実践的な知恵であり、正しい行動をとるためというよりも、むしろ善きものに向かおうとする気質であると言っています。[15] フロネーシスを定義するのは容易ではありません。それがより高度な判断力を要する抽象的な理想であるからではなく、それが経験や行為に対して開かせようとする行為や知識モードだからであり、また行為というものが、人間から決して切り離すことのできない絶対的な動きであるからです。[16] 確かにフロネーシスは、将来を見越して語るものというより、過去を回顧するものであると考えられます。フロネーシスは、純粋な科学や芸術とも異なります。科学や芸術活動の目的は、ある行為その自体とその行為が完了することにあります。それに対してフロネーシスは、私たちが共に人生を分かち合っている人々と私たち自身にとって、何が善であるのかを見て、知って、積み重ねていく知的才覚という美徳です。フロネーシスは、善きものに気づいてそれを見ていくときに、私たちの人生における行為やジェスチャーのすべてをその善きものへと導いていこうとする美徳です。[17]

私たちはどのようにして善を知っていくのでしょう。マッキンタイアは、フロネーシスは、その場合に何が善で、誰があるいはどういった人々が善で、その特定の状況のなかで自己と他者に対して何をすることが一般的に善いことであるのかという真理の確かさへと導く才覚であると言っています。[18] 他者との関係の中で学んでいくフロネーシス――実践的な知慮――は、実践的な行為――プラクシス――を生み出していくことになります。[19]

ここで、美徳を帯びたジェスチャーを実践する際に、フロネーシス（アリストテレス）やプルデンティア（アクィナス）が、どのような働きをしているのかを簡単に説明しておきましょう。私たちはキリスト者として、日々の生活において選択することのできる巨大で多様なジェスチャーのレパートリーを保有しているわけですが、ジェスチャーを実演しようとするときにその鍵を握るのは、それをどのように実演するのかということと、常にその目的が何であるかを知っていることです。ジョン・ハワード・ヨーダーは、もしイエスが主であるなら、彼の支配に服従することによって機能不全を引き起こすことなどありえない、と言います。原理的には、一般に徳の高い行動は無分別なものにはなっていきません。ヨーダーは、「キリスト者であるなら、つねにフロネーシスを疑ってみなければならない――ある状況下では破壊活動的になることを期待していないかどうかを」と言っています。[20] キリスト者のフロネーシスは、何がキリストの体における善を規定する美徳を帯びたジェスチャーであるかについての正しい判断を可能にします。[21]

マッキンタイアは、このポリスには、キャラクターの美徳を形づくっていく実践的な知あるいは合理性の相互依存性（フロネーシス）があると言います。フロネーシスが実践されるにあたっては、何が善であるのかについての共通理解をあらかじめすべてのメンバーが保持して生きている社会の存在が前提となります。同様に、美徳を実践する人々、あるいは美徳に生きる人々には、正しい行動を選択することが求められます。フロネーシスが、人々を正しい行動へと引き込み導いていくのです。キリストの体を含めたあらゆるポリスは、固有の美徳とフロネーシスを必要とします。両者は不可分であり、これらがなければ、私たちはまるで野生動物のようになってしまうことでしょう。[22]

ということは、フロネーシスは十分に慎重になるという行為も含むことになります。[23] 私たちは、慎重に精査しながら、何が共通善を強固にするための助けとなるのかを評価することを学んでいくのです。[24]

フロネーシスは、それ自体が一つの知的美徳ですが、他のすべての美徳ともつながって一体化していきます。アリストテレスは、次のように述べます。

> 実践的な知恵なくして、すべての言葉の営みにおいて善くあるということ、あるいは道徳的卓越性や美徳なくして、実践的な知恵をもった人間であることは不可能である。美徳が、われわれが共に行おうとしていることの終わりやゴールを決定づけるのなら、それこそが美徳の実演によって描き出され、私たちに終わりへと向かうようにと助長していくフロネーシス――実践的な知恵――である。[25]

フロネーシスは他の美徳の実践を可能にしていきますが、それは、私たちが共通して持っている善を求めようとする内的動機づけをもった人々による知的美徳であることを覚えておくことが重要です。それは、その美徳自体を成就させたいと欲することであり、人生の変わりゆく状況のなかで、私たちに何をすべきなのかを決定させていくものです。フロネーシスは、本来、倫理的発想の一つの知識ではなく、それらの考えかたが理解されなければならないときに、独特なしかたでその状況に反応していこうとする思慮のことなのです。たとえば、何が正義であるのか――道徳的美徳――を知るというのは、知識として知る以上のことであって、正義の行為をいかに実践するかが求められます。そのような知識はより理論的です。知的美徳としてのフロネーシスは、人生の目的を正しい方向へと導きます。善を達成するために何をすべきかを見極めていくには、正しく実践するための道徳的美徳を注入しておく必要があることを認識しておかなければなりません[26]。

フロネーシスは経験に結びついた美徳です。私たちは、行為として直接フロネーシスを経験することをとおしてのみフロネーシスを知ります。ダンは、経験とフロネーシスには二つの関わりかたがあると言います。一つは、フロネーシスは経験のなかで維持されていて、フロネーシスと経験を特徴づける何らかの特定の関係性や絆や気遣いに基礎づけられているものです。もう一つは、私たちの人生のコンテクストの普遍性を経験するなかで、人生における特徴的な、あるいは人生のなかで最初に起こった事柄との関係です[27]。習得される他のすべての美徳についても言えますが、私たちはこうした美徳を、経験を物語ることをとおして学んでいきます。フロネーシスの経験は、それを実演することを理解している共同体のメンバーによって物語られていく必要があるのです。そのような物語なしには、私たちは自分たちがまず何を探したらよいかもわからず、大概、フロネーシスを理解しなくなっていくのです。

フロネーシスは演繹的というよりは、むしろ帰納的です。経験の外でではなく、経験の中で教えられ、のちの経験に生かしていきます。フロネーシスのジェスチャーは、予測不可能であり、自由気ままで、しばしば不可逆的です。フロネーシスは、人々が学んで実践するための手段ではありません。それが楽器やコンピュータ・ソフトのようではないということです。フロネーシスは知識が完成した状態でもなく、教室での説明を楽にするために誰かが行動目的の枠組みのなかに突っ込んでおくようなものでもありません。この美徳はまた、週末のセミナーで学んだ一つ二つの手っ取り早い方策のなかに還元するようなものでもなければ、のちの経験に繋いでいくための抽象化や一般化といったレベルの問題でもありません。むしろ、他のいずれの美徳とも同様に、人々が継続的に学びの過程に関与していくことにおいて、フロネーシスはフロネーシスを経験することへと開かれていくのです。

それは、私たちがフロネーシスとして教えられる人生経験の瞬間の即時性のなかにあります。誰も「教えるとき」を無視して、「これは教育である」と言うことはできません。そうではなく、フロネーシスは、人生のすべての瞬間が実践されるすべてのジェスチャーをとおして学習する瞬間なのであって、より深く、予期せぬしかたで、柔軟性、人生の即効的側面を帯びながら学んでいきます。

ヨーダーは、フロネーシスが、私たちが共に生きる者同士の一般的な信仰のコミットメントに照らし出されるしかたで特定の行動をおこなうように求めていることを思い起こさせます。ヨーダーは、厳密な意味では、共に語り合ったり生活したりするコンテクストなしにフロネーシスのありかたについて議論するのは不可能であると示唆するのです。それは、私たちがフロネーシスを知り、それを生きていくコンテクストの中で起こっていくものなのです。[28]

プラクシス（Praxis）

もしフロネーシスが人間の出来事と関わりがあり、熟考可能な事項であるとするなら、プラクシス――アリストテレスの言うところの実践的行為――は、実用的な関心事のなかで実現されていくことになります。アリストテレスは、私たちと動物との違いはプラクシスだと言います。

さて、行動と真理を操作する魂には、知覚（アイステーシス）、知性（ヌース）、欲求（オレクシス）という三つの要素がある。これらのうち知覚は何ら行動を引き起こすことはない。動物には知覚があっても、行動（道徳的行為またはプラクシス）を分かち合うという感覚は持ち合わせていないという事実からも、このことを観ることができる。したがって、道徳的美徳が選択を伴う特性をもち、選択が意図的な欲求であるとしたなら、選択が善なら推論は真実でなければならず、欲望は正しいものでなければならない。つまり推論は、欲求が何を欲しているのかを確認していかなければならない。かくして、これが実践的かつ行為（プラクシス）を伴った思想や真理となっていくのである。[29]

ポリスの生活を大切にしていた古代ギリシア人にとっては、プラクシスは自由市民であるための鍵であり、互いに協力し合うというだけでなく、生活を共にすることによって、共に幸福を達成すること（*eudaimonia*）が重要なこととされていました[30]。さらにグランディーによれば、フロネーシス自体がプラクシスの形で表出されるという独自の行為を保持していると言います。グランディーは、フロネーシスとプラクシスは互いに依存し合っていて、プラクシスはフロネーシスに依存していると指摘します。グランディーは、その裏付けとしてアリストテレスの『ニコマコス倫理学』を引用します。

選択は行為の出発点である。それは動作の起源であって、われわれが行動するための行きつく先ではない。しかし選択の出発点は、ある終わりに向けられた欲求と推論でもある。したがって知性や思想といったものなしに、あるいは何の道徳的特徴をもつことなしに、選択というものはありえない。思想や特性をもたずして、人間が善や悪を司ることはできないからである。また思想だけが先行しても何も起こらない。何らかの終わりを見据えて行動を考えようとする思想だけが、それを可能にする。（中略）それゆえ選択とは、欲求に動機づけされた知性であり、あるいは思想に司られる欲求のことである。これら二つが組み合わさって人間の行為は開始されていく[31]。

プラクシスは、ポイエーシス（行動を惹き起こす）とフロネーシス（実践知）の両者に依存します。プラクシスは、何が優れたことであるのかにつねに留意しながら、そうした合理的理由が導き出す行為です。フロネーシスと同様、プラクシスも社会正義や善と考えられているものを前提とします。教会にとってのポリスは、善であり正義であるところのキリストの体です[32]。

要するに、ものごとの決断をするときに、私たちキリスト者ははたしてどのような民であり得るのかということであり、どのキリスト的ジェスチャーを執行したり実践したりするのか、いつそれを行うのか、またどのような目的のもとで私たちはそれを行うのかが問題にされます。ただ、私たちの実施するジェスチャーには、二つの行為の側面が込められています。つまり一方で、私たちがキリストの体のメンバーとして実演しようと選択するジェスチャーは、キリスト的ジェスチャーそれ自体がある美徳を具現化しようとしていて、私たちが直面する状況の中で与えられ、私たちのキャラクターの影響を受け、そしてそれらが反映されたものとしての行動です。しかしもう一方で、私たちは、実施されたキリスト的ジェスチャーから直接の影響を受ける者として、キリスト的ジェスチャーを実践するという経験をとおして変革させられていく者でもあります。

キリスト的ジェスチャーの実演《パフォーマンス》

キリスト的ジェスチャーを学ぶことに焦点を当てる――すなわち私たちの道徳的特性を開示する――というのは、それらのジェスチャーを実演するということです。ジェスチャーを実演するという側面を強調するのは、型にはまった教会教育へのチャレンジでもあり、混乱をきたすことにもなり得るでしょう。なぜなら「実演《パフォーマンス》」と聞いただけで多くの人は、劇場の「舞台芸術」や何かを披露することを真っ先に考えてしまうからです。フィリップ・オースランダーによれば、劇場での演技を思考するのは、現代の西洋社会に深く根差している着想のかたちです。劇には、たとえそれが実際の劇場で演じられるものであろうと、小規模のグループのなかで俳優や聴衆が演じるものであろうと、台本があろうとなかろうと、あるいは監督がいようといまいと、ミュージシャンであれ、ダンサーであれ、演じるものを理解するということは、すべてに付きまとってくるものです。[33] 私たちの現代世界においては「パフォーマンス」は通常、創造芸術と結びついているわけですが、私は、それは一つのパフォーマンス理解にしかすぎないことを指摘しておきたいのです。

「実演《パフォーマンス》」は、「コミュニティー」や「ジェスチャー」と同様、コンテクストに依存する言葉です。私は、ここでまず一つの社会的あるいは情報伝達行為としてのジェスチャーの実演に関心を向けてみたいと思います。なぜならキリストの体においては、発声も含めた、私たちの体を用いてのジェスチャーの実演は、私たちキリスト者が生きるときの中心にあるからです。[34] 次に、「パフォーマンス」の神学的な概説を試みます。第三に、キリスト的ジェスチャーを演じることをとおしてキリスト教信仰を教えたり、学んだり、実演したりするときの方法論について述べていくことにします。

「パフォーマンス」という単語の語源は二つあります。一つは中世英語のパフォーレン、もう一つはフランス語のパーフォルニア（パーは「完全に」、フォルニアは「提供する」の意）です。パフォーマンスは、何らかのメッセージのようなものを持ち込んで、行為を完成させたり達成させたりするプロセスのことです。パフォーマンスは、他の誰かの行為を模倣して反復することによって学習していきますが、このことからすると、パフォーマンスはポイエーシス（創作）とミネーシス（模倣）の複合語ということになります。[35]

しかしながら、私たちのパフォーマンス理解はまた、文化的な場所や、どのパフォーマンスが演じられるのか、誰が演じるのか、あるいは誰に対して演じられるのかについての共通する物語に依存します。さらにそのパフォーマンスは、なにか審美的なものに根拠、あるいは何らかの祭儀的な関わり、その祭儀が何をめざすのか、ということにも依存しており、それは演劇のなかであろうと、創作された芸術作品のなかであろうと、あるいはスポーツイベントであろうと同様です。音楽、弁論、ダンス、あるいは教会において演じられる「適正な」パフォーマンスは、そのパフォーマンスが演じられてきたコミュニティーの伝統に依存するのです。[36]次のような例を考えてみましょう。

演劇は、日々起こっている小さな日常の社会ドラマを観察し評価していきます。[37]それは「二度めの行動」であって、自由に演じたり簡単に演じたりするものではなく、時間や場所や人々の制約の中に置かれています。リチャード・シェチュナーは、劇場パフォーマンスは、練習で行ってきたこと、以前から知っていたこと、子どもの頃から刷り込まれてきたこと、あるいはそれを演じた先代の上演者たちによって明らかにされてきたことをくり返していく「再現行動」のようなものだと言っています。劇場パフォーマンスは、ステージに持ち込まれる以前から、そのジェスチャーが日常生活の中ですでに演じられてきていることを前提としているのです。[38]

同様のことをヴィクター・ターナーは、「演劇」は上演者と観衆の分離があるときにその特徴を発揮すると述べています。[39]その分離が、観衆と演者たちに、日常世界の出来事をまったく新しいしかたで観せようとするのです。

人々はパフォーマンスを理解しようとするとき、その劇作品の出てきた背景を見ようとします。なぜなら、多くの文化のなかのあらゆる層の人々にとって、それが共通したエンターテインメントの場であるからです。私たちの目の前で、上演者の繰り広げる三次元のアイディアが交錯し合うのです。人々は、その演劇の視覚的効果に引き寄せられて、そのテーマが人生の日々の喜びや苦しみに共鳴してくると、彼らはとりわけそのパフォーマンスに魅了されていきます。ターナーは、観衆のパフォーマンスへの関心は、必ずしも物語の目新しさにあるわけではなく、劇作家が人生の問題をいかにうまく取り扱っているかであると語っています。[40]アーヴィング・ゴッフマンによれば、すべてのパフォーマンスは、その社会（観衆）の理解と期待に応えるために上演されるのであって、それによって社会生活に融合され、型に組み込まれ、修飾されていくのです。[41]

さらに、ハンス・ウルス・フォン・バルサザールが考察しているように、実在するものは、自らを鏡によく映し出して見ておく必要があります。

それは、演劇を、自己理解を続行させ存在を解明させる上での本格的な手段とし、自らの向こうに何があるのかを見せてくれるものとなっていく。それは鏡として、私たちを神学的自己理解の極みに到達させていくのである。[42]

日常生活の中でキリスト的ジェスチャーを実演していくのは、優れた演劇の瞬間を構成していくこととは少し異なるかもしれません――多くのジェスチャーは壮大なものであるどころか、むしろ小さくて巧妙なものだったりするからです。にもかかわらず演劇では、ジェスチャーが大事な役目を果たします。演劇が「二度めの行動」を惹き起こすために上演されるというのなら、私たちは、ジェスチャーの実演される前と後についても検証できるということであって、それは教会のありかたにとって大きな助けとなります。ジェスチャーは、それらが再表現されるようになって初めて、あるいはフォン・バルサザールの言うように演劇で鏡が準備されているような状況になって初めて、私たちはその重要性を理解していくようなものです。[43]

即興劇とジェスチャー

サム・ウェルズは、即興劇というのは、まだその劇の役柄やコンテクストが描き出されていない状況のなかで、俳優自身が一つの劇のラインを作り上げて提供していくものだと言いました。彼らがいったんそのような展開を始めると、他の俳優たちは、その即興劇を受け入れるか、拒絶するかのどちらかでしかありません。最初の俳優の動きを受け入れてその劇に中に入っていく場合には、応答する俳優たちは、その演者と空間を共有するようになり、そこでは創造的なイマジネーションが求められていきます。最初の演者の即興劇を拒絶するのは、微妙に攻撃的であり、ひそかにその人を傷つけることになります。優れた即興演者は、飛び出してくるあらゆるものを受け入れながら、その物語に終わりがないことにも気づいています。そうした物語を継続させていくためには、訓練された想像性と創造力とが必要です。物語が継続していくというのは、すなわち私たちが、その物語は単に私たちの物語では済まないことを理解しているからなのです。むしろ、危険だと思われる状況にあるときにも、また、私たちが不快に感じることまでさらけ出すよう脅されたとしても、私たちはその物語を継続させていくための勇気を与えられている民であるのです。[44]

日々の生活におけるキリスト的ジェスチャーは、即興劇を演じるのに似ています。私たちは、朝目覚めてから夜寝るときまで、隣人に、友人に、家族に、見知らぬ人々に、あるいは神に対して応答しようと、あらゆる即興的なジェスチャーを演じていきます。私たちキリスト者には、福音の基本的な「ストーリー・ライン」があります。私たちがキリストの体の即興劇で演じるジェスチャーは、そのストーリー・ラインの状況を踏まえて進められていきます。

音楽パフォーマンス

フランシス・ヤングによれば、音楽におけるそのフレーズ、ハーモニー、リズムというのは文化的な条件によって異なるのであって、すべての作品はある特定の場や歴史的な時によって特徴づけられているといいます。十九世紀ドイツのロマン派の音楽は、バリ島の伝統的な銅鑼とはまったく異なります。ミュージカルの公演も文化的条件下に置かれています。パフォーマンスを演じる側とパフォーマンスを観る側が、何が善なるものかの判断を下していきます。高く評価された演劇は、大きなミュージカルの場でも評価されていくのでしょう。なにか楽器を演奏したり、歌声を響かせたりするのであれば、リビングルームや大学の音楽堂のリハーサル練習室、地下鉄の駅、コンサートステージでもおこなうことができます。ピアニストとしてピアノを弾く場合には、そこで必要なジェスチャーの重要性を認識していなければなりません。ピアノを弾くことを習得する際には、それはまずは身体的なものとして始められていきます。しかしそれは単なる身体動作や、体を自由に動かすという以上のことです。むしろピアノを弾くのは、身体的・知的・精神的行為だといえます。曲の構成によって身体のピアノ鍵盤への向き合い方が決まってきて、それを実演していくことになります。私はバッハのプレリュードを弾くときにはペダルから足を離していますし、特定の指で鍵盤を押さえながら他の指が次のスタッカートに効率よく移行できるように準備しておきます。これがたとえばベートーヴェンのソナタでアダージョを演奏するとなると動きは異なります。そのときは、私は全身をピアノに寄せ付け、鍵盤に指を埋め込むようにして、また気分や効果を期待してペダルを十分に使いこんでいきます。

音楽にはまた、演奏を聴くというパフォーマンスと、聴いたものを理解するというパフォーマンスがあります。曲のなかの音の組み合わせを聴きとっていくときには、曲を構成している何らかの共通した決まりごとについての知識も要求されます。聴衆もパフォーマンスを演じているのであって、曲を聴くこと自体がパフォーマンスです――なぜなら音楽は文化的な制約のなかに置かれているからです。[45]音楽的パフォーマンスは、作曲者、演奏者、聴衆の間での対話を経験することだと言ってもよいでしょう。[46]

優れたパフォーマンスには、それに対する思いや厳しい訓練、多くのリハーサルやリサイタルをこなし、長い時間をかけてある一定の技術を習得することが要求されます。ヤングは、クラシックの演奏には伝統的な事柄の理解が不可欠だと言います。独創的ジャンルの曲を演奏するアーティストは、毎回、演奏で何かしら新鮮で感動するものを持ち込もうとしますが、クラシック曲の場合にはまったく斬新なアプローチというのは必ずしも優れた表現と理解されません。[47]たとえば、クラシック曲を練習しているピアニストの目標は、作曲家の意図するものを忠実に構成した演奏をしていくことです。そのためピアニストは、そのセクションのフォルテやピアニッシモなど楽譜に記されているすべてのリズムやテンポについて、また、曲の構成や作曲家の歴史的背景についても、注意深く研究していきます。バロック曲、クラシック曲、ロマンチック派の作品、あるいは現代作品であったとしても、ピアニストは、ある楽章を構成している旋律を奏でるのか、あるいは二つの即興演奏を組み合わせていくのか、トレモロをここで入れるのか、あそこで入れるかをそのコンポジション・スタイルに合わせて判断していきます。[48]即興演奏をする場合には、演奏者は技術的スキルを見せつけたり、与えられた楽譜の枠内で輝やかせたりして構わないのですが、それでも曲全体の構成との調和が取れて、そこにフィットしていくものでなければなりません。演奏家が古典作品と聴衆の間の懸け橋となっていくのです[49]。

どのキリスト的ジェスチャーを即興的に用いるべきかを知っておくことは重要です。ピアノ演奏と同様に、キリスト的ジェスチャーのパフォーマンスも学んだり練習したりすることができますが、即興で演じる余地もまた残されています。パフォーマンスを演じる人は、即興演奏を習得した人の即興スタイルを模倣しながら――その演奏者の音楽的才能やコンポジション・スタイルを用いながら――どの即興スタイルで演奏するのかを判断します。その楽曲の構成の枠外であっても即興演奏は自由です。むしろ、作曲家が意図していたような演奏に仕上がっていき、その演奏は爽快感をもたらすかもしれませんし、作曲家自身がその即興演奏を採用したがるということもありえなくはないでしょう[50]。

ダンス・パフォーマンス

ダンスは、演じる者の身体を中心とした演技あるいはパフォーマンス芸術であって、ダンスのパフォーマンス芸術もキリスト的ジェスチャーと共通しているところがあります。ダンサーからダンスを奪い取ることができないように、ジェスチャーを演じる者からジェスチャーを奪い取ることはできません。ダンサーやダンスは、体の動きをとおして、異なる「言語」あるいは文化を伝えようとします[51]。「ダンス」もまたコンテクストに依存していることを考えると、好奇心がそそられます。ダンスは、演じるグループ、彼らの時間、彼らのいる場所に依存します。私は、ダンスはジェスチャーの理解やジャスチャーを教育するための力強い方法を提供できるものと確信しています。ちょうどキリスト的ジェスチャーと同じように、ダンスは、身体が知・体・心が一つであることを表現する媒体です。ダンサーは次のステップをどのように運んでいくのかを考えていなければなりません。それは神の霊が何を求めているのかということに繋がります。ダンスには、審美的で機能的な合理性を兼ね備えた動きが求められます。ダンサーは、音楽のリズムやサウンドに合わせて動きをコントロールし

ていく行為をとおし、自分自身に注目が集まるようにもっていきます。(52)

ダンスや振り付けには二つのタイプがあります。一つは表象的ダンスで、メタファー（比喩）やアナロジー（類似性）を表現するものです。ステージ上でダンサーは、人生の出来事を身体の動きに翻訳することを画策し、観衆はそれらの動きの中から寓話的な意味を見つけ出していく役割を果たします。バレエ劇「くるみ割り人形」のような物語展開をするダンスでは、観衆がそれを容易に解読していきます。もう一つのタイプは、イデオロギー的ダンスで、ダンサーの目的は革命的なものです。彼らはある種の表現を通じて世界を変革しようとします。(53)しかしこの種のダンスは、世界の出来事についての社会的論評以上のものになっていき、むしろダンス自体が社会的な論評を湧き起こすこともあります。(54)

キリスト的ジェスチャーの実現には、この両者のスタイルが重要です。ダンサーやジェスチャーを演じる者の身体を使ってのパフォーマンスは、この両者にまたがっているからです。演じられたパフォーマンスは、それが優れたものであるかどうかによって意義づけられます。(55)しかしそれは同時に、観衆の社会的論説、すなわちそのダンスが何を伝えようとして何を表現したのかが解読されたり記憶に留められたりしていくのです。したがってダンスやダンサーは、振付師や作曲家とだけではなく、観衆とも対話をしていくことになります。ジェスチャーをおこなう者も同様に、ジェスチャーを最初に教えてくれた人とだけでなく、ジェスチャーを演じていく相手や、キリストの聖霊ともある種の対話をしていくのです。

あらゆる創造芸術パフォーマンスにおいて、今一つ明らかになっていないのは、パフォーマンスを演じる人のキャラクターがパフォーマンスにどのように影響を及ぼしているかということです。アリストテレスは、ハープ奏者は、ハープを演奏することによって、善いハープ奏者にも悪いハープ奏者にもなっていく――建築家や他のあらゆる工芸家たちも同様です――と指摘しています。(56)

パフォーマンスについての神学的考察

キリストの体は静止している体ではありません。生きた体です。実動する体です。ターナーは、宗教はまるで芸術のようだと言いました。それが実演されている限り「生き続ける」からです。共同体は祭儀を継続させることを大切にする限り、生き続けます。「もし宗教を排除したいのなら、その祭儀をやめさせればよい、その生成や再成プロセスを取り除いてしまえばよい」のです。[57] フォン・バルサザールは、ユーカリストのパフォーマンスについて論じるなかで、演劇とユーカリストを対比させて、演劇というのはそれ自体が創造と贖いのアナロジー的自己実現であると言っています。「ヨルダン川の水は私たちを洗い清め、大地は麦とぶどうを与える。神の息は天地創造の言葉となり、炎が出来事を引き起こす」。演劇もユーカリストと同様に、創造されていくものの意味合いが流動的であることを私たちに気づかせてくれますが、それはとくにユーカリストにおいて顕著です。[58] 言い換えるなら、創造芸術パフォーマンスと神学タスクのパフォーマンスにはいくつかの共通点があります。しかしながら、両者には互いに決定的に異なった部分もあります。第一に、私たちは生ける神を礼拝しているということです。フォドールとハワーワスは、キリスト教信仰は一つのパフォーマンスである、なぜならキリスト者は、純粋に行動する神、永遠に生きて働《パフォーミング》かれる神を礼拝するのだから、と述べています。[59]「神は、生きて働かれる神であり、私たちを神の生のパフォーマンスへと招き入れ、（中略）この世界を創造し贖われるところの永遠に生きて働かれる神である」のです。フォドールとハワーワスは、キリストこそが神の最高のパフォーマンスであって、私たちはこのキリストによってキリスト者という聖なるパフォーマーたり得ると述べています。[60]

フォン・バルサザールは、この生きて働かれる神は遠くにいるのではなく、つねにこの世界に関わっておられ、そこにはつねに「神と人間のドラマティックな緊張関係」、すなわち神とともに生きるときに経験する私たちの人生の神秘が秘められていると言います。この真理の啓示は、世界に対する神のラディカルなイニシアチブのベールが、ただ一度だけキリストの出来事において剥がされたことを指し示すものです。[61]

このことは、第二の特徴へと導きます。私たちは永遠に生きて働かれる神の似姿に創造されたわけですから、私たちも生きて働く人間として創造されたことになります。文化人類学者たちも、人間は生きて働く存在であるとの同様の結論を描き出しています。ターナーは、「ホモ・パフォーマン」としての私たちは、日常生活における行動をとおして自分自身をより理解するようになり、また他者を観察することによって自らを知っていくと述べています。[62]私たちは、単純な会話のなかで、冗談を言い合うなかで、手のジェスチャーを使って物語を伝えるなかで、涙するなかで、目を細めて見つめるなかで、誰かとゲームをするなかで、町の何かの役割を担うなかで、他者の言葉に耳を傾けるたり目を向けたりするなかで、一つのパフォーマンスと向き合っていくのです。ターナーは、私たちの人生で基本的に必要なのは、人生の日々置かれたれたところで自己を開示していくこと、すなわちパフォーマンスすることであると言っています。[63]私たちは、深刻な感情を表現するときにも、快楽に満たされた感情を表現するときにも、パフォーマンスを演じます。意味あることを探すときも、時間をやり過ごすときも、他者の中で自分自身を目立たせるような象徴的ふるまいをするときにも、パフォーマンスを演じていきます。[64]

キリスト的ジェスチャーを実演するというのは、私たちが、神によって、そして私たちをとおして働く神の霊とともにジェスチャーを演じていくことなのであって、それ自体が神聖なパフォーマンスであるのです。人間のいかなる業も、神から独立して、自己実現や自己生成のためのものとして説明されることはありません。フォドールとハワーワスは、「むしろ、私たちは、聖なる人生を分かち合っていくときにのみ、われわれ一人ひとりの存在が、神のリアリティーとともに確かなものとされていくのである」と述べています。キリスト教信仰を実演していくというのは、神の恵みの萌芽として働いていくことです。[65]そのときには、キリストのパフォーマンスがその中心に置かれていること、そして、そこに神と人間のドラマティックな緊張関係があることに着目していくことが重要でしょう。キリストは、神と人間のこのドラマティックな両極性をはるかに超えています。なぜなら彼はすべての聖なるものの典型であり、唯一の帰結であるからです。また、キリストの「パフォーマンス」は、私たちの人生のジェスチャー・パフォーマンスをつねに圧倒するものであって、それゆえ私たちは彼のジェスチャーのなかへと取り込まれていきます。復活したキリストにあっては、もはや神と人間のドラマティックな緊張関係は存在しません。神がキリストを無にされたからであり、それによって神は、私たちの目的のためではなく、神の目的に沿ってこの世を用いるようになったからです。神が私たちにキリストを与えたという行為は、私たちの上から、あるいは私たちの外から到来したものです。フォン・バルサザールは言います。「神はわれわれに対して何ら為すべき必要がないにもかかわらず、神はここにおられ、すべてのことを為されるのである」(66)。

「神は、御心のままに、満ちあふれるものを余すところなく御子の内に宿らせ、その十字架の血によって平和を打ち立て、地にあるものであれ、天にあるものであれ、万物をただ御子によって、御自分と和解させられました。」（コロサイ1・19－20）

パウロはローマの信徒への手紙5章12、15、18節においても、神は私たちをアダムの道から解放するために、復活のキリストという賜物を与えられたという福音のドラマ、つまり神の為したパフォーマンスについて述べています。

「このようなわけで、一人の人によって罪が世に入り、罪によって死が入り込んだように、死はすべての人に及んだのです。すべての人が罪を犯したからです。」（12節）
「しかし、恵みの賜物は罪とは比較になりません。一人の罪によって多くの人が死ぬことになったとすれば、なおさら、神の恵みと一人の人イエス・キリストの恵みの賜物とは、多くの人に豊かに注がれるのです。」（15節）
「そこで、一人の罪によってすべての人に有罪の判決が下されたように、一人の正しい行為によって、すべての人が義とされて命を得ることになったのです。」（18節）

受肉――肉となったキリストにおいて神が私たちとともにおられること――というのは、偽装や仮面とはまったく異なるものです。キリストにおいて、神は完全に、そして徹底して神自身であられたのです(67)。「神が聴衆のなかにいてくれるか」、あるいは「神は私の人生の舞台であるか」は、まるで問題でありません。神はすべてであり、すべての中におられるのであって、招かれてキリストに従うというタスクが与えられているのは神の民の側なのです。それは、幾分かの正しいことを行っていればよいというのではなく、独り子を私たちに与えてくださった神の前に、私たちがまったく降伏することを意味しているのです(68)。

ちょうどキリストが神のパフォーマンスであるように、キリストの体としての教会もまた、神の民というかたちの神のパフォーマンスです。より明確には、キリストの体としての教会は、神がパフォームする体です。サム・ウェルズは、このパフォームする体としての教会を神の「即興的コミュニティー」とよんでいます。私たちがコントロールしたり決定したりできるものではないからです。むしろ教会は神がコントロールし、神の計画のもとにおかれています。[69] なぜなら、私たちの任務はキリストにおける神の贖いの愛というよき知らせを実演していくことだから、とフォドールとハワーワスは指摘します。[70] そうして優れた即興曲としての教会は、与えられたすべてのものを受け入れ、徹底的な再編成がなされるまではこの物語に終わりがないことに気づかされていくのです。[71]

もう一つは、教会のジェスチャー・パフォーマンスは、終末を演じるのではなく、つねに終末論的に演じられていくということです。一方で、すべてのジェスチャー・パフォーマンスには実用的または技術的な次元がありながらも、私たちはしばしば、キリストの体における最善、神の国の栄光という特別な終わりに向けてのジェスチャーを演じていきます。再びフォドールとハワーワスから引用します。

> キリスト者の物語は、すでに勝利のうちに終わっており、イエスにおいて決定的なものになっているがゆえに、教会はその終末について証しする自由がある。教会は、地上におけるキリストの体の延長であるゆえ、その意味で教会は終末を先取りしているのである。[72]

パフォーマーである教会の終末論的目的は、私たちがユーカリストを祝うときにもっとも明らかにされます。ターナーは、ユーカリストは、中世の情熱的な演劇が興るよりも遥かに以前から、聖書という台本を有するドラマであったと言っています。教会員という観衆の関心は、物語の斬新さではなく、司祭という演出家がどのようにすでにある有名な物語をその日の出来事のコンテクストに合わせて料理するのかに向けられていきます。[73] ターナーの視点に呼応するようにニコラス・ラッシュもまた、ユーカリストはキリスト者の生きかた全体を最高のかたちで解釈するパフォーマンスであると言っています。賛美、告白、請願は、キリストの体が具現化されていく方向性を規定するものです。そしてキリストの物語が告げ知らされ、その物語は、平安のうちに遣わされる人々によって実演されるようになっていきます。[74]

結論的に述べるなら、教会として日々生きていくこと自体が、すでに一つのパフォーマンスだということです。毎日の生活のなかで自己を開示していくからです。人生はドラマの宝庫であって、そこで私たちは重要な他者、恒常性、そして自由をうまく処理していこうとし、終わりなき台本のなかに自分を見出し、恵みと自由の内に行動することを求めながら、新しい方法で台本に取り組んでいくことになるのです。

ドラマは、われわれには、一緒にいたり対立したりする役を演じる他の登場人物が必要であることを想起させる。聖書のドラマにおいては、神は「ドラマで決定的な役割を担う絶対他者」であって、われわれも神にとっての「他者」であることが示唆される。(75)

キリスト的ジェスチャーの実演《パフォーマンス》教育

パフォーマンスが他の領域や学問分野でどのような理解がなされているのかを概観してきましたが、ここで私は、読者の目を教育に転じていきたいと思います。すなわちジェスチャーを他者に教えていく方法についてです。身体的行動をとおして意図的に美徳を具現化させようとするジェスチャーは、首尾一貫していたとしても、それは底が深く、形式も複雑です。そもそもパフォーマンスというのは複雑なものなのです。なぜなら、あらゆるパフォーマンス、そしてそこにおけるジェスチャーは複雑に入り組んだ多くの部分から成り立っており、それらが動的また継続的に変化しているからです。一方では、ジェスチャーの実演する側の意図性や実演されたジェスチャーを受ける側の問題、さらにそのパフォーマンスにおける体・知・心の調整作用に関する問題があります。ジェスチャーを実践するときには、制度的な制約、歴史的な次元、あるいは教会の異なる神学的主張などによって制限されることのない柔軟性が必要です。またもう一方では、神自身がジェスチャーを演じることに積極的だということです。ジェスチャーは、神によって注入された美徳を仲介するものであって、神は人々に、神学的美徳を具現化するジェスチャーを実演することを教えようとします。たとえば愛などです。とはいえ、私たちのキリスト的ジェスチャーのパフォーマンス自体が、神から私たちに与えられた賜物です。私たちの思いや願望、知性や身体的能力は、聖霊が注入されることによってキリストの道に従うようにと私たちの体を変容させ、私たちを神に近づけていきます。愛するといった神学的美徳のジェスチャーをキリストのように実演することによって、キリスト自身が私たちに愛をもって接したしかたで私たちも愛することができるようになっていきます。そしてジェスチャーは、神学を解釈する行為となって、私たちの人格、そしてキリストの体のキャラクターをも形づくっていきます。

キリスト的ジェスチャーのパフォーマンス教育をおこなう上で、そのいくつかの重要な特性は、神学的、教育学的、および文化的人類学的観点から引き出すことができます。[76]人類学者たちも、演劇パフォーマンスとはずいぶん異なりますが、日々のパフォーマンスという考えかたをもっています。結局のところ、すべてのパフォーマンスの根源は、創作的な芸術というよりも、日常生活の平凡なパフォーマンスであり、演劇が描き出す主題と台本から産み落とされる社会的戯曲であるのです。私たちが日常の平凡さを演じるときには、私たちはある「基準となる枠組み」、すなわちキリストにおいて他者との関係を築いていくことから始めていくことになります。[77]

ジェスチャーのパフォーマンス教育――体・知・心

私たちの存在のすべては、福音の物語の実際の行動のなかに取り込まれています。シェクナーの演劇的センスで言うなら、演者が練習を重ねるごとに、パフォーマンスの台本は演者の体に浸み込んでいき、体自体がパフォーマンスの台本として不可欠な基盤となっていきます。一度それが演者の体のなかの習慣になると、今度はそのパフォーマンスの台本は、パフォーマンスを演じるときのマニフェストとなって他の出演者たちにも手渡されることになります。[78]すべてのパフォーマンスは、知識の足跡として人間の身体と関わっています。私たち一人ひとりは、名付けられる以前からすでに身体としての存在があります。そして言語もまた、私たちが口述によって自己紹介をするにせよ、手話を使うにせよ、身体と知性とが表れ出てくる一つの行為なのです。[79]対話やコミュニケーションが惹き起こされていく身体は、「中立的価値観」をもった場ではありません。[80]そうではなく、私たちのパフォーマンスは、ある特別な「文化的コード領域」のなかに置かれているのです。[81]たとえば、握手をするというのは、挨拶のとき、交渉が成立したとき、またキリストの平和の挨拶をするときの表現のかたちであり、そのジェスチャーに伴った物語に依存して行われます。ある特定のジェスチャーの動きを身につけると、私たちの肉体は、曲げ伸ばしをしたり、関節が動いたり、筋肉が伸縮したりするようになります。動作をくり返していくと、まるで私たちの身体がもともとそのジェスチャーを知っていたかのごとくになっていきます。反復することによって、私たち自身が安心してそれを用いることができるようになるのです[82]。そしてやがては、そのジェスチャーは私たちの固有の動作、歩きかた、握手のしかた、ひざまずきかたの特徴やスタイルとなって、私たち自身の独特の流儀となります。

　ジーン・スチュワートは、私たちの「身体」がおのずとそれを記憶していくと言います。

> 身体はどのくらいの間、記憶し続けるのか。もし傷つけたり打撲傷を負わせたり欠損させたりすることなく筋肉組織を取り出したとしても、もしあらゆる証拠を消し去って彼女の腰のラインを昔の麗しい曲線に復元できたとしても、それでも彼女の骨は過去の記憶を永久にもち続けるのではなかろうか。麻酔を使わずにそこまで残忍な行為を行ったとしても、彼女の知っているということを阻むことはできない[83]。

たとえば知性が、肢体のある部分が欠損していることに気づかないばかりに、その足に歩くように命じたとしたら、その障がいをもつ人は、自分が転ぶまで、自分に障がいがあるという現状を思い起こさないでしょう。しかし身体はまた、精神も伴っています。アクィナスは、人間の行為が適正であるときにのみ、人間は人間となって、究極の目的である神の視野に入っていくと述べます。

> 人間の人間としての行為は、その人物のコントロールと計画的な意志手続きのもとに置かれている。しかし特定の力（視力、聴覚、または聴力）から発生する類の行為は、対象たるものが目の前にどのように現れたかによっても決定づけられる。（中略）人の究極的ゴールは、それが人の行為であるなら、願望の指令を遂行しようとする行為である。（中略）したがって人がゴールをめざして行うことは何であれ、その人は自らの究極的ゴールに向かっている[84]。

すべてキリスト者のジェスチャーの「究極的目的」は、神です。神のみが私たちのもっとも深い憧れを満たすことができます。[85] ジェスチャーを実演していくときには、聖霊が活躍します。それは以前には知らなかったとしても、私たちが愛や誠実といった神学的美徳を習得するにつれて知るようになっていきます。そしてついには、愛のジェスチャーを実演することもまた、神の恵みの賜物であることに気づかされるのです。フラナリー・オコナーは、私たちは愛を実演することで恵みが与えられたと理解しますが、それは必ずしも「全体を通じて」意識的に恵みの賜物を知覚しているのではなく、むしろ私たちは恵みの賜物を発見していくことでなければならない、と言っています。[86] アクィナスに言わせるなら、「恵みを正しく用いるというのは（中略）無償の愛を実践すること」[87] であるのです。

最後に、すべてのパフォーマンスの背後にある知性、あるいは認識力についてです。私たちが何かを実演しようとして体を動かすときには、そのことをどれほど意識的に考えているかどうかに依存します。なぜなら、一つの行為を演じるにしても、通常は、そこには何種類かの意図的な思いが介在しているからです。トーマス・トレーシーは、意図的な行為やジェスチャー・パフォーマンスは、いずれも何かを仮定しているか、何らかの期待する結果というものがあり、パフォーマンス一つひとつにも、演じる者が定めた目的があると言います。[88] トレーシーは鐘を鳴らすことを例にあげています。――私は鐘を鳴らすためにロープを引きます。ロープを引くために体を動かします。適切なしかたで体をよじらせるために、何らかの恣意的な精神行動をとらなければならないこともあります。私はロープを引くという特殊な動作をするのですが、その動作が成功すれば鐘が鳴るということを、私はいつでも強く頭で意識してやっているわけではありません。[89]

ラッシュは、聖書文書のパフォーマンスは、人間の歴史において神の真理を「演出」する知的、かつ意図的、解釈的な営みである、なぜならそれは人の言葉や行為、対話や苦しみの証言を「演出」することによって組み立てられているからだと述べています。[90] この演出のパフォーマンスのなかにも、体・知・心が含まれているのです。

洞察したものを体の動きに取り入れていくために、また神の聖霊の臨在を確認したりそれに応答したりするためには、認知力、すなわち合理的な思考が求められます。ここでもまた、アクィナスがしたように「知性」について考えてみることが助けになるでしょう。[91] 知性は、私たちの身体を支えます。私たちは、知性が具現化した存在でもあります。ロバート・バーロンは、魂の器としての身体について、こう述べています。「神は、われわれを——体も魂も——善きものとして創造したのであるから、神は、われわれが自らの人生を生き抜き、魂を具現化させながら、最終的な到達点に完全にたどり着いていくところまでを意識しておられるのだ」[92]。この体・知・心の定式については、もう一方で、福音を具現化するジャスチャーの実際を考えてみるとよいでしょう。トレーシーは、人間の体は有機的活動のパターンによって構成されているのであって、人間は本来なにかを選択したり意図的に規定したりする存在ではなく、ある一定の限られた範囲のなかで基本的な行為を意図的に行っているにすぎないと述べます。私たちは、身体的な存在です。なぜなら私たちの意図的な行動能力は、生活の基本的パターンのなかに根拠づけられているからです。トレーシーによれば、私たちに与えられている生活の基盤となる行動様式は、組織的な活動の一つです[93]。アクィナスは、もし神が幸いなる存在であるなら、私たちが実践すべき類のジェスチャーは自由意志で実践されなければならず、しかもそれは幸いをもたらすものでなければならない、と述べます。これは私たちの理解を助けてくれます。私たちは、行く手を阻むようなジェスチャーや行為をも識別しなければなりません。神がそのように望むのなら、私たちの意志に、神が直接働きかけて私たちを行動へと促していくにちがいありません[94]。

受肉の出来事としてジェスチャーを実演する

マーヴァ・ダウンは、「キリストのように、人間もまた、自らに死に、聖霊の力によってその人生がもう一度生かされるのなら」[95]、福音はつねに受肉し続けるのだと言います。アクィナスは、神はあらゆる力を有し「すべての場所に臨在し（すべてを見ておられる）、すべてのものの中に（すべての存在の根拠として）」おられる、と語ります[96]。

その恵みは神の御子を通して人類にもたらされる。恵みはまず人間イエスに満たされ、そののちわれわれにも注がれたのである。言は肉となり、恵みと真理とに満ち、われわれはすべてを彼の豊かさから受け取った。恵みに恵みが益し加えられたのである。恵みと真理はイエス・キリストを通して到来した。言が肉となって溢れ出した恵みは、外的にも知覚できるしかたで、私たちのなかに注ぎ込まれなければならなかっ

> たのだ。またこの内なる恵みは、肉を霊にさらして、外から知覚できる行いという実をもたらしていかなければならなかった。したがって恵みは、二つのしかたで外に向けた働きに関与していくことになる。すなわち、外に向けられた働き――新しい掟として定められたバプテスマとユーカリストという典礼行為――によってわれわれを恵みへと導き入れ、その内なる恵みによってわれわれを外に向けた働きへと鼓舞する。（中略）いまや聖霊の恵みは、われわれを囲み、われわれに浸透して、われわれに正しい振る舞いを与えてくれる内なる気質となったのである。それによってわれわれは、恵みと一致する事柄は自由に行い、それに反するものは回避するようになる。[97]

私たちは神の恵みの賜物をかき集めようとしてジェスチャーを演じるのではありません。むしろ恵みが、私たちを外における働きへと、神の御霊の内なる働きによって鼓舞させるがゆえに、私たちは「正しい行動」へと向けさせられ、キリストの求める神の人へとつくり上げられていくのです。

教会的アクションとしてのジェスチャーの実演

私たちは、私たちが住んでいるコミュニティーのなかでふるまいかたを身につけていきます。リチャード・シェチュナーは、パフォーマンスは他者あるいは集団のただなかで、他者のためになされる行為であると言います。[98] バートールド・ブレッヒは、ジェスチャーが演じられるときの人々の互いに向き合って取り組む姿勢は、社会的歴史的に重要な意味をもっているなぜなら私たちは経験するあらゆる複雑な道筋と道理を互いから学び取っていくからであると述べます。[99]

先に述べたトレーシーの例話を取り上げてみましょう。意図しないかたちで鐘を鳴らしていたとしても、もしかするとそれによって周りの人々がそのパフォーマンスを見にやってくるかもしれず、また夕食の合図の鐘だと思って人々を食卓に連れてくることになるかもしれません。[100] 私たちはキリストの体のメンバーなのですから、私たちのキリスト的ジェスチャーは、他のメンバーに影響を与えていきます。私たちは独り芝居をしているのではなく、教会を代表して、そして教会の延長線上でジェスチャーを実演しているのです。たとえば、愛のジェスチャーを実演するときには、私たちは「キリストに結ばれて一つの体を形づくっており、各自は互いに部分なのです」（ローマ12・5）を実践します。私たちは、キリスト教信仰に根差した意図的な行為としてのジェスチャーの実演を学んでいくのですから、そのパフォーマンスは必ずしも新しい奇抜なものである必要はありません。むしろジェスチャーは、固有のグループ内の社会的記憶の一つです。これを踏まえておくことは、キリスト者を教育するときの基本的なポイントであると私は確信します。私たちは、古い何かを伝えようとしているのです。

ポール・コナートンは、すべての初期の行動やジェスチャーは想起や再構成（re-membering）という要素を含んでいると言います。つまりそれは、もう一度自分よりも大きな共同体のメンバーに立ち戻るということです。私たちは、重要な記念祝祭や共同体の実践を、フォーマルまたインフォーマルなかたちで、単純にジェスチャーによって世代から世界へと移行させていきます。再構成（Re-membering）するというのは、個人的な事柄でありつつも、同時にあるジェスチャーをくり返し演じることによって、それが認知的な事柄となっていくことです。[101]フォドールとハワーワスは、教会における正しいパフォーマンスは、本来、創造するというより想起する行為であって、それは疑似的な〈無からの創造〉だと言います。なぜなら再演される物語というのは、私たちよりもずっと古くから演じられてきた、より大きな物語であるからです。さらに、キリスト教信仰の優れたジェスチャー・パフォーマーたち――賜物を与えられたミュージシャンや想像力に富んだ画家や感動的なダンサーたち――は、演じるという業をとおして献身しているのですが、彼らは、もはや、パフォーマンスのなかでコントロールされているのではなく、彼ら自身がパフォーマンスとなっているのです。[102]

実演されるジェスチャーの予測不可能性

ジェスチャーを実演するのは、厳密に振り付けられたり、パターン化されたりしたものというよりは、準備なしの即興的なものです。私たちは基本的な動きのいくつかから始めていきますが、それらの基本的な動きですら即興的な余地があります。それを「主題とその展開」と考えておきましょう。人生が永久に予測不可能であるというのは、私たちのパフォーマンスが流動的で動的で偶発的であるというだけではなく、神がそのように造られたからなのです。私たちは、神から遠く離れた席に座っている聴衆でもなければ、神を前にしたステージに一人で立って演技をしているのでもありません。むしろ、キリストの体で人生を生きるというのは、神の支配のもとで、神との聖なる生活を分かち合っていくということなのです。それゆえ、私たちのパフォーマンスは即興的なものになります。キリスト者の人生は、昨日と今日とは決して同じ一日ではありません。台本の中に答えを見つけられないような状況に直面したときにも、私たちはそれをより大きな神の摂理的な物語の類比としてとらえて応答していくことが求められます[103]。

フォドールとハワーワスは、人がキリスト的ジェスチャーに参与する状況が薄れると、セルフ・コントロールの欠如も深刻なまでに表面化してくることを指摘しています。それは著しく記憶と関係しているからです。私たちは、神が演じてくれるがために自らを神に献げていくのであって、当然、ジェスチャーの喪失はセルフ・コントロールの欠如にもなるのです。真実のパフォーマンスは、私たちを自己から引きずり出し、神へと向けていきます。そうして、私たちがより満たされ、豊かになり、さらに自己を変えられるようにと、それらは私たちに返ってくるのです。そもそも私たち自身が、神の民として、神のただ一度限りの創造パフォーマンスの延長線上におかれた即興的部分であるのです[104]。

福音の境界線

私たちのパフォーマンスの多くは即興的なものですが、それは福音の枠組みのなかにおかれています。俳優たちには台本があります。ミュージシャンには音楽構成がありま す。ダンサーには一連の振り付けがあります。私たちには、台本と同様の聖書の物語があります。それは日々のジェスチャーを演じるための決定的な物語です。パフォーマンスは物語の流れを辿ります。すべてのパフォーマンスには、始まりがあり、中盤があり、終わりがあります。ブルース・カプファーラーが、テキストとそれを展開することとは結合していると指摘しています。ジェスチャーが演じられるところでは、物語を実演することとテキストを分離することはできません[105]。

ターナーは、あらゆる社会的なドラマやパフォーマンスは、いずれも次のような段階を辿るといっています。(1)日常生活のなかで生起する不和、(2)表面化した不和を是正する行動、(3)不十分な是正行動による危機の継続、(4)危機回避のための和解策の模索、(5)合意形成と承認。要するに社会的パフォーマンスには、始まり、中盤、そして一定の結末があるということです。[106]ラッシュは、聖書を実演することは教会の生命線であって、そこにはおのずと境界や限界があることを指摘しています。ラッシュは、聖書を読むことはそれ自体がつねに解釈を伴うのであり、聖書を適切なかたちで読み直していると指摘します。礼拝にも、賛美、告白、嘆願といった主だった流れの形式があり、聖書の語るところを展開していきます。しかしラッシュによれば、典礼で物語るときには、私たちは、キリストに従うなかでテキストが希望のテキストになっていくことを宣べ伝えていくのであって、その物語を単にノスタルジックになって味わったり想起したりしているわけではないといいます。さらにラッシュは、聖書を解釈することとそれを実演することとの間の複雑さについても理解を示します。私たちは、どのように新約聖書と向き合っているでしょうか。「一人の一般的なキリスト者としてか、それは教会的権威によるのか、あるいは〈権威ある〉聖書学者の責任としてか、あるいは〈権威ある〉聖書学者の責任としてか、学術的な専門性からか」。こうした権威は、キリスト的ジェスチャーを演じるときの境界となります。またキリスト者が気をつけなければならないもう一つの兆候は、テキストを「原典の意味するまま」に実演しようとすることです。それはしばしば無駄な探究であって、教会の歴史家たちや本文批評家たちを煩わせるにしかすぎないかもしれません。

ラッシュは加えて、聖書テキストのパフォーマンスには死という終わりがあると述べて、聖書テキストの決定的な本質について述べています。

> われわれがパフォーマンスを展開するステージは、「サクラメント」としての教会が存在している人類の大きな歴史のなか、あるいは歴史の究極的な意味と希望がドラマティックに展開されているなかにある。もし新約聖書のテキストが、キリスト教信仰の有為性ついての説明を宣言するためのものだとしたら、われわれの人間性の性質は、そのパフォーマンスの妥当性を図る基準となっていくだろう。だがこの基準とて、われわれには、最後の最後まで人間に意味を与える神の神秘として隠されたままなのであって、われわれに開示することは認められていない。[107]

それでも聖書は、聖書自身で自己充足させることはできません。キリスト者は、聖書ではなくキリストを礼拝するのです。キリストの体としての教会は、キリストの体において、聖書を読むこと、解釈すること、聖書のジェスチャーを実演することが基本です。教会は、またバプテスマとユーカリストにおいて結び合わされることによって成立します。くり返しになりますが、神は教会のカリキュラムであり、教会の主題です。そしてキリストの体が教育そのものなのです。キリスト的ジェスチャーを教育するというのは、単に聖書テキストを行動へと移行させればよいということではありません。なぜなら、私たちの行為は、私たちの存在の結果であるからです。ジェスチャーは、私たちが誰のものであるかを明らかにし、そして他の人々が先にそれを実演して見せてくれたことを明らかにしていきます。ヘンリー・ジルーとパトリック・シャノンは、パフォーマンスとしての「行為」は、その人の「変化の過程」あるいは人間の変容に密接に結びついているといいます[108]。私たちがパフォーマンスを演じるというのは、必ずしも、それを実行したら「やるべきこと」リストのなかから一つずつおこなった順に削除されていくようなものではありません。むしろ、演じる者が、それが生活の一部となっていくまで——まるで呼吸のように——意図的に福音の物語の台本を実践することをくり返していくのです。

私たちの物語が綴られている福音の物語は、私たち自身と私たちの物語をしっかりと受けとめ、私たち人間のパフォーマンスを引き出し、さらに私たちの生活がどのように神の福音によって物語られているのかをさし示していきます。サム・ウェルズは、神が神の国を建てていくときには、神は私たちを裸のままでそこに投げ込むのではなく、私たちをしっかりと包み込み、受けとめ、私たちにできることをよく見きわめて、イエス・キリストの受肉と復活をとおして神の国へと組み込んでいくのだ、と言っています[109]。

フランシス・ヤングは、キリスト論やサクラメント神学を適切に実演していくことは決して容易ではないが、聖書を実演することに悩みながら実を結んでいこうとするのは、キリスト者としてそのキャラクターを発揮していくための幅広いダイナミックな訓練をしていくことになると言っています[110]。

即興演技集団としての教会

フランシス・ヤングによれば、パフォーマンスは時間をかけて、強い思いと修練を積み重ねることによって獲得していくというスキルを必要とします[111]。私たちは福音のジェスチャーのリハーサルを何度もくり返したのちに、それを実演していくことで変化させられていきます。パフォーマンスを何度もくり返していくという特性は、カテケージスの構築を継続しやすいものに、またキリスト者共同体において人々がアイデンティティーを形成しやすいものにします[112]。フォン・バルサザールは、文明化された人々が多いほど、彼らはより優れた実演者となっていき、彼らはお互いに敬意と善きマナーを示して自己中心的でなくなっていくことを指摘しています。

> 人は、ある役割を演じるために、ある空間のなかで教化され、その気質を習得することによって、発露する美徳を十分に修練させるように促されていく。それは、宗教的コンテクストにおいてわれわれに課された役割を確認する問いであり、またその役割とともに実存的自己となるために自らを養育していくことになる[113]。

私たちは、次第に自分の演じる役柄になっていくのです。また私たちが一度でも演じたそれらの美徳のジェスチャーは、自己に内面化され習慣化されていきます。ウェルズは、私たちはたとえそれが危険に曝されるようなときでも、あるいは私たちの中の嫌な側面を暴露するように脅されたときでも、神の物語を伝え続けるようにと促されている民なのだと指摘します[114]。隣人を愛するために自らの人生を投げ出さなければならない事態に遭遇したとしても、私たちは、福音を実演し続けていくというジェスチャーへと駆り立てられているのです。ある意味で、キリスト者にキリスト的ジェスチャーの実演を教えることは、死活問題にかかわることです——教会における命の教育であるのです。

反復ジェスチャーの優れた点

キリスト的ジェスチャーは、ひとたびリハーサル（練習段階）を終えると、私たちの日常生活全体の中で頻繁にくり返されるようになります。私たちは、神の恵みゆえにキリスト教信仰のジェスチャーを演じるようになっていくだけではなく、私たち自身がそれを求めるようになります。そのためには、他のあらゆるパフォーマンスと同様、あるタイプの訓練が必要です。フィル・ケネソンは、実践をくり返していくことによって、継続性とアイデンティティーとを構築しながら時間的な長さを超えるしかたでそれが体に浸み込んでいくと言います。[115] フォドールとハワーワスは、このことを次のように述べます。「神の民のすべてのパフォーマンスは、神の一つの真実のパフォーマンスと向き合うことをしながら、くり返し演じられる。しかしまた、そのパフォーマンスは、拡張したり変形したりしながら機能していくこともある。キリストの一つひとつのパフォーマンスはすべて即興的であった」。[116] コナートンによれば、この「反復性」は教会の典礼式にも見ることができます。パフォーマンスの言語は、そのパフォーマンスのパターンに制約されているため、予想可能で反復可能な言語だといえます。典礼式文には、語るべき言葉が順序立てて並べられており、私たちは同じ言葉を反復発声していきます。パフォーマンスの反復がなければ、そこで祭儀は成立しません。ジェスチャーのこうした反復は、教会においては、ある姿勢をとるジェスチャーやある動きをするジェスチャーのなかにも見られます。たとえば、キリストの十字架の前でひざまずいて従順な思いを表すことがありますが、それは神への思いを全身の姿勢によって示していきます。人生のすべてで神の御心に服従します、ということを表しているのです。[117]

ジェスチャー実演者のキャラクター

最後に、パフォーマーのキャラクターについてです。芸術のパフォーマンスと美徳のパフォーマンスには共通点があります。ある人がクラリネットを演奏してクラリネット奏者になろうとする場合、その人は練習してクラリネット奏者になっていきます。しかしここに、演奏ホールでのパフォーマンスと美徳との差が横たわっています。善い演奏をした人が善い人であるかどうかは、その彼らを知るようになるまでは、私たちにはわからないのです。そして私たちには、美徳を身につけた人々を見分ける特別なキャラクターが必要です。[118]

キリスト的ジェスチャーを実演することは、ただ単に他の人々に見せるしるしというだけではなく、それは私たちキリスト者全体のしるしでもあります。ミシェル・ド・セルトーは、私たちがキリスト的ジェスチャーを実践するのは、それは「私たちはキリストのものである」ことを示すしるしだと言います。そのしるしは一つの奇蹟であり、聖なるものです。

> 司祭やカリスマ的な人物、祈祷、聖礼典のジェスチャー等々。表出してくるすべての作法において、それらはある行為による宗教的表現に集中する。すべてが実践することに集中していくのである。信仰共同体は、それらを通して自分たちの結束を経験していくことになる。そうして、他の社会形態の在り方を尊重しながらも、相互のつながりや相違性を見出していく。それは宗教的なものも、その他の組織においても同様である。(119)

私たちが物理的にどのように見られているのか、あるいは、私たちの人格がどれほどキリスト的ジェスチャーを実演することによって形づくられているかの深遠さは、つぎのシンプルな告白でまとめることができます。「口でイエスは主であると公に言い表し、心で神がイエスを死者の中から復活させられたと信じるなら、あなたは救われます」(120)。私はここまで、もしカテケージスが知的な変化だけではなく、心にも体にも変化を及ぼすようになり、それによってキリスト者の共同体の生きかたが変容し、永遠にその変容が続いていくのなら、人は、キリスト教的生きかたの美徳を形成するキリスト的ジェスチャーを実演すること、ジェスチャーによるパターン化をめざしたカテケージスの巡礼の旅において学んでいくことを論じ、それはまるで工芸や演劇を学ぶようなものであると言及してきました(121)。アウグスティヌスは、ルールブックに対する強迫観念があったことを、彼の時代によく理解していました。彼は、説教者の一人として、「雄弁家には、持って生まれた才能、多くの鍛錬、善きモデルが必要であるが、偉大な雄弁家たちは、彼らがそうしたくてなったのではなく、むしろ彼らは雄弁であることのルールを充足させていったのである」と考えていました(122)。演説するというのは一つの工芸です――一つの芸術アートです――。そこには工芸技術のマスター職人がいて訓練生がいます。カテキストたち（雄弁術を習得していく人たち）は、他のあらゆる表現芸術家たちと同様に、その練習段階における厳しい鍛錬に耐え忍んでいく必要があることを心得ておかなければなりません。ハームレスが、「カテケージスは、つかのまのアートである」と言っていますが、キリスト的ジェスチャーのカテケージスは、キリストの体と霊の働きによるアートだと言えるでしょう。

ジェスチャーの実演による巡礼のカテケージスとは、私たちがキリスト者として共通に保持しているもの、すなわち神の愛を学ぶための作業のことです。この作業をとおして、私たちは、「神に愛されている子供ですから、神に倣う者となり、キリストがわたしたちを愛して、いけにえとしてわたしたちのために神に献げてくださったように、愛によって歩む」（エフェソ５・１―２）ことができるようになっていくのです。

註

（1）ロバート・コールズ「人格と知性の不均衡性」(Robert Coles, "A Disparity between Character and Intellect." *Duke Dialogue*, October 20, 1995, p. 7)。

（2）アラスデア・マッキンタイア『正義と理性』(Alasdair MacIntyre, *Whose Justice?* Which Rationality?, p. 113)。

（3）アクィナス『神学大全』(Aquinas, *Summa Theologicae*, 29.109.9)。

（4）マッキンタイア『美徳なき時代』一二八頁 (MacIntyre, *After Virtue*, p. 104)。

（5）メアリー・ミッグレイ『われわれは道徳的判断を下せないのか？』(Mary Midgley, *Can't We Make Moral Judgments?*, New York, NY: St. Martin's Press, 1991, p. 22)。

（6）マッキンタイア『依存的理性的な動物たち』(MacIntyre, *Dependent Rational Animals*, Peru, IL: Carus Pub.Co., 1999, p. 156)。

（7）前掲書 (p. 92)。

（8）スタンリー・ハワーワス、チャールズ・ピンチス『美徳のなかのキリスト者――美徳の倫理学との神学的対話』東方敬信訳、教文館、一九九七年 (Stanley Hauerwas and Charles Pinches, *Christians Among the Virtues*, Notre Dame: University of Notre Dame Press, 1997, p. 12)。

（9）前掲書(pp. 124–135)。

（10）マッキンタイア『依存的理性的な動物たち』(MacIntyre, *Dependent Rational Animals*, p. 84)。

（11）ハワーワス『キャラクターとキリスト者の生き方』(Stanley Hauerwas, *Character and the Christian Life*, San Antonio: Trinity University Press, 197, p. 210)。

（12）ジョン・サワード『神聖なるものの美と美の神聖さ』(John Saward, *The Beauty of Holiness and the Holiness of Beauty*, San Francisco: Ignatius Press, 1996, pp.64–65)を参照。サワードはまた、アウグスティヌスがカテキューメンを説明している言葉を引用しています。「われわれはまた、キリストにおいて最初に起こった体の復活を信じます。それゆえ頭においてすでに起こった事柄を体もまた希望することになるのです。教会の頭はキリストであり、教会はキリストの体です。われわれの頭は復活し天に上げられました。頭の行くところに、そのメンバーもいることになります」。

（13）マッキンタイア『依存的理性的な動物たち』(MacIntyre, *Dependent Rational Animals*, p. 5)。

（14）ジョセフ・ダン『荒れた土地への帰還』(Joseph Dunne, *Back to the Rough Grounds*, Notre Dame: Univ. of Notre Dame Press, 1993, p. 126)のなかのハンス・ガダマー(Hans Gadamer)の引用。

（15）マッキンタイア『正義と理性』(MacIntyre, *Whose Justice?* pp.97–98)。

（16）アリストテレス『ニコマコス倫理学』(Aristotle, *NE*, 1140a25–1141b20)。

（17）アリストテレス『ニコマコス倫理学』(Aristotle, *NE*, 1140a–1140b)。

（18）マッキンタイア『正義と理性』(MacIntyre, *Whose Justice?* pp. 113–115)。

（19）マッキンタイア『依存的理性的な動物たち』(MacIntyre, *Dependent Rational Animals*, p. 74)。

（20）ジョン・ハワード・ヨーダー『祭司の御国』(John Howard Yoder, *The Priestly Kingdom*, Notre Dame: University of Notre Dame Press, 1984, pp. 17, 37–40)。

（21）ヒュッター(Hütter, p. 34)。

（22）マッキンタイア『正義と理性』(MacIntyre, *Whose Justice?* pp. 126, 351)。

（23）アリストテレス『ニコマコス倫理学』(Aristotle, *NE*, 1140a25–1141b20)。

（24）アリストテレス『ニコマコス倫理学』(Aristotle, *NE*, 1142b30)。

（25）アリストテレス『ニコマコス倫理学』(Aristotle, *NE*, 1144b30; 1145a5)。

（26）ダン(Dunne, pp. 271–272)。

（27）ダン(Dunne, p. 293)。

（28）ヨーダー『祭司の御国』(Yoder, *Priestly Kingdom*, p. 17)。

（29）アリストテレス『ニコマコス倫理学』(Aristotle, *NE*, 1139a15–25)。

（30）ヒュッター (Hütter, p.35)、シャーリー・グランディー『カリキュラム——プロダクトかプラクシスか』(Shirley Grundy, Curriculum: Product or Praxis?, New York: Falmer Press, 1987, p. 181)。

（31）アリストテレス『ニコマコス倫理学』(Aristotle, *NE*, 1139a30–35)。

（32）グランディー (Grundy, p. 183)。

（33）フィリップ・オースランダー『パフォーマンスを演じて』(Philip Auslander, *From Acting to Performance*, New York City: Routledge, 1997, pp. 3, 4)。私は、ここでの幅広い記述的定義には、あらゆるかたちのパフォーマンスが含まれるべきことを承知しています——地下鉄駅にいるギタリストやストリップダンサーまでも含めて。

（34）ラインハード・ヒュッターは、教会の実践の中核へと引き込まれることによってキリスト教信仰を学ぶという表象と伝承の側面について検証しています。『聖なるものへの苦悩』(*Suffering Divine Things*, p. 190) を参照。

（35）ヴィクター・ターナー『祭儀から演劇へ』(Victor Turner, *From Ritual to Theatre*, New York: Performing Arts Journal Publications, 1982, p. 103)。

（36）マッキンタイアが、「実演（performance）」と「実践（practice）」を区別していることは重要です。「『実践』という言葉で私が意味するのは、首尾一貫した複雑な形態の、社会的に確立された協力的な人間活動である。それをとおしてその活動形態に内的な諸善が実現されるが、それは、その活動形態にふさわしい、またその活動を部分的に規定している、卓越性の基準を達成しようと努めるからなのである。その結果、卓越性を達成する人間の諸力と、関連する目的と諸善についての人間の考えは、体系的に拡張される。」（マッキンタイア『美徳なき時代』二三〇頁〔MacIntyre, *After Virtue*, p. 187〕）。

（37）ターナー『祭儀から演劇へ』(Victor Turner, *From Ritual to Theatre*, p. 112) のなかのリチャード・シェクナー (Richard Schechner) の引用。

（38）シェクナー『演劇と人類学』(Schechner, *Between Theater and Anthropology*, Philadelphia: University of Pennsylvania Press, 1985, p. 118)。

（39）ターナー『祭儀から演劇へ』(Turner, *From Ritual to Theatre*, p. 112)。

（40）前掲書。

（41）アーヴィング・ゴッフマン『日々の生活で自己を献げる』(Erving Goffman, *The Presentation of Self in Everyday Life*, Edinburgh: Univ. of Edinburgh, Monograph #2, 1956, p. 22)。

（42）ハンス・ウルス・フォン・バルサザール『神のドラマ』(Hans Urs von Balthasar, *Theo- Drama*, Vol. 1, San Francisco: Ignatius Press, 1988, p. 17)。

(43) たとえば、小説が映画化された『プライマリー・カラー』について考えてみましょう。この映画は、大統領が、大統領を一目見ようとやってきた人たちに囲まれて、慌ただしく握手をしたり腕を組んだりするシーンから始まります。同時に、彼の補佐官の一人が、一人ひとりとの握手の背後にある思惑について、別の人々に伝え歩いています。大統領が握手をしたり腕を組んだりするのは、その裏に、彼に触れた一人ひとりに対して求めたいものがあるためということを示唆しています。

(44) サム・ウェルズ「教会はいかにイエスの物語を演じるのか——スタンリー・ハワーワス神学的倫理における即興性」未公刊学位論文 (Sam Wells, How the Church Performs Jesus' Story: Improvising on the Theological Ethics of Stanley Hauerwas, University of Durham, UK: unpublished dissertation, 1995, p. 205)。

(45) サイモン・フリス『儀式を演じる』(Simon Frith, *Performing Rites*, Cambridge: Harvard University Press, 1998, pp. 109, 204)。

(46) フリス (Frith, p. 204)。フィリップ・オースランダーは、アウグストン・ボール (Auguston Boal) を引用して、スペクテイター（聴衆）とアクター（上演者）という二つの要素が合わさって一つになった単語が、「スペクタクター」(spect- actor) であることに言及しています。オースランダー『パフォーマンスを演じるということ』(Philip Auslander, *From Acting to Performance*, p. 101)。

(47) フランシス・ヤング『神学の巨匠』(Francis Young, *Virtuoso Theology*, Cleveland: Pilgrim Press, 1990, pp.23–45, 105)。

(48) 前掲書 (p. 161)。

(49) 前掲書 (p. 161)。

(50) もっとも、モーツァルトのピアノ即興曲と、デューク・エリントン作曲の曲でオーケストラのなかでのサックス奏者がアドリブ演奏するのとは、根本的に異なっていることは踏まえておかなければなりません。

(51) オースランダー『パフォーマンスを演じるということ』(Auslander, p. 74) のなかのマース・カニンガム (Merce Cunningham) の引用。

(52) フリス (Frith, pp. 218–220)。

(53) オースランダー (Auslander, pp.74–90)。

(54) オースランダー (Auslander, p. 79)。これは一九九〇年代のアーニー・ゼーン・ビル・ジョーンズ・ダンス・カンパニーのダンス・パフォーマンスの際に実際に起こったことで、あるダンサーたちが、後ろのスクリーンにエイズで亡くなった人たちの顔写真を次々と映し出して、その前でダンスを披露したのです。ダンスそのものの深遠な思想をめぐって——あるいは受け入れかねる事態だとの——多くの議論が湧き起こりました。

(55) ダンサーやジェスチャーを演じる者のキャラクターも

重要な要素であることを、ここで付け加えておきます。

（56）アリストテレス『ニコマコス倫理学』(Aristotle, NE, 1103b7–9)。

（57）ターナー『祭儀から演劇へ』(Turner, *From Ritual to Theatre*, p. 86)。

（58）フォン・バルサザール『神のドラマ』(Von Balthasar, *Theo- Drama*, Vol. 1, San Francisco: Ignatius Press, 1988, p. 117)。

（59）ジェームズ・フォドール、スタンリー・ハワーワス「信仰に生きる――神の教会の平和のレトリック」(James Fodor and Stanley Hauerwas, "Performing the Faith: The Peaceable Rhetoric of God's Church," in *Performing the faith: Bonhoeffer and the practice of nonviolence*, Brazos Press, 2004)。

（60）前掲論文 (pp. 9, 10)。

（61）フォン・バルサザール『神のドラマ』(Von Balthasar, *Theo- Drama*, Vol. 1, p. 129)。

（62）ターナー『パフォーマンスの人類学』(Victor Turner, *The Anthropology of Performance*, New York: Performing Arts Journal Pub., 1988, p. 81)。

（63）前掲書。

（64）ターナー『祭儀から演劇へ』(Turner, From Ritual to Theatre, p. 103) のなかのシェクナー (Schechner) の引用。

（65）フォドール、ハワーワス (Fodor and Hauerwas, p. 27) の部分要約。

（66）フォン・バルサザール (Von Balthasar, p. 33)。

（67）フォン・バルサザール (Von Balthasar, p. 52)。

（68）前掲書 (p. 33)。

（69）ウェルズ (Sam Wells, p. 203)。

（70）フォドール、ハワーワス (Fodor and Hauerwas, p. 25)。

（71）ウェルズ (Wells, p. 219)。

（72）フォドール、ハワーワス (Fodor and Hauerwas, p. 20)。

（73）ターナー『祭儀から演劇へ』(Turner, *From Ritual to Theatre*, p. 103)。

（74）ニコラス・ラッシュ『エマオ途上の神学』(Nicholas Lash, *Theology on the Way to Emmaus*, pp. 37–46)。

（75）ターナー『パフォーマンスの人類学』(Turner, *The Anthropology of Performance*, p. 81)。

（76）ターナーは、パフォーマンスの人類学または民俗学を「民俗的ドラマトゥルギー」と呼んでいます。ドラマトゥルギーとはドラマ的な構成や演出による芸術または技術のことであり、民族的ドラマトゥルギーは、私たちの日常生活において見られるパフォーマンス技術やドラマ的構成のパターンのことをさします。ターナー『祭儀から演劇へ』(Turner, *From Ritual to Theatre*, p. 100) を参照。

（77）前掲書 (p. 122)。

（78）シェクナー『演劇と人類学』(Schechner, Between *Theater and Anthropology*, p. 234)。

(79) アウスランダー (Auslander, p. 98)。
(80) アウスランダー (Auslander, p. 102)。
(81) アリス・ライナー『ふるまうこと、行動すること、実演すること』(Alice Rayner, *To Act, To Do, To Perform*, Ann Arbor: University of Michigan Press, 1994, p. 32)。
(82) これについて、もう一つは、何も意識しなくても「自動操縦飛行」を行っているような状態、と考えてみてはどうでしょうか。
(83) ジーン・スチュワート『からだの記憶』(Jean Stewart, *The Body's Memory*, New York: St. Martin's Press, 1989, pp. 18, 19)。
(84) アクィナス『神学大全』(Aquinas, Summa Theologicae, 16.1.1)。
(85) 前掲書 (16.2.1)。
(86) フラナリー・オコナー『秘儀と習俗』(Flannery O'Connor, *Mystery and Manners*, p. 118)。
(87) アクィナス『神学大全』(Aquinas, ST, 30.108.2)。
(88) トーマス・トレーシー『神、行為、体現』(Thomas Tracy, *God, Action and Embodiment*, Grand Rapids; Wm. B. Eerdmans, 1984, pp. 20–25)。
(89) 前掲書 (pp. 26–27)。
(90) ニコラス・ラッシュ『エマオ途上の神学』(Nicholas Lash, *Theology on the Way to Emmaus*, p. 42)。
(91) アクィナス『神学大全』(Aquinas, ST, 11.76.1)。
(92) バーロン『聖霊の人トマス・アクィナス』(Barron, *Thomas Aquinas: Spiritual Master*, p. 151)。
(93) トレーシー (Tracy, pp. 110–121)。
(94) アクィナス『神学大全』(Aquinas, *ST*, 17.6.1)。
(95) マーヴァ・ダウン『高貴な時間浪費』(Marva Dawn, *A Royal Waste of Time*, Grand Rapids: Wm. B. Eerdmans, 1999, p. 127)。
(96) アクィナス『神学大全』(Aquinas, *ST*, 1.8.3)。
(97) アクィナス『神学大全』(Aquinas, *ST*, 30.108.1)。
(98) リチャード・シェチュナー『パフォーマンス理論の考察』(Richard Schechner, *Essays on Performance Theory*, New York: Drama Book Specialists, 1977, p. 30)。
(99) オースランダー (Auslander, p. 102)。
(100) トレーシー (Tracy, p. 29)。
(101) ポール・コナートン『想起する社会』(Paul Connerton, *How Societies Remember*, pp.22–39)。
(102) フォドール、ハワーワス (Fodor and Hauerwas, p. 24)。
(103) フォドール、ハワーワス (Fodor and Hauerwas, p. 17)。
(104) フォドール、ハワーワス (Fodor and Hauerwas, pp. 24–25)。
(105) ブルース・カプファーラー「意味と経験の構造とパフォーマンス」(Bruce Kapferer, "Performance and the Structuring of Meaning and Experience" in Victor Turner and Jerome Bruner, eds., *Anthropology of Experience*, Chicago: Univ. of Illinois Press, 1986, p. 202)。カプファーラーは、

ポール・リクールらと共に、パフォーマンスのナラティブについての構造主義的アプローチを展開しています。彼は、複雑な信号を含むテキストと、それらの信号のもつ「構造的相互関係」が絡み合うようにして、すべてがテキストそのものに縛られていると指摘します。カプファーラーは、こうした構造を基礎的で普遍的なものとして捉えているのです。

(106) ターナー『儀式から演劇へ』(p. 92) を参照。ジェームズ・ローダーの聖霊論のなかにも同様の理解を見ることができます。(1)ある一つの文脈のなかで学ぶことから始まる、(2)直面している課題について学ぶことが奨励される、(3)問題に対しての深く自己省察・内観を行う、(4)聖なる神がその隙間を埋めるまで課題解決に向けた洞察を求める、(5)課題であった文脈に戻ってそこに新しい洞察を適用させる〔ジェームズ・ローダー『変革の瞬間』(James Loder, Transforming Moment, San Francisco: Harper and Row, 1981) を参照〕。

(107) ニコラス・ラッシュ『エマオ途上の神学』(Nicholas Lash, *Theology on the Way to Emmaus*, pp. 37–46)。

(108) ヘンリー・ジルー、パトリック・シャノン『教育と文化研究――パフォーマンスの実践に向けて』(Henri Giroux and Patrick Shannon, eds., *Education and Cultural Studies: Toward a Performative Practice*, New York: Routledge, 1997, pp. 1–5)。ギルークスとシャノンが指摘しているパフォーマンス教育については、ロバート・マイクリッシュの書いているエッセイが優れています。そこにはパフォーマンス教育の一つとして、パンク・カルチャー教育について言及されています。パンクの実演教育は「対決と否定」をすることであり、今日のアメリカ社会では難しくなったものの、パンク教育は、毎日のアパレルのなかに「パンク・カルチャー」を取り入れていきました (Giroux and Shannon, p. 257)。

(109) ウェルズ (Wells, p. 208)。

(110) ヤング (Frances Young, p. 105)。

(111) 前掲書 (p. 182)。

(112) フィリップ・ケネソン「可視的教会の再現出」未公刊学位論文 (Philip Kenneson, "The Reappearance of the Visible Church," Duke University, unpublished diss., 1991, p. 284)。

(113) フォン・バルサザール (Von Balthasar, p. 54)。

(114) ウェルズ (Wells, p. 205)。

(115) ケネソン (Kenneson, p, 238)。

(116) フォドール、ハワーワス (Fodor and Hauerwas, p. 25)。

(117) コナートン (Connerton, pp.58–59)。

(118) ハワーワス、ピンチス (Hauerwas and Pinches, p. 24)。

(119) ミシェル・ド・セルトー『歴史のエクリチュール』(Michel de Certeau, *The Writing of History*, p. 162)。

(120) ミネソタ州コレッジビルにある聖ヨハネ修道会や聖ヨセフの聖ベネディクト修道院での朝の祈祷会にて、この祈りを何度も捧げたことを思い出します。

(121) ハームレス (Harmless, pp. 5, 350)。

(122) 前掲書 (p. 350)。

第八章　キリスト的ジェスチャーの技巧

われわれが生み出すものは、何であれ、われわれの技巧によって生み出すのだ。もし質や価値や優美さにおいて偉大なるものを見出したなら、われわれはそこに優れた職人の業を感じとることだろう。……本当に大いなる業とは、神の栄光に向けられた業のことである。

トマス・アクィナス

この章では、キリスト的ジェスチャーの実演技巧を身につけていく仕組みについて論じていこうと思います。それは、キリストの体を立てるための生涯型コミットメントとなっていくことでしょう。

マスター職人

巡礼のカテケージスでは、カテキューメンや訓練生たちの生活は、彼らがキリスト的ジェスチャーを十分に理解して成長し続けているかどうかが、後見人である主任教師や教師やカテキストのもとで、ある厳しい視点から見極められていきます。[1] 歴史上のどの時代も、私たちは、ジェスチャーを培っていくことをサポートしてくれる芸能技術の師匠を必要としています。私たち自身が技巧師匠になったときも同様です。

このことは、パウロの理解するところの教師（ディダスカロス）と学習者（見習い人）に類似しています。ディダスカロスは、弟子を巧妙に指導して、神の前に正しく生きることによって神の御心を知覚できるように指導する人です。[2] ディダスカロスの一つの特徴は、彼らに技能を教えるだけではなく、生徒たちの全人格に深い影響を与えること――つまり彼らの自らの生活のなかに生徒らを引き込んでいくこと――が期待されていました。この師匠は、技巧に関する知識とそのスキルを生徒たちに指導することにおいてのエキスパートであって、スキル・パフォーマンスの上で何が「優れたこと」であるのかについて判断し、生徒や訓練生たちに、それを継承させることのできる人です。[3]

ジョン・ハワード・ヨーダーは、教会におけるディアスカロスの指導は、個人に対してだけではなく、コミュニティーで同じ言語を使う人々に対する道案内までも含んでいたことを指摘します。言語は、共同体内における他の種類のリーダーシップとの力バランスの舵取りをすることができたからです。巡礼のカテケージスにおける師匠職人は、訓練生がキリスト的ジェスチャーとしての福音の実践を身につけていくようにと、彼らを形成していきます。ディダスカロスは、実質的な問題に対して純粋さゆえに口ばかりが先行し、「未熟であるのに気取ってしまう誘惑」をよく見抜いてあげる必要があります。ディダスカロスは、ちょうど羊飼いのような存在といえます。(4)

技巧のレトリックは、カテケージスにとって新しいことではありません。ウィリアム・ハームレスは、アウグスティヌスの「御言葉の劇作品とは救済の歴史のことであり、その台本は聖書、それを演じるのはわれわれすべてである」(5)という言葉に言及しながら、この世の劇作品と御言葉の劇作品とを比較します。さらに、カテケージスがもし劇作品のようなものだとしたら、そのドラマには、演者たちが演技をつくり上げていくために、ふさわしい訓練をし、生徒らの要求を受けとめていく演出家またはコーチの存在が必要となります。しかし師匠は何を語るかだけではないことを、アウグスティヌスはよく認識していました。それは、師匠はその生き方すべてを通じて優れているということなのです。――彼の場合には、それはアンブロジウスの存在でした。

あるいは、ピアノ演奏のことを考えてみましょう。私の恩師の先生がたは、私にピアノ演奏についてだけ教えたのではなく、彼らは私に人生そのものを教えてくれました。身体的な状況づくりは、生徒の体に特別な修練を施して形づくったり刻み込んだりしていきます。そうすることによって彼らは、より複雑で難しい構成の曲を弾けるようになっていくのです。反復練習は、ピアノ演奏のすべてと言ってもよく、体の筋肉や神経にその曲の構成を記憶させていきます（最初の音階練習はそのあとの練習を左右していくのです）。演奏は頭だけでおこなうものではなく、心や体を使って演奏していき、そこにおいて作曲者と演奏者が互いの接点を持つことになります。私の先生たちは、私を自宅まで連れて行き、彼らの生活をも私につまびらかにし、ジュリアード音楽院での話や日本へのコンサート・ツアーの話で大いに楽しませてくれたり、コンサート・ピアニストのしきたりを私に教えてくれたり、夕食を一緒にしながらショパン、バッハ、リスト、コープランドらの生涯についても教えてくれました。脳と心、あるいは心と体の理論をめぐっての議論も、ロシアで精巧なピアノ演奏をしたときの演奏旅行の話も、いずれも豊富に語ってくれました。

そうしたある人の人生が別の人の人生に関与していくというのは、あらゆる工芸職人の教えかたとも一致しており、さらに、私が提起しているキリスト的ジェスチャーの技巧を教えることとも共通しています。教会においては、人はその人の人生をかけて教えていきます。なぜならキリストの体という私たちの教育のテロス（目的）が明確にあるからです。たとえばアウグスティヌスは、慎重にも、教会は家族であるという伝統的なテーマを取り上げて、家族を維持していくのが神の愛であることを語ります。ある人は、「兄弟愛、父の愛、母の愛」を取り上げながらカテケージスのアプローチをしていくことができるでしょう[6]。この愛は、じつに偉大で、伝搬しやすく、カテケージスのプロセスの中でも予想をはるかに超えたしかたで影響を及ぼします。

> 憐れみのもつ力は偉大である。人々が私たちの話したことによって、あるいは彼らが学んだことによって互いに影響を受けるときは、私たちは、その相手の中に住み込んでいる。つまりある意味で、彼らは彼らが耳にしたことを私たちに語り、私たちは彼らに教えるべきことを彼らのなかから学んでいく[7]。

カテケージスのすべてが失敗したとしても、それはすべてを失うことにはなりません。それは、カテキューメンの成功でも、カテキストの成功でもなく、神の恵みの働きなのです。アウグスティヌスにとっては、外からの教師の働きはハームレスの言うように、「内なる教師キリストの働きに比べるとはるかに小さなもの」[8]です。

ジェスチャーの技巧を学ぶ見習い人

カテキストたちに応答していくのがカテキューメンであり、見習い人たちです。彼らの人生は、そのマスター師匠たる教師によって形づくられ育まれていきます。かつて私たち自身が見習いでしたし、何歳になっても、教育をたくさん受けたとしても、私たちはキリスト的ジェスチャーを実現するなかにおかれているのです。カテケージスが生涯にわたるプロセスであるということは、私たちは教師や師匠になる前は、私たち自身がかつて、そして始めは見習い人であったということです。そのようにして私たちは、技巧の実践を極めながら変化を遂げていきます。ハワーワスは、この技巧習得は、最初の形成段階では学ぶ側にまるで口をはさむ余地を与えない、ひどく非民主的なプロセスを辿ると言っています。師匠は、見習い人がこの技巧についてほとんど知らないことを前提とし、それを教えるのが師匠としての責任だと考えていきます[9]。

キリスト的ジェスチャーを実演していくとき、見習い人は文字どおり洗礼を受けることによって、比喩的にはその技巧の伝統と秘儀のなかに入っていくことになります。見習い人たちは、師匠と寝食を共にし、共に夢を語り、横になって語り明かし、あらゆる歩みを共にしていきます——ときには抵抗したり、その背後にあるものについて熟考したりもします。見習いの職人は、すぐに師匠のようにはなれないとしても、その師匠の技巧を目の前で見て学ぶように招かれているわけですから、それは喜びでもあります[10]。人は自分の使命としてその技巧、すなわちキリストの体における賜物や奉仕を、伝統的なしかたで選び、そこに喜びを感じていきます。

ローマ・カトリック教会においては、カテキューメンは、キリスト者として生涯生きていくときのいわゆる見習い生活のようなものです。『カトリック儀式書——成人のキリスト教入信式』には、後見人となるキリスト者がいることによって、カテキューメンが福音に生きるという複雑なアートをめざした見習い職人になっていくことができることが記されています。

断食、祈り、改悛、祝事、隣人への奉仕などをどのように行えばよいのかは、これらの事柄を講義で学ぶよりも、これらを日常的に難なくこなす才覚をもった人の近くにいることで多くを学ぶことができる[11]。

見習い人は、教会の、

豊かさや伝統の多様性をどのように実践するかについて学んでいく。見習い人はまた、実践的な倫理を提唱し、内省を促進させ、祈りを導き、霊を見分けることを強調する。それらは使徒的行為を養育し、模倣価値のある美徳を体現していく

ことになる。(12)

どのように見習い人は、模倣価値のある美徳のジェスチャーを学んでいくのでしょうか。アウグスティヌスは、「話し手の良し悪しは、豊かな雄弁術よりも、聴衆が素直に耳を傾けているかどうかを見極められるかで決まる」と述べています。教師やすでにバプテスマを受領した人びとというのは、模倣されてもよい人生を生きている人のことです。(13)これは、私たちはその全生涯をかけてカテキズム教師であることを実践し、よき手本になろうとしているのであって、一人の人間としての「私」とはいったい誰なのか、あるいは「私」は何を信じているのかといった問いから離れては、何の方法論も存在しないことを意味します。このようなしかたで教えてきた教師たちを遡っていくと、私たちは使徒どころか、唯一の真の教師イエスまで行きつくことになるでしょう。すべて私たちはそこから学びを継承し始めたのですから。さらに、師匠のめざすところは、見習い人が十分にジェスチャーを演じることができるようにと、指導していくことです。そうすることで見習い人は、次の世代の新しい見習い人のカテキストになっていくことができます。そのようにして教師たちは、次々と彼らの人生のしるしを、次の見習い人の人生に刻み込んでいきます。

ジェスチャーの見習い人の存在と彼らの学びかたについて、一例をミッキー・ハート〔アメリカで一世を風靡したロックバンドのドラマー・訳者註〕の物語に見てみましょう。彼にとってドラム演奏は、職業でも趣味でもなく、彼の人生そのものでした。ハートの言うように、ドラム演奏を知るというのは、ドラムについて勉強することではなく、まずドラムを叩いてみることです。「本当に知るためには、演奏してみることに尽きる。ドラムはその本当の奥義を、博士号保持者ではなく演奏者に手渡しているのだ」(14)。彼のドラムの見習い生活は高校のときに始まりました。バンドのディレクターは彼を諦めさせようとしましたが、ハートは、演奏させてくれるようディレクターを猛烈に説得しました。それほどにハートの思いは燃焼しきれずにいたのです。

西アフリカの村の太鼓小屋の周りをうろうろしていた八歳になるミニアンカは、私よりもはるかに自分たちの伝統について知っていた。少なくとも彼は、彼の楽器の起源となった神話を知っていた。私は自分の楽器の起源が何なのかすら語り出すことができずにいた。（中略）ドラム演奏者の誰ひとり、教師たちの誰ひとり、賢い親たちだって、私を脇に連れて行って「ミッキー、始まりはこうだった……」と告げてくれる者はいなかった。[15]

彼は、何年ものドラム演奏をとおして、ようやく過去のドラマーたちが築き上げてきた優れた伝統の一端を担うようになり、またその恩恵を受ける者になっていきました。

ジェスチャーの実演を学ぶ過程

アラスデア・マッキンタイアが、職人芸から学ぶことのできるいくつかの特徴をリストアップしています。第一に、見習い人は、まずどのような実際の動きが良くて、その状況において良しとされるのは何であるかを学んでいく必要があります。この識別の力は、彼らが師匠から教えられたり、個別探究を継続したりするなかで身につけるものです。そうして見習い人は、技巧作品についてのスタンダードを学びとっていきます。第二は、その分野において「優れたもの」「最優秀作品」として評価されるためには、どのような訓練や学習をしなければならないかということです。見習い人は、彼ら自身がある程度満足する優れた出来栄えと、師匠が見習い人に求める優れたものとのギャップに気づいていかなければなりません。

第三に、見習い人は他の見習い中の仲間たちから、彼らの作品に欠けている点、切り替えなければならない点、もう少し開拓しなければならない点などを学んでいく必要があります。その人自身から醸し出されてきて、それが良いかたちで注入されるべきある種の欲情のようなものがあるはずです。師匠職人は、見習い人が、キリストの体のメンバーとして、いつ・どのようなかたちで美徳のパフォーマンスの演じかたを学習していくべきかについて、彼らのニーズとその許容量とをよく把握している必要があります。そうした理解は、異端を見極め、キリストの体全体が共に生きていくためにどのようなキリスト者を作り上げていかなければならないのかを知る上で有効です。[16]こうした学びの鍵を握っているのは、決まった答えのない対話や、師匠職人と見習い職人の日々の他愛もない会話が続けられていることです。師匠職人は、キリスト的ジェスチャーの実演を人々の生き方の中で教えていくにあたって、彼のもつ偉大なスキルと、彼らのこれまでの歩みのなかでの数々の失敗の両方を、見習い人に伝授していくことになります。見習い人に対して告白するという行為は、謙遜という美徳のジェスチャーを演じさせます。そうすることによって、見習い人もまた、これまでの人生物語のなかでいったい何が起こってきたのかを師匠と分かち合うことができるようになっていきます。二人のキリスト者が互いの人生を分かち合うというその行為こそが教会であり、キリストであり、「二人または三人がわたしの名によって集まるところには、わたしもその中にいるのである」というイエスの約束であるのです。

第四に、ジェスチャー技巧を学ぶときには、その人はその学びのナラティブを理解しようとします。見習い人が技巧を学ぶときには、その始まりがあります。学びを徹底させていくことによって、良いものと劣悪なものを的確に識別するスキルを進化させていきます。そして師匠のもとを去ることをしばし考えてみる時期が訪れます。新しい師匠のもとに移って新しい指導を受けるようにするか、あるいは自分自身が見習い人を取って師匠となっていくかを決めることになります。技巧を学んでいく過程で、見習い人はその技巧のロジックや、その長い歴史の偶然性についても分かち合っていきます。さらにその技巧を安泰なものとして、彼ら自身で技巧の物語を理解できるようになっていきます。また、繰り広げられていく物語の中での自分のキャラクターを見つけ出していくようになります[17]。

ジェスチャーと同じように技巧を学ぶことの一つの例として、ハートが取り上げているアフリカ・ドラムの物語を見ておきましょう。ドラムの師匠が次のように語ります。

> 私が手にした最初の楽器はカウベルだった。私が学んだ最初のリズムは、コンコンコロとよばれるもので、非常にシンプルなリズムだが、そのリズムを保っていくのが難しい。ドラム・マスターたちと初めて一緒に演奏しようとするときには、彼らは、「まず、ベルを持ってきてコンコンコロを弾いて聞かせてみろ」と言うに違いない。いつだってそうだ。その次に一緒に演奏するときには、その時も彼らは「もう一度ベルを持ってこい」と言うだろう。そして同じことを何度もくり返したのち、ようやく彼らはシェイカーを演奏させてくれるようになり、そしてついにドラムにふれることを許してくれるようになる。
>
> ドラムをマスターするには何年も要する。なぜなら身につけなければならないのはリズムだけではなく、ダンスもだか

らだ。いつかすべてのダンスのすべてのパートを覚えたとき、その時はお前にバンドでリードするチャンスを与えよう。……お前はリズムをしっかり刻む役割を担うことになる。[18]

ジェスチャー技巧の権威

見習い人の人生における師匠職人の権威は、見習い人の成長のためにも、キリストの体がよくあるためにも重要です。キリスト的ジェスチャーを演じる人々を形成しようとするカテケージスにとっても、権威と服従は大切です。ベネディクト戒律は言います。「謙遜になるために最初にしなければならないのは敏活な服従です。それはキリストを大切にする人々には、天からごく自然に与えられるものです」。[19] 技巧を身につけていくときの師匠職人の権威は奇妙で複雑です。師匠の手の動きに何か規則性があってそれを書き留めることができるかと言われれば、それはほとんど不可能です。師匠は、過去や未来とリンクさせながら会得したことや伝統を描き出したり、それを解釈したり再解釈したりすることをとおして、その作品をどこまでどのようにしたらよいのかをよく知っています。それによってその作品は、未来の「目的（*telos*）」に向かって、いたってまっすぐに進み続けていくのです。[20]

このような技巧を教えることに加えて、師匠は、自分の「知っていること」を教えることに深く従事していきます。つまり、この伝統工芸のコミュニティーのことを真剣に考えて、新しい世代にその技巧の習得方法を伝授することに関心を向けていくのです。[21] アーロン・ミラヴェックは、学びのプロセスにおいては、いつか見習い人の技術が彼らの師匠と肩を並べるようになる時がくることを指摘します。彼らは、その工芸技巧を身につけ、その物語の世界の深いところで十分に心地よく生きることができるようになると、彼らは、この工芸技巧の師匠に適した者となっていきます。あるいは、別の師匠職人のところに行って、さらにこの工芸に磨きをかけていったりします。[22] 見習い人は、この工芸を知覚する者となり、さらに実践を積み重ねていくことによって伝統工芸の実際の担い手になっていきます。[23]

複雑で深長なジェスチャーを学ぶプロセスにおいては、与えられた文脈の美徳に沿って、その人の人格が形づくられ保たれていくことも考慮しなければなりません。そしてジェスチャーを練習したり学んだりするための鍵は、祭儀に着目することです。――ひとたび、ぎこちなかった祭儀でのジェスチャーも、実践を重ねていくことによって、その人の習慣的生活に不可欠なものになっていきます。

キリスト的ジェスチャーの技巧による祭儀

もし、どのジェスチャーを実践すべきかという知識が、私たちに与えられている共同体、すなわちキリストの体の物語と伝統をとおして来るのだとしたら、それは、祭儀のくり返しのなかに秘められていると言えます。私たちは、祭儀において、さまざまに入り組んだキリスト的ジェスチャーを実演するために、予行練習もおこなってジェスチャーを洗練させていきます。――教会は、私たちの人生の中でくり返されるあらゆる出来事の最高峰であるのです。大小さまざまな儀式に囲まれて、私たちはキリスト者として生きていきます。教会は、全体が大きな一つの祭儀なのであって、私たちはその拡張された祭儀において、共に生きる者とされています。日曜日の朝の教会の礼拝祭儀の様子を考えてみると、しばしば礼拝に続いて交わりの儀式（愛餐会）または食事会がもたれることがあります。[24] 教区の委員会や各種委員会も祈祷という儀式で始まり、祈祷で終わります。毎週の青年会の集いにも、決まった儀式フォーマットがあります。ある日曜日の特別な夜には、言葉による儀式がないかもしれませんが、持ち寄りの食事会が催されたりします。――これらはいずれも、最初のジェスチャーを作り出すための必要なコンテクストを設定しようとするものです。キャサリン・ノリスは、「優れた典礼とはまるでイコンのようなもの。それは空間であり、時間であり、石ですら歓喜にあふれて佇んでそのかたちを整えていく世界への窓である」[25]と述べています。キリスト教の儀式は、神が世界と私たちを見つめているイコンの窓のようなものであり、私たちが神の恵みの光の中で活きていることを映し出して見る鏡といってもよいでしょう。[26] これはいたって正当な見解と言えます。逆に、優れていない祭儀は、私たちが神の視点で世界を見ることを妨げようとする偶像として機能します。

礼拝という祭儀はジェスチャーに依存しています。なぜなら典礼は、私たちに、その祝典を教会全体、体全体で祝うことを求めているからです[27]。神の民の業としての典礼は、キリスト者の共同体生活を体現します。そこには、反復や練習が行われるジェスチャー、キリストの追従者である私たちが彼に従って歩んでいくときのパターン化された方法——私たちがどのように祈るとよいのか（主の祈り）から、彼を覚えるために、私たちがどのように食べたり飲んだりするとよいのかまで——も含まれています[28]。さらにジェスチャーには、教会が礼拝によって教会自身と世界とに向けて推論的かつ非推論的に何らかのものを提示しようとする要素が、本質的に備わっています。礼拝の良し悪しは、私たちキリスト者の演じるジェスチャーの意図するところが理解されていくかどうかにかかっています。そして私たちは礼拝において、キリストとともに働く聖霊を受け入れていきます。

教会は、終わりの日に再び主と出会うという約束のときまで、パンを割き、杯をまわすことによって、その物語を展開しつつ、教会を立て上げいくのである[29]。

私たちの行為だけでなく、私たちの存在そのものに先立って進んでいくキリストを、私たちは礼拝において受肉させていきます[30]。キリストは、私たちが自らを知るよりもはるかに以前から私たちを知っているのであって、唯一、キリストの体のなかに置かれることによって、私たちは自分自身を知ることができるようになります。私たちが典礼のありかたと結合することによって、そして賛美・祈り・神を礼拝するというジェスチャーによって、キリストの体が証しされていくのです。

このセクションでは、キリスト的ジェスチャーを具現化していく礼拝やその他の教会儀式に焦点を当てて見ていくことにします[31]。

儀式とはなにか？　ジェスチャーはどこに？

教会や何らかの宗教団体に所属している心理学者や研究者たちは、祭儀には一つひとつに意味があり、それらは、ある特定の物語のコンテクストの中での身体的ジェスチャーに依存した、人間の基本的な社会行為の一つとして考えています[32]。口述の世界や文学的伝統のなかを考えてみても、あらゆる文化において儀式のパフォーマンスが演じられます。入会のための儀式、強化するための儀式、通過のための儀式などです[33]。しかし実演される儀式の種類やそれらが意味するところは、儀式を形づくっているさまざまな物語によって異なります。キャサリン・ベルは、あらゆる儀式が、宗教、人類学、社会学、心理学、社会心理学といった「より大きな論議のなかにまったく埋没してしまっている」ことを指摘しています。(34) キリスト教の祭儀は、ダイナミックであり、ジェスチャーにこだわり、神の民の共同体に加えられ、伝統的な物語とパフォーマンスを反復によってパターン化させていこうとする実践です。また、シンボル、しるし、そして人間のジェスチャーをとおして宣言され説明され、継続して私たちにキリストのものであることを思い起こさせてくれる聖書を基盤としています。私たちの実践する祭儀は神の物語とのかかわりを構築していくものであり、私たちの生きかたを決定づけます。私たちは、キリスト教の祭儀の多様性を実演することをとおして、ジェスチャーにこだわるあらゆる儀式を説明する物語へと取り込まれていく存在なのです。

第二に、教会の祭儀を執行していく際に、この会衆のなかには、私たちが教会のメンバーになるはるか以前から、すでにこれらの祭儀ジェスチャーを実践してきた人たちがいることを私たちは知ることになります。——それはつまり、私たちは何らかのとても古めかしいことをしているということなのです。キリスト者の祭儀は、決して静的であったり、独り舞台であったり、時間、場所、人々、地理、あるいは物語から切り離されてあるのではありません。私たちの祭儀は、ダイナミックであり、キリストにおける私たちの人生の革新的希望に完全に捉えられているものです。そしてこの祭儀は、無秩序が強く襲い掛かるようなときにも、私たちに何らかのまともな秩序の感覚を与えてくれます。パターン化され、ジェスチャーにこだわっていく祭儀は、過去を、現在の実践のなかで具現化させようとします。そうすることによって私たちの未来を、神のもとへと導くのです。

第三に、キリストの体の祭儀においては、自分自身が新しいジェスチャーを学ぶ以上のことをしているというのは興味深いことです。私たちは先達の作り上げた伝統、聖徒の交わりを、次の世代のキリスト者へと継承していこうとします。

儀式は新しい命に生きることを命じ、ジェスチャーを神に向けていく

パウロはコリントの信徒への手紙一14章26−40節のなかで、私たちが集まって礼拝をする際に、教会の儀式として私たちは何をすべきかについて語っています。「あなたがたは集まったとき、それぞれ詩編の歌をうたい、教え、啓示を語り、異言を語り、それを解釈するのですが、すべてはあなたがたを造り上げるためにすべきです」。パウロは、あらゆる聖霊の賜物を前にして、教会に、無秩序のなかで生きることのないようにとよび掛けているのです。なぜなら「神は無秩序・騒乱の神ではなく、平和の神だからです」（33節）。私たちは礼拝のなかで、個別の他愛もないおしゃべりで盛り上がったり、互いの共通点がなくて孤立してみたり、あるいは互いに競い合って誰が一番元気よく上手に賛美ができたかを観察することに一所懸命になることがあります。そうではなく、礼拝する民として私たちが受けとめ、求めていくべきは、基本的に「わたしたちは洗礼によってキリストと共に葬られ、その死にあずかるものとなりました。それは、キリストが御父の栄光によって死者の中から復活させられたように、わたしたちも新しい命に生きるため」（ローマ6・4、6、8）ということです。

すべての教会の祭儀は、私たちの生活に秩序と構造を与えます。秩序は物語（ナラティブ）のなかで生起していきます。祭儀と物語は礼拝を形づくっていく上で共通の出発点に立とうとします。祭儀にも、物語と同様に、始まり、中盤、終わりがあります。物語が最後の章に到達していくときには、祭儀もそこに参与する人たちの思いが高められて閉じられていかなければなりません。よき祭儀には、よき秩序が重要です。なぜなら、カルヴァンの言うように、キリスト者は秩序のなかで自由を知るからです。しかし、秩序そのものがキリスト者の祭儀の「ゴール」や目的ではありません。確実なものであれ仮定上のものであれ、私たちの祭儀の目的は、単純に神を称えることです。礼拝は秩序を求め、私たちを人生のカオスに着目させます。そうして私たちは、人間存在の基本的な目的に対して、改めて目を向けることができるようになっていくのです――それはすなわち、神を礼拝し、生涯、神とともに歩むことに喜びを感じていくことに他なりません。(35)

祭儀はキリストの体の行為としてキャラクターを形成する

教会の祭儀には、実際に礼拝に出席している教会員、欠席がちだがすでにある程度の儀式の訓練を経ている人々、そして聖徒の交わりに加えられている人々が含まれ、これらの人々はすべてキリストの内にあります。ノリスは、個々の人々は「彼らだけで真実の祝典を作り上げることはできない。祝典では、共同体に属する者がギブ・アンド・テイクのかたちで、互いに謙虚になって共に作り上げていく共同作業が求められていく」[36]ことを、ベネディクト修道院での経験から学んだと言っています。

キリスト者の人格（キャラクター）は、教会生活におけるさまざまな祭儀ジェスチャーのなかで形成されます。[37]神への真実な礼拝は、作法や秩序あるなかで進められていくことを求めており（Iコリント15・40）、それによって私たちは、自分たちの祭儀ジェスチャーの目的（*telos*）は神であることを忘れずにいることができるのです。[38]私たちのキャラクターを変容させるというのは、いったいどういうことなのでしょう。第一に、教会の儀式によって変えられていくというのは、私たちの実践するジェスチャーが「私のもの」ではなく「私たちのもの」であることを認識することによります。キリストにおける一致について、ボンヘッファーは次のように述べます。

「見よ、（一つになって）[*]兄弟が共に座っている。なんという恵み、なんという喜び」――これは御言葉のもとで共に生きることを聖書が称えている箇所である。しかしわれわれは、「一つになって」という言葉を正しく解釈した上で、「兄弟が共に座っている」と言わなければならない。唯一イエス・キリストが私たちの一つになる源である。「キリストはわれらの平和」。ただ彼によってのみ、われわれは互いにつながり合い、互いに喜び合い、互いに交わることができるのである。[39]

私たちのあるべき姿は、教会生活の祭儀のジェスチャーを実演することによって変容させられていきます。これは、「正しい行為を演じることによって正しい人間になっていく」というアリストテレスの有名な覚書を改めて確認するものであり、私たちは、キリストのコンテクストにおいてこれを実現しようとします。[40]また私たちが、「みこころが天になるごとく地にもなさせたまえ」と祈るときには、キリストが私たちの希望です。私たちの祭儀の実践に向けて訓練されるジェスチャーは、私たちがそれらをキリストにおいて演じられるかぎり、決して自己中心や唯我論になることはありません。

さらに、もし私たちのキャラクターが、キリスト者の共同体の祭儀ジェスチャーの中で形づくられていくのだとすれば、共同体のキャラクターもまた、私たちがその共同体の祭儀に参与するなかで形づくられていくことになります。たとえば、私は、ラルシュ共同体のようなキリスト者共同体で生きる多くの人々が――精神障がい・知能障がいをもつ人たちも含めて――変容させられていく様子を目の当たりにしてきました。共同体は、「私」ということを持ち出さなくなって、その代わりに私たちが他者に仕えるためにできることとやすべきことを探し始め、私たちのなかでホスピタリティーのジェスチャーが実践され、そのようにしてキリスト者の共同体とキャラクターが明らかにされていくときに、大きく変容しはじめます。同様に共同体そのものも、私たちが集まって祈るときに、あるいは楽しい夕食の後に仲間たちとともに座って喜びを共有するなかで変えられていきます[41]。

祭儀は、決まったパターンのジェスチャーを練習したり実践したりすることによって生み出されます。それは教育的にも意義深く、文化的にも明示的だと言えます。フレデリック・バウワーシュミットは、キリスト教は、互いに矛盾を抱えた信念が大きく調和するところで、複雑で物語に基づいた伝統、そして「多かれ少なかれ世界を理解するための一貫したマトリックス」を形成することに向けて力を注ごうとする実践文化である、と言いました。私たちは、キリスト者が共に生きようとする祭儀の場で、キリスト的ジェスチャーの伝統的かつ意図的な展開をし、そこで生起してくるパターンの理解を深めようとします。

祭儀は、私たちにいったい何を教えようというのでしょう。第一に、ジェスチャーの祭儀的実践は、私たちに、多様化した神の民のなかで、福音の物語《ナラティブ》を最初に学んだときのことを教えようとします。つまり私たちのジェスチャーは、聖霊にはタイミングと秩序があることを明らかにするのです。第二に祭儀は、私たちに、私たちの知・体・心が、どのようにキリストの思い・体・霊に接ぎ木されていくのかを認識させます。私たちが知らなかったり、意識することがなかったとしても、祭儀ジェスチャーの背後には目的と歴史感覚のようなものが存在しています。祭儀は、なぜここで手や口、脚や膝、目や耳を動かすのか、なぜ私たちをつくり上げていくジェスチャーを他の人々にも教えなければならないのか、といったパフォーマンスを演じる目的を明らかにします。ジェームズ・ホワイトは、それはキリスト者たちが神の示した愛に気づくことによって明らかにされると言っています。私たち人間のジェスチャーは、他者と直接ふれあう瞬間、とりわけ礼拝というコンテクストのなかで、聖なる行為として受肉していくのです[42]。

キリスト者コミュニティーの祭儀においては、私たちは、キリスト者として実演すべきジェスチャーについてだけ告げられているのではありません。より重要なのは、ジェスチャーの背後にある理由、ジェスチャーのタイミング、そして祭儀ジェスチャーが当初演じられた状況を飛び越えて人生に永続的な影響を与えていることが、私たちに示されているということです。

キリスト的ジェスチャー技巧の模倣

祭儀的なジェスチャー・パフォーマンスを学んでいくときには、模倣することが鍵となります。私たちは、人生の早い段階で——言葉の習得よりももっと早い段階から——コミュニケーションを模倣しながらジェスチャーを習得していきます。そして人生をとおして、私たちは手のジェスチャーと口のジェスチャー（話すこと）を継続的に用いていくことになります。認知発達心理学者たちは、もっとも意味深い意図的なジェスチャーの一つは、幼児が何かを指さすことだと言います。言語のジェスチャーはどのように習得していくでしょう。それは模倣です[43]。ロナルド・ロルヘイザーは、キリストが私たちに求めているのは称賛ではなく模倣であって、街角のパントマイムのようにではなく、「キリストとともに生き、歓びを共にする共同体の生活に入り、（中略）キリストに捕らえられ、キリストがその上で働かれるというキリストの臨在を体験することによる」[44]と述べています。

ジェスチャー教育としての組織的模倣の起源

「模倣」あるいは「擬態」という語は、他人の振りを見てそれを模倣したりモノ真似をしたりすることですが、口で言うよりもはるかにその用法は複雑で込み入ったものです。古代ギリシア人にとって知識は口述言語に限定されていましたから、人は模倣や反復、「定型表現」をとおして知るべきことを学んでいきました。擬態は、古くは口述文化の中にその起源をみることができ、それはつまりジェスチャーであったと言えます[45]。ギリシアの詩人アイスキュロスは、「もしわれわれの言語が通じず、われわれの言うことが理解されないなら、身振り手振りで話すがよい」と述べています。ジェスチャーは、「アナフォリック」的（口述表現の前に何かをさし示すこと）な言語であり、口述能力以前に、あるいは口述能力を含んで、人生のさまざまな出来事に関与していく一つの技法と考えられます。いくつかのジェスチャーの相互連携の一つの組み合わせとしてある姿勢が提起されていくのです[46]。

古代ギリシアにおいて、詩を朗読披露する際には、模倣することがきわめて大事な要素でした。詩歌は詩人の語るリズムによって聴衆が心理的・身体的に関与していくことを要求しました。また、そうなるように詩歌も構成されています。グンター・ギーバウアーとクリストフ・ウルフは、こうした詩の朗読にある二つの擬態プロセスについて指摘しています。

> そうした詩歌の朗読披露がすぐにも身体的効果を及ぼしていく様子を、人はしばしば感染症と説明する。（中略）語られたり耳にしたりする音、リズム、スキーマ、メロディー、身体の動き、そして参加して共有することは、複雑な振り付けの体操に匹敵する一種のダンスを形成する[47]。

こうした擬態的詩歌の朗読披露における「定型表現、リズム、反復、ジェスチャー、そして話者と聴衆の関係」は、文化的記憶を教えるための手段でした[48]。ギーバウアーとウルフは、そのような擬態は身体と知性が連帯した一つの実践知であると提起しています。なぜなら、それは動作の実践として理解されるべきもので、論理的構成として組み立てていくには困難があるからです。「それは人間の実践から生み出されるものであって、常に実践のひとつとして、また行動に関わる問題として捉えなければならない」[49]と言います。

ジェスチャーの反復は、ジェスチャーを演じる者が擬態を理解していくときのコアです。ジェスチャーは時間や空間のなかで、また動作のリズムやそれを実行するなかで知られていきます。アリストテレスが口述文化において擬態の実践の重要性を観察していた、というのは驚くことではありません。「人はあらゆる動物のなかでもっとも模倣的であり、擬態をとおしてあらゆることを学んでいく」[50]のです。どのように歩き、語り、座り、食し、読み、聴くかについて、私たちは、互いに相手の実例をとおして学び合っていきます——そして、その多くは家庭のなかで始まります。[51]

文化人類学とジェスチャーの模倣

意図的に模倣することとは、多くの研究や理論の要石で、あらゆる文化において実践されている教育形態の一つです。たとえば、アフリカのクン族の子どもは、自分の両親のあとについて歩きながら、両親の行動を模倣することによって地域社会の儀式を学んでいきます——身体紋様（入れ墨）の入れかた、カモシカ狩り、食料調達から、ヒーリングダンスの儀式を指導する真似事まで——こうした教育方法には、そのための正規の学校はありませんし、年齢や学年で区分することもありません。生活すべてが、クン族のコミュニティーの一員であることを学ぶ「学校」と考えられているのです。[52]

これは今日の西洋社会の伝統的な「学校」とよばれる建物のなかに子どもたちを六時間詰め込んで、彼らが知るべきことを教え込むこと——コンテクストなしで暗記学習をさせていく組織だった「教育」とよばれる方法——とは対照的な学びかたです。子どもが読むことを学ぶときにも、それはおもしろみがないだけではなく、何の訓練過程も辿らずに、また何らかのコミュニティーをとくに基盤とする必要もないかたちで知性化が惹き起こされていきます。このような学習過程では、生徒は個々に孤立した状態になり、学習者のコミュニティーから切り離され、一人で寂しく机に向かうことになります。ここでは、こうした知的環境で学習したことを、生徒自らが受けとめて、彼らが彼らの人生の中で、彼らなりにそれを生きていくことが仮定されています。しかしそのような知識の移入、すなわち本から読み取った事実をその人の人生の知識として応用していくのは容易なことではありません。そればかりか、この教育スタイルでは、生徒たちは、他の誰かが孤立して個人的に学んだり学習したりする様子まで模倣していくことになります。

現代教育論における模倣

アリストテレスやクン族と同様に、マリア・モンテッソーリは最初に感覚の中に存在しないものは心の中にも何もないと考えました。モンテッソーリにとって、子どもたちは優れた発見者です。なぜなら彼らにとって、生きている世界のすべてが躍動感に満ちた魅力的なものだからです。知性と身体は密接に絡み合っていると言ったウィリアム・ポティートの「知性的身体」の考えかたに呼応するようにして、モンテッソーリは、単に観察しているのではなく、何かをおこなうという体験学習をさせることによって、手と知が行動を共にしていくことに着目しました。子どもの吸いつくといった生まれたときからの「本能」とよばれる行動が表出してくることを、私たちは知っています。子どもたちは、次第に、手で何かを握ってみたり、親や周りの人々の笑顔を真似てみるようになります。誰かに反応することを喚起されておこなうような、こうしたすべての行動が、子どもたちの複雑な行動やジェスチャーを形づくっていきます。子どもたちは、かなり早い段階から、彼らの文化から事柄を習得していき、彼らを取り巻く世界についての知識も、何らかの行為をおこなうことによって獲得していきます。手は、知性が自らを開示することを実現し、子どもたちがおかれた環境と豊かな関わりを保持することを可能にしていきます。

少し月齢の高い子どもたちは、より活発に関係性を築くようになり、熱心に知識を吸収し、知覚を発達させ、手の器用さも増していくようになります。小さなブロックを大きなブロックの上に積み重ねることを何度もくり返していく反復学習は、感覚の教育をもたらします。子どもたちは、色、形状、対象について学ぶだけでなく、注意すること、比較すること、判断することを練習しながら、彼らの感覚を洗練させていきます[53]。模倣は、キリスト的ジェスチャーを教育する方法として、若者にも年配者にも、富む者にも貧しい者にも、知的に優れた者にも発達障がい者にも、あらゆる文化や民族を超えて、じつに効果的です。なぜなら模倣学習は、身体と感覚から始まっていくからです。ピエール・ボワデューは、生きた記憶の吸収パットのように、私たちの身体はそこに起こるすべてを記憶していくと言っています。ジョン・デューイも、身体的経験が学習のすべてであると言います。

経験は、それがとるにたりないほどのひとつの経験であっても、いくらかの理論（または知的内容）を生じさせ、それを拡張していくことを可能にするが、経験から切り離された理論は、理論として認識されることもきわめて難しい。それらは、定式化された言葉、流行語の寄せ集めであり、思考することも正統な理論として構築することをまったく不要かつ不可能にする。われわれは教育を受けるがゆえに、言葉を用いて考えをまとめ質問に向き合っていくが、その向き合う作業は、実際には、あたかも難しそうに見える事柄からわれわれの目を逸らさせるような、単なる知覚の曖昧さにしかすぎない(54)。

模倣とキリスト的ジェスチャーの道徳的生活

ナンシー・シャーマンは、美徳は、すでに美徳をマスターした人々を模倣することによって習得されると確信しています。彼女は、模倣することは人間に何らかの快楽を感じさせると言います。「学ぶことは最大の快楽である。模倣モードにあるときに、『これはあれである』というのは、実際のキャラクターを、表現されたかたちに従って分類していくことである」(55)。私たちは、「発話あるいは明らかに一つのモデルとして構成されている客体ジェスチャー」(56)を再生成する努力を意識的に行っていくことを前提とするような複雑なプロセスを辿って学習していきます。カテケージスのパターン化アプローチには、そうしたモデルが重要であって、モデルは模倣されるからモデルなのであり、模倣する者は模倣するパターンを必要とします(57)。

ボワデューは、それは「意識、表現、あるいはそれらの前提となる距離によっても起こり得る」と言います。彼は、身体はそこで何が起こっているのかを知っているというのです。たとえば、悲しみを模倣するときには身体は涙を流します。何かおもしろいことを見つけたときには身体は笑います。憐れみの美徳が実践されるところでは、身体は相手を抱きしめようとします。ボワデューは、そこで演じられることに意味があるのでも、それが単純に過去を知性化しようとしているのでもなく、むしろそれは、過去を、その人の人生に持ち込んで将来の道筋を導いていくために演じていくのだ、と述べます。ボワデューが提起しているのは、「身体をとおして学ぶ」というのは、知識のようにその人が何らかのものを保持するようになることや、その人がそれを好き勝手に乱用できるようになることではなく、その人がいったい何者であるのかを問うことです。たとえば、乳児が学んだジェスチャーは、もはや単なる動作ではなく、乳児は私たちが誰なのかを把握していくのです。

ボワデューの指摘で十分に興味深いのは、とりわけクン族や古代イスラエル人、あるいは初代教会のような非文芸的・前文芸的文化においても、模倣すべき知識と身体的居場所を理解した人々をとおして伝承された知識が彼らの体・知・心において具現化され、それによって彼らは生き延び続けたことを証明しようとしている点です[58]。美徳は、唯一肉体をとおして表現されるもので、それ自身が私たちの所属している文化の中で分かち合われていきます。私たちのキャラクターの美徳は、身体性や知性や精神性からも、また私たちの社会的コンテクストからも分離されるものではないのです。体は、そうした美徳を身につけ、その美徳を惹き起こすために練り上げられていくある種の体操のような意味においてのみ、つまり全身を投資し、感情的にも深い自己同一化を包含していくような擬態によってのみ再構成されていきます[59]。体は、体が生成していくあらゆる知識を絶えず含んでいるのであって、この知識は決して「対象化」される何かではなく、体から自由になるものでもありません。

このキリスト者のジェスチャーと美徳についての議論はたいへん魅力的です。なぜなら、人は、他の人々の身体的ジェスチャーを模倣することによって正しいジェスチャー・パフォーマンスを学んでいくという、じつに意味深い方法に身体というものが関わっているからです。教会での一つひとつジェスチャーには意味があり、その最初は、教会によって学ばれ名づけられていったものです。人が、キリストの体のメンバーとしてジェスチャーを用いるときには、キリストの体における、より優れたものを学びとり、実践しようとしていることなのです。ミラヴェックによれば、年配の人を模倣するのは、ジェスチャーの中で演じられている恵みの賜物と結びついていくといいます。信仰は神からの賜物です。しかしそれでも会衆によって認知されていくことを必要とし、人々はキリスト教の信仰理解のために、知性と身体性と霊性をもって訓練されていかなければなりません。早い段階からの訓練は、その人がどのように神に聞き、神を見、味わい、触れ、行動し、知っていくのか、「人が神にすべて聞くように本当に訓練されているかどうか」を決定的に左右するものになります[60]。

聖書において学習とは模倣すること

神の民に知恵について教える際には、共同体の年配者たちが若者たちに神の道を教えるようにと箴言は勧めます。まだほとんど主の知恵と知識を知らない子どもたちは、あらゆる類の影響力に開放されていて、邪悪な悪魔に惑わされる危険にさらされています。神を知ることに渇望している人は年配の人たちから学びます。「わが子よ、父の諭しに聞き従え。母の教えをおろそかにするな」（箴1・8）、あるいは、「わが子よ、主の諭しを拒むな。主の懲らしめを避けるな。かわいい息子を懲らしめる父のように主は愛する者を懲らしめられる」（箴3・11―12）とあります。

マイケル・フォックスは、子どもたちは成長するために神の知恵から学びたがっている、と言います。[61] 子どもたちは、もし彼らが親の教えたとおりにおこなうなら――ジェスチャー――、彼らは神を恐れ神の義へと導かれる知恵を身につけていくことが約束されています。子どもたちは、言葉を聞く（またそれを口に出して言う）というジェスチャー、そして年配者たちの行動を見ることによって知恵を増していきます。子どもたちは、彼らの親のジェスチャー的な発話を吸収することによって学んでいきます。両親が知恵を身につける方法について語るというジェスチャーだけではなく、彼らの語る言葉自体が知恵の言葉なのです。[62] それらは私たちの前に、どのように語るかだけではなく、どのように優れたふるまいをするかについての実例をも含んでいます。古代ギリシア人がそうであったように、知恵は伝統的に両親から子どもたちへと、口伝による手ほどきで継承されていきます。[63]

それはまた、口述の言葉を学習者が受容するというだけでなく、「善の中を歩き、義の道を辿っていく」出来事です。善と義を具現化していくために知があります。イエス・キリストは、私たちが模倣することによって、彼が私たちに求めることを行っていけるようになると教えました。

> 「わたしがあなたがたにしたとおりに、あなたがたもするようにと、模範を示したのである。はっきり言っておく。僕は主人にまさらず、遣わされた者は遣わした者にまさりはしない。このことが分かり、そのとおりに実行するなら、幸いである」（ヨハネ13・15―17）。

これは、イエスの教師として、ラビとして、あるいはディダスカロス（didaskalos）としての言葉です。イエスは、神の国は彼の語る言葉と彼の身体的行為の両者によって宣べ伝えられることをよく知っていました。イエスはすべての弟子たちに、その生きかたによって実例を提示し、彼らがイエスの名によっておこなうことは、教師イエスの指導のもとに習得したスキルの実演となることを、彼らに系統立てて思い起こさせました。イエスは、彼の地上での宣教を私たちが模倣することによって、私たちの知性と身体性と霊性が、彼の心と体と霊となっていくよう教えています。ボンヘッファーによれば、弟子訓練とは「イエス・キリストのみに執着すること、しかも速やかに」[64]だといいます。弟子訓練とイエスに従順であることは、イエスは主であるという知識――そして私はいったい何者で、いったい誰のものかという知識――に先んじて行われていくものです。教会の実践は、私たちにキリストの弟子になることとキリストに服従すること、すなわちイエスは何者なのかという理解だけではなく、いったい神の民である私たちは誰のものなのかを教えていきます。[65]カルヴァンは、知識は従順から生まれると言いました。私たちは正しい神の知識について、誰かの言葉によってそれに気づくのではなく、神の言葉に実際に従うことによってその知識に到達していきます。従順であることは、知識の代用なのではなく、神の知識への道を辿ることです。カルヴァンは、認知的知覚よりもむしろ服従することが重要な知覚への道であることを強調しました。[66]そして私たちは、キリストの体に従順である他の人たちを見て、彼らを模倣することによって服従について知り、それを実践していきます。

イエスは自身を模倣すべきモデルとしました。彼は十字架上の死にいたるまで従順でした（フィリピ2・8）。山上の説教（マタイ5）は、私たちが為すべきこととそうでないこと、そしてなぜジェスチャーを演じていくのかを列挙しています。

「あなたがたも聞いているとおり、『隣人を愛し、敵を憎め』と命じられている。しかし、わたしは言っておく。敵を愛し、自分を迫害する者のために祈りなさい。あなたがたの天の父の子となるためである。父は悪人にも善人にも太陽を昇らせ、正しい者にも正しくない者にも雨を降らせてくださるからである。」（マタイ5・43―45）

イエスは、彼に追従する者に、敵に対して何をすべきかを伝えただけではありません。彼は、死にもだえ苦しみながら、彼を悩ました人々のために「父よ、彼らをお赦しください」と祈り、その模範を示しました。

パウロは私たちに、ユーカリストにおいてパンを食しぶどう酒を飲むのは、イエスを想い起こすためだといいます。「だから、あなたがたは、このパンを食べこの杯を飲むごとに、主が来られるときまで、主の死を告げ知らせるのです」（Ⅰコリント11・26）。私たちがユーカリストにおけるさまざまなジェスチャーをおこなうかぎり、私たちは、栄光のうちにキリストが再び来臨するときまで復活したキリストを覚え続けます。パウロはこの祭儀をイエスから学んでいます。「わたしがあなたがたに伝えたことは、わたし自身、主から受けたものです」（Ⅰコリント11・23）。イエス・キリストの弟子たちは、イエスの教えた道を模倣しながら歩み続け、すべきことが何で、してはならないことは何であるのかを他の人々にさし示しました――キリストの体を問題にしたのです――。パウロはキリスト教信仰のロール・モデルとして自分自身とその仲間を保ちつづけ、多くの教会に彼を実例として模倣（ミメイスタイ）するように告げています。「そこで、あなたがたに勧めます。わたしに倣う者になりなさい」（Ⅰコリント４・16）。「兄弟たち、皆一緒にわたしに倣う者となりなさい。また、あなたがたと同じように、わたしたちを模範として歩んでいる人々に目を向けなさい」（フィリピ３・17）。

ボンヘッファーは、神の模倣者であることは、キリストに追従する者にとって最高の召しであると言います。

弟子は専らその主人を見つめる。しかし、人はイエス・キリストに従うようになり、受肉し十字架刑に処せられ復活した主のイメージを実らせ、その人が神の似姿になっていったときに、ついに、彼は「神の模倣者」となったと言うことができるのであろう。イエスに追従する者が、神の模倣者なのである。[67]

キリスト的ジェスチャーの習慣

何か新しいものを学ぶときと同じように、キリストを模倣するにあたっても、私たちは、初動動作が通常もっとも面倒であることを知らなければなりません。しかし練習や実践をくり返していくと、私たちは比較的早い段階で、キリスト的ジェスチャーのいくつかが次第に快適になってくることに気づくでしょう。そしてそれらを何年も実践していくと、ひとたび面倒であったそれらのジェスチャーが、今では習慣のようになっていることに気づくときがきます――「聖なる習慣」です。アクィナスは、習慣とは、私たちの「すべての道のり」において、その身体性と知性と精神性のレベルに応じて形成される気質を習得していくこと――全人格の形成――であると言っています。さらにジョエル・シューマンによれば、習慣はキリストの体でよりよく生きるための前提条件だといいます。

　われわれはさまざまな力学のもとに行動を続ける複雑な被造物であるため、習慣は、ある特別な行為を習慣化させようとして一貫した反復を行っていき、われわれの体を特定のしかたで形成し、発達させていくことを求めていく。アクィナスなら、こうした行為なしには、よりよく生きるための前提条件を展開させることとの希望を見出しえないと言うに違いない。
　習慣は、〔中略〕それ自体に価値があるというのではなく、それらが特定の価値ある終わりに〔私たちを〕向けさせていくがゆえに重要なのである。優れた終わりに向けてその仲立ちを行っていくその習慣を、われわれは美徳とよぶのである。[68]

私たちはキリスト的ジェスチャーを頻繁に実演し、ついには、それらが習慣となっていきます。というのは、それら自体が価値あるものだからではなく、そうした習慣が、私たちの人生を神の御心をおこなう方向へと開いていくものであるからです。ナンシー・シャーマンは、「魂の非合理的な部分」を習慣化させること――ある習慣によって人生の早い時期に訓練されていくこと――が徳の高い人格を作り上げていくと論じています。[69]もし私たちがキリスト的ジェスチャーを上手にまた十分に演じていくのなら、それはまるで全存在をとおして神を愛することが、私たちにとって「自然のこと」のように習慣化されていき、それが期待されているのです。

　ピエール・ボワデューは、習慣（habit）は場（habitat）が生み出すものであって、それは私たちの生活する共同体の産物であり、また「歴史の産物」であると言います。習慣の物語《ナラティブ》構造とは、習慣自体がすでに語られ生かされてきた物語を具現化していくことを意味しています。くり返しになりますが、私たちは、はるか以前からある何かを学ぶ特権を、いま受けているのです。[70]ジョン・デューイは、習慣は型どおりのことをする日課業務とは異なることに気づき、のちに習慣の複雑なパターンをそれとは分けて考えるようになりました。デューイにとって、日課業務は成長を阻害するものです。一方、活動的な習慣は、思想、発案、手ほどきをとおしての成長を含むもので、成長を促すものです。ある習慣を実践していくことによって新しい状況に遭遇することにもなるため、私たちは、私たちの人生を調整したり再調整したりする力も持ち合わせています。それによって、私たちはどうすることもできないと思えるような状況におかれていたとしても、その状況をコントロールする感覚をもつことができるのです。[71]

ジェスチャーの技巧は、何らかのその起源となっているインスピレーションの種のなかに留まるものではありません。また「自発的」と言われるようなものに依存することでもありません。そうではなく、芸術家やミュージシャンが意図しているものと、彼らが、ジェスチャーに裏付けられたスキルを習慣化させていく訓練の両者をとおして、新しい真理に到達するための方法なのです。ボワデューによれば、美術や工芸の基礎的な習慣を身につけることは、他のあらゆる芸術を生み出す場合と同様、「比較的予想不可能」なことを実践する無数のジェスチャーを生み出すことをも可能にしていく──状況と調和させながら──多様性の限界を感じつつも──といいます。[72]

キリスト的ジェスチャーの習慣を学ぶ

デューイは、習慣というのは根本的に生物学的な診断が下されていくような自律神経に関わるものではないと理解していました。ちょうど身体的動作だけのジェスチャーが存在しないのと同じように、習慣も、何も思考することのない単なる身体のことなのではありません。習慣は、修正を経験することによって、身体的ジェスチャーと批評的思考とが必然的に結び合わされていくものです。習慣を実践する上でも、知識が重要なのです。なぜなら、私たちは、人生の多様な経験をとおして、どの習慣を実践していくべきかを知る必要があるからです。[73]

より複雑で実践的な状況下におけるジェスチャーのパフォーマンスは、基本的により高い具体性をもった応答が求められていくことになります。美徳を形成するために生み出された習慣は、のちの成長やのちの実践を刺激する喜びの感覚となっていきます。[74]たとえば、海での航海について学ぶ場合、私たちは溺れるという恐怖を回避するために、すべての可能な状況をシュミレートしておくことなどできません。陸上に似たような条件を整えて、荒れ狂う波にどのように対処したらよいのかの体験をしてみることはできるかもしれませんが、初心者が陸上で身につけた習慣を用いて、実際の海での状況にみごとに対処していくことを期待したり予言したりするのはナンセンスです。同様に、あらゆる状況に対応するためにといって、ある美徳について寸分違わない実践訓練をやっていくわけにはいきません。私たちは「乾いた平らな陸地で」人々に教えていくことしかできません。私たちは、いつどこで、どのようにその美徳が試されることになるのかを知らないのです。それゆえ、ある状況を想定しての訓練しかできません。事柄はいつも「現場で起こる」のです――キリスト者の共同体生活の関係性のなかにあっても、人々が互いに一致することができなかったり、和解する道を失いかけたりするようなことも起こります――。だからこそ、私たちはキリストの体を善いものとしていくために、互いに友情を築き上げていく訓練に挑むようにと召されているのです。

キリスト的ジェスチャーを習慣化させる場

ベルデン・レーンは、神について語るときには、場についての論議を単純に切り離すことはできないと言っています[75]。家屋や礼拝堂の構造、あるいは牧草地や砂漠のような土地や地形は、私たちが神やキリストの体のイメージを作り上げていく上での中心的な役割を果たしていきます。レーンは、どのような環境または状況であれ、「場」に注意深く関わっていくためには、私たちはその場に足を踏み入れていく際の解釈学的方法として、「場に臨むジェスチャー」について学んでいく必要があると述べ、地理的なことも神学の一つの見えるかたちなのだと説きます[76]。もし神学が教会生活に起源をもつものであるなら、場の雰囲気は、芸術や文学や神学を含めた、人々のあらゆる発想のしかたに影響を与えることになります[77]。

私は、キリスト的ジェスチャーの習慣によって形成されていく「習慣化された存在」は、それらのジェスチャーを試したり実演したりしていく場に依存しながら整えられていくことを提起しておこうと思います。レーンが言うように、教会などの環境に注意深く関わっていくには、私たちは、「場に臨むジェスチャー」を学んでいくことが必要です。場に臨むジェスチャーを正しく実演することで、私たちは、より深くそこに関わり、正しい場についての解釈をすることができるようになっていきます——適切なアプローチなくしては、場についての正しい解釈も失うことになるのです。習慣としてのキリスト的ジェスチャーを実演するというのは、私たちがキリスト的ジェスチャーによって継続的に学び、それを維持していく場に、しっかりと足を踏み入れていくことなのです。

アフリカのクン族のことをもう一度考えてみましょう。現代の私たちのアプローチが青年や年配者たちにコンテクスト抜きで教会生活について語っていくのとは逆に、彼らは、彼らの文化的伝統を見せることによって、コンテクストのなかで若者に教えていこうとします。ジェローム・ブルナーとリチャード・カッツはクン族文化を研究するなかで、クン族が何かを伝えるときの説明はすべて、その共同体生活のなかへと若者を浸していこうとするもので、若者たちと年配者らの継続的な交流のなかでそれが行われていることに注目しています。彼らはあらゆる事柄を共に演じ、共に踊り、共に座し、狩猟にも共に出かけていきます。子どもたちは、成人のクンの祭儀、道具、武器を継承して使用していきます。ブルナーはこう言います。「結局のところ、この文化ではほとんどすべての者が、男性は男性として、女性は女性としてどのように生きていくとよいかについて、皆ほぼ同じように知っていく」[78]。私たちの文化においては、野球は野球グラウンドでもっともよく学ぶことができます。ピアノはキーボードの前で、絵画はキャンバスの前で、コンピュータはモニターの前で、そしてキリストの体のジェスチャーはキリストの体の中でもっともよく学ぶことができるのです。

註

（1）ここでの指導には言語が重要な役割を果たします。他の工芸品は教師と学生、師匠と弟子、親と子、メンターと追従者といったレトリックが用いられます。私はここで、必ずしもどちらかがどちらかよりも優れていると言っているのではありません。イエス自身、ラビ、または先生と呼ばれ、彼も追従者たちのことを「弟子たち」と呼んでいました。

（2）アーロン・ミラヴェック『イエスのように力強く』(Aaron Milavec, *To Empower as Jesus Did*, Lewiston, NY: Edwin Mellen, 1982, p. 83)。

（3）スタンリー・ハワーワス『ポスト・キリスト教王国』(Stanley Hauerwas, *After Christendom?*, Nashville: Abingdon Press, 1993, p. 104)。

（4）ジョン・ハワード・ヨーダー『祭司の御国』(John Howard Yoder, *The Priestly Kingdom*, Notre Dame: University of Notre Dame Press, 1984, pp. 32–33)。

（5）ウィリアム・ハームレス『アウグスティヌスとカテキュメネイト』(William Harmless, *Augustine and the Catechumenate*, Collegeville: Liturgical Press, 1995, p. 349)。

（6）アラスデア・マッキンタイアは、ここに、親たちが子どもらに、しつこくせがむような気持ちを表に出すのではなく、良い子として振る舞うべき理由を示しながら、子どもたちに自立した思考を身につけさせようとして行う数々の事柄と、ある共通点があることを指摘しています。マッキンタイア『依存的合理的動物』(MacIntyre, *Dependent Rational Animals*, p. 69)を参照。

（7）ハームレスの引用(Quoted in Harmless, p. 136)。

（8）前掲書(p. 357)。

（9）ハワーワス『ポスト・キリスト教国』(Hauerwas, *After Christendom?*, pp. 102–105)。

（10）前掲書(p. 107)。

（11）ハームレス(p. 10)のなかのエイダン・カヴァナー(Aidan Kavanagh)の引用。

（12）前掲書(p. 17)。残念ながら、私は少なくともプロテスタントのカテキズムについて書かれたもののなかで、入会に際してここまでの明解に述べられているものを知りません。

（13）前掲書(p. 179)。

（14）ミッキー・ハート『マジックとしてのドラミング』(Mickey Hart, *Drumming at the Edge of Magic*, New York: Harper Collins, 1990, p. 22)。

（15）前掲書(p. 68)。

（16）マーヴァ・ダウン『王室的時間の浪費』(Marva Dawn, A Royal Waste of Time, Chapter 20)を参照。

（17）マッキンタイア『道徳的考察の三つの反論』(Alasdair

MacIntyre, *Three Rival Versions of Moral Enquiry*, Notre Dame: University of Notre Dame Press, 1990, pp. 61–62)。

（18）ハート (Hart, p. 215)。

（19）『聖ベネディクト戒律』第5章 (Rule of St. Benedict, Chapter 5)。

（20）マッキンタイア (Macintyre, p. 65)。

（21）マッキンタイア (Macintyre, p. 67)。

（22）ミラヴェック (Milavec, p. 191)。

（23）ジョン・フェア (John Fare)、マッキンタイア (MacIntyre, op. cit.) による引用。

（24）ローマ・カトリック教会の場合は、日毎のミサ。

（25）キャサリン・ノリス『修道院の歩廊にて』(Kathleen Norris, *The Cloister Walk*, New York: Riverhead Books, 1996, p. 266)。

（26）ローマ・カトリック教会がしばしばイコンを聖なるものへの窓として捉え、初期の東方教会がイコンを魂の鏡として理解していたことを、私は最近になってようやくわかるようになってきました。

（27）コリーン・グリフィス「スピリチュアリティーと体」(Colleen Griffith, "Spirituality and the Body," p. 82) ならびに、ポール・コルヴィーノ「キリスト者の結婚」(Paul Colvino, "Christian Marriage," p. 109) を参照。いずれもブルース・モリル編『礼拝をかたちづくるもの』(Bruce Morrill, ed., *Bodies of Worship*, Collegeville: Liturgical Press, 1999) 所収。

（28）マイケル・ウァーレン『信仰、文化、礼拝共同体』(Michael Warren, *Faith, Culture, and the Worshiping Community*, Mahwah, NJ: Paulist Press, 1989, p. 71)。

（29）ジェラルド・ローフリン『神さまの物語を伝えよう』(Gerard Loughlin, *Telling God's Story*, New York: Cambridge Univ. Press, 1996, p. 192)。

（30）ポール・ホーン『健全なる礼拝』(Paul Hoon, *The Integrity of Worship*, Nashville: Abingdon Press, 1971, p. 129)。

（31）礼拝を通じての教会教育の在り方についてより詳しくは、フィリップ・ファッタイカー『教会の学校』(Philip Pfatteicher, *The School of the Church*) およびマーヴァ・ダウン『王室的時間の浪費』(Marva Dawn A Royal Waste of Time) を薦めます。

（32）ロイ・ラパポート『エコロジー、意義、宗教』(Roy Rappaport, *Ecology, Meaning and Religion*, Richmond: North Atlantic Books, 1979, p. 174)、キャサリン・ベル『祭儀の神学、祭儀の実践』(Catherine Bell, Ritual Theory, Ritual Practice, New York: Oxford University Press, 1992, p. 54)。

（33）グウェン・ネヴィーレ、ジョン・ウェスターホフ『リタジーに学ぶ』(Gwen Neville Kennedy and John Westerhoff, *Learning Through Liturgy*, New York: Crossroad, 1978)。

（34）キャサリン・ベル『祭儀の理論、祭儀の実践』(Catherine Bell, *Ritual Theory, Ritual Practice*, New York: Oxford University Press, 1992, p. 13)。

（35）『ウェストミンスター小教理問答』(Shorter Westminster

Catechism, *Book of Confessions*, Louisville: Office of the General Assembly, 1991, 7.001)。

(36) ノリス『修道院の歩廊にて』(Norris, *Cloister Walk*, p. 266)。

(37) マーヴァ・ダウン『脱落者なき到達』(Marva Dawn, *Reaching Out Without Dumbing Down*, Grand Rapids: Wm. B. Eerdmans, 1995, pp. 75–104)。

(38) スタンリー・ハワーワス「礼拝、伝道、倫理」(Stanley Hauerwas, "Worship, Evangelism, Ethics: Eliminating the 'And'," in *The Study of Evangelism: Exploring a Missional Practice of the Church.* P.W. Chilcote, L.C. Warner, eds. Eerdmans, 2008. Ch. 14, pp. 205–214)。

＊訳者註＝日本語の『聖書　新共同訳』には「一つになって」(in unity)という言葉が訳出されていませんが、重要なフレーズであるためここで補記しました。

(39) ディートリヒ・ボンヘッファー『共に生きる生活』(Dietrich Bonhoeffer, *Life Together*, New York: Harper & Row Pub.Co., 1954, p. 39)。

(40) アリストテレスはまた、次のようにも述べています。「人は、その人が本当に正しい人であるかどうかとは無関係に、正しい行動をとることはあり得る。法律に沿って生きようとするような人であっても、無意識のうちに、あるいは無知さゆえに、または虚偽の動機によってそれを行うことはあり得るのであって、それは正しい行為を行おうとしてとった行動というわけではない」『ニコマコス倫理学』(*Nichomachean Ethics*, 1144a12–15)を参照。

(41) ノリス(Norris, p. 363)。

(42) ジェームズ・ホワイト『サクラメントとしての神の自己犠牲』(James White, *Sacraments as God's Self- Giving*, Nashville: Abingdon Press, 1983, p. 22)。

(43) フランク・ウィルソン『御手』(Frank Wilson, *The Hand*, New York: Vintage Press, 1999, pp. 49–50)。

(44) ロナルド・ロルヘイザー『聖なる憧憬』(Ronald Rolheiser, *Holy Longing*, New York: Doubleday, 2000, p. 74)。

(45) ギュンター・ギーバウア、クリストフ・ウーフ『擬態――文化、芸術、社会』(Günter Gebauer and Christoph Wulf, *Mimesis: Culture, Art, Society*, Berkeley: University of California Press, 1995, p. 316)。私は、これをすべてジェスチャーとよびたいのです。なぜなら、聞くというのも身体的ジェスチャーであって、鼓膜に音波を運び、神経細胞を聴覚に刺激する小さな毛嚢の動きです。話すというのも、知性に操られ決定づけられながら、唇の筋肉と肺が協調して動いていくことだからです。

(46) ジュリア・クリスティヴァ「ジェスチャー――コミュニケイシーョンの実際」(Julia Kristeva, "Gestures: Practice of Communication," in Ted Polhemus, ed., *The Body Reader: Social Aspects of the Human Body*, New York: Pantheon Books, 1978, pp. 265–276)。

(47) ギーバウアー、ウーフ (Gebauer and Wulf, p. 47)。

(48) 前掲書 (p. 47)。

(49) 前掲書 (p. 316)。

(50) ピエール・ボワデュー『実践の論理』(Pierre Bourdieu, *The Logic of Practice*, Stanford: Stanford University Press, 1990, p. 25)。一九九六年八月十二日にノースカロライナ州チャペルヒルのＰＢＳ局で放送されたＰＢＳ特別番組で、俳優のアラン・アルダが、チンパンジーと人間の子どものグループとの比較研究を行っていました。チンパンジーがどれほど人間の行動を模倣するのかを、人間の子どもの場合と比較する実験です。アルダは、小さなパズルピースをかき集めるために、おもちゃの熊手を持ってきて使って見せました。人間の子どもたちは一回ですぐに彼を模倣しはじめましたが、チンパンジーはくり返し何度も見せても、アルダのジェスチャーを模倣することはありませんでした。

(51) ジーン・バージス、アイレーン・ラーリン『ジェスチャーの模倣』(Jean Berges and Irene Lerine, *The Imitation of Gestures*, London: Spastics Society Medical Education and Information Unit in Association with William Heinemann Medical Books, Ltd., 1965, pp. 1–3)。

(52) ジェローム・ブルナー『インストラクション・セオリー』(Jerome Bruner, *Theories of Instruction*, Cambridge: Harvard University Press, 1966, p. 151)。

(53) エリザベス・ヘインストック『モンテッソーリ教育のすべて——人、著作、方法、運動』中山、佐野訳、東信堂、一九八八年 (Elizabeth Hainstock, *The Essential Montessori*, New York: Plume Book, 1986, pp. 65–80)。

(54) ジョン・デューイ『民主主義と教育』(John Dewey, *Democracy and Education*, New York: Free Press, 1916, pp. 140, 141)。

(55) シャーマン『キャラクターの織り成すもの』(Sherman, *The Fabric of Character*, New York: Cambridge Univ. Press, 1991, p. 168)。

(56) ピエール・ボワデュー『実践の論理』(Pierre Bourdieu, *The Logic of Practice*, Stanford: Stanford University Press, 1990, pp. 68, 73)。

(57)『メリアム＝ウェブスター大学辞典』(Merriam- *Webster's Collegiate Dictionary*, 10th Edition, p. 853)。

(58) ボワデュー (Bourdieu, p. 73)。

(59) 前掲書 (p. 73)。

(60) ミラヴェック『イエスのように力強く』(Milavec, *To Empower as Jesus Did*, p. 11)。

(61) マイケル・フォックス「箴言の教え２」(Michael Fox, "Pedagogy of Proverbs 2," *Journal of Biblical Literature*, 113, 2 (1994), p. 234)。

(62) 前掲書 (p. 237)。

(63) Ｊ・テレンス・フォーステェル「箴言」〔ブラウン、フィッツマイヤー編『ジェローム聖書註解』〕(J. Terence

Forestell, C.S.B., "Proverbs," in R. Brown, J. Fitzmyer, and R. Murphy, eds., *Jerome Biblical Commentary*, Englewood Cliffs: Prentice- Hall, 1968, p. 499)。

（64）ボンヘッファー『改訳新版キリストに従う』森野善右衛門訳、新教出版社、二〇〇三年、三八頁 (Dietrich Bonhoeffer, *Cost of Discipleship*, New York; Macmillan Publishing Company, 1975, p. 136)。

（65）『聖ベネディクト戒律』第５章 (*Rule of St. Benedict*, Chapter 5)。

（66）ブルーゲマン『大地』(Brueggemann, *The Land*, Philadelphia: Fortress, 1977, pp. 158–159) を参照。

（67）ボンヘッファー『キリストに従う』(Bonhoeffer, *Cost of Discipleship*, p. 344)。

（68）ジョエル・シューマン『憐れみの集団』(Joel Shuman, *Body of Compassion*, New York: Westview, 1999, pp. 158–159)。

（69）シャーマン (Sherman, p. 162)。

（70）ボワデュー『実践の論理』(Bourdieu, *The Logic of Practice*, p. 54)。

（71）デューイ『民主主義と教育』(Dewey, *Democracy and Education*, p. 53)。

（72）ボワデュー (Bourdieu, p. 55)。

（73）デューイ (Dewey, p. 340)。

（74）シャーマン (Sherman, pp. 178–179, 191)。

（75）ベルデン・レーン『凄まじい風土の慰め——砂漠と山々のスピリチュアリティー』(Belden Lane, *The Solace of Fierce Landscapes: Exploring Desert and Mountain Spirituality*, New York: Oxford University Press, 1998, pp. 8–11)。

（76）前掲書 (p. 8) のなかのジョン・レベンソンの引用。

（77）D・H・ロレンス「場の魂」(D. H. Lawrence, "The Spirit of Place" in Armin Arnold, ed. *The Symbolic Meaning*, New York: Viking Press, 1964, pp. 15–31)。

（78）ジェローム・ブルナー『説明論』(Jerome Bruner, *Theory of Instruction*, Cambridge: Harvard University Press, 1966)、ならびにリチャード・カッツ『エネルギーの燃焼』(Richard Katz, *Boiling Energy*, Cambridge: Harvard University Press, 1982) を参照。

第九章　キリストの体であること、キリスト的ジェスチャーを実演すること

これは我らの神の憐れみの心による。
この憐れみによって、
　高い所からあけぼのの光が我らを訪れ、
暗闇と死の陰に座している者たちを照らし、
我らの歩みを平和の道に導く。

ルカによる福音書1章78－79節

ある冬の朝早くのことです。太陽がちょうど東の地平線上に昇りはじめ、その光が裏庭の多くの樹々の間から漏れて、あけぼのの光となって射し込んでいます。寒い家の中で、凍えた手で私は暖かいコーヒーカップを握りしめています。愛犬以外はまだ誰も起きていません。あくびをしながら、ザカリヤの賛歌の言葉を呟くのが、私の毎朝の祈りのスタイルです。ゆっくりと、静かなトーンで、「これは我らの神の憐れみの心による。この憐れみによって」と声に出していき、主が「我らの歩みを平和の道に導く」というところで一旦止まります。とりなしの祈りに移る前に、私はそこで一呼吸置くことにしています。これは、私の足と私の人生の両方に対する平和の道への招きであって、このジェスチャーをとおして、私を守ってくれるようにとの祈りです。

この毎朝の習慣は、私がミネソタ州中部の聖ヨハネ修道院と聖ベネディクト修道院のベネディクト会士らと生活を共にしたときに身につけたもので、日々の生活の小さくて大きなキリスト的ジェスチャーとして、私のなかに定着しているものです。たとえば、私が朝そのようにして祈りを捧げるときには、朝夕に同様の祈りを祈っている他の大勢の人々の壮大な合唱に私も加わっていることを、私は知っています。たとえこの賛歌のなかのたった短い一節であったとしても、あるいは「主よ、私の唇を開いてください、私の口でもってあなたを賛美させてください」との日々の祈りの最初のフレーズであったとしても、それらは一つのリーチアウトです。恵みが注入されることによって、私は神の恵みの賜物を携え、他の人々を日々歓迎してサポート

するジェスチャーを演じつつ、外に向かって出て行こうとしているのです。「おはよう」との朝の挨拶を口にすることも、ひどく取り乱している人を慰めようとして踏み出すことも神を礼拝する一歩であって、キリストに従う平和と信仰と愛の道なのです。

この最後の章では、私の提起してきた教育的アプローチをとおして、教会の人々が何を見、聞き、感じ、またどのように行動していくようになるのかについての物語《ナラティブ》を解説していこうと思います。私は、大学の教室と家庭の食卓に関わりながら、また神の家族が共に集まって礼拝しようとしたり、大都市の路上や農村での伝道の場でキリストの業をなしたりするなかで、私は人々が共通のジェスチャーによってキリストの体を形づくるための、彼らの人生の「なに（what）」「いつ（when）」「なぜ（why）」「どのように（how）」を――もしそれが上手くいっていないのなら――明らかにしたいと思ってきました。ラルシュ共同体での生活体験、聖ベネディクト修道院で修道生活献身者であったこと、長老派教会、バプテスト教会、カトリック教会、聖公会、メソジスト教会での礼拝経験、ディサイプル聖書研究やケリュグマ聖書研究、薬物依存症（ＮＡ）やアルコール依存症（ＡＡ）のグループに参加したこと、そうした私の物語とも、ひどく取り乱している人を慰めようとして週日の食事会や青年会のグループに関わったこと、そうした私の物語とおして、読者は自分自身の物語がこだまして聞こえてくるようになるでしょう。このような土日の集会や教会の内外で緊密に動いている活動は、間違いなく、私がこれまで説明してきたビジョン、すなわちキリストの体のジェスチャーを共に学び演じていくことを基盤とした生きかたの大きな参考になるはずです。

このビジョンを描き出すために、私はジャン・バニエの提起した成長するコミュニティーの主要な要素について、大まかに振り返っておくことにします。

> 静かな祈りの生活、奉仕の生活とりわけ貧しい人々に耳を傾けること、そしてすべての構成員が自分の賜物を成長させることのできる共同体生活。コミュニティーが生き生きとしているかどうかは、これらの三つの要素を見ることによってわかります[1]。

バニエの三つの基本的要素を踏まえて、私は、キリスト者がキリストの体のメンバーであるときに真理のリアリティーのなかで発見し、学び、生きていくジェスチャーが次のような場面で生起してくることを提起してみようと思います。それらの場面とはすなわち、公同礼拝、聖餐と愛餐、祈り、賜物と奉仕についての学びと実践、キリスト的ジェスチャーのさまざまな学びの場への参与、自分の家や神の家族に属する他の家庭でのジェスチャー、そして貧しい人々や教会やこの世の生活で軽んじられている人々のニーズに耳を傾ける奉仕です。

礼拝

安息日の神への礼拝から取り上げていきましょう。礼拝では、キリストにおいて神の前に拝む、跪く、揺する、踊る、祈るといったジェスチャーをするために、キリストの体のメンバーが共同体として共に集まります。[2]神を礼拝することにおいて、私たちは自分の足で立ち上がり（それが可能ならば）、私たちの確信が一致し連帯していることを表していきます。私は、始めと終わりの讃美歌、罪の告白、主の祈り、使徒信条（またはニケア信条）、そして平和の挨拶のときに、私たち皆が立って「言葉にならないものを期待」している様子を興味深く捉えていきます。ある教会では礼拝のなかで踊りますし、個別に立ち上がって説教者との連帯を示す人や、三位一体を覚えるために胸の前で十字を切る人がいたり、あるいはプロセッション（入堂行進）で使われる十字架がそばを通過するたびに立って一礼する人がいたりもします。

同様に、祈りも、あらゆる姿勢での祈りが捧げられます。ある人は頭を下げ、目を閉じ、手を合わせて祈ります。ある人は他の人たちと手をつないで祈ります。主の祈りを祈るときに手をつなぐ教会もあります。さらに、会衆席や椅子の前に跪いて、手や頭を前の座席に擦り付けるようなかたちで祈る場合もあります。祈るときの姿勢は祈りを具現化するジェスチャーとなります。

礼拝は、教会に来た人たちを歓迎する受付担当や礼拝堂に案内する礼拝当番（アッシャー）のホスピタリティーから始まっていきます。つい最近、私が五分ほど遅れて教会に着いて、私は礼拝堂の後ろ近くの誰も座っていない席についたのですが、そこは「礼拝当番」のための席で、その日の礼拝当番が座るために空けてあった場所でした。そこに座る予定であったアッシャーの女性は私に、——丁寧に、しかし厳しく——私の座ってしまった席は彼女の席であることを告げてきました。しかし彼女は私が別の席を探すのを手伝ってはくれませんでした。温かい教会を見分けるためには、私はもう一つ、歓迎の挨拶や平和の挨拶のときの関わりかたを観ます。目と目を合わせて互いを見て語り掛けているか、あるいは目がどこかほかに行ってしまっていないかです。

ユーカリスト（聖餐式）やバプテスマ（洗礼式）、信仰告白式や洗足、手の差し出しかたや聖壇への招きかた等々――これらはすべてキリストの体のメンバーとして、個別にあるいは集団で行動する偉大な奉仕の機会です。いくつかの教会では、ユーカリストの際に、パンをぶどう酒に浸して食しますが、ある教会では、担当者が、パンとぶどう酒が並べられた重々しい聖盃を会衆席まで持ってきます。バプテスマも同様に、何人かだけが洗礼盤の周りに集まって行われる場合もあれば、大勢が集まって浸礼槽や川で行われる場合もあります。

要するに、そのような意図的な思いや心の欲するところに指図された体の力強い意味深いジェスチャーは、私たちがキリストのものであること、そしてそれらが私たちの内面的な姿勢を形成していることを意味するのであって、私たちは、そうすることによって礼拝をするため、キリストに追従するためのより優れた立ち位置を得ることができるのです。私は、礼拝では多くの身体的な動きがあること、身体的、知的、霊的に参加すればするほど、礼拝は若い人々や障がいのある人たち――そしてそこにいるすべての私たち――が、私たちの人生が神によって正しくつくられ存在していることを確認するプロセスとなっていることに気づかされます。私を指導してくださった先生から、礼拝は理学療法やマッサージのようなものだと教えられたことを思い出します。私たち一人ひとりの人生は、罪人として拘束されて捻じ曲がってしまった姿勢になっていますが、聖霊によってつくり変えられまっすぐに整えられていくのです。

しかしこのことは、とりもなおさず私自身の人生をまっすぐに整える必要があるだけではなく、キリストの体における私たちのジェスチャー生活も整えられていく必要があるということです。私は主の祈りを祈るとき、「われらの父よ」の「われら」を強調します。また、ニケア信条では「我らは信ず」にこだわります。それらは、私たちすべてがキリストの体であることを思い起こさせてくれます。聖ベネディクト修道院のコミュニティーで共に礼拝をしたとき、帰天したシスターの名前がその亡くなった記念日によばれるたびに、私は、彼女らがこの修道院で共に生活して亡くなっていったことを思わされました。彼女たちは、私たちが信じて告白するように（使徒信条）、いまも「聖徒の交わり」に加えられ忘れられることはないのです。

礼拝の終わりの派遣と祝福の言葉は、いまや聖霊を受けて祝福され、キリストにおいて神とともに正しいものとしてつくられた私たちが、この一週間何をすべきなのかを決定づける重要な合図です。私たちは互いに仕え合うことによって、主に仕える者となります。十字架の前で再度一礼することによって、また洗礼盤の水にもう一度手を浸して十字を切ることによって、私たちは礼拝の奉仕を終え、キリストの追従者として刻印づけられて出て立つのです。

食事や祝祭

礼拝のなかで起こった出来事を強化するために、私たちは、食事の時間や他の祝祭をとおして継続してキリスト的ジェスチャーを研ぎ澄まし、養育していこうとします。これらは礼拝に引き続いて、あるいは週日をかけて、私たちの家や他のメンバーの家庭で催されていきます。ジャン・バニエは、共同体の中心にあるのは赦しと祝祭であって、それらは愛の二つの局面であると言っています。

わたしたちは共にいるという事実を祝い、わたしたちに与えられている賜物に感謝を捧げます。祝祭は、わたしたちを養い、希望を回復させ、日々の生活の困難や葛藤と共に生きていく強さをもたらしてくれるものです。(3)

祝祭は、私たちのキリスト的ジャスチャーを養い、それに意味を与えていく方法です。バニエは、共同体のめざすのは、私たちが日常生活で直面する課題に向き合いながら、希望と新たな強さと愛をもたらすものをシンボリカルなかたちで明らかにしていくことだと述べます。(4)

私たちが日々の食事を共にするというのは、日々の祝祭というジェスチャーに依存しています。私たちは、互いに一つの食卓を囲み、食べること、飲むこと、語り合うことをとおして身体的にも、情緒的にも、精神的にも養育されていくのです。バニエは、食事のときに議論をすべきではない、と警告します。実際のところ、敵と一緒に食事をするときに、食卓のテーブルの端に塩やバターがおかれている状態で争いを継続することは困難なわけで、そこではおこないを修正する会話が必然的になされていくことになるでしょう。バニエは次のように記しています。

皿のジャガイモを隣りに渡すという単純なジェスチャーでさえ、人々を孤独から救うことのできる自然なコミュニケーションの瞬間です。塩を取ってもらう必要のあるときに、彼らは鬱病の障壁の後ろに留まり続けることはできないのです。食べることはコミュニケーションを促すのですから。(5)

セルフサービスの食事や、いつも食事を独りでしたり、若者に、朝食で食べるはずのシリアルを夕食に出して「軽く済ます」ことを認める家庭を批判している点で、バニエは正しいと言えます。大人も子どもも、毎日少なくとも一食を誰かと共にすることで、社会性や対話スキルの発達に大きな違いが出てくるという研究結果も報告されています。食事の時間は、祈りのジェスチャーをおこなうときでもあります。私が、あまりに急いでいて、祈らずに食事をしようとしたときに、四歳のパーカーが「まだお祈りしていないよ」と言って、大人の食卓を止めさせたことがありました。彼は、食事のときの儀式作法を大人よりもしっかりと受けとめていたのです。

私は、教会で、少なくとも週に一度は礼拝前の朝食か礼拝後の昼食のどちらかを一緒にすることを計画しています。あるいは、他の週日の時間帯に行われる何らかの委員会や教育イベントの前後に、少人数でも食事のために集まることができればと思っています。私は、地理的に近くに住んで同じ教会に通っている家族同士が、週に一度集まって、大きな教会のなかの擬似ハウスチャーチのようなかたちで、食事を共にしているのを知っています。(6) 彼らがそのようにするのにはさまざまな理由があるのですが、一方でグループに属する人たちが食事を分かち合うという単純な共通ジェスチャーを訓練するときにもなっています。しかし他方、それは単純にテーブル・エチケットを学ぶ以上のことであって、教会生活をめぐる物語や重要な課題を分かち合っていくための時間になっています。

祈り

祈りの生活と神の臨在を経験していくことは、キリスト者の共同体を形成し、養育し、より良くしていくための、きわめて中心的なことといえます。ある人々にとって祈りは、パンや水やシェルターと同じくらい必要なものであり、生きることはすなわち祈ることであると受けとめています。もちろん祈りを私たちの人生を導くものとして捉えていくときには、それなりの祈りのテクニックがあるのかもしれませんが、祈りはそもそもテクニックではありません。それでも祈りのジェスチャーは、練習して、日々そして毎週のキリスト者の共同体の礼拝のなかでくり返されていくべきです。私たちは祈りをとおして、私たちの人生を聖なる方へ打ち開き、私たちの人生のすべてを知り尽くして耳を傾けておられる唯一のかたによる慰めと新しく作り変えられることを求めていきます。したがって、祈りは公同のジェスチャーであって、キリストの体のメンバーはこれを教えたり、学んだり、表現したり、これに育まれたりしていきます。私たちは、祈りのジェスチャーを、祈りの方法に精通しているような、たとえば、聖イグナチオの祈りや「レクチオ・ディヴィナ」といった何世紀にもわたって伝承されてきたジェスチャーから学ぶこともします。イエスの弟子たちが、「主よ、私たちにも祈りを教えてください」（ルカ11・1）と言ったとき、イエスは彼らに彼独自の祈りを教えました。私たちが「主の祈り」とよんでいるものです。

キリストの体のメンバーとして

私たちは、バプテスマによって、それぞれが「自己」と罪に死に、キリストの復活にあずかる者として公に受け入れられ祝福されました。私たちはしばしば、バプテスマを、それを受けたすべての人たちにとって、人生を後戻りすることのできない「聖なる秘儀」として理解し成長することになった「最初の日」として覚えます。さらにバプテスマは、創造主から与えられた賜物と奉仕を称賛するときです。その人の知的、身体的、感情的、または霊的な能力や限界にかかわらず、一人ひとりがキリストの体の共通の善きものとさらなる発展のための賜物を携えて、キリストにあって神の祝福にあずかっていきます。「わたしたちは、与えられた恵みによって、それぞれ異なった賜物を持っています」（ローマ12・6）、「これらすべてのことは、同じ唯一の〝霊〟の働きであって、〝霊〟は望むままに、それを一人ひとりに分け与えてくださるのです」（Ｉコリント12・11）。

私は、第一に、バプテスマの際には、教会のメンバーの誰かを、その教会で新しくバプテスマを受ける人とともに人生を歩んでいく「同伴者」に指名することを提案したいと思っています。その同伴者の役割は、その人のカウンセラーや霊的な監視役になることではなく、あるいは「親友」になることでもありません。むしろ、同伴者は、比喩的に言うなら、受洗した者と「共に歩む者」のことであり、月に一度はその人と連絡を取って、その人の歩みがうまくいっているかどうかを確認し、その人が教会の伝統やジェスチャーの実践をどの程度学んでいるのかに目を向けていきます。教会や教区のすべてのメンバーに――司祭や牧師にも会堂管理人にも――同伴者がいるとよいでしょう。

　第二に、堅信礼は、教会の歩みのなかでそれぞれの賜物や奉仕が生かされているのかを会衆がわきまえる機会です。私は、教会教育のクラスには、キリストの体の教師となるように教会から告げられてきたという人はほとんどいないことに気づかされました。むしろ、教会の反応はよそに、キリストの共同体で生まれ育った子どもたちが、自分たちは教師になると決めたと私に言ってきたことがあります。わきまえること、識別することは、その人と教会員らとの対話の中で成立していくもので、人生の興味関心の似ている年配者や家族やその他の人――あるいはまったく異なる人――と相談したり、祈ったりしていくプロセスです。私は、私たちの賜物が必ずしも職業やキャリアや専門領域と同一であるわけではないというヨーダーの考えに賛同します[7]。くり返しになりますが、教会の中でそれぞれに与えられているカリスマ的な権限と役割は、私たちの職業的専門性とは大きく異なるのです。しばしば看護師や障がい児教育に携わっている人が教会のいやし担当にされたり、公立学校の美術の先生が教会でも教師になったりしていることがあります。

　賜物や奉仕とは何でしょうか。宣教、教え、勧め、施し、指導、慈善といった賜物があります（ローマ12）。また、使徒、預言者、いやし手の奉仕があります（Ⅰコリント12）。堅信礼（信仰告白）は――その告白をする人の人生経験に従って年齢を問わずに行われるもので――その人のキリストの体に対する賜物や奉仕のジェスチャーが確認され、キリストの生により深く寄り添って生き始める瞬間です。たとえば、人生の早い段階から、すでにいやし手、教師、預言としてのジェスチャーを身につけている何人かの人たちに出会ったことがあります。エレミヤが神から選ばれて預言者になったのは、彼がまだ若い少年のときであったことを忘れてはなりません。

ジェスチャーは、賜物やタラントとは異なるかたちで表れてくることがあります。言葉や記述によって教える人もいれば、芸術やダンスを通して教える人もいます。ある人たちは教会の働きの一つとして人種差別政策への反対運動をおこない抑圧された人々を先導する預言者となっていきます。たとえば政治権力の不正に対して鋭い感覚を突き付けて、彼ら自身が声を張り上げてデモ活動をおこなうこともあります。他の人々は、鋭い文章や優れた絵画によって抵抗する場合もあります。たとえば、私は銃の買戻しプログラムの際に、銃のない世界のイメージを、信じられないほど劇的で優れた彫刻作品によって表現した芸術家がいたことをよく覚えています。医師のように他者の傷をいやす人もいれば、ハープ演奏をしたり、カウンセリングをおこなったり、かたくなな魂に和やかな言葉をかけることによって、傷をいやす人もいます。(8) キリスト者のコミュニティーがよりよくなるために、その人に与えられている賜物や奉仕のジェスチャーは、教会全体によって支えられていくものです。私はとくに、これらの賜物がそれぞれの人生のなかでさまざまに異なるかたちで表出してくることに感動を覚えます。聖ベネディクト修道院のシスター・マーガレット・ヴァン・ケンペンを考えてみましょう。彼女の専門は地理学ですが、彼女は、蝶を描く優れた画家でもあり、織物士でもあります。彼女の芸術の賜物は彼女の人生の後段になってから出てきたものです。あるいはずっと持っていたけれど――彼女が彼女の霊的コミュニティーでそれを教えるようになるまでは――見出すことのできなかった表出方法だったのかもしれません。

第三に、いったんその人の賜物や奉仕が明確になると、その人の人生すべてが教会に与えられたギフトであるわけですから、そのジェスチャーを整え養っていくのは教会の責任になっていきます。多くの教会では、ある人の賜物は、より時間のある人、同じ賜物をもった経験のある人によって共有されている様子が見受けられます。これが先述した「師匠職人」です。師匠職人の任務は、プロフェッショナルなギルドにいるようなしかたで、丁稚奉公の若者に特別な賜物を伝授し、それを研ぎ澄ましていくことです。毎年、その師匠職人と見習い職人は、ともに賜物の成長状況を長老格の人に報告していきます。師匠職人がそれ以上見習い人に教えることがなくなったときには、その教育の責務はさらに上の師匠職人に引き継がれていきます。見習い人が十分にジェスチャー師匠としての資格を持つまでになると、今度はその人がその特別なジェスチャーの賜物を他の人に教える責任を担うようになります。

第四として、教会には他の見習い中の人々と一緒に学ぶクラスもあるということです。もっとも重要なのは、さまざまな異なる賜物と奉仕を身につけている他の師匠や見習い職人が一緒に集まる機会があることです。彼らすべてが、共に働き、共に生きていくことを大事にしようとします。この「業」の鍵となっているのは、聞くという賜物です。そしてキリスト者のコミュニティーのビジョンを分かち合うために、他の人々のジェスチャーを理解しようとすることです。キリストの体は互いをわきまえる体です。そこでは、集まったときに何が本当に権威あるものなのかを見極める感覚を持っていなければなりません。それぞれの人々が成長してその体を建てていくための責任を負うようになっていくために、教会では必要な支援が十分に提供されていかなければなりません[9]。

教会における私たちのゴールは、教会員一人ひとりがその人生における学びや成長を進展させるために、その計画や実行の責任を負っていくことです。現代の教育では、生徒が高校を卒業するまでにどこまで到達すべきなのかという期待値が設定されます。これは教会でも同様です。キリストにおける生活がコンスタントに成長を遂げていくのであれば、意図的な巡礼のカテケージスにおいては、人々の生活を、その年ごとに、彼らがキリスト的ジェスチャーについてどれほど学んだのかを評価していくべきです。私たちが「到達」すべきは、霊的なコミュニティーによって養育され、神の賜物を用いることによって、私たちの人生のすべてが——誕生から死まで——祝福され、驚くべき出来事となっていくことです。

キリスト的ジェスチャー学校

キリストの体におけるジェスチャー教育は、社会文化化《エンカルチュレーション》（私たちを日々育んでいく文化）と私たちの演じるジェスチャーの目的（*telos*）、物語、技術について意図的・組織的に説明するかたちの二つがあります。「学びの場」、奉仕、ジェスチャーを考えていくにあたっては、いくつかの重要な特徴があります。一つは、私たちが神から与えられた賜物を形成し、養育していくときには、キリストの体の基本的なジェスチャーを身につけておく必要があるということです。それは（その教会や教派の特性に応じて）さまざまなしかたでなされますが、しかし教会そのものの典礼法規は遵守すべきです。たとえば、ボンヘッファーは『共に生きる生活』のなかで、共同体の業（ミニストリー）にはあらゆる学びの場のジェスチャーが含まれると言っています。言葉を制するミニストリー、柔和であるというミニストリー、聴くというミニストリー、助けるというミニストリー、福音の宣言をするというミニストリー、運営のミニストリーなどです[10]。ヨーダーは『社会を動かす礼拝共同体』のなかで、人間の歴史において、五つの神の具体的なミニストリーがあることを提起しました。(1)兄弟姉妹の説諭、(2)開かれた集会、(3)賜物の多様性、(4)バプテスマ、(5)ユーカリスト。「これらは、私たちの行動において、神にあって、神とともに、神を通して、神のもとに示される神のアクションである。それが起こったところが、神の民のリアルな世界となる」[11]と言っています。ジャン・バニエは、共同体であるための緩いガイドラインとして、契約、育成、賜物、歓迎、集会、祝祭を提案しています[12]。三人の神学者のこうした説明とともに、私は、ユーカリスト学校、バプテスマ学校、祈祷学校、宣教とアウトリーチの学校を加えることを提案します（その他にも神学的な美徳別に取り上げて、たとえば、慈愛学校、正義学校、誠実と真実の学校、等々のシナリオを掲げることもできます）。私はまた、キリスト的共通ジェスチャーを学ぶ学校も挙げておきたいと思います。

二つめに、ここで「学校」という単語を用いるときには、特定のスキルを教師が教え、生徒たちが教師とともにそれらを学んで身につけていく場のことをさしています。学校型アプローチを用いてはいますが、私は、教会の中で行われてきたような年齢や学年によって区分けするしかたを念頭にはおいていません。つまり、すべての教会における教育は、世代を超えて、若者も年配者も、女性も男性も、貧しい者も裕福な者も、障がいを持つ者も持たない者も、そしてあらゆる人種から民族集団にいたるまで統合してなされるべきと考えています。私は、すべてのメンバーが私の提起する「学校」に、一度ならず、人生のなかで二度三度と加わっていくことを当然と考えます。私たちの伝統や祭儀は、そうして成長し、再調整され、洗練されてきたからです。たとえば、私たちが一度学んだユーカリストは、私たちが次に再度取り上げるときには――十年あるいはそれ以上経つと――そのかたちが変わっていることもありえます。私は何年も教会生活を送ってきた教会員らの「学校」での様子を見てきましたが、彼らが、成熟していくにつれて、特定の信仰や実践のありかたについてより深く詳細を知りたいと思いはじめてもおかしくないのです。

第三として、私は年齢的な混合を考えています。なぜなら、若者も年配者も、相互に非常に深く学び合うことができることを経験してきたからです。年代で仕分けして区分することは最善のやりかたではありません。教会生活を経験する中で、こうした「学校」で学ぶときには、年齢は私たちの吸収する能力を限定的なものにしてしまいます。聖書に出てくる二つの訓告の例を考えてみましょう。「幼子だったとき、わたしは幼子のように話し、幼子のように思い、幼子のように考えていた。成人した今、幼子のことを棄てた」（Ⅰコリント13・11）。パウロはまた、若いコリント教会に向けてこう語り掛けます。「兄弟たち、わたしはあなたがたには、霊の人に対するように語ることができず、肉の人、つまりキリストとの関係では乳飲み子である人々に対するように語りました。わたしはあなたがたに乳を飲ませて、固い食物は与えませんでした。まだ固い物を口にすることができなかったからです。いや、今でもできません。相変わらず肉の人だからです」（Ⅰコリント3・1―3）。しかし、天の国でもっとも大いなる者を尋ねられたときに、イエスは次にように言いました。「そのとき、弟子たちがイエスのところに来て、『いったいだれが、天の国でいちばん偉いのでしょうか』と言った。そこで、イエスは一人の子供を呼び寄せ、彼らの中に立たせて、言われた。『はっきり言っておく。心を入れ替えて子供のようにならなければ、決して天の国に入ることはできない。自分を低くして、この子供のようになる人が、天の国でいちばん偉いのだ』」（マタイ18・1―4）。一方で、私たちの間に世代間の違いがあることは確かですが、私たちが教会に属していくときに、神の目から見るなら私たちすべてが乳児にしかすぎません。他方で私たちは、私たちの人生において、子どものような依存する側面を持ち続けていく必要があります。そうすることによって、私たちは天の国における心の喜びと謙虚さを受けることができるようになるのです。子どもたちを私たちの中心に置くことは、そのことをよく想い起こさせてくれます。しかしながら、このことは、各学校において二つ以上のレベルを設定すること、たとえば新来者のクラスとより多くの経験を有している人たちのクラスを分けて設定することを排除するものではありません。

四つめとして、それぞれの「学校」では、神学的に重要な課題、聖書学的視点、歴史的文学的側面、牧会的実践的側面といったテーマやそれに伴ったジェスチャーをカバーしていくこともあります。これらはもちろんすべて教育的であると言ってよいでしょう。教師は、それぞれがどのように学ぶとよいのか、そして力をつけるためには、誰にでも読ませたり書かせたりする方法がよいのか、絵に描かせたり作製させたりするのがよいのかを見極めていくことになります。ある人たちはアートをとおして学んでいくでしょう。またある人たちは書かれた文字をとおして学んでいきます。数学的な発想や音楽的な設定のなかで、これまで以上にやる気を出したり、より学んだりするようになることもあります。そして、教師たちが若者や何らかの障がいを持っている人たちをクラスに含めていくなら、それは人々にとって、福音とより豊かなコミュニケーションをとっていく機会となっていくでしょう。

五つめに、教会暦を重んじたり聖書日課を採用したりしている教会にあっては、私は、各「学校」においても、対話を導く際に、またキリスト的ジェスチャーを教えていく際に、そうした聖なる日々、祝祭日、日課となった聖書箇所を取り上げていくべきことを、提起しておきたいと思います。たとえば、ユーカリスト学校であれば、聖ベネディクトゥスやボンヘッファーの働きが、クリスマスの季節に見知らぬ人たちとパンを共に分かち合うという私たちの理解にどのような影響を与えるのかについて考えてみるとよいでしょう。これは、聖書物語と教会暦と日々のキリスト者の生活を結びつけていくことになり、私たちに豊かで深い理解を与えてくれることになります。

こうした学校はどのような働きをしていくのでしょう。いくつかの例を取り上げておきます。

〈ユーカリスト学校〉

その部屋は典型的な日曜学校の教室というよりも、まるでキッチンのように見えます。このクラスのめざすところは、教会の物語をとおしてユーカリストの実践について、より深く理解していくことです。一年間のユーカリストについての学びのなかで、その最初の時間は、パンを焼く作業から始まります。小麦とイースト菌が用意されています。何人かは、聖書や教会の歴史のなかで「パン」がどのように用いられてきたのか比喩的に語り始めるでしょう。教会のこうしたグループのなかで聖書のテキストを学んでいくと、教会でこれまで意識されてこなかった問題が飛び出すことがあります。また、ある人たちはパンが用いられるのを見て、最後の晩餐のときのパンの物語や、二匹の魚と五つのパンの物語について語っていくこともできます。さらに他のグループでは、典礼で用いられる平たいパン――種なしパン――と自家製のふっくらしたパンとの違いに注目してみるのもよいでしょう。このような二～三カ月で完結するような私たちの体・知・心が関与していくセッションをとおして、私たちの五感すべてがこの学習過程の中で刺激されていくことになります。

二～三カ月ののち、ぶどう酒をテーマにするときにも、同じようなアプローチで展開することができます。話し合いながらワインやグレープ・ジュースを作ってみます。「ぶどう酒」が出てくる聖書箇所を参照したり、比喩的に、文学的に、教会史の中で、どのように用いられてきたのかを発見してみることもできます。もちろん、パンを試食したり、ぶどう酒を試飲したりするセッションがあってもよいでしょう。数カ月経ったのち、そのクラスはユーカリストの典礼的・歴史的起源、あるいは多様な教派や教会のユーカリストにフォーカスをあてて学んでいくこともできます。さらにユーカリストのなかで演じられているキリスト的ジェスチャーのかたちと、自らのこれからの信仰生活にそれをどのように応用していくかの接点について学んでいくこともできるでしょう。

〈キリスト的ジェスチャーの基本を学ぶ学校〉

これはコアコースとして設定されるべき一つの「学校」です。教会のメンバーとなる人は、この地上におけるキリストの体であるための特徴的なジェスチャーを身につけ、実践できるようになる必要があります。このコースに使われる空間は典型的な日曜学校の教室ではなく、たとえばダンススタジオのような空間のほうがよいかもしれません。一方の壁は鏡張りになっていて、おそらく安定して立ち上がることができるように、ダンスバーが設置されているとよいでしょう。自分の身体のジェスチャーを録画してみたい人のために、録画や録音の設備があってもよいでしょう。クラス終了後に、すぐに振り返って見ることができます。この学校では、聖書から引き出された演じられるべきジェスチャーの長いリストが用意されています。たとえば、旧約聖書の十戒や箴言とともに、山上の説教を読んでいきます。それは、イエスが弟子たちに与えた長い「洗濯物リスト」のようなものですが、教会においてイエスの生きかたを模倣していく私たちにとっては必要なものです。パウロは彼の書簡のなかで、キリスト者として生きるときに必要なジェスチャーの補足リストを示しています。「あなたがたを迫害する者のために祝福を祈りなさい」「喜ぶ人と共に喜び、泣く人と共に泣きなさい」「互いに思いを一つにしなさい」「自分を賢い者とうぬぼれてはなりません」（ローマ12・14－16）。これらのキリスト者の共通した行動や価値観は、私たちが人生の中で信じているもの、考えているもの、求めているものを具現化させていきます。私たちはまた、それらのパフォーマンスを生涯、継続的に学べるようにすることも求められることでしょう。

神の家族

キリスト的ジェスチャーにおける意図的なカテキズム的教育方法以外にも、神の家族としての家族生活を続けていくことは、大きな学びと形成をもたらすことになります。師匠と見習い職人の例から学ぶことや、各種の学校の文脈や礼拝から学んでいく事柄は、神の家族のメンバーとしての私たちの日々の生きかたに適用されます。私たちのそれぞれの家庭生活も、教会の「外のこと」として捉えるのではなく、むしろ教会そのものとして捉えていくことが肝要です。イエスの名のもとに二人三人の人々が集まるのであれば、それがどこであれ、イエスもその中心におられるからです。祭儀的なキリスト的ジェスチャーは、私たちの家庭の文脈で――神の家族の兄弟や姉妹たちのなかで――育まれ形成されていくべきです。そして多くの命が集まる私たちの職場や学校や他の活動についても同じことが言えるでしょう。

教会やこの世の生活で軽んじられている人々を迎え入れる

ジャン・バニエは、「こころを開いて神を崇めることと、こころを開いて貧しい人々を歓迎し彼らに奉仕することは、共同体の成長のための二つの柱であり、その健全さを計る目安である」と述べています[13]。貧しい人々や苦難のなかにある人々とともに生きるというのは、「慈善活動」や「困難のなかにいる人々を慰めるとか苦難を取り去る」ということと少し異なります。それは、貧しい人々や困難のなかにいる人々に「何をすべきか」を告げることではなく、むしろ彼らのニーズに耳を傾けることによって彼らと「共にいる」というジェスチャーを実践することです。そして、彼らのニーズや求めを共に組み立てながら、彼らが――そして私たちが――キリストの体に持ち寄ることのできる賜物と奉仕を発見し、そのなかで新たなる自己への信頼を獲得していくのです。そのようなジェスチャーを、私たちはいつまで続けていくべきでしょう。地の果てまで、そして世の終わりまで（マタイ28・20）。

キリストの体のこの大切な働きは、決して簡単なものではありません。人々の生活から正義や愛や希望を奪い取るシステムのなかに私たちが組み入れられていく経験にしばしば出くわします。私たちは、貧しい人々や障がいをもった人々の目で見ていくことができるでしょうか。それは他者の弱さに目を向けるということだけではなく、私たち自身の個々の弱さに目を向けることにもなります。たとえば、深刻な障がいをもっている人たちの苦難とともにいることを自分の任務とするのなら、私は自分自身の運命と限界とはかなさもすべて受けとめていくことになります。私は、私自身が本当のところ何を見つめていて、はたしてこの神の創造された世界を見るというジェスチャーを演じるキャラクターとしてのスタミナを持ち合わせているのかどうか、そしてキリストが本当に私たちのなかにおられるのならそれに聴くということを学んでいかなければなりません。キリストは、私たちが聖霊をどこそこに探すのではなく、むしろホームレスやレイプ犠牲者や受刑者や薬物治療の中間施設にいるような人たちの目で見ていくことへと、私たちを召しています。ジョアン・チッティスターは、こう述べます。「いまや聖なるとき、神が満ちておられるとき、そして神のときを意識する香りが漂い、それが覆いつくすときである。（中略）私のいるところに神がいまし、（中略）あなたのいるところに神がいます」[14]。

キリストの手ではなく、私たちの手が、援助を必要とする人々のところに差し伸べられていきます。ただし私たちが、私たち自身のか弱さを感じるときには、彼の手が必要です。アウトリーチのジェスチャーは、さまざまな宗教の人々が混在するシェルターで働いたり、他の国の政治犯に対応したりすることとひどく共通していて世俗的です。現代世界の通路や道路は、慈善・ホスピタリティー・激励・正義などのジェスチャーを実践したり、学んだりするための恰好の教室を生み出しています。たとえば、私の親友と私と私の娘がある寒い夜に駐車場で車から降りようとしたときに、車の助手席側でいくらかのお金を乞うてきたホームレスの男性がいました。私は、八歳になる娘に注意を払いつつパーキングメーターに小銭を投入していたときに、私の友人が困っているその人に優しく話しかけている様子に目が留まりました。私の友人は、その人が本当に困っていることを確信し、彼を下の名前でよびながら、自分のポケットに手を入れていくらかのお金を取り出しました。関わりと慈愛のこのジェスチャーは、私の娘にとって恰好の「教育の瞬間」になりました。そのあと三人で少しだけ、何が起こったかについて話し、以後、彼女も私も似たような状況が起こったときには同じジェスチャーをくり返すようになりました。

古い讃美歌の歌詞に、神を礼拝することと人々に奉仕することが一体であることを見事に表現したものがあります。

　礼拝から奉仕へと招かれます
　神の大いなる名のもとに我らは遣わされていきます
　幼き者に、若き者に、高齢の者に
　生きた愛の業を行わせてください
　希望と健康と信頼と慰め
　寄り添い、助け、平安を私は与えていきます
　そうしてあなたの子らは主によって自由を得
　あなたの恵みを知り、あなたの恵みに生きていきます
　（アルバート・ベイリー「主よ、この卑しき者を愛する者に」オランダ伝統讃美歌）

「マリアの賛歌」（夕べの祈り）の終わりの部分は、彼女の魂が主を喜ぶのに合わせて、私たちの声も引き上げられます。私は普段は夜遅くにこの祈りを唱えるので、私の目には眠気が襲ってくるのですが、私は、神が代々にわたって、つねに神を愛し、神を畏れる人々の傍らにキリストが寄り添うようにしてくださったという、そのジェスチャーを確信させられて一つの希望の光を見出していきます。そ

して神は、低き者を引き上げ、自惚れや傲慢を打ち砕きます。これが、アブラハム、サラ、そして以来、すべての時代にわたって保たれ、継承されてきた神の約束なのです。キリスト的ジェスチャーの神は、愛に満ちた神なのです。

註

（1）ジャン・バニエ『コミュニティー――ゆるしと祝祭の場』佐藤仁彦訳、一麦出版社、二〇〇三年 (Jean Vanier, *Community and Growth*, Mahwah, NJ: Paulist Press, 1979, p. 80)。

（2）カトリック教会や聖公会の教会では、土曜日の午後に日曜日の朝と同じ形の礼拝が行われる場合があります。

（3）ジャン・バニエ (Vanier, p. 200)。

（4）ジャン・バニエ (Vanier, p. 201)。

（5）前掲書 (p. 206)。

（6）私が「家族」と言うときには、結婚を必ずしも必要としていない人たちや拡大した家族形態も含んでおり、子どもがいるかいないか、パートナーがいるかいないかにかかわらず、広い意味での「家族」をさしています。

（7）ヨーダー『社会を動かす礼拝共同体』(Yoder, *Body Politics*, p. 53)。

（8）ハワード・ガードナーの多重知能理論がここではもっとも役立ちます。ガードナーは、人が世界を知る際には、言語的、芸術的、空間的、物理的、音楽的、数学的、あるいは自己の内的、個人間といった多様な知性が同時に働くことを主張します。ガードナー『こころの枠組み』(Gardner, *Frames of the Mind*, New York: Basic Books, 1985)。

（9）ジャン・バニエ (Vanier, p. 135)。
（10）ボンヘッファー『共に生きる生活』(Bonhoeffer, *Life Together*, pp. 90–109)。
（11）ヨーダー (Yoder, p. 73)。
（12）ジャン・バニエ (Vanier, pp. vi–viii) を参照。
（13）ジャン・バニエ (Vanier, p. 81)。
（14）チッティスター『日ごとに醸し出される知恵』(Chittister, *Wisdom Distilled from the Daily*, p. 205)。

エピローグ

「わたしがあなたがたにしたとおりに、あなたがたもするようにと、模範を示したのである。」

ヨハネによる福音書13章15節

キリスト者とは、御言葉のジェスチャーへと召された者のことであり、御言葉とは私たちに与えられた生ける神の言葉であるキリストのことです。「言は肉となって、わたしたちの間に宿られた。わたしたちはその栄光を見た。それは父の独り子としての栄光であって、恵みと真理とに満ちていた」(ヨハネ1・14)。イエスは、神の名によって数多くのジェスチャーを実際に行いました。病気の人を癒し、貧しい人々に手を差し伸べ、全存在をかけて神の国のすばらしさを宣言し、それを深い愛のジェスチャーによって具現化させました。キリストにある、というのは、「神の言葉」のジェスチャーとなっていくことです。私たちにそれが届いたというだけではなく、言葉は引き続き私たちの間に宿り続け、私たちを強めてそのジェスチャーを他の人々に演じて与えていくことを可能にさせるのであって、そのようにして神の愛が隣人に伝えられていきます。汚染された環境が原因で病気になった子どもの介護をすること、社会や教会のなかで虐げられてきた人々とともに歩むこと、障がいをもつ人々、身寄りのない人々と連帯していくこと、貧しい人々を支援していくこと、御言葉に飢え渇いている人々に福音を宣べ伝えること、見知らぬ人々や旅人をもてなしていくこと、こうした事柄はすべて「言が肉となった」ことのジェスチャーであり、私たちがそれらの執行者となっていくことを意味します。復活の主は、彼の体でさまざまなかたちのジェスチャーとなってこの世に実在しているのです。

教会においてジェスチャーを展開していく力は——私たちの口から出る言葉から天に向けて手を高く上げて神を礼拝するにいたるまで——そのほかにはどのようなしかたでキリスト的ジェスチャーを実践しているのかを見てみましょう。ここでは、教会がより意図的に学び、よりキリストのジェスチャーに生きるようになっていく方法を提起しておくことにします。

礼拝における感謝のジェスチャーの再刷新(1)

聖書には、キリスト的ジェスチャーの実例が満ちています。またキリストの体において、どのようにふるまうべきかについての方向性が示されています。ポール・コナートンが、多くのローマ・カトリック教会（一部のプロテスタント教会においても）の礼拝で実演されている一つの重要で力強いジェスチャーを紹介しています。跪くというジェスチャーです。

その体では、祭儀において、適度のポーズと、定められた動作が施されていく。体は、バランスを保ち、立つ姿勢を維持する。祈祷のときには、手を合わせて定められたところに置く。人々は頭を垂れ、その重さを表すために跪く。あるいは直立姿勢をまったく投げうって、体全体で土下座をするかたちをとることもある。そのようにレパートリーが比較的バラバラなのは、それらの源泉が堅固だから可能なのである。（中略）日常の言語の巧妙性は、従属、敬意、軽視、侮辱というような細かい分類を提起したり暗示したりできるところにある。（中略）しかし祭儀における限られた姿勢、ジェスチャー、そして動作は、あらゆる解釈学の複雑なパズルからコミュニケーションを丸裸にしていく。ある人は跪き、ある人は跪かない。従順さを表して跪くという行為は、従順さを言葉にすることとは異なっている。また単にあるメッセージを伝達することでもない。従順さを表して跪くというのは、その人の体を目に見える実体として差し出すことである。（中略）そうした行為を演じること（ジェスチャー）は、きわめて効果的である。なぜなら、明快な物質的実体が「語り」出すからであり、そうした「語り」の初歩的レパートリーがジェスチャーを演じる力を一気に可能にさせていくからである。(2)

跪く行為が礼拝者の生活にとって力強いインパクトを与えるものであるなら、礼拝のなかでの他の動作はどのようなインパクトを与えているでしょうか。神を礼拝し神を称えるという典礼（リタージー）は、教会生活の中心であり、私たちがジェスチャーを演じるときの裏付けです。マックス・ジョンソンが、第二バチカン公会議の「典礼憲章」を引用して次のように述べています。

典礼は、教会活動が展開されていくときの頂点である。同時に、それは教会のあらゆる力が湧き出てくる源泉である。

（中略）典礼から、つまり源泉から、恵みが私たちのなかに流れ出てくる。そして、キリストにおける（人々の）聖化と神の栄光というゴールをめざして、教会におけるすべての活動が力強く成し遂げられていく。[3]

私たちがキリストの体として神礼拝のなかで演じるジェスチャーによって、私たちは聖なる場所を見出していきます。ジョンソンはこれを人生の「転住」とよんでいます。「じつにキリストにあっての霊の旅路は、定住と転住の旅であり、死と復活の旅であり、産みの苦しみと新しい命の誕生の旅なのであって、そのすべてのパラダイムがもっとも明確なしかたで起こるのがバプテスマである」[4]。ジェスチャーは、それ自体が巡礼の旅の目印となっていきます。私たちは、ジェスチャーをとおして、神と他の人々に向けて、自分が今どこにいるのかを知らせるシグナルを、また自分が誰のものであるのかを深く知ったというシグナルを発信していくことになります。

私たちがあわてて礼拝に飛び込んでいくときの体・知・心のありさまを考えてみてください。私たちの生を占拠しているこの世によって深刻な痛手を負わされていないかどうかを考えてみてください。礼拝を始めるときのジェスチャーのことです。音楽が用いられたり用いられなかったりしますが、私たちは、こころを静めるために、礼拝招詞の前から着席して頭を垂れます。そして礼拝招詞で立ち上がり、私たちのジェスチャーを変えます。それによって、すべての人たちに礼拝の始まったことを知らせるのです[5]。アメリカ合衆国長老教会（PC（USA））の礼拝では、そこにジェスチャーが溢れている様子に圧倒されます。最初の讃美歌を歌うところから、罪の告白の唱和、続いて牧師による赦しの宣言によって緊張状態から解放され、キリストの平和とともに実際の赦しへと招かれていきます。会衆は「キリストの平安があなたと共にありますように」と言いながら、互いに握手を交わして歩きます。そのようにして、神が私たちの人生において成し遂げられたこと、成し続けていることを堅固なものにしていくのです。そして私たちは、神をほめたたえ、神の平和の賜物に感謝しつつ、頌栄（グロリア・パトリ）を歌います。

ローマ・カトリック教会とアングリカン（聖公会）には、典礼における聖書朗読の際に、福音への敬意をこめて、起立するという力強い伝統的ジェスチャーがあります（教会によっては聖書朗読の前に「アレルヤ」を唱歌したり、頭や唇や胸元で十字を切ったりすることもあります）。そして「主イエス・キリストに栄光がありますように」という言葉のジェスチャーを唱和したのち、御言葉の解き明かしである説教を聞くために座ります。私たちの神礼拝には、キリスト的ジェスチャーの豊かなレパートリーが生きていて、その恵みが私たちの知と体と霊とを刷新し、変化させていきます。ジョンソンは典礼について次のように述べます。

典礼は、われわれの絶え間ない転住経験を歓迎する場であり、つねにわれわれを導く家であり、つねに還ってきてつくり変えられ、刷新され、バプテスマにふさわしい者であるかを再確認する家である。そうしてわれわれは、自分が何者であるのか、つまり神がすでに水と霊によってイエス・キリストにおける人生を送るようにされた者であることを、くり返し学んでいくのである。その家に行くというのではなく、われわれはその家に再び還っていかなければならない。われわれのアイデンティティーは、じつにそこに依拠しているからである。[6]

バプテスマの誓いの再誓約とジェスチャー

バプテスマは永遠のものです。それは、私たちが救われたことを想い起こさせる以上のものです。バプテスマは、私たちの人生における消えることのない水によるしるしであり、教会に神の恵みが降り注がれ、バプテスマを受領した人が神の子羊の血によって救われたことを皆の前で明らかにするジェスチャーです。マルティン・ルターは、絶望したときに額に十字を切って、「私はバプテスマを受領した者です」と祈ったといいます。彼がどんな経験をしようと、あるいはどのような危険に直面しようと、バプテスマのしるしは神による義認と聖化の約束であることを、彼にもう一度気づかせたのでした。[7]

バプテスマは、キリスト的ジェスチャー・パフォーマンスにおける私たちの非公式教育の始まりです。それはサクラメント（聖礼典）であって、ゆえにバプテスマは、この世すべてに対し、また聖徒の交わりのなかにある人々に対し、私たちは神の財産であり、神の子として新しい名前を与えられた者であることを宣言するジェスチャーを実演する祭儀です。このサクラメント的ジェスチャーは、キリストの体で学び、実演していかなければならない無数のジェスチャーを意図的に教育することから始まっていきます。

私たちは、この世におかれた者として、ジェスチャーの必要性を学びゆく者であり、マックス・ジョンソンの言うところの「転住民の共同体、導かれているところ以外にはどこにも属さない巡礼の民、キリストの体としての自己を自覚する民」[8]であるのです。

私たちは、バプテスマに際しては、たくさんの深長な誓いのジェスチャーが実演されます。キリスト教教育で重要なのは、子どもたちに向けて親や保護者の口から発せられる言葉、バプテスマを受けている大人の口から発せられる言葉、教会員の口から発せられる言葉、そうした言葉のジェスチャーが、新しい受洗者を生み出していくことになります。ジャン・カルヴァンなら、これを「バプテスマ理解」とよぶことでしょう。バプテスマは、バプテスマというジェスチャーによって私たちの人生に刻み込まれ、口述のジェスチャーによってバプテスマの誓約と証しがなされ、それらは決して消し去ることができないというというラディカルな特質をもっています。このジェスチャーは、私たちの永遠性のしるしなのです。教会に属する私たちにとって、ジェスチャーの豊かな価値を新しい受洗者に教え、彼らの人生を永遠の命に向かう巡礼の旅へと導いていくことは、生涯にわたっての教育となっていくことを理解しておくことが大切です。

私たちは、祈りのジェスチャーから始まって、教会の信条や告白のジェスチャーを含む礼拝のジェスチャーまでを収めたジェスチャー「入門書」なるものを手にしているようなものです。しかし私たちは、なによりもキリストの体におけるバプテスマ受領者の人生へと導いた、受洗の際のあのバプテスマのジェスチャーを、彼らに想い起こさせることを決して忘れてはいけません。

古代カテケージス実践の再現と、隣人愛と新来者を歓迎するジェスチャーの再学習

バプテスマを受けた私たちは、与えられた人生のすべてのときを、キリストの体における人格を形成し、それを確かなものにするためのジェスチャーをくり返し学んでいくことに費やしていきます。くり返しになりますが、古代教会のカテケージスの実践とは、生涯にわたるキリスト的ジェスチャーを学ぶコースとして理解され、人々はそこで幾度となく自らの人生を検証していくものでした。私は、再び教会が、神の民をキリスト者へと育て上げていく役割を積極的に果たすようになることを願っています。キリス

トの体における私たちの人生のなかで、私たちはある時点で賜物や役割を特定するプロセスに直面するときが訪れるはずです。ある教派では召命をメンバーたちへの内的招きと捉え、他の教派では外的な招きと捉えたりしますが、キリストの体のすべての者が自分に賜物と役割が与えられ、それを確認していくことは重要です。教会においてある人の召命を確認できたなら、その人を師匠職人に任じていかなければなりません。その上で、その人は五—六人の人々と同じ役割（教師、使徒、または預言者など）を共有して働いていきます。あるいは、キリストの体の中で一番明朗で元気な人は誰でしょう。人々への指示は、毎週または毎日、学んでいこうとするジェスチャーに応じて出していくとよいでしょう。一人ひとりのメンバーが学んだジェスチャー・パフォーマンスについては、年に一度、教会の長老たちによって確認されていくとよいでしょう。

師匠と見習い人の関係性を築き上げていくうえで、見習い人の毎日のジェスチャーを継続的して洗練させていくためにも——見習い人のこの体における特定の召命に対しても——教会は師匠役の人々とその友人たちを配置しておくべきです。師匠役になる人もまた、他の師匠の指導のもとにある場合もあるかもしれません。教会暦を学ぶ年間クラスのなかでも、それぞれの召されている以外の場面であっても、福音のジェスチャー・パフォーマンスを学んでいく機会はあるはずです。たとえば、ユーカリストやバプテスマのジェスチャーを学んでいくセッション、ホスピタリティーや病者慰問をするジェスチャーのセッション、若者向けの非暴力ジェスチャーを学ぶセッションなども考えられます。教会暦の特別聖日や祝祭日に関連付けられたジェスチャーを学ぶためのセッションがあってもよいでしょう。ジェスチャーを学ぶ機会は、いたるところにあります——教会の聖壇で、自宅で、養護老人ホームで、あるいは病気や空腹の人を援助しているときの路上においてでもです。

キリスト教教育を巡礼の旅として教えてきた私の大学院のセミナー（そのセミナーでは、チョーサーの『カンタベリー物語』からドロシー・デイの自伝まで幅広い巡礼物語を読み進めてきました）のハイライトは、最後の二日間にやってきます。スノーキャンプから帰り途、私たちは二十八マイル近くも歩いてノースカロライナ州ダーラムをめざしていました。このキリスト者の巡礼ジェスチャーを実施したのは、巡礼者たちの歩むべき道を具体的に示すことであり、私たちが読み進めてきた巡礼物語の読みかたを大きく変えるためでした。まもなく私たちの旅が終わろうとしているときに、チャペルヒルの幹線道路であるフランクリン通りで忘れることのできない出来事が起こりました。巡礼者（学生）たちがそれぞれ六フィート（一八〇センチほど）の十字架を担ぎながら一列になって歩いていたときに、この混雑した大学通りの道端で、私たちはホームレスで飢えている三人の人に遭遇しました。彼らは手に小さな箱を持っていて、箱の上の方には「私は空腹です。いくらかの御慈悲を」と雑な文字で書いてあり、箱の底にはいくらかの小銭が入っていました。

そのキリスト的ジェスチャーを惹き起こさせる道徳的要請は、シンプルでありながらきわめて重大なものでした。キリストの十字架を担ぎながら歩いている巡礼者である私たちが、虐げられ疎外された人、ホームレスで飢えている人に出遭うことになったのです。私たちのポケットには、バラバラの釣銭や紙幣がたくさん入っていました。私たちは急いでお互いの顔を見合わせ、動転してしまってどうしたらよいのかもわからなかったのですが、何かをしなければならないことは知っていました。十字架をもっていた人が彼のポケットからお金を探している間は、誰か別の人がその十字架を押さえていました。私たちの残りの者もそれぞれポケットとリュックのなかを探しました。「わたしの兄弟であるこの最も小さい者の一人にしたのは、わたしにしてくれたことなのである」（マタイ25・40）は、私が巡礼者たちに語ってきたことであり、それが私たちの耳に残っていて、その箱の中にお金を入れるというジェスチャーのマニュアルを作成するようにとの声が、何の疑問をもつことなく私たちの良心に囁いたのです。「聞くだけでなく、行う者になりなさい」という言葉は、私たちが手を伸ばしたときに――憐れみのジェスチャーとしてお金を差し出したことと、そして渡すときに彼らの手を握り、目を見ながらキリストの平安を分かちあうという新しい友情とホスピタリティーのジェスチャーによって――その御言葉の意味するところが成就されていきました。

このことは、コンテクストにおいて新しい発見をしようとする本能的なものであって、それによってキリスト者の愛の美徳を具現化するジェスチャーを実演することになったと言えます。私たちの体・知・心が、正しいものへ、良きものへと、キリストにあって動かされていったのです。私たちは、キリストが私たちをよびとめられるのと同じように、他者のために自らを捧げ、他の人々を迎え入れ、私たちが信仰を分かち合おうとするすべての人々に、適切なしかたで敬意を払うべきことを学びとることになりました。それは、私たちが迎え入れた客人や見知らぬ人々こそが、キリスト御自身であるからです。(9)

註

(1) 教会生活や教区でのさまざまな場面でのジェスチャーについて、私はここで新しいものではなく、古くからキリスト者を教育してきたジェスチャーを提唱していくことから、以下の説明では、あえて接頭詞「再」を付すことにします。

(2) ポール・コナートン『想起する社会』(Paul Connerton, *How Societies Remember*, p. 59)。

(3) マックスウェル・ジョンソン『キリスト者の入信儀式』(Maxwell Johnson, *The Rites of Christian Initiation*, p. 365)。

(4) 前掲書 (p. 365)。

(5) いろいろな理由で立つことのできない人たちがいることがあります。礼拝のジェスチャーには、彼らも加わることのできる他のジェスチャーがあります。たとえば、いくつかの教会では、車椅子の人たちと連帯するために会衆が座ったままで礼拝をするところがあります。またある教会では、礼拝招詞のときに車椅子の人たちが神を賛美するために両手を挙げる動作をすることがあります。

(6) ジョンソン (Johnson, p. 391)。

(7) 前掲書 (p. 390)。

(8) 前掲書。

(9)『聖ベネディクト戒律』第53章 (*Rule of St. Benedict*, Chapter 53)。

ナ

ハ

サ

タ

人名索引

ア

カ

訳者あとがき

本書はBrett P. Webb-Mitchellの*Christly Gestures: Learning to Be Members of the Body of Christ*, Wm. B. Eerdmans Publishing Co., 2003の全訳です。すでに出版されてから一五年が経過しています。訳者が原著を手にしたのは出版直後のことで大いに触発されて翻訳作業を開始したものの、序章を訳しただけで、当時の忙しさゆえにそのまま放置することになってしまいました（序章は『キリスト教と文化・紀要――青山学院大学宗教主任研究叢書』第27、31号に初出掲載されています）。二〇一七年度、在外研究期間をいただいて研究に専念する時間が与えられることになり、その機会に改めて本書を読みなおしたところ、日本の教会やキリスト教教育界には本書のキリスト的ジェスチャーの提起がまだまだ有効であることを思わされ、改めて翻訳に取り掛かることにしました。

著者のブレット・ウェブミッシェルは、執筆当時、米国ノースカロライナ州にあるデューク大学デューク神学校にてキリスト教養育の助教授でした。ニューヨークのブルックリン生まれで、オレゴン州育ち、英国ロンドンでの生活経験もあり、カンサス大学、プリンストン神学校、ハーバード大学、ノースカロライナ大学で学び、一九九三年にデューク大学神学校に教員として着任しました。また長老教会の牧師として、これまで八教会の牧会に携わってきました。彼の関心領域は多方面にわたり、障がい者と教会、ＬＧＢＴＱと家庭、キリスト者巡礼などのテーマに積極的にまた実践的に関わってきています。ウェブミッシェルは、自身を「学者・活動家・牧師・巡礼者」と称しています。ウェブミッシェルの著作の一部を紹介しておきましょう

『神さまもピアノを弾かれる――障がい児たちのスピリチュアル・ライフ』（*God Plays Piano, Too: The Spiritual Lives of Disabled Children*, 1993）

『神の祝宴への招かれざる客――教会に障がい者を迎える』（*Unexpected Guests at God's Banquet: Welcoming People with Disabilities in the Church*, 1994/2009）

『障がい者とともにダンス――教会がすべての神の子らに開かれるために』（*Dancing With Disabilities: Opening the*

Church to All God's Children, 1997/2008）

『わたしに従いなさい――巡礼によるキリスト者の成長』（*Follow Me: Christian Growth on the Pilgrim's Way*, 2006）

『巡礼の学校――信仰成長ためのもう一つの道』（*School of the Pilgrim: An Alternative Path to Christian Growth*, 2007）

『ゲイの父親にできること――ともに未来を拓くために』（*On Being a Gay Parent: Making a Future Together*, 2007）

『バリアフリーを越えて――信仰共同体で障がい者を完全に受け入れるために』（*Beyond Accessibility: Toward Full Inclusion of People with Disabilities in Faith Communities*, 2010）

『巡礼の実践――神の巡礼者となるために』（*Practicing Pilgrimage: On Being and Becoming God's Pilgrim People*, 2016）

これらのほかにも多くの論文やエッセイとして執筆されたものがありますが、タイトルを見ると、自らを「学者・活動家・牧師・巡礼者」と称するのがよくわかります。これらの著作と並べると、本著『キリスト的ジェスチャー』は少し異色に感じられるかもしれません。しかしむしろ、教会のなかの弱者に目を留めてきた彼の神学的姿勢が『キリスト的ジェスチャー』を生み出したのであり、またキリスト的ジェスチャーの視点から教会の中で弱者を神の子らとして受け入れる姿勢が整えられていったのでしょう。本書の裏表紙には、いくつかの書評が掲載されていますが、米国のキリスト教教育界を代表するそうそうたる研究者たち（ジャック・シーモア、ジョージ・ブラウンJr.、トーマス・グルーム、ジョン・ウェスターホフ、マイケル・ウァーレン）が本書を絶賛しています。シーモアはジェスチャーによる信仰の分かち合いがいかに大事かということ、ブラウンは今日の個人主義社会において巡礼のカテケージスが教会の生涯教育にとって有効であること、グルームは障がい者との深いかかわりが本書を結実させたこと、ウェスターホフはこれまでの牧会神学にとってかわる新しい路線であること、ウァーレンはこれまで神学教育や教会教育で目を留めてこなかった信仰者の相互作用について緻密にまとめた創造的な力作であるとして、それぞれが一様に本書を高く評価しています。二〇〇七年にデューク大学神学校を退き、オレゴン州での牧会生活ののち、現在は、長老教会の巡礼共同体担当牧師として巡礼プログラムを展開し、二〇一八年二月からは加えて合同メソジスト教会オレゴン・アイダホ・カンファレンスのＬＧＢＴＱ＋アドバイザー・コーディネーターとして教派を越えたＬＧＢＴＱ＋の課題に携わるようになりました。本書には、障がい者との関わりについては若干言及されていますし、キリスト者の巡礼の旅については多くのページが割かれています。しかしＬＧＢＴＱ＋についてはまったく触れられていません。彼自身の関心の軸がこの十年程で少しずつ変化してきています。

本書の翻訳再開とともに、訳者はウェブミッシェル氏とメールのやり取りをするようになり、氏もこのたびの邦訳出版を大変喜んでくれて、「日本語版への序文」を寄せてくれました。本書が少しでも日本の教会のために役立つならと、訳者を継続して励ましてくれました。

現在、アメリカのキリスト教界は大きな挑戦を受けています。すでに三〇年程前から言われてきた「キリスト教国」の終焉が、いよいよ現実味を帯びてきたからです。教会の牧師や神学者たちの間には、大きな危機感があります。またその心配が具体的な統計データとなって示されるようになっています。「なんとなく大多数がクリスチャン」というキリスト教国神話が崩れ、プロテスタント教会の信徒数はこの三〇年で半減、今後二〇年でさらに二〇％減少すると言われています。カトリック教会は中南米からの移民の状況によりますが、それでも次の二〇年で二〇～二四％減少するといわれています。無信仰を自認する人たちは、一九九〇年代には一〇％程度でしたが、現在ではそれが二〇％を超えています。また若者が集まっている宗教団体はすべてキリスト教以外の団体であって、イスラム教（四二％）、ヒンズー教（三六％）、仏教（三五％）はいずれも三分の一以上の三〇歳未満の信徒によって構成されています。キリスト教会は、それとは対象的に、少子高齢化がさらに進み、三〇歳未満の教会員の占める割合は一一～一四％に留まっています。合併する教会、閉鎖していく教会、別の用途に使わるようになっていく教会堂がアメリカ各地で散見されるようになりました。企業や大学や学校でも、かつてのようにキリスト教をある程度前提にして物事を考えることができなくなってきていますし、教会もキリスト教国神話の上に胡坐をかいているわけにはいかなくなりました。きわめてアメリカ社会では福音伝道が急務となっています。神学教育も、どうしたら教会をより豊かにしていけるのかから、教会はどのように福音伝道を展開するのかといった方向に重点がシフトしてきています。牧師は「教会の」リーダーではなく、地域への福音伝道者として遣わされる必要性が出てきています。いわば見知らぬ土地に派遣される「宣教師」の役割がいよいよ期待されるようになってきているのです。

　これらの背景にはさらに、個人主義、資本主義、消費主義が横たわっていて、教会もこれらの虜になっていると多くの神学者たちが指摘します。長い間、信仰は個人のものだと考えられてきました。あるいは、大きくなることは良いことだ、成長することは良いことだ、多くのサービスを提供して顧客を満足させ、それによってさらに良いサービスを提供していくといった資本主義や消費主義的社会の思考に、教会の感覚も麻痺してしまっています。そこでは顧客（教会に来る人たち）の満足感を高めることが最優先され、顧客の顔色を見ながら教会形成・教会成長が目論まれていきます。神をダシに使いながら、神との関係よりも人との関係が優先され、ともすると神がいなくても成り立つ教会が作り上げられてきました。牧師の経営手腕が問われ、アイディアと財力のある教会は次第に大きくなり、豪華な施設、高質の音楽、感動的な話をする説教者がもてはやされ、そうした教会は街の中のイベント催場となっていきました。しかしそうした教会形成やメガチャーチ・ムーブメントにも陰りが見え始めてきました。そして教会がようやく自己省察を始めています。――それが本当に、神の求めるキリストの教会なのだろうか。イベントを楽しんでいれば教会生活をしたつもりになっていたけれど、はたしてそれぞれの信仰（神のとの関係）、そして教会の信仰は成長しているのだろうか。イベント中心になるとパフォーマンス（企画）をする人と観に来る人の区別が明確になり、結局、宗教改革以前の教会が直面していたのと同じ過ちをくり返していくのではないだろうか。信教の自由の傘の下で、来る人は拒まないが、そこに来ない人たちには何のアプローチもなく、「来ないのはその人の勝手なのだから」といって片付けてしまってはいないだろうか。ある所得層、ある人種、ある考え方、ある学歴以上の人たちの集まりになって、無意識にそれ以外の人々を排除してしまってはいないか。キリスト者は、自分は救われたかのような特権意識のなかで生きてはいないか。神はそのような教会を望んでおられるのだろうか。イエスが招いたのはどのような人たちであったか……。

まだまだわずかですが、ポスト・クリステンドム（「キリスト教国」以降のアメリカ）の事態に気づいて、警笛を鳴らす神学者たちや、教会や信仰生活を見直し、大きく舵取りをする人たちが出てきたところは、アメリカ教会の凄いところでもあります。教会のあり方についても、従来のインスティテューション型の教会ではなく、たとえばハウスチャーチ（家の教会）、マイクロチャーチ（伝道拠点とする伝道所）、チャーチ・プランティング（開拓伝道）などの研究や実践にも大きな注目が集まっています。本書は、教会の歩み、信徒の歩みを「キリストの体」として見直し、そのなかでどのようなジェスチャーが用いられて、相互に教会形成をしていくべきなのか、またキリスト者はどのように神との関係を「キリストの体」のなかで築いていくのかという大きな課題に挑戦し、個人の信仰から共同体の信仰へのパラダイムシフトを提言しています。

「キリスト的ジェスチャー」（Christly Gestures）は、本書のタイトルですが、訳語にもっとも悩んだ言葉です。「キリスト的」とは、「まるでキリストのような」「キリストの香りのする」「キリストみたいな」ということであって、クリステンドム時代にステレオタイプ化されていたキリスト教的でもなく、クリスチャン的というのとも異なります。また「ジェスチャー」も外来語として日本語としても定着していますが、ここでは、日本語の「ジェスチャー」の意味するところよりも遥かに大きな幅広い概念として用いられています。両者ともなかなかしっくり日本語に落ち着かない言葉ですが、本書の重要なキーワードとして、書名も含めて「キリスト的ジェスチャー」としました。またスピリチュアル・ダンスなど、全身を使って信仰を表現したりすることのあまり多くない日本の教会にとっては、「パフォーマンス（実演）」という概念もいま一つしっくりこないのかもしれません。とかく信仰を知性のなかだけに押し込めてしまいがちだからです。しかし、身体性と知性と霊性という全人格を用いて神を礼拝し賛美するという点で、信仰生活にはジェスチャーもパフォーマンスも欠かすことができません。訳者はしばしば「身につく信仰」について礼拝説教や講演で語ってきました。「身につく信仰」と「身に着く」では用法やニュアンスが異なりますが、キリスト教信仰においてはこの両者が重要です。それはとりもなおさず、キリストと共に生きること、キリストという衣を着ることであるからです。そしてそれは知的理解に留まるものではないのです。しかし本書では、さらにそれを、ジェスチャーを通じてキリストの体で分かち合っていくことを提唱しています。牧師や神学生だけではなく、教会のなかで広く信徒たちが読んでくださることを想定して、訳語はできるだけ平易な表現になるよう努めましたが、まだまだ難解な部分があるのは承知しています。Spirit も、適宜、「精神」「霊」「霊性」などと訳しました。

これをぜひ日本の教会で読んでもらいましょうと決断してくださった一麦出版社の西村勝佳氏には心から感謝いたします。西村氏は訳稿に丁寧に目をとおし、必要に応じて適切なアドバイスをしてくださいました。在外研究を許してくださった青山学院大学と、不在中多くの負担をおかけした同僚の教職員、そして翻訳作業を応援してくれたデューク神学校のフレッド・イーディ教授、ウィリアム・ウィリモン教授、マシュー・フローディング博士、数々の友人たち、そして一年間のアメリカ滞在を許してくれた家族に、心からの感謝を申し上げます。本書が、キリスト教教育研究者、教会の牧師たち、神学生、さらに日々信仰の戦いに挑んでいる多くの信徒たちに広く読まれることを期待します。願わくは、日本の諸教会が、キリスト的ジェスチャーによって真にキリストを証しする「キリストの体」の共同体となっていきますように。

二〇一九年二月

訳者

キリスト的ジェスチャー

キリストの体を生きる民

発行日……二〇一九年二月二十日　第一版第一刷発行
定価……［本体三、四〇〇＋消費税］円
訳者……伊藤　悟
発行者……西村勝佳
発行所……株式会社 一麦出版社
札幌市南区北ノ沢三丁目四―一〇　〒〇〇五―〇八三二
郵便振替〇二七五〇―三―二七八〇九
電話（〇一一）五七八―五八八八　FAX（〇一一）五七八―四八八八
URL http://www.ichibaku.co.jp/
携帯サイト http://mobile.ichibaku.co.jp/
印刷……株式会社総北海
製本……石田製本株式会社
装釘……須田照生

ISBN978-4-86325-118-2 C0016

神の揺さぶり
――はじめてキリスト教と出合う人たちへ　伊藤悟

キリストの福音は、すべての人に対して揺さぶりをかけ、希望、勇気、喜びを与える。これこそが真実に生きる力となるのである。現代の人間の状況と問題を的確に捉え、現在の青年の実在にふれる、定評あるキリスト教入門書。
A5判　定価（本体2000＋税）円

ちいさな子どもたちと礼拝　DVD（ハイブリッド版）付
スチュワート／ベリーマン　左近・西堀・ブラウネル共訳

幼い子どもコミュニケーションの方法に配慮することによって、神さまを心から礼拝することができる！　フィギュアや教具を用いて聖書を物語る多数の工夫を提供。モンテッソーリ・メソッドに基盤を置くプログラム。
A5判　定価（本体3800＋税）円

みんなのカテキズム
アメリカ合衆国長老教会　ヘイスティングス他訳

現代を代表する二つの教理問答「学習用カテキズム」と「わたしたちは神さまのもの――はじめてのカテキズム」を収録。「わたしたちは神さまのもの」は、CS・SS生徒用テキスト版（本体880円）とカード方式・ぬりえタイプ版（本体500円）もあります。
A5判　定価（本体1800＋税）円

知と信の対話
――キリスト教教育の理念　アーサー・F・ホームズ　宮平望訳

キリスト教主義学校のあるべき姿を模索。「信仰と学問」の統合への道しるべを提示するとともに、思考力・批判精神を身につけさせる教養教育を重視する。
A5判　定価（本体1800＋税）円

あなたはどこにいるのか
――関田寛雄講話集　関田寛雄

勇気をもって生きて！　苦学する青年たちに寄り添い、その魂を揺さぶった言葉！　その言葉に、困難や苦悩のなかで生きる勇気を得た――。学生たちのための講話、聖書講解、説教、教会週報から精選された「一週一言」ほか。
四六判　定価（本体2200＋税）円

旧約新約聖書講解
神の救いの恵みを学ぶための　日本キリスト教会大会教育委員会編著

聖書物語を軸に「神の救いの恵み」を学ぶことを目的として聖書箇所を選び構成。各講解は註解と小説教からなっており、理解を助ける写真・イラスト・地図を多数掲載。聖書通読の手引きとしても活用できる。
菊判　定価（本体8800＋税）円